高等学校电子信息类教材

智慧城市及其解决方案
Smart City and Its Solutions

张飞舟　杨东凯　张　弛　编著

电子工业出版社
Publishing House of Electronics Industry
北京·BEIJING

内 容 简 介

本书介绍了城市的来历以及城市从数字化、信息化发展到智慧化的整个过程；从技术、管理、建设等不同角度阐述了如何构建智慧城市；从系统构成、人才、政策等方面讨论了智慧城市如何能够在新时期发挥其作用，达到人、环境、社会和谐共存；从云计算、大数据、物联网、IPv6、数据安全等多个技术视角，探讨了如何利用已有的技术和系统为智慧城市建设提供支撑；针对智慧城市的不同应用提出了相应的解决方案，并对典型应用案例进行了分析。

本书适合与智慧城市相关的技术人员和管理人员，城市信息化主管，智慧城市产品和服务提供商，以及计算机应用、信息管理、公共管理等专业的高校师生阅读。

未经许可，不得以任何方式复制或抄袭本书之部分或全部内容。
版权所有，侵权必究。

图书在版编目（CIP）数据

智慧城市及其解决方案/张飞舟，杨东凯，张弛编著．—北京：电子工业出版社，2015.9
高等学校电子信息类教材
ISBN 978-7-121-26201-2

Ⅰ．①智… Ⅱ．①张… ②杨… ③张… Ⅲ．①现代化城市—城市建设—高等学校—教材
Ⅳ．①C912.91

中国版本图书馆 CIP 数据核字（2015）第 118538 号

责任编辑：张来盛（zhangls@phei.com.cn）
印　　刷：北京七彩京通数码快印有限公司
装　　订：北京七彩京通数码快印有限公司
出版发行：电子工业出版社
　　　　　北京市海淀区万寿路 173 信箱　邮编　100036
开　　本：787×1 092　1/16　印张：17.5　字数：448 千字
版　　次：2015 年 9 月第 1 版
印　　次：2025 年 1 月第 15 次印刷
定　　价：39.80 元

凡所购买电子工业出版社图书有缺损问题，请向购买书店调换。若书店售缺，请与本社发行部联系，联系及邮购电话：（010）88254888。
质量投诉请发邮件至 zlts@phei.com.cn，盗版侵权举报请发邮件至 dbqq@phei.com.cn。
服务热线：（010）88258888。

前　言

"智慧城市"是近几年来日渐流行的词语：无论是在网络上，在各省市地区的政府报告中，还是在人们日常交谈中，"智慧"都越来越多地和"城市"、"中国"连在了一起。从辞海中可以找到对"智慧"的解释——"对事物能认识、辨析、判断处理和发明创造的能力"，也就是说"智慧"多指人而言。如今，随着互联网的日益普及，物联网的出现，大数据、云计算、移动互联等新概念的兴起，"智慧"一词所涉及的内容便可由"人"到"物"，以至"城市"。如果按照辞海的解释，智慧城市就是"具有认识、辨析、判断处理和发明创造新事物的能力"的城市。其中"认识"的实现由各类自动传感器设备完成，"辨析"则由高性能处理设备完成，"判断处理"可由云计算完成，而"发明创造"可以认为是目前兴起的大数据以及之前发展起来的数据挖掘的产物。换句话说，一座城市具有"发明创造"的能力，必须借助于各类传感设备和各类高性能计算处理设备，在海量数据的支撑下，产生新的造福人类的事物。当然，人是城市的核心组成元素，在构建城市的智慧构成中，人本身的智慧会自然地融入其中，并在各种各样的辅助手段下被放大。套用一句网络流行用语，我们可以这样认为，"智慧城市的发展仅受人们想象力的限制"。

笔者在2010年和2012年分别就"物联网"的技术基础和应用方案编写了两本小册子，其内容涵盖了射频识别、中间件、信息服务、标记语言、系统管理等技术，也详细介绍了物联网应用的领域和安全问题，整理了物流、电网、交通等经典应用的参考架构，所有这些都是今天的智慧城市的组成部分，是建设智慧城市、设计智慧城市不可或缺的技术基础。

《智慧城市及其解决方案》一书从基本概念、关键技术、规划设计、建设管理、应用分析和典型案例等角度对智慧城市展开讨论，并给出了发达国家（如美国、英国、新加坡等）的智慧城市典型案例，以及我国几个城市的规划建设做法，供读者参考。如此编排的原因在于：一、智慧城市更多强调的是一种概念，即城市如何叫"有智慧"；二、新技术层出不穷，新设备使人目不暇接，什么样的技术能够更好地融合于城市建设中，这样新技术的应用会带来什么样的管理方面的变革，甚至人们对管理运行城市理念的变革；三、世界各国各地区，我国各省市地区对城市的建设步伐不尽一致，已有的技术途径和条件也不尽相同，基础设施和人们的精神、物质文明程度呈现不一，因此建设、规划智慧城市的思路也必定不同。

智慧城市所涉及的领域非常宽，不仅有道路、电力等基础设施，而且有教育、医疗等民生工程。对于顶层规划设计人员而言，必须统筹人、物、财各个层面，即使对于某一个具体应用领域的建设者而言，也要综合考虑城市已有的基础条件和可利用的技术资源、人才资源等去设计、规划本领域的具体内容，这才真正体现出"智慧"一词的含义：打破条块分割、信息孤岛的格局，使城市的智慧如同人的智慧一样出自一个大脑，眼、耳、口、鼻和四肢各功能器官相互协调，共同服务于人的目标。

基于此，本书在介绍智慧城市应用案例时，有的侧重于交通应用，有的侧重于物流，也有的侧重于电力、社区医疗等不同领域；但不管哪一具体应用，都要服务于城市的总体智慧建设这一大目标。

"智慧"一词不管如何界定，都是一个较难统一的概念，对"智慧城市"也一样。可以说，本书仅就冰山一角做了阐述，还远不能说给出了完整的智慧城市描绘。这是一个有潜力的伟大事业，要依靠广大同人共同努力，打造服务于人类的美好前景，实现具有中国特色的智慧城市。

在撰写过程中，本书参考或引用了诸多已在实施的工程项目解决方案，其中大多数已在书中注明了出处，但难免有所遗漏。在此，向有关作者和专家表示感谢，并对未能注明出处的引用表示歉意。

本书主要由张飞舟、杨东凯、张弛编著，参加部分编写工作的还有：耿嘉洲、范诗玥、刘相锋、杨泽民、何汉贤、邹贵祥和叶威惠。在编写过程中，中国科学院遥感与数字地球研究所张立福、陈良富就本书的组织结构和技术内容提出了许多宝贵意见，在此特向他们表示诚挚的谢意。

由于编著者水平有限，书中错误和疏漏在所难免，恳请读者批评指正。

编著者

2015 年 6 月于北京

目　　录

第1章　绪论 (1)

1.1 城市概述 (1)
　　1.1.1 城市定义、形成与发展 (1)
　　1.1.2 城市构成要素与功能 (3)
1.2 我国城市发展历程 (5)
　　1.2.1 我国城市发展简史 (5)
　　1.2.2 我国城市发展的历程与规模 (6)
　　1.2.3 我国中心城市与区域中心 (8)
1.3 我国城市化进程与信息化建设 (9)
　　1.3.1 我国城市化进程及其发展目标 (9)
　　1.3.2 我国城市信息化建设 (9)
1.4 智慧城市的产生与发展 (13)
　　1.4.1 智慧城市产生的背景 (13)
　　1.4.2 智慧城市的历史机遇 (14)
　　1.4.3 智慧城市理论的发展 (14)
1.5 智慧城市的内涵与本质特征 (15)
　　1.5.1 智慧城市的概念与内涵 (15)
　　1.5.2 智慧城市的本质特征 (17)
1.6 智慧城市的拟人化模型 (19)
　　1.6.1 智慧基础设施 (19)
　　1.6.2 智慧治理 (20)
　　1.6.3 智慧民生 (22)
　　1.6.4 智慧产业 (22)
　　1.6.5 智慧人群 (23)
　　1.6.6 智慧环境 (24)
1.7 智慧城市发展现状与趋势分析 (25)
　　1.7.1 国外发展状况 (25)
　　1.7.2 国内发展状况 (29)
　　1.7.3 智慧城市建设路径选择 (31)
　　1.7.4 我国智慧城市发展趋势 (32)
讨论与思考题 (35)

第2章　智慧城市体系架构 (36)

2.1 智慧城市业务模型与主体构成 (36)
　　2.1.1 智慧城市业务模型 (36)

  2.1.2 智慧城市主体构成 ……………………………………………………………… (36)
 2.2 智慧城市体系框架 …………………………………………………………………… (38)
 2.3 智慧城市层次结构 …………………………………………………………………… (39)
  2.3.1 基础设施 ………………………………………………………………………… (39)
  2.3.2 决策支持 ………………………………………………………………………… (40)
  2.3.3 服务应用 ………………………………………………………………………… (40)
 2.4 智慧城市技术架构 …………………………………………………………………… (41)
  2.4.1 智慧城市总体技术框架 ………………………………………………………… (41)
  2.4.2 智慧城市技术层次结构 ………………………………………………………… (42)
 讨论与思考题 ……………………………………………………………………………… (43)

第3章　智慧城市技术层次构成 …………………………………………………………… (44)

 3.1 感知层 ………………………………………………………………………………… (44)
  3.1.1 感知对象与感知方式 …………………………………………………………… (44)
  3.1.2 感知网络与感知技术 …………………………………………………………… (44)
  3.1.3 RFID 技术 ……………………………………………………………………… (47)
  3.1.4 传感器技术 ……………………………………………………………………… (48)
  3.1.5 条形码技术 ……………………………………………………………………… (49)
 3.2 接入层 ………………………………………………………………………………… (50)
  3.2.1 光纤通信 ………………………………………………………………………… (50)
  3.2.2 蜂窝移动通信技术 ……………………………………………………………… (51)
  3.2.3 卫星通信 ………………………………………………………………………… (53)
  3.2.4 移动互联网 ……………………………………………………………………… (54)
 3.3 网络层 ………………………………………………………………………………… (55)
  3.3.1 无线传感网络技术 ……………………………………………………………… (55)
  3.3.2 无线传输技术 …………………………………………………………………… (58)
  3.3.3 自组织通信技术 ………………………………………………………………… (59)
  3.3.4 IP 承载技术 ……………………………………………………………………… (61)
 3.4 应用层 ………………………………………………………………………………… (62)
  3.4.1 应用层概念与应用对象 ………………………………………………………… (62)
  3.4.2 应用平台 ………………………………………………………………………… (63)
  3.4.3 中间件技术 ……………………………………………………………………… (64)
 讨论与思考题 ……………………………………………………………………………… (68)

第4章　智慧城市支撑技术 ………………………………………………………………… (69)

 4.1 云计算技术 …………………………………………………………………………… (69)
  4.1.1 云计算概念与原理 ……………………………………………………………… (69)
  4.1.2 云计算体系结构 ………………………………………………………………… (72)
  4.1.3 云计算核心技术 ………………………………………………………………… (73)
 4.2 地理空间信息与可视化技术 ………………………………………………………… (74)

    4.2.1 GIS 概念、组成及功能 ··· (74)
    4.2.2 GIS 可视化技术 ·· (77)
  4.3 大数据技术 ·· (79)
    4.3.1 概述 ·· (79)
    4.3.2 大数据应用 ·· (80)
    4.3.3 大数据价值 ·· (81)
  4.4 信息安全技术 ·· (81)
    4.4.1 概述 ·· (81)
    4.4.2 云计算安全 ·· (82)
    4.4.3 云数据隐私保护 ·· (84)
    4.4.4 可信云计算 ·· (85)
  4.5 物联网技术 ·· (86)
    4.5.1 物联网概念 ·· (86)
    4.5.2 物联网技术 ·· (88)
  讨论与思考题 ··· (90)

第 5 章 智慧城市规划设计 ·· (91)

  5.1 概述 ·· (91)
    5.1.1 智慧城市顶层规划 ·· (91)
    5.1.2 智慧城市规划内容 ·· (92)
    5.1.3 智慧城市顶层规划推进策略 ·· (92)
  5.2 智慧城市系统功能体系规划 ·· (93)
    5.2.1 政府公共服务功能 ·· (93)
    5.2.2 城市综合管理功能 ·· (93)
    5.2.3 社会民生服务功能 ·· (94)
  5.3 基础设施体系规划 ·· (96)
    5.3.1 电子政务外网规划 ·· (96)
    5.3.2 城市物联网规划 ·· (97)
    5.3.3 城市无线网络接入规划 ·· (98)
  5.4 智慧城市保障体系规划 ·· (98)
    5.4.1 智慧城市体制与机制 ·· (98)
    5.4.2 智慧城市法规建设与执行 ·· (99)
  5.5 智慧城市集成规划 ·· (99)
    5.5.1 系统集成 ·· (99)
    5.5.2 信息集成 ··· (100)
  讨论与思考题 ·· (101)

第 6 章 智慧城市一级平台设计 ··· (102)

  6.1 智慧城市系统总体架构 ·· (102)
    6.1.1 系统层次体系架构 ··· (102)

6.1.2 一级平台信息及数据组织 (103)
6.2 一级平台功能设计 (104)
    6.2.1 数据资源管理功能 (104)
    6.2.2 数据交换共享功能 (105)
    6.2.3 数据分析与展现功能 (106)
    6.3.4 可视化管理功能 (107)
    6.2.5 统一认证功能 (108)
    6.2.6 共享数据仓库功能 (108)
    6.2.7 综合信息集成门户网站功能 (109)
讨论与思考题 (110)

第7章 智慧城市功能平台设计 (111)

7.1 智慧政府平台 (111)
    7.1.1 智慧政府平台规划内容 (111)
    7.1.2 智慧政府数据资源中心 (112)
    7.1.3 智慧政府平台门户网站 (113)
    7.1.4 政府平台应用示例 (113)
7.2 智慧公共安全管理平台 (114)
7.3 智慧应急指挥平台 (118)
7.4 智慧医疗卫生服务平台 (120)
    7.4.1 智慧医疗卫生服务平台结构 (121)
    7.4.2 智慧医疗卫生应用系统 (121)
    7.4.3 智慧医院 (125)
7.5 智慧社区服务平台 (127)
    7.5.1 智慧社区的特点与作用 (127)
    7.5.2 智慧社区应用系统 (128)
    7.5.3 智慧社区医疗服务系统 (130)
讨论与思考题 (133)

第8章 智慧城市建设与管理 (134)

8.1 我国智慧城市建设内容与管理模式 (134)
    8.1.1 智慧城市建设内容 (134)
    8.1.2 智慧城市管理的内容与模式 (135)
8.2 智慧城市建设运营 (139)
    8.2.1 智慧城市运营模式影响因素 (139)
    8.2.2 智慧城市运营的支撑要素 (140)
    8.2.3 智慧城市运营管理 (143)
8.3 智慧城市建设风险控制 (145)
    8.3.1 智慧城市顶层设计和组织机构的风险控制 (145)
    8.3.2 智慧城市人才体系与技术的风险控制 (146)

         8.3.3 智慧城市资金与运营模式的风险控制 …………………………………… (147)
         8.3.4 智慧城市信息安全与支撑环境的风险控制 ……………………………… (147)
   8.4 智慧城市建设发展水平评估 ……………………………………………………… (148)
         8.4.1 智慧城市评价构建原则 …………………………………………………… (148)
         8.4.2 智慧城市建设效果评价模式 ……………………………………………… (150)
         8.4.3 基于内容的智慧城市评价指标 …………………………………………… (151)
         8.4.4 智慧城市金字塔式评价模型 ……………………………………………… (154)
   讨论与思考题 ………………………………………………………………………………… (158)

第9章 智慧城市应用体系与智慧产业 …………………………………………………… (159)
   9.1 智慧城市应用体系 ………………………………………………………………… (159)
   9.2 智慧产业的概念和特征 …………………………………………………………… (161)
   9.3 新兴智慧产业 ……………………………………………………………………… (162)
         9.3.1 物联网制造业 ……………………………………………………………… (162)
         9.3.2 物联网服务业 ……………………………………………………………… (165)
   9.4 传统产业智慧化改造 ……………………………………………………………… (166)
         9.4.1 第一产业智慧化改造 ……………………………………………………… (166)
         9.4.2 第二产业智慧化改造 ……………………………………………………… (168)
         9.4.3 第三产业智慧化改造 ……………………………………………………… (169)
   讨论与思考题 ………………………………………………………………………………… (174)

第10章 智慧城市信息服务 ………………………………………………………………… (175)
   10.1 概述 ……………………………………………………………………………… (175)
         10.1.1 智慧城市信息服务需求分析 ……………………………………………… (175)
         10.1.2 智慧城市信息服务功能分析 ……………………………………………… (178)
   10.2 智慧城市信息服务关键因素 …………………………………………………… (181)
         10.2.1 智慧城市信息服务宏观环境因素 ………………………………………… (181)
         10.2.2 智慧城市信息服务中观资源因素 ………………………………………… (182)
         10.2.3 智慧城市信息服务微观主体因素 ………………………………………… (187)
         10.2.4 智慧城市信息服务关键因素总体模型 …………………………………… (190)
   10.3 智慧城市信息服务体系构建原则 ……………………………………………… (191)
         10.3.1 政府主导原则 ……………………………………………………………… (191)
         10.3.2 系统组织原则 ……………………………………………………………… (192)
         10.3.3 需求导向原则 ……………………………………………………………… (193)
   10.4 智慧城市的服务体系构建模式 ………………………………………………… (193)
         10.4.1 智慧城市信息服务体系框架 ……………………………………………… (193)
         10.4.2 智慧城市信息服务平台的构建 …………………………………………… (195)
         10.4.3 基础设施智能化构建模式 ………………………………………………… (195)
         10.4.4 基于物联网的构建模式 …………………………………………………… (196)
         10.4.5 基于云计算的构建模式 …………………………………………………… (197)

10.5 智慧城市信息服务运行模式……（200）
10.5.1 智慧城市信息服务驱动模式……（200）
10.5.2 智慧城市信息服务经营模式……（201）
10.5.3 智慧城市信息服务实现模式……（203）
10.5.4 智慧城市信息服务运行系统模型……（204）
讨论与思考题……（205）

第11章 智慧城市应用案例……（206）
11.1 国外智慧城市建设案例……（206）
11.1.1 美国"智能电网"建设……（206）
11.1.2 瑞典斯德哥尔摩"智慧交通"建设……（209）
11.1.3 马来西亚"多媒体超级走廊"建设……（211）
11.1.4 新加坡"智慧国"建设……（216）
11.2 国内智慧城市建设案例分析……（223）
11.2.1 上海智慧城市建设……（223）
11.2.2 智慧宁波建设……（228）
11.2.3 广州智慧城市建设……（233）
11.2.4 智慧苏州建设……（237）
11.2.5 智慧北京建设……（246）
讨论与思考题……（255）

附录 关于促进智慧城市健康发展的指导意见……（256）

参考文献……（262）

第1章 绪　　论

1.1　城市概述

城市作为人类的交易中心和聚集中心，是人类经济社会发展到一定阶段的产物。城市的出现是人类社会步入文明时代的标志，也是人类群居生活的高级形式。随着人类文明的进步和经济社会的发展，城市人口不断挑战历史新高，城市规模持续加速增长，各类城市得到了飞速发展。城市数量和城市人口的不断增多，赋予了城市前所未有的经济、政治和技术的权力，城市被无可避免地推到了社会舞台的中心，发挥着主导作用。

1.1.1　城市定义、形成与发展

1. 城市定义

一般而言，人口较稠密的地区称为城市，包括住宅区、工业区和商业区并具备行政管辖功能，涉及较其本身更广泛的区域，其中有居民区、街道、医院、学校、写字楼、商业卖场、广场以及公园等公共设施。一个区域作为城市必须有规范性，人口密集、工商业发达、居民以非农业人口为主，通常是周围地区的政治、经济、文化交流中心。"城市"的提法本身就包含了两方面的含义："城"为行政地域的概念，即人口的集聚地；"市"为商业的概念，即商品交换的场所。但是，对于"城市"的具体定义，不同历史发展阶段也不尽相同，通常有如下几种。

（1）《辞源》一书中，"城市"被解释为人口密集、工商业发达的地方。

（2）地理学上的"城市"是指地处交通方便，有一定面积的人群和房屋的密集结合体。

（3）城市规划学的《城市规划基本术语标准》："城市"是以非农业产业和非农业人口集聚为主要特征的居民点。在中国，包括按国家行政建制设立的市、镇。

（4）按照社会学的传统，"城市"被定义为具有某些特征的、在地理上有界的社会组织形式。即：① 人口相对比较多，密集居住，并有异质性；② 至少一些人从事非农业生产，并有一些是专业人员；③ 城市具有市场功能，且至少有部分制定规章的权力；④ 城市显示了一种相互作用的方式，个人并非作为一个完整的人而为人所知，这就意味着至少一些相互作用是在并不真正相识的人中间发生的，城市要求有一种超越家庭或家族之上的"社会联系"。

（5）经济学认为，城市是具有相当面积，经济活动和住户集中，以至在私人企业和公共部门产生规模经济的连片地理区域；也有专家学者认为，城市是一个坐落在有限空间地区内的各种经济形式市场——住房、劳动力、土地、运输等，相互交织在一起的网络系统。

2. 城市形成

城市是人类文明的重要组成部分，是伴随人类文明与进步发展起来的，是人类社会大分工和商品经济发展到一定阶段的产物，也是人类物质文明和精神文明在一定时间和空间的聚集。城市的出现是人类走向成熟和文明的标志，也是人类群居生活的高级形式。城市的起源

有因"城"而"市"和因"市"而"城"两种类型：因"城"而"市"就是城市的形成先有城后有市，市是在城的基础上发展起来的，这种类型的城市多见于战略要地和边疆城市，如天津起源于天津卫；而因"市"而"城"则是由于市的发展而形成的城市，即是先有市场后有城市的形成，这类城市比较多见，是人类经济发展到一定阶段的产物，本质上是人类的交易中心和聚集中心。城市的形成，无论多么复杂，都不外乎这两种形式。

早期，人类居无定所，随遇而栖，三五成群，渔猎而食。但是，在对付个体庞大的凶猛动物时，三五个人的力量显得单薄，只有联合其他群体，才能获得胜利。随着群体力量的强大，收获也就丰富起来，抓获的猎物不便携带，找地方贮藏起来，久而久之便在那地方定居下来。大凡人类选择定居的地方，都是些水草丰美、动物繁盛的处所。定居下来的先民，为了抵御野兽的侵扰，便在驻地周围扎上篱笆，形成了早期的村落。随着人口的繁盛，村落规模也不断地扩大，猎杀一只动物，整个村落的人倾巢出动显得有些多了，且不便分配，于是村落内部便分化出若干个群体，各自为战，猎物在群体内分配。由于群体的划分是随意进行的，那些老弱病残的群体常常抓获不到动物，只好依附在力量强壮的群体周围，获得一些食物。而收获丰盈的群体，不仅消费不完猎物，还可以把多余的猎物拿来，与其他群体换取自己没有的东西，于是早期的"城市"便形成了。《世本·作篇》记载：颛顼时"祝融作市"。颜师古注曰："古未有市，若朝聚井汲，便将货物于井边货卖，曰市井。"这便是"市井"的来历。与此同时，在另一些地方，生活着同样的村落，村落之间常常为了一只猎物发生械斗。在当时，各村落为了防备其他村落的侵袭，便在篱笆的基础上筑起城墙。《吴越春秋》一书有这样的记载："筑城以卫君，造郭以卫民。"城以墙为界，有内城、外城的区别。内城叫城，外城叫郭。内城里住着皇帝高官，外城里住着平民百姓。这里所说的君，在早期应该是猎物和收获很丰富的群体，而民则是收获贫乏、难以养活自己，依附在收获丰盈的群体周围的群体了。

人类最早的城市其实具有"国"的意味，这恐怕是人类城市的形成及演变的大致过程。学术界关于城市的起源有三种说法：① 防御说，即建城郭的目的是为了不受外敌侵犯。② 集市说，认为随着社会生产发展，人们手里有了多余的农产品、畜产品，需要有个集市进行交换。进行交换的地方逐渐固定了，聚集的人多了，就有了市，后来就建起了城。③ 社会分工说，认为随着社会生产力不断发展，一个民族内部出现了一部分人专门从事手工业、商业，一部分专门从事农业。从事手工业、商业的人需要有个地方集中起来，进行生产、交换，因此才有了城市的产生和发展。

农耕时代，人类开始定居；伴随工商业的发展，城市崛起和城市文明开始传播。其实在农耕时代，城市就出现了，但其作用是军事防御和举行祭祀仪式，并不具有生产功能，只是个消费中心。那时城市的规模很小，因为周围的农村提供的余粮不多；每个城市和它控制的农村，构成一个小单位，相对封闭，自给自足。学者们普遍认为，真正意义上的城市是工商业发展的产物。例如，13世纪的地中海沿岸、米兰、威尼斯、巴黎等，都是重要的商业和贸易中心。其中威尼斯在繁盛时期，人口超过20万。工业革命之后，城市化进程大大加快了，由于农民不断涌向新的工业中心，城市获得了前所未有的发展。到第一次世界大战前夕，英国、美国、德国、法国等绝大多数人口都已生活在城市。这不仅是富足的标志，而且是文明的象征。

3. 城市发展

农业经济时代，生产力水平低下，城市发展非常缓慢，重要的城市均为具有政治统治作用的都城、州府等。18世纪后，工业化进程促进了生产力水平的提高，加快了城市的发展。

最初城市中的工业集聚，也是为了使商品交换变得更为容易（可就地加工、就地销售）而形成的。在城市中直接加工销售相对于将已加工好的商品拿到城市中来交换而言，则正是一种随着工业城市的出现而产生的一种商业变革。城市规模、城市功能、城市布局和城市交通等几方面所发生的变化，也都必然地会对城市的商业活动带来影响，促使其发生相应的变革。城市经济学对城市做了不同能级的分类，如小城市、中等城市、大城市、国际化大都市、世界城市等，其标准是人口的规模。

按城市综合经济实力和世界城市发展的历史，城市分为集市型、功能型、综合型、城市群等类别，这些类别也对应于城市发展的各个阶段，是任何城市都必须经过的阶段。① 集市型：属于周边农民或手工业者商品交换的集聚地，商业主要由交易市场、商店和旅馆、饭店等配套服务设施所构成。处于集市型阶段的城市在中国主要有集镇。② 功能型：通过自然资源的开发和优势产业的集中，开始发展其特有的工业产业，从而使城市具有特定的功能，即不仅是商品的交换地，同时也是商品的生产地。但城市因产业分工而形成的功能单调，对其他地区和城市经济交流的依赖增强，商业开始由封闭型的城内交易为主转为开放性的城际交易为主，批发贸易业有了很大的发展。这类城市主要有工业重镇、旅游城市等。③ 综合型：一些地理位置优越和产业优势明显的城市经济功能趋于综合型，金融、贸易、服务、文化、娱乐等功能得到发展，城市的集聚力日益增强，从而使城市的经济大大提高，成为区域性、全国性甚至国际性的经济中心和贸易中心；商业由单纯的商品交易向综合服务发展，商业活动也扩展延伸为促进商品流通和满足交易需求的一切活动。这类城市在中国比较典型的有直辖市、省会城市。④ 城市群：经济功能已不再由一个孤立城市体现，而是由一个中心城市（核心）和与其保持着密切经济联系的一系列中小城市共同组成的城市群来体现，如美国大西洋沿岸的波士顿城市带，日本的东京、大阪、名古屋三大城市圈，英国的伦敦—利物浦城市带等，上海所在的长江三角洲地区实际上也正在形成一个经济关系密切的长江三角洲城市群，其整体经济功能已在日益凸现。

1.1.2 城市构成要素与功能

1. 城市构成要素

城市是在人类社会经济活动中形成并获得发展的。随着科技的发展，人类对城市的影响和主导作用不断增强，一个突出表现就是城市的规划和建设。尽管由于地理环境、历史等自然和社会因素的影响，每个城市的建设有所不同，但有一些基本要素是所有城市的建设和发展必须关注的，主要包括自然环境、市民、物质基础设施、社会基础设施、政府、企业、社区和其他组织，它们共同构成城市存在和发展的基础。图 1.1 所示为城市构成要素。其中，良好的自然环境状况是城市赖以形成和发展的必要前提；市民生产和生活处于城市的核心地位；以人为本的城市物质基础设施和社会基础设施为城市的存在和发展提供了保障；而政府的公共服务、管理，以及面向未来发展的规划、产业政策制定和调整行为，是城市适应环境、健康发展的主导力量；企业、社区和其他组织是城市功能实现和完善的载体。在城市的发展过程中，物

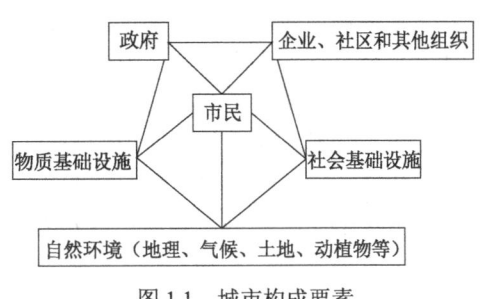

图 1.1 城市构成要素

质基础设施的建设，社会基础设施的发展，政府的管理与服务，企业、社区和其他组织的社会经济活动，市民的生活和工作，都必须建立在以人为本的思维和理念的基础上，而且以人为本是城市建设尊重自然规律的体现和基本原则。此外，现代技术尤其是智能技术的发展，为人类利用自然和开展社会经济活动提供了新的方式和便捷工具，通过智能技术的网络连接，人类活动可以在更好地适应自然的基础上，创造更为智慧和舒适的生活。

简单地说，上述城市的构成要素可以划分为城市的基础设施和市民两部分。城市的基础设施是城市功能赖以实现的基础，可以用城市的硬设施和软环境来描述。城市的硬设施，通常是指较易进入市民视觉的因素，具有较强的物质性，如城市设施环境、城市气候环境、城市地理环境以及城市生活环境等；城市的软环境，一般是指易被市民用心理感觉的因素，具有较强的精神性，如一个城市的诚信环境、服务环境、制度环境、文化环境以及文明环境等。一个城市的硬环境是软环境的载体，而软环境是城市发展的吸引力和核心竞争力，是硬环境得以产生价值和效应的关键因素，是衡量一个城市文明程度的重要指标。在城市经营中，软环境是促进一个城市发展的决定性因素，其主要内涵包括人才环境和政策环境的营造，城市文化环境的构造与提升，城市形象环境的塑造与营销等。

2. 城市功能及其演变

城市功能是指具有特定结构的城市系统在内部和外部的物质、信息、能量相互作用的关系或联系中所表现出来的属性、能力和效用，包括对内功能和对外功能两部分。城市功能作为一种属性，表现为城市经营管理过程中各实施要素的性质和相互间的关系；作为一种能力，是城市运营对城市自身发展和区域发展所产生的影响强度；作为一种效用，必须依赖于特定的城市实体地域及其经营管理过程，并表现为它对国家或地区以及在其自身的政治、经济、文化生活中所产生的关系、能力和作用，是城市生命力之所在。

按所发挥作用的不同，城市功能也可分为主导功能和一般功能两部分。主导功能是指某一个城市所具有的特殊功能，它在城市诸功能中处于突出地位，起着主导作用，在特定历史时期影响或左右城市其他功能的运行，甚至决定着城市的性质和发展方向；一般功能是指所有城市都具有的生产、流通、分配、社会以及行政等共同性功能，它通常围绕着主导产业并为之提供配套服务。通常而言，城市的主导功能往往是由城市的优势产业创造出来的。

城市通常由多个功能区构成，作为城市功能的载体，每个功能区都有自己所承担的主要功能，确保自己所占有的资源共享优势得以充分发挥，城市的功能就是所有功能区功能的集合体。产业集聚和功能优化是城市功能区的本质特征，也使整个城市在多元功能整合的基础上进入更高的运行层次。

作为历史范畴，城市功能随着社会生产力的进步和社会分工的细化而不断丰富和发展，而且日益呈现出多元化、综合化的趋势。工业革命以来城市功能的演变如图1.2所示。前工业社会，城市的功能主要偏重于军事、政治、宗教等非经济方面；工业革命以来，生产力的飞速发展带来了城市工商业的繁荣，城市的经济功能上升为主导地位，城市成为工业生产、商业贸易、交通运输等经济活动的中心；现代社会，城市作为信息、文化中心的功能呈上升趋势，生产功能逐步让位于服务功能。

工业经济时代的城市功能结构概括起来有两个主要特征：① 不同功能之间以互不干扰的空间隔离为原则，功能内部以集聚效应、规模效应为原则；② 不同城市功能的联系和完成都要通过城市道路网来实现，形成以可达性为准则的区位原则。上述特征表现在空间上就形成以土地成本、交通成本为约束，按区位分布的分区布局特征。

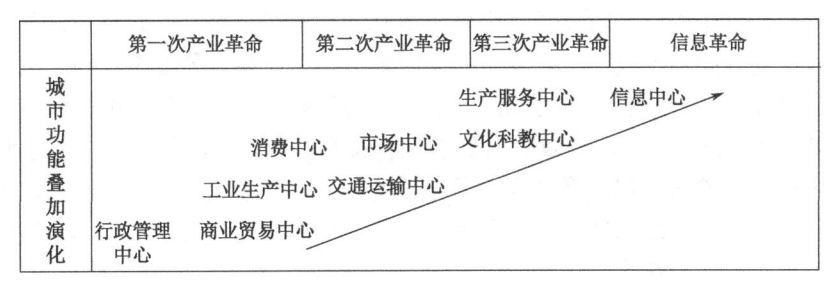

	第一次产业革命	第二次产业革命	第三次产业革命	信息革命
城市功能叠加演化	行政管理中心	消费中心 商业贸易中心 工业生产中心	市场中心 交通运输中心 生产服务中心 文化科教中心	信息中心

图 1.2　工业革命以来城市功能的演变

进入信息时代，城市功能发生着根本性的变迁：① 城市功能内部由集聚型向分散型转化，即城市物质生产组织形态从大工厂分散为以信息网络为基础的小企业，工业生产的空间组合方式以地域上的分散化分布取代了成片工业区的存在方式；② 城市功能边界的模糊化，即信息网络导致流通领域与生产领域的边界模糊；③ 城市功能实现方式的虚拟化、智能化。

1.2　我国城市发展历程

1.2.1　我国城市发展简史

我国城市的发展大致可分为三个时期：城市起源和初期发展时期、封建社会时期（包括前、中、后三个时期）以及近现代时期。

1. 起源与初期发展时期

我国是世界上人类发源地之一。距今 7 000 到 8 000 年前的新石器时代，在黄河流域和长江流域出现了相当先进的农业经济。随着农业的出现，永久性的村落也开始出现。新石器时代，距今大约 8 400 年的天水大地湾遗址，总面积为 110 万平方米，出土房址 238 座、灰坑 357 个、墓葬 79 座、窑 38 座、灶台 106 座、防护和排水用的壕沟 8 条，各种骨、石、蚌、陶器、装饰器和生活器物共计 8 034 件。研究显示，大地湾遗址的人类活动历史由距今 8 000 年推前至距今 6 万年。仰韶文化时代，村落的规模已相当可观：河南渑池仰韶村遗址，面积近 30 万平方米；陕西西安半坡遗址，面积约 5 万平方米；临潼姜寨遗址，面积为 5.5 万平方米。这些村落都已有一定规模，特别是后两个遗址，在居住区外发现了起防御作用的壕沟。距今 4 000 至 5 000 年的龙山文化时期，生产力有进一步的发展，氏族社会走向解体，部落之间的战争也日趋激烈，这时出现了城市的萌芽——城堡。

2. 封建社会时期

（1）前期发展。自春秋开始，我国奴隶制社会逐渐走向解体；至战国时代后期，封建制度最后得以确立。这一时期是社会大动荡、大分化时期，也是经济和城市发展最为活跃的时期。

（2）中期发展。西汉时期，我国的经济重心在北方，城市的分布也以北方为主。东汉末期，北方军阀混战，黄淮流域遭到极大破坏。其后虽有魏晋时的短暂统一，但不久北方地区接连受到边远地区游牧部落的侵占，经济又遭到极大破坏。与此相反，江南地区自孙吴以后，经济逐渐发展，至唐后期成为中国新的经济重心。

（3）后期发展。从元代开始，我国作为一个统一的国家就再也未分裂过。元、明、清三代的统一局势，造就了中国城市发展史上最为雄伟、辉煌的都城——北京。但是，从总体上看，随着封建社会开始走下坡路，元、明、清时期城市的发展未能在宋代的基础上取得全面突破，在某些方面甚至有所倒退。例如，明清时的海禁政策，就阻碍了港口城市的发展。又如，随着城市商业的发展，南宋都城临安市中心的商业非常繁荣，已形成中心商业区。然而，元大都乃至明清北京城的规划却将皇宫置于全城的中心，并按《考工记·匠人》所述的"左祖右社"的思想布置了天坛和地坛，这种"皇权至上"布局充分反映了封建统治者试图利用城市规划来维护其最后的统治。

3. 近现代时期

1840年爆发的鸦片战争，外国资本大举入侵，不仅对中国封建经济的基础起了解体作用，同时又给中国资本主义生产的发展造成了某些客观的条件和可能。随着资本主义世界工业革命的兴起，工业新技术和大机器生产的浪潮也波及中国，使中国城市的发展速度超过以往任何时期。但是，由于处于半殖民地半封建社会，我国城市化进程与资本主义国家相比，又十分缓慢。

1.2.2 我国城市发展的历程与规模

1. 我国城市发展历程

自1949年新中国成立以来，我国的城市社会经济建设发生了翻天覆地的变化。城市化进程快速推进，城市发展布局和结构日趋合理，城市经济在国民经济中的重要作用日益显著，城市居民生活质量和生活环境得到极大改善。仅就个数而言，建国前我国仅有132个城市，而2014年发展到近700个，增长至5倍以上。在此过程中，城市化进程经历了以下几个阶段：

（1）起步阶段（1949—1957年）。1949年新中国刚成立时，全国仅有城市132个，市区人口3 949万人，占全国总人口的7.3%。在第一个五年计划时期，随着156项重点工程的启动和推进，出现了一批新的工矿城市，如纺织机械工业城市榆次，煤炭新城鸡西、双鸭山、焦作、平顶山、鹤壁等，钢铁新城马鞍山，石油新城玉门等；还完善了一批老城，扩建了武汉、成都、太原、西安、洛阳、兰州等工业城市，发展了鞍山、本溪、齐齐哈尔等中等城市和哈尔滨、长春等大城市。到1957年末，我国城市发展到176个，比1949年增长33.3%，平均每年增长10%；市区人口增加到7 077.27万人，比1949年增长79.2%，平均每年增长19.9%，在全国人口中的比重提高到10.9%。

（2）波动较大阶段（1958—1965年）。第二个五年计划时期，城市的发展同国民经济的巨大震动一样，也呈现由扩大到紧缩的变化。在三年"大跃进"后，我国城市数量由1957年176个增加到1961年的208个，增长18.2%；城市人口增加到10 132.47万人，增长43.2%；占全国总人口比重提高到15.4%。1962年开始的国民经济调整时期，又被迫撤销了一大批城市，到1965年全国拥有城市168个，与1961年相比，减少40个，下降20%。其主要原因，一是将"一五"时期以来设置的市恢复到县的建制；二是将一部分地级市降为县级市，停缓建大批建设项目，动员2500万左右职工回农村，市区人口下降到8 857.62万人，下降12.6%，在全国人口中的比重下降至12.2%。

（3）停滞发展阶段（1966—1978年）。1966年开始的文化大革命，使得我国国民经济长期徘徊不前，相应的城市发展也十分缓慢，城市化进程受阻。1966年到1978年12年间，全国仅增加城市26个，平均每年2个，1978年城镇人口（居住在城镇地区半年及以上的人口）为17 245万人，城镇人口占全国总人口的比重为17.92%。

（4）快速发展阶段（1979—1991年）。党的十一届三中全会以来，随着对内改革、对外开放的一系列政策措施的实施，我国城市的建设与发展同国民经济一样进入了生机旺盛的时期。从80年代起，城市经济体制改革陆续展开，特别是进入90年代以后，小城镇发展战略的实施、经济开发区的普遍建立以及乡镇企业的兴起，带动了城市化水平的快速发展。城市经济辐射面增强，城市的中心作用得到进一步发挥，多年来的城乡分割被打破。1979年到1991年的20年间，全国共新增加城市286个，相当于前30年增加数的约4.7倍，平均每年新增15个。到1991年末，城镇人口增加到31 203万人，比1978年增长80.9%，年均增长5.8%；城市化率达到26.94%，比1978年提高了9个百分点。

（5）城市化稳定发展阶段（1992—2008年）。党的十四大明确了建立社会主义市场经济体制的总目标，确立了社会主义市场经济体制的基本框架。城市作为区域经济社会发展的中心，其地位和作用得到前所未有的重视。2002年11月党的十六大明确提出"要逐步提高城市化水平，坚持大中小城市和小城镇协调发展，走中国特色的城市化道路"，从此揭开了我国城镇建设发展的新篇章，城市化与城市发展空前活跃。到2008年底，全国城市总数达到656个，比1991年增加176个，增长36.7%，年均增加11个；城镇人口比1991年增加90.3%，年均增长5.6%；城市化率提高到45.68%，比1991年提高近19个百分点。

（6）城市化发展新阶段（2009—2013年）。2000—2012年期间，我国城市基础设施建设增长了30%，其中污水处理、公园绿地、医院等城市功能设施都在大幅度增长，如表1.1所示。2012年，"美丽中国"第一次被写进中国共产党全国代表大会的报告：在党的十八大报告里，生态文明建设被提升到与经济建设、政治建设、文化建设、社会建设相同的高度，列入中国特色社会主义"五位一体"总体布局。

表1.1 我国2000—2012年期间城镇化增长情况

城镇化增长内容	2000年	2012年
城市用水普及率/%	63.9	97.2
城市燃气普及率/%	44.6	93.6
人均道路面积/m²	6.1	14.4
人均住宅建筑面积/m²	20.3	32.9
人均公园绿地面积/m²	3.7	12.3
污水处理率/%	34.3	87.3
普通中学/所	14473	17333
医院病床数/万张	142.6	273.3

目前，我国城市建设正处在新发展的历史时期。国家新四化建设，新一代信息通信技术发展和应用，以及现实的需求三股驱动力，加上智慧地球理念的冲击以及欧美亚太地区发达国家智慧城市建设的影响，从2010年开始，我国就开始了智慧城市建设的进程。经过近几年的发展，已经越过了最初的概念启动期，进入试点立项、规划设计和具体实施阶段。截至2013年底，由国家相关部委、企业、行业协会和学会、若干大城市相关单位等确定的智慧城市（区、镇）试点项目约700个，其中住建部试点达到202个。在试点项目发展的进程中逐步明确了

智慧城市建设的四大目标：改善民生、科学决策、激励创新、生态低碳，既符合当前国家新型城镇化建设（包括改造）的现实需求，也规范了包括智慧社区在内的智慧城市指标体系。

2. 我国城市发展规模

中国市长协会2013年7月5日在北京发布的《中国城市发展报告（2012）》显示，截至2012年末，全国（不含港澳台地区）共有658个设市城市，而2013年底已有设市城市672个。其中，1997年设立了新的直辖市——重庆市，新的地级市——青海省海东市；2013年2月设立新的县级市——吉林省扶余市。

按照城市聚居人口多少可以区分城市的规模，各国的具体分级标准不尽一致。联合国将2万人作为定义城市的人口下限，10万人作为划定大城市的下限，100万人作为划定特大城市的下限。我国在城市统计中对城市规模的分类标准有所不同，市区常住人口50万以下的为小城市，50万～100万的为中等城市，100万～300万的为大城市，300万～1 000万的为特大城市，1 000万以上的为巨大型城市。

1.2.3 我国中心城市与区域中心

20世纪80年代以来，我国经济学界通常把对国家或省级地区经济社会发展起主要基地作用的大城市或特大城市称作中心城市，它们构成了全国经济活动网络的主要连接点，对全国国民经济发展起主导作用。

2000年全球GDP的45%以上是由国家中心城市贡献的。在城市化与全球化时代，一个国家的地位，正是由中心城市的地位所决定的。国家中心城市是指在一定区域内和全国社会经济活动中处于重要地位、具有综合功能或多种主导功能、起着枢纽作用的大城市和特大城市，应具备综合经济能力、科技创新能力、国际竞争能力、辐射带动能力、交通通达能力、信息交流能力以及可持续发展能力等七大指标。

西方国家的中心城市，通常指在一组相互接近、联系密切、不同规模的城镇群体中，规模最大或位置适中的城市，它们在经济、社会、文化等方面发挥主导作用，是经济区域内生产和交换集中的地方，对周围地区产生较强的经济辐射作用，它们承担组织和协调区域经济活动的职能，其主要途径为：① 进行生产的分工、协作和扩散；② 通过流通，互通有无，促进竞争，形成优势；③ 通过财政、金融、税收等经济手段和人才培训等促进地方经济发展。为此，中心城市必须适当超前发展，同时需要以区域经济的发展为保证，并形成以中心城市为核心，各城镇有专业分工、各具特色的城镇体系。

我国中心城市通常是国家城镇体系顶端的城市，在全国具备引领、辐射、集散功能。我国的国家中心城市发端于2005年，建设部根据《城市规划法》编制全国城镇体系规划时，就提出了这一概念。2009年2月，在城乡建设部编制的《全国城镇体系规划》中，确立了五个中心城市：上海是东部的中心，北京、天津是北方地区和环渤海地区的中心，广州是珠三角地区的中心，重庆则是西部的中心。

城市作为区域的中心是一定地域内的经济聚集体，在一定的区域内发挥经济、金融、信息、贸易、科教和文化中心的作用，发挥在区域和省域经济社会发展中的服务、辐射和带动作用。区域中心城市的概念在2010年2月的《全国城镇体系规划（2010—2020年）（草案）》被调整为中国地理大区的区域中心，而非省级区域的区域中心，即沈阳（东北）、南京（华东)、武汉(华中)、深圳(华南)、成都(西南)、西安(西北)。另外,除国家中心城市和区域中心城市以外,经济发展较好的省会,拥有一定的辐射能力、对周边城市具有影响的城市,如厦门、青岛、大连、宁波、苏州、济南、福州、兰州、郑州、合肥、长沙、昆明、贵阳等,也在发挥中心城市的作用。

1.3 我国城市化进程与信息化建设

1.3.1 我国城市化进程及其发展目标

我国的城市化正处于快速发展阶段,当前全国的城市化率已超过50%,而且还在持续提高,未来10—25年的时间将是我国社会整体变迁期,在此期间将有数亿农村人口迁入城市,这一巨大变迁对我国经济、社会、文化的全面发展有着不可估量的推动作用。从时间进程看,我国城市化率从新中国成立时的10%到2011年的50%以上,第一阶段的发展(从10%到20%)花了约50年,到1998年达到30%,而近十几年实现了第二阶段的发展(从30%到50%)。这一前所未有的城市化进程,在给城市的发展带来巨大机遇的同时,也对城市可持续发展、社会稳定与安全、城市规划和管理等提出了严峻挑战。

从空间形态看,千万人口级超大城市快速崛起,除直辖市以外,广州、深圳、苏州、成都以及哈尔滨等也都步入千万人口行列,京津唐、长三角、珠三角等巨型城市群成为推进城市化的主体形态。一方面,中国城市化的主要动力是持续的快速工业化,其进程与欧美发达国家的工业革命时代类似,经济社会和资源环境的问题表征也相似。另一方面,我国的工业化是与全球化、信息化交织发展的,与欧美国家从工业社会经信息技术革命进入后工业社会相比较,有着不尽相同的特殊性。在数量上走入城市社会的中国,将带着尚未解决的一系列城乡问题,继续面对更多、更严峻的新问题。归结起来,绿色化、服务化和泛在化是重点考虑的内容。

绿色化是城市演进可持续发展的首要目标。建设绿色城市是获取"可持续能力"与"发展红利"的必然选择,同时也是"生态平衡、生态精神、生态理念、生态伦理"在社会生活中的必然体现。营造人与自然和谐相处的生态绿色城市,是全球化时代城市发展的新潮流。

服务化是推动城市创新发展、解决管理效率低下的主要手段,是城市发展的目标之一,是下一代中国经济产业转型和发展的必然趋势。它既不同于上一代经济中的服务业,也非承前启后的渐进式改良,而是产业国际化分工从量变到质变的断代性转变;高效服务也是体现城市运转经济、提高国民生产总值的一个重要因素,服务在整个经济中占比的加重,更体现出服务对城市发展的主导作用。

泛在化是使城市更智慧的基础。不断发展的信息和通信技术,意味着城市在更广泛领域可以得到这些新科技带来的好处。未来每个人、每个物都将成为信息发布单元、信息交互单元,特别是传感器的广泛应用极大地增加了信息获取的范围,真正实现发布、交互、传送的泛在化。

1.3.2 我国城市信息化建设

我国城市信息化的历程几乎与国际同步,大概可分为四个阶段,即数字城市—无线(信息)城市—智慧城市—智慧城区(镇),如图1.3所示。正如从数据到信息再到知识这样的发展过程，城市信息化也经历了数字城市、无线（信息）城市阶段，目前正迈向智慧城市阶段。从时间上看，信息城市与智慧城区和智慧城镇的启动时间比数字城市的启动时间略晚一些。

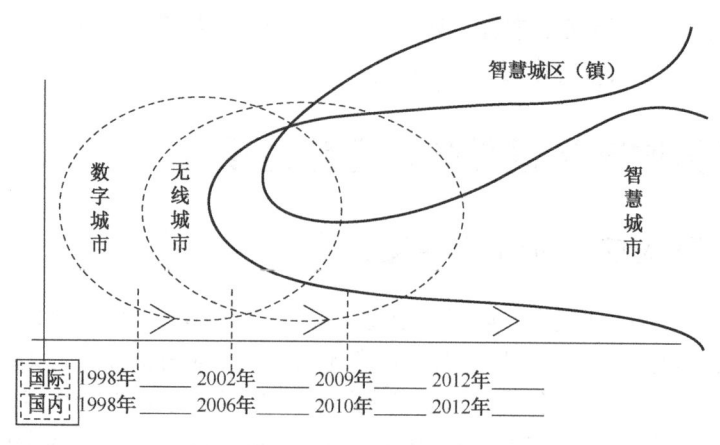

图1.3　国内外城市化发展的历程

1. 数字城市

1998年1月31日，时任美国副总统戈尔在美国加利福尼亚科学中心发表了题为"数字地球：在21世纪认识我们的行星"（The Digital Earth：Understanding Our Planet in the 21st Century）的讲演，指出了"数字地球"这个概念。"数字地球"是指可以嵌入海量地理数据的、多分辨率的、真实地球的三维表示。1998年11月1日中科院地学部在北京香山饭店召开了有12位院士和30多位专家参加的座谈会，专家们就数字地球进行了研讨。中国科学院专门成立了对地观测与数字地球科学中心。2006年5月21日国际数字地球协会在北京成立，是少数总部设在中国的国际性学术组织。"数字地球"概念传到中国后不久，北京大学、中国科学院等单位的一批专家学者就提出了"数字城市"等概念，包括"数字农业"、"数字流域"、"数字油田"。之后，国内一大批城市纷纷提出建设"数字城市"，组织编制"数字城市"发展规划，"数字城市"成为"十一五"期间我国城市信息化的热点。经过十几年的努力，不少大、中城市在数字城市的信息通信基础技术和应用方面做了不少的工作，包括数字网络覆盖、（无线、有线）数字业务的支持和应用等，为市民提供了数字化体验，为政府在城市规划、建设、管理运营等方面提供了平台。图1.4所示数字城市示意图。很多城市在

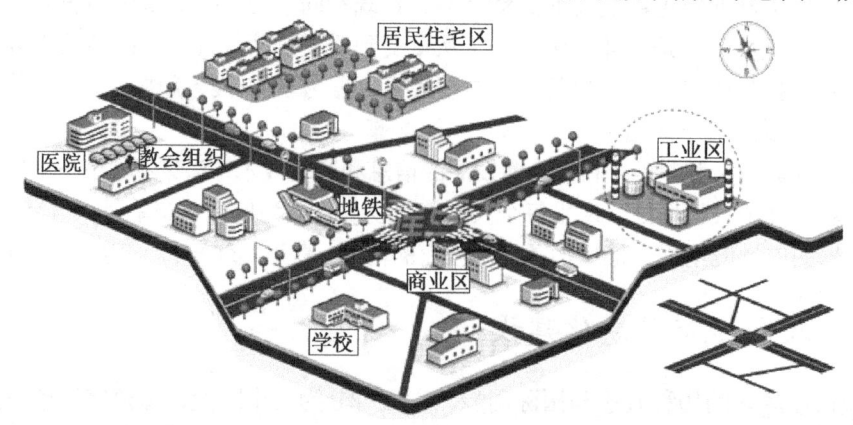

图1.4　数字城市示意图

地理和空间环境及资源、人文、社会的数字化方面都已取得了可喜的成果，也为后来信息城市、智慧城市（区、镇）工作打下了牢固基础。

现在全国大、中、小城市，城区、城镇均可以利用我国自己的数字化信息源，获得直观、高精度、数字化的地图，其内容丰富多彩，包括地下资源、地下管道和交通路况，以及人文、社会、经济、军事等方面的数字化表示。从全国范围看，数字城市作为基础建设仍在继续推进中，正有机地与信息城市、智慧城市（区、镇）融为一体。图 1.5 所示为数字城市解决方案平台架构。

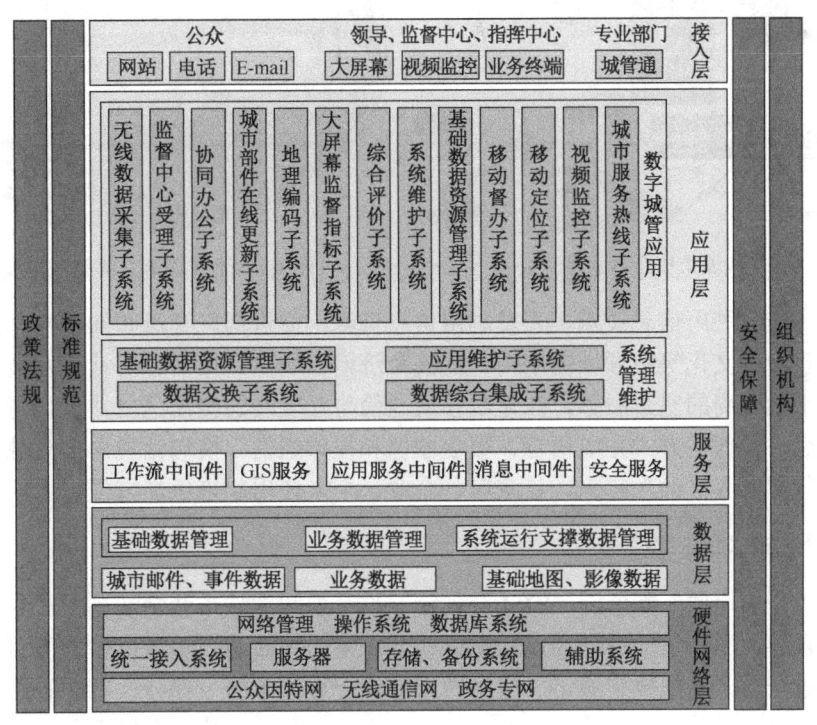

图 1.5　数字城市解决方案平台架构

2. 无线（信息）城市

美国加州大学伯克利分校教授曼纽尔·卡斯泰尔（Manuel Castells）出版了《信息化城市》一书，对信息时代的城市形态、城市空间等进行了描述。他认为：信息时代正在展现一种新的城市形式，即信息城市。信息城市是对城市发展方向的一种描述，是信息社会一种新的城市形态，与数字城市存在本质区别。从 2006 年起，全国逐步开展信息城市建设。以北京 2008 年奥运会服务为主要目标的信息城市建设从 2006 年全面启动，随后在全国其他多个城市展开。2009 年、2010 年工业和信息化部、中国科学院、北京市经济和信息化委员会等单位连续举办了多次信息城市高层论坛。与此同时，"信息城市"概念提出之后，得到广州等一些城市的响应。2009 年 5 月，广州市委、市政府出台了《关于加快"信息广州"建设的意见》，指出"信息广州"是充分应用信息技术，深入开发利用信息资源，促进信息交流与知识共享，推动信息化与城市全面融合发展，实现高度信息化、全面网络化的现代化城市形态。

无线城市的概念最初由美国费城于 2002 年提出，当初是以建设基于 IEEE 802.11b 标准的 Wi-Fi 无线局域接入网络为主要标志。现在无线城市是指通过使用高速宽带无线技术覆盖城市行政区域，向公众提供利用无线终端或无线技术获取信息的服务，是现代城市的重要信息基础设施之一，也是衡量城市现代化水平的重要标志。图 1.6 所示为无线城市概念示意图，图 1.7 所示为无线城市业务路线发展图。

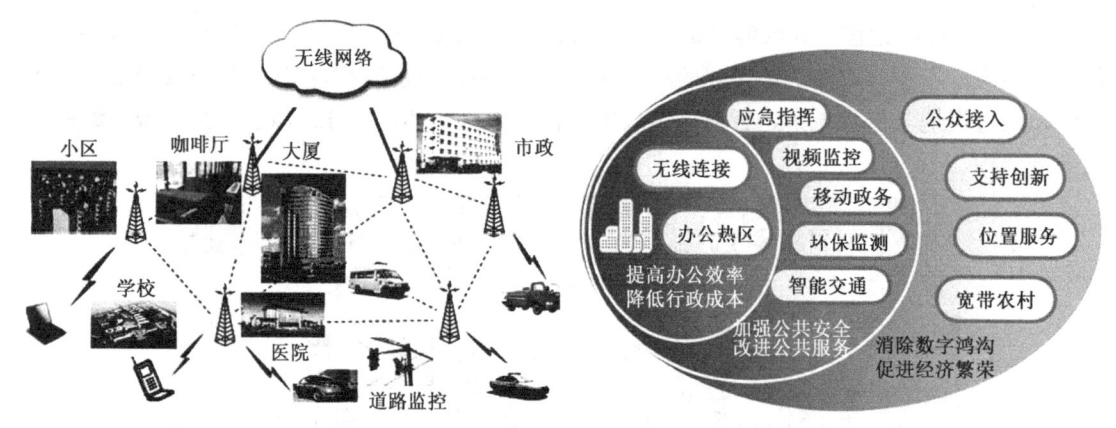

图 1.6　无线城市概念示意图

图 1.7　无线城市业务路线发展图

信息化是充分利用信息技术，开发利用信息资源，促进信息交流和知识共享，扩大在经济、社会、政治、文化等各领域的应用，提高经济增长质量，推动经济社会发展转型的历史进程。借助于运营商的宽带服务，在无线移动通信与互联网的覆盖区内，人们可以在任何时间、任何地点、以任何方式完成语音、数字图像和视频通信。换句话说，信息城市使"数字城市"的服务和内容"动"起来，让政府、企业、个人使用起来更加方便、更加及时。

3. 智慧城市（区、镇）

自提出"智慧地球"概念后，IBM 公司就一直开展智慧城市营销活动，在我国拜访了几百位市政府领导，举行了一系列会议、演讲、合作签约等活动。随后很多省份和城市纷纷提出要打造智慧城市，并把数字城市、信息城市看成智慧城市的一部分，有的省市还专门成立省市智慧城市建设办公室，或者智慧城市研究院。据统计，全球超过 100 个城市正在进行智慧城市的试点和实验，其中欧洲和亚洲是智慧城市开展较为积极的地区。

智慧城市代表着城市信息化的新阶段，从数字城市到智慧城市，是一脉相承的。智慧城市发展框架如图 1.8 所示。智慧城市的建设在以下几个方面具有明显的推动作用：① 在国民经济建设与转型发展中寻找新的经济增长点，为乡村和城市架起桥梁，支撑城乡一体和城镇化工程；② 以信息技术为牵引，辅以大数据、云计算、物联网等先进理念，带动整个高新技术产业链的发展，从而促进经济高效可

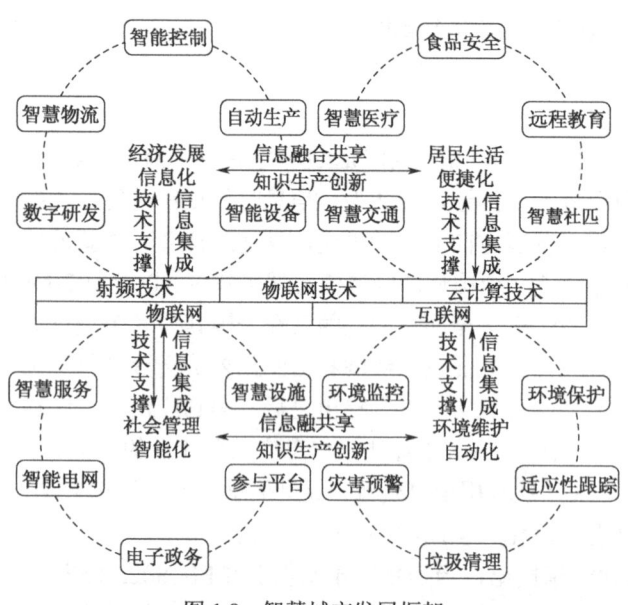

图 1.8　智慧城市发展框架

持续发展；③ 智慧城市中的"智慧"一方面借助"人"的智慧，使技术、系统或设施更加便利地为人服务，另一方面"智慧"的运用充分围绕"为人服务"的宗旨，达到人与自然和谐的目标。

1.4 智慧城市的产生与发展

当今科学技术发展日新月异，科技创新已成为推动经济社会发展的主导力量。城市作为经济社会发展的重要载体，也是创新要素的主要聚集地，科技创新在城市发展中的作用日益突出，已成为城市未来发展的引擎。2008年爆发的金融危机孕育了以物联网为代表的新技术革命，而以物联网技术为核心的智慧城市理念则为城市未来发展提供了一种全新模式。智慧城市建设是人类从传统农业社会到工业社会，再到后工业社会发展的必然产物。从世界范围看，建设智慧城市无论是在技术上，还是在管理上都是可行的，也是必要的。建设智慧城市对于解决我们当前城市发展中面临的一系列问题，提升我国的工业化、城市化和信息化水平，都具有重要的意义。

1.4.1 智慧城市产生的背景

城市化过程是一个社会问题不断涌现的过程：低效的城市管理方式、拥堵的交通系统、难以发挥实效的城市应急系统，以及远不完善的环境监测体系，等等。当城市面临这些实质性的挑战时，必须应用新的措施和能力使城市管理变得更加智能。进入信息社会后，主要发达国家和地区都制定了新的发展战略：美国纽约在21世纪之交将"更智能化的城市"作为城市信息化下一个10年计划的发展目标；新加坡2006年颁布了"智慧国2015"的信息技术10年发展目标。2008年底，IBM提出"智慧地球"这一概念，2009年又提出"智慧城市"发展愿景，引领城市通向繁荣和可持续发展。物联网于2008年在我国被提出后，经过近几年的发展与规划，已列入国家发展战略；智慧城市建设在物联网概念出现之后也逐渐以"星火燎原"之势在各地积极展开。中国改革开放30多年来，城市化进程十分迅猛，城市人口从1978年的1.72亿人（约占人口的19%）发展到2012年底的7.12亿人（占总人口的52.27%），2014年我国城市人口大于500万人的就有88个。根据预测，2050年将有75%人口居住在城市。快速的城市化进程一方面给中国经济发展做出了重要贡献，另一方面，在环境、基础设施建设、生活质量、人口问题、公共安全以及公共服务等方面也面临着发展的瓶颈。

在人口快速增长的背景下，城市安全监管的难度逐步扩大：食品安全事件、水资源污染事件及流行病爆发等公共卫生问题，地震、溃坝及严重暴力犯罪等突发自然灾害和社会事件，交通、医疗及就业等公共基础设施和基础服务问题，都严重影响了城市居民的生命安全和生活质量。与此同时，我国城市经济发展与生态环境保护的矛盾长期存在，能源和水的保障也直接影响经济增长和可持续发展。即使面临这些严峻的挑战，城市仍然需要努力地去满足居民的需要。为此，必须关注城市运行中所依靠的各种系统，使其更充分、有效地工作，最大化地利用有限的资源，并以一种更智慧的方式实现其功能。同时，以物联网、云计算、下一代互联网技术为代表的新一轮信息技术革命，为信息技术向智能化、集成化方向发展，信息网络向宽带、融合方向发展，信息技术与其他产业技术高度融合等，提供了重要的技术基础。

1.4.2 智慧城市的历史机遇

19世纪是帝国的世界,20世纪是民族国家的历史,21世纪将成为城市的世纪。有专家表示,工业化和城市化是我国经济未来20年发展的两大主线。我国的城市人口已超越农村人口,未来40至50年内我国城市人口总量将净增6亿人。这一前所未有的城市化进程,在给城市的发展带来机遇的同时,也对城市规划和管理、社会稳定与安全、城市可持续发展等问题提出了严峻挑战。一直以来,城市管理的各个部门都在努力通过运用信息技术手段提升城市管理与服务的应用水平。但以职能划分为特征的城市信息化还处于自发零散、各自为政的局面,因而其实施的效果也相对有限,在面对提升城市产业转型、提升城市综合竞争力、推进政府服务升级等全局问题的解决上捉襟见肘,更无法适应未来城市迅猛扩张所带来的运营与服务需求。于是,城市的管理者们迫切需要找到一种更具智慧的新方法,以更快、更好地实现从管理到服务,从治理到运营,从零碎分割的局部到协同一体的平台服务的跨越。

与此同时,城市发展的进程不仅体现在城市的工业化水平,还体现在城市的信息化需求与信息化水平以及城市"两化"(信息化和工业化)融合的程度。智慧城市作为城市智慧化进程的高级阶段,着重在透彻感知、全面互联、协同运转以及智慧服务等方面,对实现"两化"融合、提高市民幸福指数、提升城市整体竞争力,最终实现和谐社会的建设有着不可估量的作用。

(1)应对公共突发事件的需要。随着城市化、工业化的发展,人流、物流的密集,天灾人祸带来的损失往往比过去惨重得多。美国9·11事件、汶川大地震等突发事件再次向人们敲起警钟:人口密集的城市如何才能及时、有效地应对突发事件,将损失减少到最低。当前,城市重大公共紧急事件应急联动已经成为政府面临的一大挑战,是智慧城市建设的现实需要。

(2)信息技术发展和城市信息化的需求。随着信息技术、物联网技术、无线通信技术的迅猛发展,城市信息化已经成为城市现代化发展的主要趋势,成为衡量城市竞争力的一项重要内容。城市信息化对于提升城市的载体功能、整合社会资源功能、配置生产要素功能和加强城市综合管理功能,进而解放生产力有着巨大的作用。智慧城市的建设会更好地实现现代城市"信息集散"的功能,意味着城市功能全面实现智慧化,更好地促进城市的和谐和可持续发展。

(3)提高居民生活品质和构建和谐社会的要求。城市智慧化发展使得智慧交通、智慧社区、智慧医疗等进入了城市市民的生活,创造高效率和高品质的生活环境,提高市民日常的生活水平。同时,城市的可持续发展要求人与自然和谐共生,也是赋予智慧城市建设的一个重要任务。

因此,智慧城市的建设是继工业化、电气化、信息化之后,世界科技革命又一次新的突破,将展现给我们一个政府运行管理更加高效、城市产业发展更加高端、市民生活品质更加优良的发展蓝图。

1.4.3 智慧城市理论的发展

工业革命后,城市的发展呈现多样性,不同的城市发展理论悄然盛行,包括全球城市(世界城市,1991)理论、柔性城市(后福特城市,1997)理论、信息城市(数字城市,1998)理论、智能社区(智能城市,21世纪初)理论,以及近年来盛行的智慧城市理论。其中影响最大的当属信息城市理论,也就是数字城市理论,该理论的提出者将城市视为信息经济的集聚地。在数字城市建设之前,还有平安城市建设的概念。平安城市建设是我国公安部主导的一项工程,主要是通过安装视频监控网保障市民居住环境及交通出行的安全。经过10多年的发展,全国范围内已建立起了区域级或城市级的监控网络,至2015年前将实现全国性的联网,为智慧城市的建设提供重要的基础设施。

物联网既是一种技术,也可以说是一种发展模式。它通过感知、传输、管理及应用不同层次的划分,将互联网延伸到人类生活中必不可少的每一个物理实体,包含全局概念及远程控制。在管理层和应用层,不同的国家有不同的概念。例如:美国以数字地球和智慧地球引领,我国以"感知中国"引领;美国侧重工业自动化,我国侧重智慧家居和智慧城市。云计算技术则是利用分布式的数据组织,实现以"服务"为核心的各项职能。云计算用于远程能源管理,通过虚拟技术解决高可靠性、高附加性的问题,在能源高效利用和节能减排技术领域具有巨大的潜力和应用推广前景。打一个形象的比喻,平安城市的建设相对于解决城市的温饱问题,居民不为安全担忧;数字城市的建设则使城市达到小康水平,居民可以有点业余生活;而智慧城市能够使城市进入发达阶段,使得城市居民发挥想象,自由享受生活。

1.5 智慧城市的内涵与本质特征

1.5.1 智慧城市的概念与内涵

1. 智慧城市的概念

进入21世纪后,全球资源争夺的焦点已经从石油、高科技产品和金融资金,延伸到信息资源的竞争。全球城市化可持续发展越来越受到资源紧张、环境破坏等各种因素的制约,需要创新性地使用新一代信息技术和智能技术手段来解决节能、环保、水资源短缺等问题。世界各国纷纷将建设"智慧城市、夺取竞争优势"上升为国家战略;国内诸多城市也均以建设智慧城市作为转型发展的重要手段和突破口:首都北京提出构建精细职能的城市管理,上海提出信息化领先发展和带动策略,宁波以智慧物流引领现代化国际港口城市建设,深圳、武汉、广州、南京等其他城市也分别提出了各自的智慧城市建设目标和方向。

关于智慧城市目前还没有统一的定义。IBM公司把"智慧城市"定义为"能够充分运用信息和通信技术手段感测、分析、整合城市运行核心系统的各项关键信息,从而对于包括民生、环保、公共安全、城市服务、工商业活动在内的各种需求做出智能的响应,为人类创造更美好的城市生活"。巫细波、杨再高将智慧城市概括为"智慧城市＝物联网＋互联网",张永民结合数字城市提出"智慧城市＝数字城市＋物联网",可以说他们是在技术层面对智慧城市做了解释。但是在IBM提出"智慧城市"之初,因为过于强调物的智能而忽视了人在其中的作用,因而遭到很多的质疑。宁波智慧城市规划研究院院长顾道德认为:"智慧城市应更加突出人工智能和人的智慧相结合,既要汇聚人的智能,又要赋予物以智能。"Smart Feature Initiative 研究院专家 Noebert A. Streitz 进一步提出智慧城市建设更应该"明确不同使用者,以满足不同人的需要"。《中国智慧城市体系结构与发展研究报告》对智慧城市做了一个较为全面的解释:"智慧城市是一种全新的城市形态,构建了支撑城市发展的智慧化环境。它运用物联网、云计算、光网络、移动互联网等前沿信息技术手段,把城市里分散的、各自为政的信息化系统整合起来,提升为一个具有较好协同能力和调控能力的有机整体,对公众服务、社会管理、产业运作等活动的各种需求做出智能响应。"

2. 智慧城市的内涵

智慧城市建设以城乡一体化发展、城市可持续发展、民生核心需求为关注点,将先进信息技术与先进的城市经营服务理念进行有效融合,通过对城市的地理、资源、环境、经济、社会等系统进行数字网络化管理,对城市基础设施、基础环境、生产生活相关产业和设施的多方位数字化、信息化的实时处理与利用,构建以政府、企业、市民三大主体的交互、共享平台,为城市治理与运营提供更简捷、高效、灵活的决策支持与行动工具,为城市公共管理与服务提供更便捷、高效、灵活的创新应用与服务模式,从而推进现代城市运作更安全、更高效、更便捷、更绿色的和谐目标。

2009 年来自意大利和荷兰的学者结合维也纳大学评价欧洲大中型城市的 6 个维度——智慧的经济、智慧的运输业、智慧的环境、智慧的居民、智慧的生活和智慧的管理,定义了智慧城市应该是由在人力和社会资本,以及在交通和信息通信基础设施上的投资来推动可持续经济增长和高生活质量,并通过参与式的管理对所有资源进行科学的管理。骆小平基于国际城市发展的去向提出智慧城市的内涵包含如下三个层面:① 经济上健康、合理、可持续。智慧城市首先应该具有智慧的经济结构和产业体系、高效增长的城市经济体系,是绿色、低碳、循环的经济。② 生活上和谐、安全、更舒适。智慧城市是充满活力、积极向上、富有朝气、具有未来视野的居住地。现代技术支撑着智慧城市的各个领域,遍及城市的智慧管理、智慧生态、智慧流通、智慧交通、环境保护、社会公共安全、智慧消费和智慧休闲等多个领域。③ 管理上科技化、智能化、信息化。城市管理包括政府管理与居民自我生活管理,管理的科技化要求不断创新科技,运用智能化、信息化手段让城市生活更协调平衡。

智慧城市的发展离不开技术进步、经济发展、政府主导的推动。智慧城市建设的动力因素主要包括政府驱动、技术驱动和商业驱动。同时,绿色也是城市演进可持续发展的源动力,只有生态平衡、城市可持续发展,才是建设智慧城市不可逾越的标准,也是智慧化发展最核心的动力之一。智慧城市是一个更灵活、更具合作力、生活质量更高的城市,它能够实时了解城市中发生的突发事件,并合理、适当、及时地部署资源以做出响应;能够提供"一站式"政府服务,能够更好地进行监控,以更有效地预防犯罪和开展调查;能够通过资源优化管理的方法,节省能源、绿色低碳;能够帮助规划和创造更有竞争力的生活环境和商业环境,以吸引更高素质的人才和更多的投资者;能够创造出一系列新的产业和业态,进一步为经济社会繁荣创造了新空间;能够实现政府不同部门之间的整合以及与其他私营机构的协作;能够使市民享受到更高效、更便利的服务,拥有更健康、更快乐的生活。这样,离不开政策因素的导向,政府的驱动、技术的支撑以及商业利益的驱动成为智慧城市建设的主要动力影响因素。图 1.9 所示为智慧城市建设动因示意图。

总之,在政府、技术和商业驱动之下,智慧城市借助于新一代的物联网、云计算、决策分析优化等信息技术,通过感知化、互联化、智能化的方式,

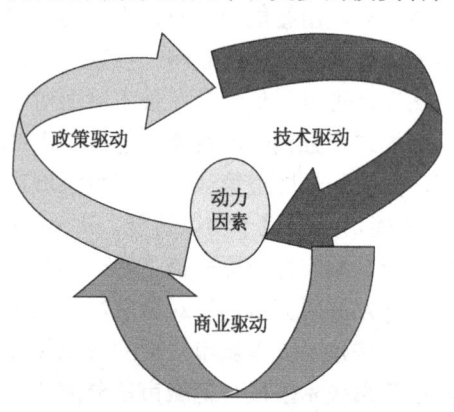

图 1.9 智慧城市建设动因示意图

将城市中的物理基础设施、信息基础设施、社会基础设施和商业基础设施连接起来，成为新一代的智慧化基础设施，使城市中各领域、各子系统能够呈现实时反应、协调运作的和谐愿景。同时，也要处理好人与自然以及人与人的关系，绿色城市需要合理的规划布局、完善的基础设施体系，良好的环境质量。

1.5.2 智慧城市的本质特征

智慧城市的核心特征在于其"智慧"，而智慧的实现有赖于建设广泛覆盖的信息网络，具备深度互联的信息体系，构建协同的信息共享机制，实现信息的智能处理，并拓展信息的开放应用，使之成为可以指挥决策、实时反应、协调运作的"系统之系统"。智慧城市是随着物联网、云计算等新一代信息技术的出现而出现的，是信息化发展到一定程度的必然产物；但它并不是数字城市、信息城市的简单升级。

智慧城市与城市信息化是不同的，具体体现在：智慧城市是以"发展更科学，管理更高效，社会更和谐，生活更美好"为目标，整个城市具有较为完善的行为意识和调控能力，具有空、天、地多平台协同能力；城市具有智能感知、情境感知与认知能力；城市具有成熟的信息、知识、智能转换机制，一定的决策能力；城市具有一定的自我学习、自我成长和自我创新能力等。

对比数字城市和智慧城市，也有较大的不同，主要包括：① 数字城市通过城市地理空间信息与城市各方面信息的数字化，在虚拟空间里再现传统城市；智慧城市则注重在此基础上进一步利用传感技术、智能技术实现对城市运行状态的自动、实时、全面透彻的感知。② 数字城市通过城市各行业的信息化提高了各行业管理效率和服务质量；智慧城市则更强调从行业分割、相对封闭的信息化架构迈向作为复杂巨系统的开放、整合、协同的城市信息化架构，发挥城市信息化的整体效能。③ 数字城市基于互联网形成初步的业务协同；智慧城市则更注重通过泛在网络、移动技术实现无所不在的互联和随时随地随身的智能融合服务。④ 数字城市关注数据资源的生产、积累和应用；智慧城市更关注用户视角的服务设计和提供。⑤ 数字城市更多注重利用信息技术实现城市各领域的信息化以提升社会生产效率；智慧城市则更强调人的主体地位，更强调开放创新空间的塑造和其间的市民参与、用户体验，以及以人为本实现可持续创新。⑥ 数字城市致力于通过信息化手段实现城市运行与发展各方面功能，提高城市运行效率，服务城市管理和发展；智慧城市则更强调通过政府、市场、社会各方力量的参与和协同，实现城市公共价值塑造和独特价值创造。两者的对比分析如表 1.2 所示。

表 1.2 数字城市与智慧城市对比分析

	数 字 城 市	智 慧 城 市
社会背景	信息技术和信息产业的竞争及拉动经济增长等	产业结构调整及后金融危机提振经济信息的引擎等
实质内涵	数字化是指使用计算机和网络取代传统的手工流程操作	用智慧技术取代传统的需要人工判别和决断的任务，达到最化
发展目标	以电子化和网络化为目标	以自动化和决策支持为目标
技术支撑	卫星遥感、互联网、海量数据存储、仿真和虚拟技术等	感知技术、物联网技术、下一代互联网和云计算技术等
实际结果	实现信息资源的数字化建库管理、分析展现和共享服务等	实现信息采集和动态监控、数据技术和分析、互联协同、智慧化的利用开发和预测决策支持等

智慧城市是完全不同于传统城市的新形态，具有不一样的特征及发展规律，未来也将经历一个长期探索、实践的过程。根据城市发展的基本规律，智慧城市的发展可分为起步阶段、展开阶段、深化阶段和成熟阶段。这四个阶段是循序渐进、不断向前发展的，其特征如表1.3所示。

表1.3 智慧城市不同阶段的特征

阶段划分	特　征
起步阶段	**总体特征**：政府发动，规划到位，局部开展智慧城市建设的探索实践。关键特征表现在： ① **推动力量**：政府制定相关智慧城市规划方案和行动纲要，出台智慧城市发展专项政策，安排扶持资金等； ② **建设成效**：在原有信息化建设的基础上，按照智慧城市愿景和目标，有选择性地开展智慧基础设施、智慧治理、智慧民生、智慧产业、智慧人群、智慧环境等领域建设的探索实践，并取得初步成效。
展开阶段	**总体特征**：汇聚各方力量，加大人、财、物方面的投入，智慧城市各项建设全面展开，智慧城市建设框架逐步形成，并不断加以完善。关键特征表现在： ① **推动力量**：政府继续推动，企业的推动力量明显增强，居民积极参与智慧城市建设； ② **建设成效**：智慧基础设施、智慧治理、智慧民生、智慧产业、智慧人群、智慧环境等领域建设全面展开，其中越来越多建设领域取得显著成效。
深化阶段	**总体特征**：经过展开阶段的发展，智慧城市建设由量的积累变为质的飞跃，智慧城市各组成部分走向相互衔接、相互融合。关键特征表现为： ① **推动力量**：政府继续推进，企业推动力量进一步增强，居民更加积极地参与智慧城市建设； ② **建设成效**：智慧基础设施、智慧治理、智慧民生、智慧产业、智慧人群、智慧环境等方面相互衔接、相互融合，智慧城市的作用和价值已经显现，智慧城市的区域竞争力、集聚力、辐射力大幅度增强。
成熟阶段	**总体特征**：经过展开和深化，智慧城市的整体运营趋于合理、稳定，呈现出创新、高效、安全、和谐的一种状态，达到了发展更科学、管理更高效、社会更和谐、生活更美好的发展目标，实现了智慧城市的愿景。关键特征表现为： ① **推动力量**：智慧城市建设和运营成为政府、企业和居民的自觉行为； ② **建设成效**：智慧基础设施、智慧治理、智慧民生、智慧产业、智慧人群、智慧环境等高度融合，智慧城市的作用和价值充分显现，智慧城市的区域竞争力、集聚力、辐射力充分显示。

总体上来看，智慧城市的"智慧"带来如下三个方面的特点：

（1）更加全面的信息资源。城市本身可看成庞大的信息资源库，这些信息不仅反映了一个城市的真正需求，而且是治理城市和运行城市的基础，是政府用以制定合理政策和选用行政手段的条件。在实际工作中，个人信息、法人信息、地理信息和统计信息是城市四大基础信息，基于此可进一步构建应用"数据库"，如道路状态、交通流量、城市管网等。从时间维度上讲，信息既有静态的，也有动态的。智慧城市依赖所部署的感知网络，无缝隙地、实时连续地收集和存储随时变化的信息，为政府高效运转和人们生活便利提供强有力的支撑。

（2）更加深入的互联互通。城市感知网络所获取的信息要汇集，以便于挖掘有用知识，同时感知网络本身也要联成一体。换句话说，多种网络形式要有更加深入的互联互通，如固定电话网、互联网、移动通信网、传感器网、工业以太网等。网络的价值将随节点数量增长而呈现平方增长，且各独立子网联成大网，增加信息的交互程度，提供网络的整体自学习能力和智能处理能力，使信息增值的同时更加全面、具体、有用和可用。

（3）更加有效的协同共享。在传统城市中，信息资源和实体资源被各种行业、部门、主体之间的边界和壁垒所分割，资源的组织方式是零散的，智慧城市"协同共享"的目的就是打破这些壁垒，形成具有统一性的城市资源体系，使城市不再出现"资源孤岛"和"应用孤岛"。在协同共享的智慧城市中，任何一个应用环节都可以在授权后启动相关联的应用，并对其应用环节进行操作，从而使各类资源可以根据系统的需要，各司其能地发挥其最大的价值。这使各个子系统中蕴含的资源能按照共同的目标协调统一调配，进而使智慧城市的整体价值显著高于各个子系统简单相加的价值。

1.6 智慧城市的拟人化模型

智慧城市如同智慧的人一样，是一个系统的、生态的发展体系，具有感知、行动、思考能力和鲜明的个性特征，由智慧基础设施、智慧治理、智慧民生、智慧产业、智慧人群和智慧环境六部分组成，如图1.10所示。智慧基础设施如同人的双脚和双腿一样，是智慧城市发展的基础；智慧治理和智慧民生如同人的双手一样，是智慧城市运营的关键，一手抓管理、一手抓服务，要协调发展；智慧产业如同人的躯干一样，是支撑智慧城市持续发展的重要力量；智慧人群是智慧城市运营的主体，是智慧城市健康发展的指挥中枢，如同人的大脑一样；智慧环境如同人的生存环境一样，是智慧城市发展的基本载体和重要支撑。

图1.10 智慧城市拟人化模型示意图

1.6.1 智慧基础设施

智慧基础设施包括新一代信息网络设施、公共服务平台以及经过智能化转型的城市基础设施。其中，信息网络设施包括宽带网络、下一代通信网、物联网与"三网融合"等；公共服务平台包括云计算中心、信息安全服务平台及政府数据中心等；城市基础设施的智能化转型是城市发展的趋势与客观需要，包括水、电、气、热管网以及道路、桥梁、车站、机场、景区改造、公园厕所等设施的感知化与智能化建设，从而形成高度一体化、智能化的新型城市基础设施，为智慧城市建设打下良好的基础。

智慧城市是城市发展的高级阶段，必须有良好的基础设施为基础。基础设施的范围包括城市的各个组成部分，Washburn认为城市智慧化的程度取决于七个关键的城市基础设施组件：城市管理、教育、医疗卫生、公共安全、房地产、交通运输和公用事业。这七个基础设施组件可分为两大类：① 市政设施，即城市道路、给排水管网、燃气管网、路灯等。例如，道路能够根据干燥度自动启动洒水装置；燃气管道能够探测压力等参数，出现异常时自动关闭并通知维修，以防爆裂。② 信息设施，即三网（电信网、互联网、电视网）融合、云计算中心等。图1.11所示为智慧城市的信息基础设施框架。

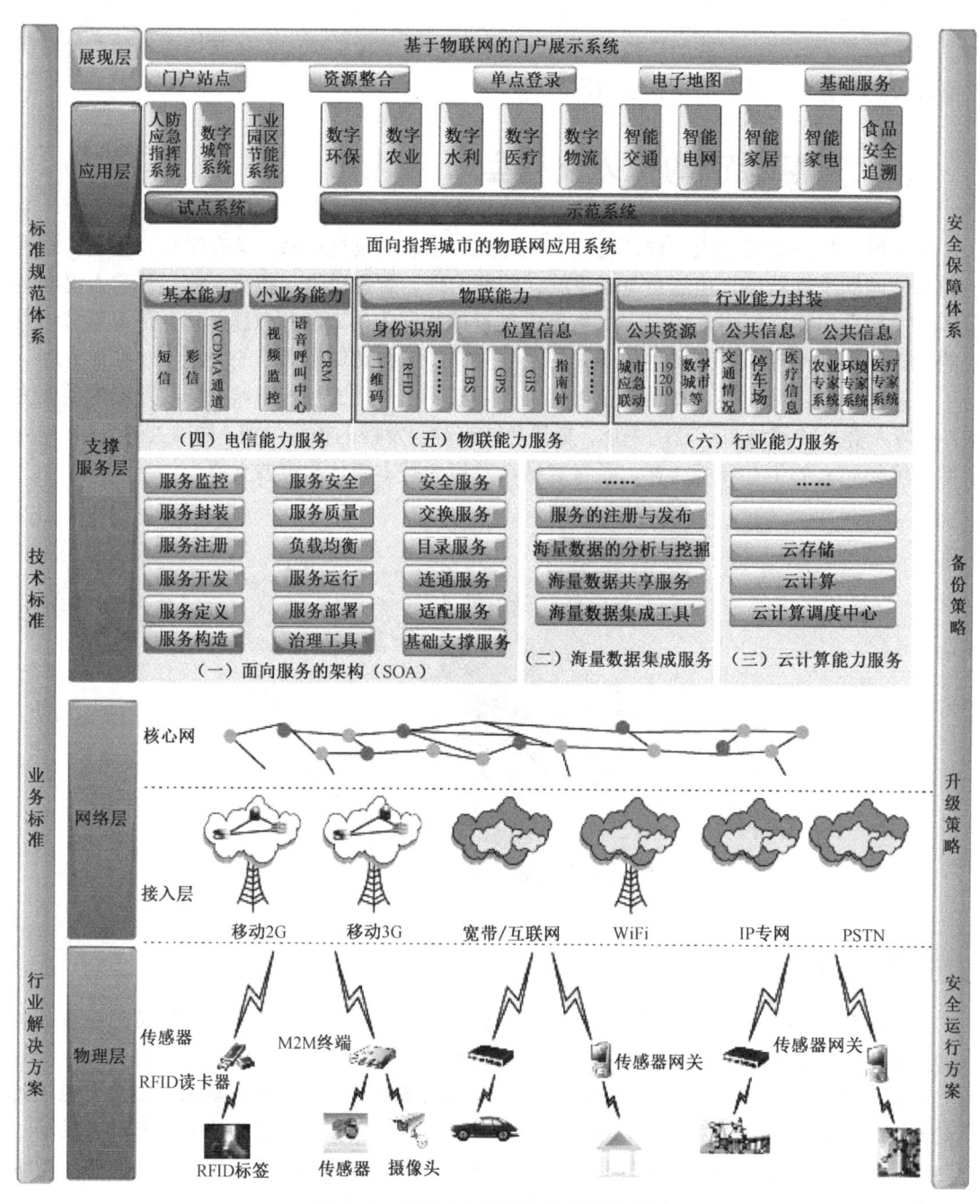

图 1.11 智慧城市的信息基础设施框架

1.6.2 智慧治理

智慧治理包括智慧政府和智慧公共管理体系建设。其中，智慧政府主要是自身建设，包括决策执行能力、管理服务透明度、业务协同水平的提升以及对企业的公共服务等；智慧公共管理体系建设主要是增强政府公共管理能力及社会参与管理意识，扩大管理主体，并通过信息技术提高管理水平和精准管理能力，实现城市智慧管理，使城市管理、运行监测、公共安全和应急处置等城市运行机制安全高效。图 1.12 所示为智慧治理结构示意图。

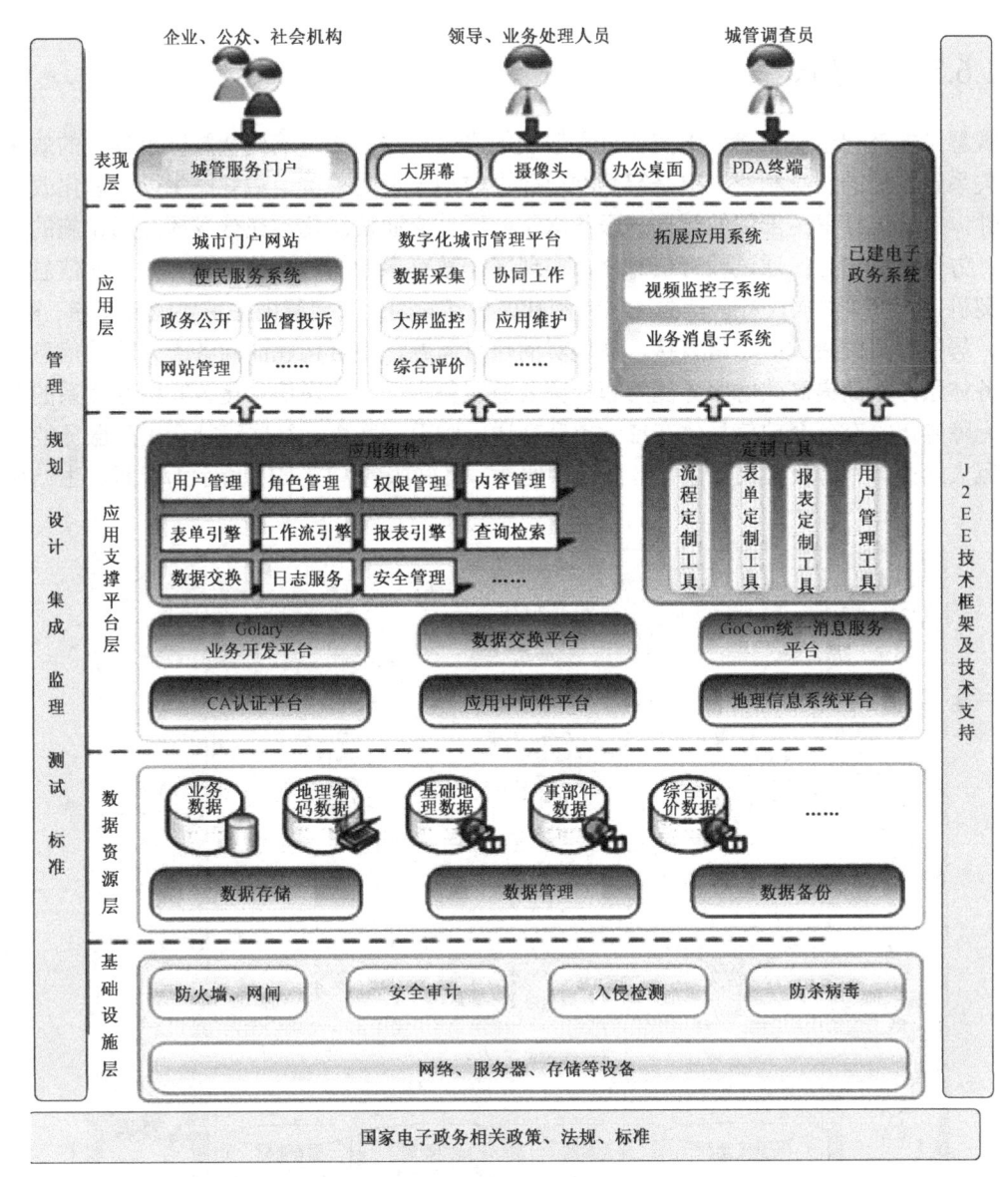

图 1.12　智慧治理结构示意图

从一个普通（非智慧）的城市到一个智慧城市的转型，需要技术因素、政治因素和体制因素的交互作用。来自于政府内部（如政策议程和政治纲领）和外部（社会因素的变化）的压力，在很大程度上会影响到智慧城市项目的顺利实施。为保障智慧城市项目的顺利实施，制度上的准备（如消除法律和监管上的障碍）是很重要的。

智慧城市的营建能优化城市管理，降低城市运营成本。"物联网+互联网"模式能及时、准确地对城市管理和社会公共安全做出响应；智慧服务深入食品、医疗、教育及交通等领域，使公共服务如影相随。智慧政府将更加强调人性化的服务，实现城市管理由"主体中心"向"客体中心"转变。智慧城市使信息成为城市运营的新资源，使政府完成从管理到服务、从治理到运营、从零碎分割的局部应用到协同一体的平台服务的三大跨越。

1.6.3 智慧民生

智慧民生是智慧城市建设中需要重点解决的事情，它直接影响到智慧城市建设的效果，不仅关系到人们的切身利益，更是智慧城市建设成功与否的关键。智慧民生以信息化改善医疗条件，提升医疗卫生部门的管理和服务水平；通过交通信息化，充分发挥交通设施的承运能力，方便市民出行；通过教育信息化，实现文化教育事业的可持续发展，并借助信息化浪潮新契机，分步实现居民社区信息化，便利社区生活。因此，智慧民生主要围绕交通、医疗、教育、居住等市民最关心、最直接、最现实的热点问题，整合构建面向各类人群的信息化公共服务体系，不断提高政府服务能力和社会公益服务水平，实现信息化公共服务体系的普及化和无障碍化，充分释放信息化在持续提升交通、医卫、教育、社区等社会民生服务能力方面的巨大能量，为公众在衣食住行方面提供便捷、良好服务。图1.13所示为智慧民生结构示意图。

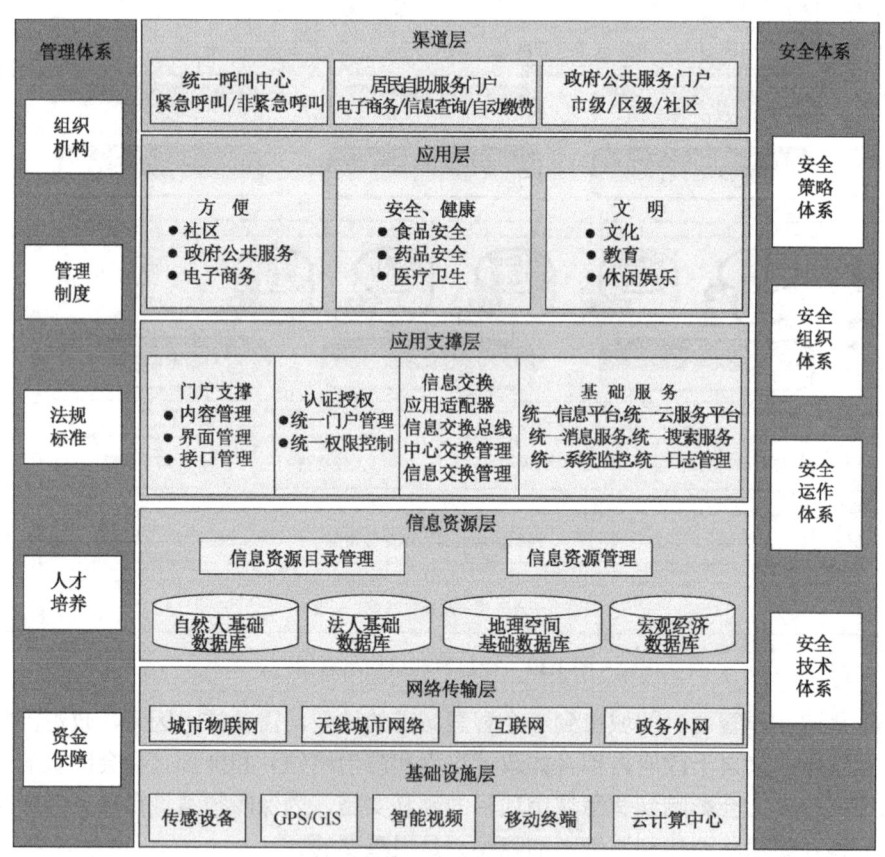

图 1.13 智慧民生结构示意图

1.6.4 智慧产业

经济是智慧城市建设的主要推动力之一，拥有较高的经济竞争力被认为是智慧城市的重要属性，衡量一个地区竞争力的关键指标之一，也包括城市作为经济引擎能力的大小。经济的智慧化主要包括经济竞争力、创新能力、创业能力、商标数量、生产效率和劳动力市场的灵活性，还包括在全国乃至全球市场的整合能力。图1.14所示为智慧产业结构示意图。

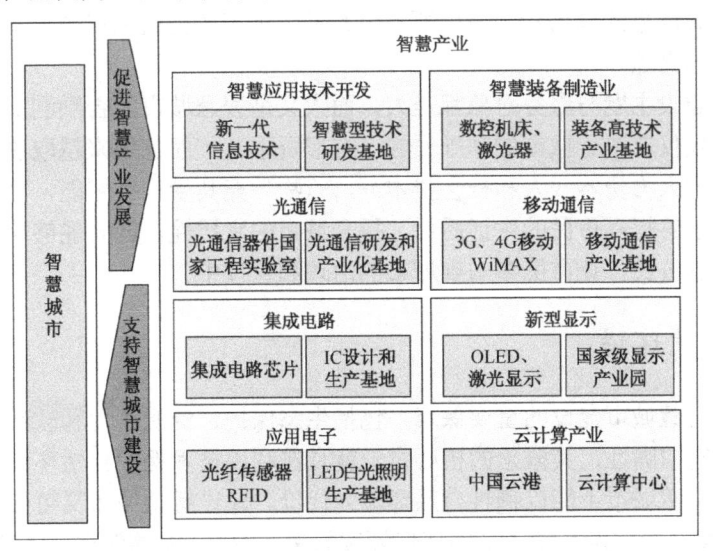

```
                    ┌─────────────────────────────────────────────┐
                    │                  智慧产业                    │
          ┌──促进───┤ ┌──智慧应用技术开发──┐ ┌──智慧装备制造业──┐ │
          │ 智慧   │ │ 新一代   │ 智慧型   │ │ 数控机床、│ 装备高技术│ │
          │ 产业   │ │ 信息技术 │ 技术研发 │ │ 激光器   │ 产业基地 │ │
          │ 发展   │ │          │ 基地     │ │          │          │ │
          │        │ └──────────┴──────────┘ └──────────┴──────────┘ │
  智慧    │        │ ┌────────光通信────────┐ ┌────────移动通信──────┐│
  城市    │        │ │光通信器件│光通信研发│ │3G、4G移动│移动通信  │ │
          │        │ │国家工程  │和产业化  │ │WiMAX     │产业基地  │ │
          │        │ │实验室    │基地      │ │          │          │ │
          │        │ └──────────┴──────────┘ └──────────┴──────────┘ │
          │        │ ┌────────集成电路──────┐ ┌───────新型显示───────┐│
          │←支持──┤ │集成电路  │IC设计和  │ │OLED、    │国家级显示│ │
          │ 智慧   │ │芯片      │生产基地  │ │激光显示  │产业园    │ │
          │ 城市   │ │          │          │ │          │          │ │
          │ 建设   │ └──────────┴──────────┘ └──────────┴──────────┘ │
          │        │ ┌────────应用电子──────┐ ┌──────云计算产业──────┐│
          │        │ │光纤传感器│LED白光照明│ │中国云港  │云计算中心│ │
          │        │ │RFID      │生产基地  │ │          │          │ │
          │        │ └──────────┴──────────┘ └──────────┴──────────┘ │
                    └─────────────────────────────────────────────┘
```

图1.14 智慧产业结构示意图

在智慧城市中，虚拟经济与实体经济相结合，可推动城市范围内生产、生活、管理方式和经济社会发展发生前所未有的深刻变化，在很大程度上可以减少和节约城市中各种物质和能源的投入，减少资源和能源的消耗，减少城市环境污染，使市场配置资源的效果进一步改善，劳动生产率进一步得到提高，形成一条科技含量高、经济效益好、资源消耗低、环境污染少以及人力资源优势得到充分发挥的全新发展道路。就智慧产业而言，目前尚没有统一的定义，但智慧城市催生出的智慧产业可以理解为：智慧产业是以现实物理世界为基础，以信息、知识和脑力资源为支撑，利用信息处理技术对各种事物进行深入的分析提炼而实现"具有较为完善的感知、认知、学习、成长、创新、决策、调控能力和行为意识"的新型产业体系（如网游、Facebook、虚拟社区等）。它既不同于信息产业，也不同于知识产业。智慧产业不仅能够形成巨大的虚拟空间，放大城市的无形规模，而且能够对虚拟网络空间进行统筹及综合开发和利用。

从另外一个角度看，智慧产业是直接或间接利用人的智慧进行研发、创造、生产、管理等活动，形成有形或无形的智慧产品以满足社会需要的产业。其中，直接利用人的智慧包括教育、培训、咨询、策划、广告、设计、软件、动漫、影视、艺术和出版等；间接利用人的智慧包括加强新一代信息技术在研发、生产制造、管理、销售及服务等环节的应用，全面提升各环节的智慧化水平，提高产品的技术含量。智慧产业是智慧城市建设的重要支柱，也是体现城市"智慧"的重要标准之一，智慧因素最终主要反映在投入产出比、资源消耗率及量化融合度等方面。智慧产业的快速发展将促进经济发展模式由劳动、资源密集型向知识、技术密集型的转变，提高知识与信息资源对经济发展的贡献率，促进信息技术与传统产业的融合发展，推动产业结构优化升级，使经济发展更智慧、更健康、更高效。

1.6.5 智慧人群

智慧城市是"智"与"慧"协同发展的结果，要更突出人才的因素、人文的因素，只有人的参与才能真正体现城市的智慧，这也是智慧城市区别于智能城市、数字城市的最主要特征。智慧人群是智慧城市建设发展的核心所在,他们不仅是智慧城市建设的决策者、执行者,更是智慧城市建设成果的享用者,所以要充分开发、利用各类信息资源,不断提高人们的创造力,激发人们的潜能。

智慧城市的建设主题与服务对象都是人,而人又是智慧城市能否顺利实现的重要因素之一。城市性能不仅仅取决于城市的基础设施(有形资本),而且越来越取决于可利用的、高质量的知识交流和人力资本(人和社会资本)。"物"充其量只有智能,"人"才是智慧的关键。智慧城市能够提高市民的生活质量,提升城市的宜居性,同时能够培养明智的、具有创新性与参与性的公民,让市民参与到城市的治理和管理中。

1.6.6 智慧环境

智慧环境是智慧城市建设的重要保障,包括生态保护、资源利用和软环境建设。智慧城市在环境方面具有前瞻性,其概念的核心之一就是在利用技术保护自然环境的同时实现可持续发展,即实现智慧城市不能以牺牲自然环境为代价。建设智慧城市又可促进自然环境的改善,以智能化为特征的技术在城市节能环保领域的深入应用,能够促进节能减排和低碳生态。图 1.15 所示为智慧环境结构示意图。

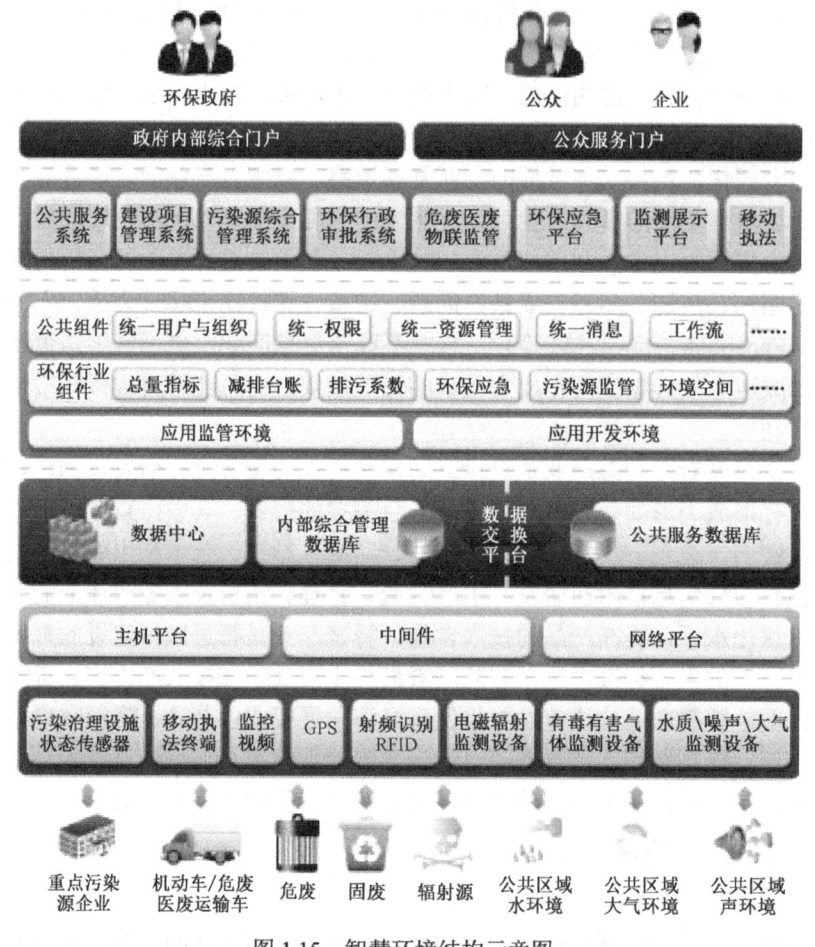

图 1.15 智慧环境结构示意图

1.7 智慧城市发展现状与趋势分析

1.7.1 国外发展状况

智慧城市是城市数字化向更高层次的发展，其核心是体现以人为本、智能运行的理念，利用物联网、云计算等新一代信息技术全面感知城市的运行状态，提高人与物、物与物之间交互的明确性、灵活性、执行效率和响应速度，对物理现实空间中的各种实体对象更加精确、智能和直观的控制和展现，提高对各种实体系统的整体优化掌控，实现信息虚拟空间和物理现实空间的同步互动，通过海量的信息收集和存储分析能力，深入挖掘各种系统间的直接或间接联系、发现规律并提出方法，为更智慧的决策和行动提供支持，达到提高政府公共服务水平、企业竞争力和市民生活质量的目标。

国内外都意识到建设智慧城市是加快产业转型升级、推动创新型城市建设的重大战略举措，对城市来说也是一个难得的发展新机遇。全球目前超过400个城市竞逐最有智慧城市头衔，2013年全球7大智慧城市分别是：美国俄亥俄州的哥伦布、芬兰的奥卢、加拿大的斯特拉特福、中国台湾的台中市、爱沙尼亚的塔林、中国台湾的桃园县以及加拿大的多伦多。

尽管名称上都叫"智慧城市"，但其发展的技术路线和重点不尽相同，各个国家和地区在制定国家战略时也都不同，且都会根据自己的国情及技术状态建设智慧城市。本书选取具有代表性的几个国家进行介绍，以便从中找到有益的规律。

1. 美国

2009年9月，美国中西部爱荷华州的迪比克市与IBM共同宣布，将建设美国第一个"智慧城市"——一个由高科技充分武装的60 000人社区。通过采用一系列IBM新技术"武装"的迪比克市将完全数字化，并将城市的所有资源（如水、电、油、气、交通及公共服务等）都连接起来，因此可以侦测、分析和整合各种数据，并智能化地做出响应，服务于市民的需求。美国在城市信息化方面还有如下具体的规划和措施：① 建设现代化的城市电网。2009年初美国总统奥巴马在发布《经济复兴计划进度报告》中宣布，计划在未来的3年之内，安装4 000万个智能电表，投资40多亿美元推动电网现代化建设。在这一过程中，美国博尔德市较早地启动了智能电网城市工程，该工程将现有的测量设施改造成强大、动态的电力系统和通信网络，并通过配电网络提供实时、高速、双向的通信服务，将现有的变电站改造成具备远程监控、实时数据发布等优化性能的"智能"变电站。② 研制虚拟车辆设计平台。美国伊利诺斯州立大学研制出的车辆设计系统，使不同国家、不同地区的工程师们可以通过计算机网络实时协作进行设计。该技术应用于人们的生活环境中，使人们在虚拟世界里完成现实生活中的互联互通，实现人们在虚拟化的环境中远程合作，形成无所不在的智能化协同环境。③ 智能道路照明工程。圣何塞2009年4月启动了智能道路照明工程，其控制网络技术不受灯具的约束，有效地为各种户外和室内照明市场带来节能、降低运行成本、实施远程监控以及提高服务质量等好处。在此工程中，以新型灯具的效率为基础，通过诸如失效路灯的早期排查、停电检测、光输出平衡以及调光之类的功能来降低成本和改善服务，同时使城市的街道、道路和公路更安全美观。④ 联邦智能交通系统。该系统包括智能基础设施和智能交通工具两大子系统。智能基础设施子系统包括动脉管理、高速公路管理、意外预防及安全保障系统、道路天气管理、道路作业和维修、运输管理、交通事故管理等内容。其中，动脉管理主要包括对交通和基础设施的监控、交通控制、道路管理、停车管理、信息传播和自动执法系统；高速公路管理包括交通和基础设施监控、匝道管控、道路管理、特殊活动交通管理、信息传播和自动执法系统；意外预防及安全保障系统包括道路几何预警系统、铁路穿越预警系统、交叉口碰撞预警系统、自行车预警及动物预警系统；道路天气管理包括天气和道路条件的监控、检测和预测等。而智能交通工具子系统则包括防撞保护、驾驶者助手和碰撞信息发布在内的智能交通工具。

2. 英国

2007 年英国在格洛斯特建立了"智能屋"试点，将传感器安装在房子周围，传回的信息使中央电脑能够控制各种家庭设备。在屋内使用红外线和感应式坐垫可以自动监测老人的走动，屋中配有医疗设备，可以测心率和血压等参数，测量结果被自动传输给相关医生。

2009 年 6 月英国发布了"数字英国"（Digital Britain）计划，利用移动的网络优势和信息化产品，为分布在城市中的企业提供方便、快捷、有效的统一语音、数据、视频的多媒体应用平台，将英国打造成世界的"数字之都"，在 2012 年建成覆盖所有人口的宽带网络。

贝丁顿社区是英国最大的低碳可持续发展社区，其建筑构造从提高能源利用角度来考虑，是表里如一的真正"绿色"建筑。该社区的楼顶是一种自然通风装置，设有进气和出气两套管道，室外冷空气进入和室内热空气排出时会在其中发生热交换，这样可以节约供暖所需的能源。由于采取了建筑隔热、智能供热、天然采光等设计，综合使用太阳能、风能、生物质能等可再生能源，该小区与周围普通住宅区相比可节约 81% 的供热能耗以及 45% 的电力消耗。

3. 荷兰

荷兰首都阿姆斯特丹市是欧洲智慧城市建设的典范，也是世界上最早开始智慧城市建设的城市之一，其智慧城市建设主要由持续性生活、可持续性工作、可持续性交通以及可持续性公共空间四个主题组成。① 可持续性生活。阿姆斯特丹是荷兰最大的城市，共有 40 多万户家庭，占据了全国二氧化碳（CO_2）排放量的三分之一。为了改善环境问题，该市启动了 West Orange 和 Geuzenveld 两个项目，通过节能智慧化技术，降低 CO_2 排放量和能量消耗。Geuzenveld 项目的主要内容是为超过 700 多户家庭安装智慧电表和能源反馈显示设备，促进居民更关心自家的能源使用情况，学会确立家庭节能方案。在 West Orange 项目中，500 户家庭将试验性地安装使用一种新型能源管理系统，目的是节省 14% 的能源，并减少等量的 CO_2 排放。② 可持续性工作。智能大厦是在不给大厦的办公和住宿功能带来负面影响的前提下，将能源消耗减小到最低程度，并在大楼能源使用的具体数据分析的基础上，电力系统更有效地运行。为了让阿姆斯特丹众多的大厦资源得到高效、合理的利用，阿姆斯特丹启动了 ITO Tower 大厦，这是智能大厦项目的试验性、示范性工程，总面积达 38 000m^2。③ 可持续性交通。阿姆斯特丹的移动交通工具包括轿车、公共汽车、卡车及游船等，其 CO_2 排放量对该市的环境造成了严重的影响。为了有效解决这个问题，该市实行了 Energy Dock 项目。该项目通过在阿姆斯特丹港口的 73 个靠岸电站中配备了 154 个电源接入口，便于游船与货船充电，利用清洁能源发电取代原先污染较大的产油发动机。④ 可持续性公共空间。Utrechtsestraat 是位于阿姆斯特丹市中心的一条具有代表性的街道，狭窄、拥挤的街道两边满是咖啡馆和旅店，当小型公共汽车和卡车来回穿梭运送货物或者搬运垃圾时，经常造成交通拥堵。2009 年

6月，该市启动了"气候街道"项目，用于改善之前的状况。

4．瑞典

瑞典政府近年来投入大量财力积极打造信息社会，每年信息化投入占全国GDP的4%，取得了显著成效。截至2010年，瑞典家庭网民普及率达到84%，移动通信普及率达到94%，3G应用普及率达到92%，是世界上信息化程度最高的经济体之一。

瑞典的智慧城市建设在交通系统上得到了最大的体现，通过收集并分析货车、交通流量传感器、运输系统、污染检测和天气信息等数据，寻找降低CO_2排放量的可靠途径，实现绿色交通的和谐环境。斯德哥尔摩在通往市中心的道路上设置了18个路边控制站，通过使用射频识别（Radio Frequency Identification，RFID）技术以及利用激光、照相机和先进的自由车流路边系统，自动识别进入市中心的车辆，向进出市中心的注册车辆收税。自2006年开始试用，到2009年交通堵塞降低了25%，交通排队所需时间降低了50%，出租车的收入增长了10%，道路交通废气排放量减少了8%~14%，CO_2等温室气体排放量下降了40%，且平均每天新增4万名公共交通工具乘客，有效地实现了绿色、便利的交通。

5．日本

日本在城市信息化建设方面非常重视，它希望通过智慧城市的建设来改革整个经济社会，催生出新的活力，实现积极自主的创新。2009年7月日本政府IT战略本部制定了《i-Japan 2015战略》，旨在将数字信息技术融入生产生活的每个角落。目前将目标聚焦在电子化政府治理、医疗健康信息服务、教育与人才培育等三大公共事业。在上海世博会上，日本馆更是以"连接"为主题，用信息化最新科技让人们看到未来20—30年城市"智慧生活"的美好场景，展会上所亮相的"未来邮局"融合了互联网和物联网技术，在邮局中不仅能够寄送信件，还能实现人与商品的智慧交流。泛在网络环境是指在互联网处于任何时候和任何情况下都可以实现全面互联的状态，基于这种技术的优越性，日本目前大力发展泛在环境下的电子政府和电子地方自治体，推动医疗、健康和教育的网络化。日本政府希望通过执行这一战略，开拓支持日本中长期经济发展的新产业。除此之外，东京建立的电子病历系统在各类医院已基本普及，整合了各种临床信息系统和知识库，如病人的基本信息、住院信息和护理信息，为护士提供自动提醒，为医生提供检查、治疗、注射等诊疗活动。此外，医院采用笔记本电脑和掌上电脑实现医生移动查房和护士床旁操作，实现无线网络化和移动化，诊疗的数字化、无纸化和无胶片化。

6．韩国

2004年3月韩国政府推出了"U-City"发展战略，建设无线覆盖和无线应用的无线网络城市，以无线传感器网络为基础，把韩国的所有资源数字化、网络化、可视化、智能化，政府机构能够通过无线城市应用来提高业务运营效率，为居民提供更好的公共服务。图1.16所示为韩国智慧城市发展架构。

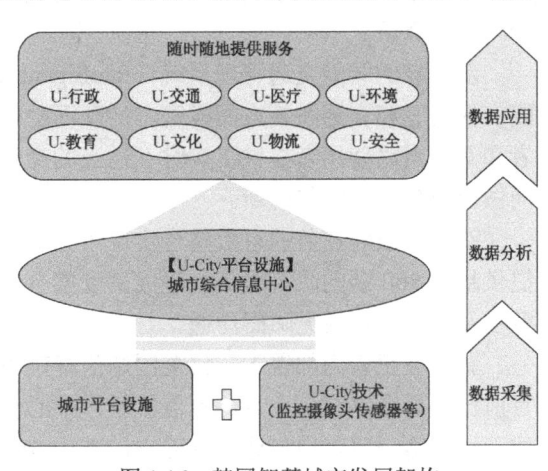

图1.16 韩国智慧城市发展架构

韩国 U-city 的规划十分清晰：建设智慧城市是一个长期的发展过程，只能采取阶段性的发展模式，分解成若干个目标分步实施，具体包括互联阶段、丰富阶段和智能阶段。目前，韩国政府将网络基础设施建设作为重点。2009 年韩国仁川市宣布与美国思科公司合作，以网络为基础，全方位改善城市管理效率，努力打造一个绿色的、信息化的、无缝连接的、便捷的生态型和智慧型城市。通过整合式的公共通信平台，以及无所不在的网络接入，消费者不仅可以方便地实现远程教育、远程医疗、远程办理税务事宜，还可以实现智慧化地控制房间的能耗。

仁川市宣布打造智慧型都市，建设的重点在医疗、教育与商业领域的基础设施信息化应用方面。市民看病将不需要亲赴医院，医生通过专门的医疗装置就可以了解病人的体温、脉搏等情况；通过视频会议系统，韩国学生将可以面对面地与太平洋彼岸的美国老师实时请教；在松岛新城的"未来之家"中，一台数字电视是与世界互联的汇流入口，透过电视的触摸屏幕，想要的信息不仅可以随手可得，还可以轻松坐在家中与公司同事开会，也可以远程向医生咨询病情，满足人们所需的信息资源。

首尔推进网络互连协议电视（Internet Protocol Television，IPTV）电子政府服务。2009 年 12 月 9 日韩国出台《构建 Broad & IPTV 协议》，韩国将迎来 IPTV 电子政府时代，政府可运用 IP 提供双向公共服务。首尔市政府目前计划制作有关市政的新闻、文化遗迹和主要旅游景点等信息的视频资料，以视频点播（Video On Demand，VOD）方式提供给民众，同时还将通过 IPTV 播放招聘、招标公告以及地铁和交通情况等生活信息。此外，该市还计划通过 IPTV 处理电子民政、缴纳税款等各类行政业务，方便市民在自己的家里即可轻松地完成各类政务。

7．新加坡

新加坡早在 2006 年就启动"智慧国 2015"计划，力图通过包括物联网在内的信息技术，将新加坡建设成为经济、社会发展一流的国际化城市，其具体规划包括：所有行业实现计算机化，大力发展信息技术，帮助普通民众应用信息技术，以及建设新的基础设施。在"智慧国 2015"的推动下，2008 年新加坡信息通信行业产值增长 12.4%，达 581 亿新元，信息通信的出口产值占总产值的 61%，达 354.4 亿新元；就业人口增长 6.6%；200 人规模以上的新加坡企业中 90%开设了自己的网站；移动电话普及率高达 133.2%；94%有孩子的家庭拥有至少一台计算机。

新加坡的智能交通管理系统（Intelligent Transport Management Systems，ITMS），使道路、使用者和交通系统之间紧密、活跃而稳定的相互信息传递和处理成为可能，从而为出行者和其他道路使用者提供了实时、适当的交通信息，使其能对交通路线、交通模式和交通时间做出充分、及时的判断。

新加坡政府业务的有效整合实现了无缝管理和一站式服务，电子政务公共服务架构可以提供超过 800 项的政府服务，建成高度整合的全天候电子政务服务窗口，使各政府机构、企业以及民众间达成无障碍沟通。

新加坡正着力部署下一代全国通信基础设施，实现超高速、普适性、智能化和可信赖的。目前已经拥有 7 500 个点，覆盖机场、中心商务区及购物区，为国民提供真正意义上的全方位无线网络，覆盖用户达 130 万户，其中 35%的客户每周平均用网超过 3.6 小时。2009 年 8 月全面铺开了下一代全国性宽带网络，光纤到户，"路网分离"，使民众得以最低的资费获得高速网络接入。

新加坡"智慧国 2015"计划的具体目标：在经济方面，到 2015 年基于信息通信技术所发展起来的经济和社会价值高居全球之首，实现行业价值两倍增长，及出口收入三倍增长；社会发展方面，新增工作岗位 8 万个，到 2015 年至少 90%的家庭使用宽带，电脑在拥有学龄儿童的家庭中的渗透率达 100%。

8．马来西亚

马来西亚前总理马哈蒂尔倡导了"信息技术觉醒运动"，他在 1995 年底提出建设总面积为 750 km^2 的多媒体超级走廊规划（Multimedia Super Corridor，MSC）。该走廊范围涵盖吉隆坡城市中心、布特拉贾亚（Putrajaya）政府行政中心、电子信息城、高科技技术孵化创新园区和吉隆坡国际机场，具体包括电子政府、智慧学校、远程医疗、多用途智慧卡、研究与开发中心、无国界行销中心和全球制造网等 7 个"旗舰计划"，建设成了颇具规模的两个超级智慧城市：一个是"电子化的行政中心"布特拉贾业，另一个是号称"东方硅谷"的电子信息城。整个 MSC 计划将持续到 2020 年，该项目完成后，将拥有世界最先进的信息技术硬件设施，以吸引世界性的高技术企业前来投资，从而实现马来西亚的"知识经济"社会。

1.7.2 国内发展状况

我国智慧城市的建设正处于关键时期，政府已制定了一系列规划和试点，正加快推广工作。在此之前的城市信息化建设大致可分四类：

（1）城市生活服务型。以完善的信息基础设施为保障，以开发应用信息数据资源为重点，以建立良好的资源共享分发与应用机制为核心。

（2）城市规划管理型。利用城市地理信息系统辅助管理城市规划，提高城市管理水平和效率，降低城市管理成本。

（3）智能交通导航型。充分利用 3S（GNSS/RS/GIS）以及无线通信技术，建立城市的智能交通导航系统，通过对城市交通行为的个体引导，辅助城市的交通管理。

（4）虚拟城市导游型。注重发展旅游业的地区或城市重视信息技术在旅游业中的应用，利用虚拟现实技术在因特网上建立城市的虚拟旅游系统，远程再现城市风光，模拟旅游者在城市的生活以及旅游者之间场景式的虚拟社会交往等，从而吸引旅游者。

所有这四类从某个侧面为"智慧城市"的建设提供了支撑。而对于整体规划，2013 年确立了 103 个城市（区、县、镇），包括 83 个市、区，20 个县、镇，目前国家智慧城市试点城市已达 193 个。试点城市经过 3~5 年的创建期后，住建部将对通过评估的城市（区、镇）进行评定，由低到高分为一星、二星和三星。

《中国智慧城市发展水平评估报告》针对智慧城市的内涵、特征、体系架构、发展规律、内在逻辑等进行了全面分析，选取了"规划方案、组织体系、资金投入、示范项目、信息基础设施、用户能力基础、政府服务能力、产业基础、软环境、能源利用与环保"等十个内在逻辑性较高、数据采集可行性较高的评测指标，按智慧城市的发展水平划分为领跑者、追赶者和准备者三个阶段。初步筛选出 29 个代表性目标城市进行评估考核：① 领跑者（11 个）：北京、上海、广州、深圳、重庆、宁波、南京、佛山、扬州、浦东新区、宁波杭州湾新区；② 追赶者（14 个）：天津、武汉、无锡、大连、福州、杭州、青岛、昆明、成都、嘉定、莆田、江门、东莞、东营；③ 准备者（4个）：沈阳、株洲、伊犁、江阳。

尽管国内智慧城市建设的单位众多，但各个城市的特色均不相同，汇总起来，主要分为创新推进智慧城市建设，以发展智慧产业为核心，以发展智慧管理和智慧服务为重点，以发展智慧技术和智慧基础设施为路径，以及以发展智慧人文和智慧生活为目标等五大类。

1. 创新推进智慧城市建设

这类城市将建设智慧城市作为提高城市创新能力和综合竞争实力的重要途径。例如，"智慧深圳"作为推进建设国家创新型城市的突破口，着力完善智慧基础设施，发展电子商务支撑体系，推进智能交通和培育智慧产业基地，是国家三网融合试点城市，宽带无线网覆盖率达到100%；"智慧南京"作为转型发展的载体、创新发展的支柱和跨越发展的动力，着力促进产业转型升级，加快发展创新型经济，从根本上提高南京整体城市的综合竞争实力。

2. 以发展智慧产业为核心

"智慧武汉"着重完善软件与信息服务发展环境，加快信息服务业、服务外包、物联网及云计算等智慧产业的发展，推进信息化建设，促进城市圈的综合协调和一体化建设。"智慧宁波"以建设网络数据基地、软件研发推广产业基地、智慧装备和产品研发与制造基地、智慧服务业示范推广基地、智慧农业示范推广基地以及智慧企业总部基地等六大智慧产业基地为重点，加快推进智慧产业的发展。

3. 以发展智慧管理和智慧服务为重点

"智慧昆山"重点包括智能交通、智慧医疗、服务型电子政务等内容，为城市运营和管理提供更好的指导和管控，通过实施"城市控管指挥中心"、"政府并联审批"、"城市节能减碳"等三大智慧城市软件解决方案，解决城市管理的现实问题。"智慧佛山"提出建设信息化与工业化融合工程、战略性新兴产业发展工程、农村信息化工程、U-佛山建设工程、政务信息资源共享工程、信息化便民工程、城市数字管理工程、数字文化产业工程、电子商务工程以及国际合作拓展工程等十大重点工程，突出其智慧管理和服务的职能。

4. 以发展智慧技术和智慧基础设施为路径

上海推出的《上海推进云计算产业发展行动方案》（"云海计划"），将智慧城市建设所需的云计算作为基础条件，制定适合本土的云计算解决方案。浙江杭州因地制宜，提出了建设"绿色智慧城市"，把"绿色"和"智慧"作为城市发展的突破路径，着力发展信息、环保和新材料等为主导的智慧产业，加强城市环境保护，从而实现建设"天堂硅谷"和"生活品质之城"的城市发展战略目标。江西南昌提出把打造"数字南昌"作为智慧城市建设的突破重点，通过实施"数字南昌"综合指挥调度平台、智能交通系统、市政府应急系统、数字城运和数字城管等重大工程，提升城市运行监测和城市公共信息服务水平，从而率先在中部地区建成具有区域竞争力的"数字城市"战略目标。

5. 以发展智慧人文和智慧生活为目标

四川成都提出要提高城市居民素质，完善创新人才的培养、引进和使用机制，通过智慧人文为构建智慧城市提供坚实的智慧源泉。重庆提出要以生态环境、卫生服务、医疗保健和社会保障等为重点建设智慧城市，提高市民的健康水平和生活质量，打造"健康重庆"。

1.7.3 智慧城市建设路径选择

智慧城市的概念自提出后，得到了国内外的广泛关注，实践探索很快被付诸行动，各国开展智慧城市建设的重点也大有不同。根据对国内外智慧城市建设经验和相关研究的总结，智慧城市建设路径大体上可以分为：创新驱动型、产业驱动型、管理服务驱动型、可持续发展型以及多目标发展型 5 种。

1. 创新驱动型

创新驱动型路径是指以新兴信息、网络技术的应用为基础，以创新体系建设为核心，包括智慧城市创新主体、创新基础设施建设、创新管理服务体系、创新人才体系以及创新资源环境等。创新驱动型路径的核心是用创新技术促进城市的发展及整体提升，如图 1.17 所示。其典型代表城市为阿联酋的马斯达尔市，自 2006 年开始智慧城市建设，政府战略投资基金完全控股，建成了研究所、创新中心、开发公司以及实验社区等，通过最新技术的使用，旨在成为全球智慧技术革新、研发和产品的中心。

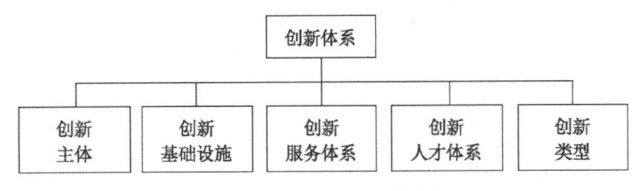

图 1.17 创新驱动型路径

2. 产业驱动型

产业驱动型路径是指以高新信息技术产业为导向，形成以智慧产业链或产业集群为核心推动力的城市发展路径，主要包括以信息技术为基础的新兴产业和经智慧化改造后的传统产业，如图 1.18 所示。其典型代表城市是我国的广东佛山和江苏南京。

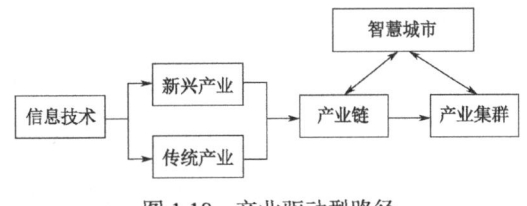

图 1.18 产业驱动型路径

3. 管理服务驱动型

管理服务驱动型路径是指利用技术手段，优化、提升公共管理服务能力，使城市公共管理功能更精准、高效、智能和便民，其主要内容包括：信息网络的完善、基础设施智能化转型建设、公共管理体系和公共服务体系的智能化全面提升，如图 1.19 所示。这类型建设路径的典型城市代表有我国香港和韩国首尔。香港自 2007 年开展了以"政府投资、购买服务、企业参与、建设运营"的智慧城市建设模式，以信息化服务全体市民为主要目标，政府投资建设基础设施，实现资源最优化配置。韩国首尔市的公共服务模式则着重于实时、智慧和集成，强化政府服务效率，提升便民效率和公众生活品质。

4. 可持续发展型

可持续发展型路径是指以环境保护、资源可持续发展等为出发点，形成环境资源的智慧管理以及合理、高效、可重复利用，创建可持续发展的环境资源体系与城市发展路径，如图

1.20 所示。其典型城市代表是荷兰的阿姆斯特丹，该市提出可持续的智慧城市建设计划，旨在建立可持续性生活、可持续性工作、可持续性交通以及可持续性公共空间的城市体系，减少碳排放量。

5．多目标发展型

多目标发展型路径是指在智慧城市建设过程中，综合考虑产业的智慧化升级、公共管理服务的提升、居民生活的改善以及资源环境的可持续利用等因素而形成的发展路径。其总体思路是以新一代信息技术发展为依托，坚持以智慧应用为导向，以智慧产业发展为基础，以智慧创新为动力，加快推进智慧应用体系，是以上几种类型路径的综合，如图1.21 所示。其典型城市代表有我国深圳，该市以信息技术为基础，整合城市关键信息，旨在形成生活、产业和社会管理的综合模式。

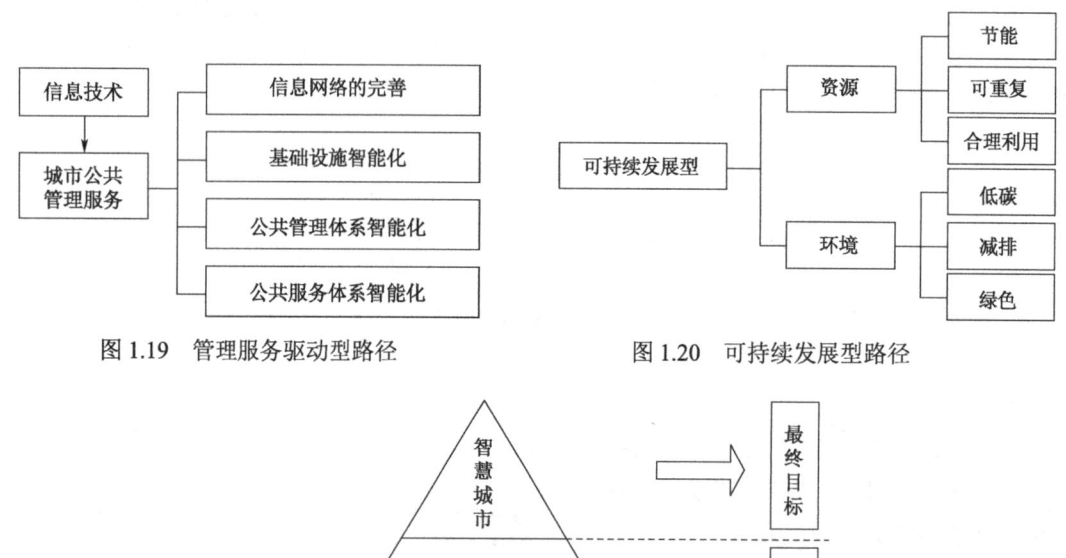

图 1.19　管理服务驱动型路径　　　　图 1.20　可持续发展型路径

图 1.21　多目标发展型路径

1.7.4　我国智慧城市发展趋势

1．我国的城镇化建设

众所周知，我国在改革开放之后，城镇化速度非常快。从 1949 年新中国成立到现在城镇化的变化趋势来看，曾经经历了自然增长阶段、剧烈波动阶段、停滞增长阶段以及恢复性增长阶段，之后进入了加快发展阶段。在加快发展阶段，从 1993 年到 2000 年，年均增长超过了 1%；2001 年至今，年均增长超过了 1.3%。2011 年我国的城镇化率已经达到 51.3%，这个数字引起了全球的关注。于是，我国城镇化问题也成为国际上关注的一个热点。美国经济学家约瑟夫·斯蒂格利茨就说过："中国城镇化问题和美国高科技问题是未来世界发展的两大重要问题。"从我国的国情来看，我国是世界第一人口大国，人口数量众多，城市化率达到51.3%意味着城市人口近6.9亿。

（1）我国的城市具有行政等级的，行政管辖区就是城市管理城市。

（2）城乡公共服务具有排他性。我国实行户籍制度，城市的市长是服务于他所管辖区内人口的。从这个意义上来说，他的公共服务是排他的。

（3）城镇管辖着农村。一个城市包含有不同的行政等级，比如地级市下面有县、县级市，而县以下又有乡和镇。由此，城市里面有很多农村，比如说北京是一座非常现代化的城市，但是在北京市的延庆县，就有些区域是农村。

目前，我国有1.94万个小城镇，其中有些城镇的人口规模非常大，最多的虎门镇人口已达到57万人，龙岗镇38万人，所有这些小城镇中，镇区集中人口达到5万以上的已经有740个。

2. 城镇化与智慧化协同发展

我国的城镇化发展迅速，但仍然面临诸多问题。"十二五"是中国城市发展的关键时期，也是城市病的多发期，截至2012年底，我国城镇人口达到了7.12亿，城镇化率为52.75%，已经达到世界平均水平；但在生产生活方式、社会管理与公共服务以及城乡统筹协调发展等方面城镇化的速度和质量并不匹配，我国城镇化进程既面临资源环境科技支撑的约束和挑战，又存在体制、机制的障碍：一方面现有的资源环境已难以支撑粗放的城镇化发展模式，城镇建设缺乏科学规划，资源利用效率低下、大城市土地供应紧张、交通拥堵严重、内涝频发以及大气和水体遭到破坏，已影响到城镇的可持续发展。另一方面，一些行政审批手续复杂，周期过长，政务信息发布不及时，一些制度性障碍（如户籍约束、中心城市行政权力过大、民间资本进入公共事业困难等问题）也影响了要素在城镇间和城镇内部的自由流动，降低了经济运行效率，不利于城镇经济和公共服务系统高效运转。

2013年习近平总书记指出，我国发展仍处于可以大有作为的重要战略机遇期，要积极稳妥地推进城镇化，中央经济工作会议把加快城镇建设列为今后经济工作的重要任务之一。据预测，2035年前后中国城镇化率将达到峰值，达到70%左右，新增城镇人口3亿人，片面追求规模扩大、空间扩张的城镇发展模式已难以为继。随着信息技术等新兴产业的加速发展，以智慧城市引领新型城镇化，促进城镇化、智能化、个性化的协调发展越来越成为社会各界的共识。

（1）实现创新驱动发展，推动经济健康、绿色、可持续发展。发展智慧城市既有利于扩大高技术产业规模、提升信息服务、创意产业、智慧制造等高技术产业在城市经济当中的比重，创造新的经济增长点，也有利于技术创新和推广，从而推动传统企业技术管理、组织和服务模式的变革，促使我国经济从人口红利、生态资源等低价值要素驱动，转向依靠知识、信息、技术创新等高价值要素驱动，真正实现创新驱动发展。

（2）切实改善民生。通过打造城市公共管理服务平台，让市民充分、及时地获取所需的信息，全面掌握服务流程，将改变以往公共资源配置和使用中存在的信息不对称现象，确保居民均等的、便捷的享有医疗、教育、交通等公共服务的权利，数字化、网络化、智能化的社区管理有助于增强基层社区扶危济困、敬老扶幼、排查隐患、治安管理等方面的矛盾，缓解人口老龄化、家庭空巢化等问题。

（3）实现资源整合。城市管理涉及城建、交通、医疗、环保、文化、教育、产业发展、社区管理服务等诸多领域，在传统的城市管理模式下，建立多方协调、资源共享的管理机制相对困难，智慧城市通过建立部门协作、全民参与的公共管理模式，促进官民互动、部门协同、信息共享、政务公开，使碎片化的公共管理和服务资源有效整合，既让政府部门及时摸清群众的需求，又让老百姓实时了解有关政策，有助于提升政府的效率和决策水平。

（4）促进消费结构升级、满足人民群众多样性需求。智慧城市利用各种信息化手段，为企业和消费者提供了快捷、便利、廉价的信息交付渠道，不但降低产品和服务的成本，也为生产者供给与消费者需求之间的无缝对接提供了桥梁，使消费选择更加多元化。

3. 我国智慧城市建设导向

1）信息化建设由系统建设转向购买服务

随着宽带化、三网融合进程的不断加快，下一代互联网快速推进，互联网、物联网交融发展，云计算使资源配置更加有效，高速、宽带、融合、无线的新一代智能信息基础设施将满足随时、随地、任何物、任何人都可以上网以及所有人或物的联通。无所不在的传感器网络将成为智慧城市最基本的基础设施，实现所有城市部件的联网。用户将由购买IT产品构建自有的数据中心向购买计算服务转变，云计算数据中心的咨询、规划、建设和运维等建设工作将演变为由专业的云服务公司来担负。这个转变也将促进云计算产业专业化的分工，创造全新的产业生态，带来整个信息化建设商业模式的转变。

2）从应用为主转向平台和数据的整合

精细管理、高效透明、无缝服务是政府改革的方向，网上政府成为政府行使职能的主要形式，将促进政府管理模式的创新、政府组织的扁平化，有助于提高行政效率、降低行政成本。政务信息公开有助于建立廉洁的服务型政府，推进公众参与民主治理的进程。通过挖掘海量数据，企业的决策、运行会建立在更加科学的基础上，失误更少，效率更高；而对于政府，大数据技术可以提高政府的决策效率、危机应对能力和公共服务水平，建设更高水平的智慧政府。通过对交通数据的挖掘，可以制定更加合理的交通路径规划。此外，可在 PaaS（Platform as a Service，平台即服务，把服务器平台作为一种服务提供的商业模式）层建立面向公众服务的应用和开发平台，围绕它形成云计算产业链，开发各类云应用。

3）由工作人员为核心转向公众为核心

物联网、互联网和云计算的交融发展，正在构建无所不在、人与物共享的关键智能信息基础设施，广泛分布的传感器、RFID 和嵌入式系统使物理实体具备了感知、计算、存储和执行能力，不断推动城市运行的智能化、可视化和精准化。精准、可视、可靠、智能的城市运行管理网络将覆盖所有城市要素，有效支撑城市安全、可靠地运行。信息技术的广泛深入应用，将为人们打造一个完全数字化的生活环境，数字化生活将成为人们基本的生活方式。人们可以体验远程视频交流、数字电视、智能家居、新一代移动通信、网上购物、远程学习、电子医疗等科学、绿色、超脱、便捷的数字化新生活。与此同时，构建智慧城市的另一发展趋势是提供面向公众的服务平台，利用云计算、物联网等新技术所带来的机遇，全面整合政府和社会相关的信息资源，构建一体化、协同化、智能化的公众服务平台，为公众提供全方位的服务，使公众能够随时、随地地在任何智能设备上，更加个性化地获取数字化的信息与服务。

4）社会服务无所不在

新一代信息技术将在医疗、教育等公共服务领域广泛深入地应用，形成无所不在的公共服务环境。公用事业服务信息网络平台为市民提供及时、虚拟化的生活服务，网络化的公共服务，满足居民个性化需求。更为科学的公共服务体系和普遍服务机制，将使城乡的数字差距逐步缩小，推动教育、医疗等资源的均等化。

讨论与思考题

（1）试述城市形成与发展的主要特征。
（2）如何认识我国城市发展的历程与规模？
（3）简述智慧城市的产生背景与发展进程。
（4）智慧城市的内涵与本质特征是什么？
（5）阐述智慧城市拟人化模型的主要内容。
（6）阐述我国中心城市与区域中心的主要特征。
（7）阐述智慧城市的发展趋势。
（8）简述我国智慧城市建设导向。

第 2 章　智慧城市体系架构

综合利用各类信息技术和产品，以"数字化、智能化、网络化、互动化、协同化、融合化"为主要特征，通过对城市内人与物及其行为的全面感知和互联互通，大幅优化并提升城市运行的效率和效益，实现生活更加便捷、环境更加友好、资源更加节约的可持续发展城市，也就是"智慧城市"。

2.1　智慧城市业务模型与主体构成

2.1.1　智慧城市业务模型

众所周知，城市是一个复杂巨系统，涉及基础设施、资源环境、社会民生、经济产业以及城市管理等五大核心功能系统，是以一种协作的方式将相关领域相互衔接所组成的巨系统。智慧城市建设涵盖市民、企业和政府的新城市生态系统，图 2.1 所示为智慧城市业务模型。

城市基础设施包括城市规划、建筑管理、交通管理以及信息基础设施；资源环境通常包括能源和水的可持续环境，并通过治理城市污染、气候变暖，确保城市资源可持续性；社会民生包含教育、文化和娱乐，以及医疗卫生、城市居民社保等；经济产业包括经济发展、产业发展，需要优化产业结构、发展新兴产业、改进传统产业，以及优良的企业环境、智慧的产业发展与转型；城市管理包括城市战略与治理、市政管理等内容。

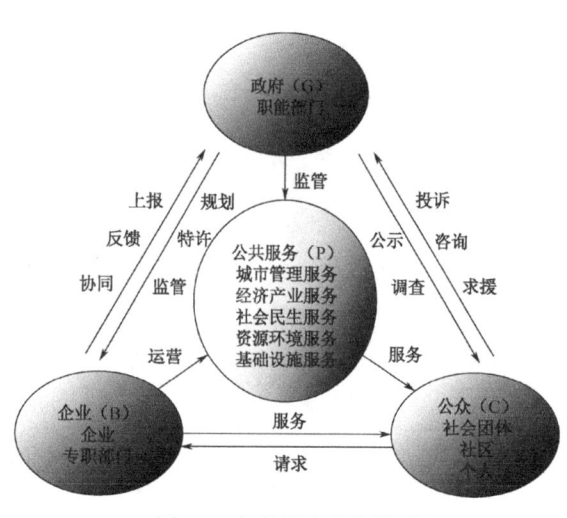

图 2.1　智慧城市业务模型

2.1.2　智慧城市主体构成

智慧城市的主体是城市，而城市的主体是人，也就是市民，因此城市是智慧的，本质上应该是城市主体能够感受到智慧。智慧城市服务主体是智慧服务提供方，包括政府机关、事业单位、社会组织、公用事业企业和其他企业，其服务内容是智慧服务的核心主线，由各类服务主体提供，具体包括政务服务、文化教育、医疗健康、全民社保和社区服务五大块内容；而服务对象是智慧服务的接受方，包括城市居民、外来人口和企事业单位等。智慧服务的最终目标，是为了让服务对象获得均等灵活、高质便捷的公共服务，以提升生活质量。

智慧城市的规划、建设、运营与管理等是一个庞大、复杂的系统工程，需要全社会的共同参与，需要调动所有参与者的积极性和创造性，并进行合理分工，以不断促进智慧城市的健康发展。根据智慧城市的特点及发展规律，其主体包括政府、企业与公民，其中企业有运营商、内容与业务提供商及解决方案提供商等，同时他们本身又是智慧城市的最终用户。智慧城市主体构成如图2.2所示。

（1）政府是智慧城市的倡导者、管理者及应用者，倡导智慧城市的建设，把握智慧城市的发展方向。政府应该顺应未来技术发展趋势，充分把握城市发展规律，推进智慧城市的建设与发展，加快信息化建设，加强信息共享与业务协同，全面促进智慧政府建设，做好智慧城市的掌舵者。

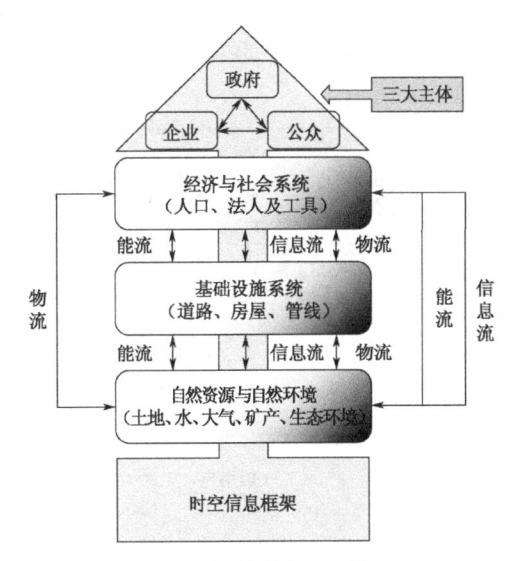

图2.2 智慧城市主体构成

（2）企业是智慧城市建设的一个重要主体，直接参与智慧城市的建设与运营。例如，电信运营商提供基础通信与宽带网络，直接进行项目投资、承建、运维，进而转售或租给政府使用；解决方案提供商主要提供完整的行业应用解决方案、行业咨询与规划、项目建设方案及技术支持等；内容及业务提供商主要提供行业化、本地化的内容信息及定制化业务等。

（3）公众是城市的主人，是智慧城市的参与者、体验者和维护者。城市居民参与智慧城市的建设，直接体验智慧城市的建设成果，维护智慧城市的环境和形象。

随着科技不断进步和应用需求快速变化，特别是云计算和物联网技术的快速发展，对于地理信息框架提出了体验性、实时性要强、移动性要大、可控性要高和自主性要多的新要求。根据国家测绘地理信息局发布的智慧城市时空信息云平台建设指南和区域信息化规划的总体要求，结合技术发展的趋势，基础地理信息数据库上升为时空信息数据库，地理信息公共平台上升为时空信息云平台。在智慧城市发展建设阶段，地理空间框架具有时空特点，发展为时空信息框架，其核心内容包括时空信息数据库和时空信息云平台，其结构如图2.3所示。

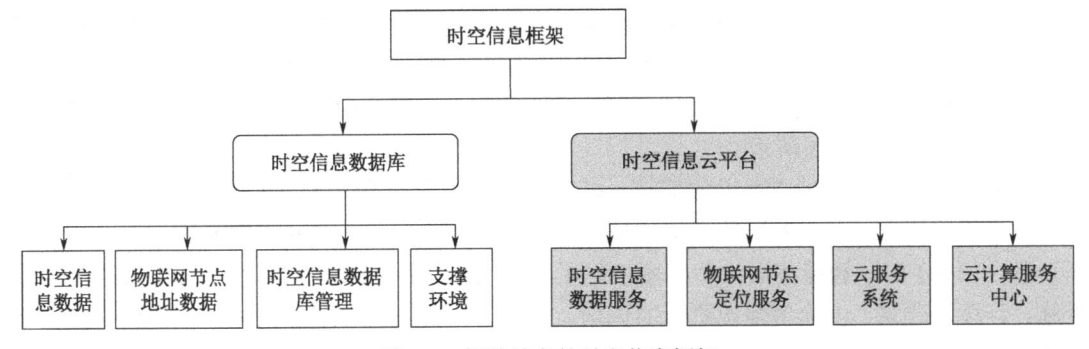

图2.3 智慧城市的时空信息框架

城市时空信息框架支撑智慧城市的建设与运行，促进城市地理信息资源的应用。时空信息数据库由时空信息数据、物联网节点地址数据、时空信息数据库管理系统和支撑环境四部分构成。时空信息云平台是以直观表达的全覆盖精细地理信息和时相地理信息为基础，面向泛在应用环境按需提供地理信息、物联网节点定位、功能软件和开发接口的服务。云平台由时空信息数据服务、物联网节点定位服务、云服务系统和云计算中心四部分构成，其逻辑结构如图 2.4 所示。

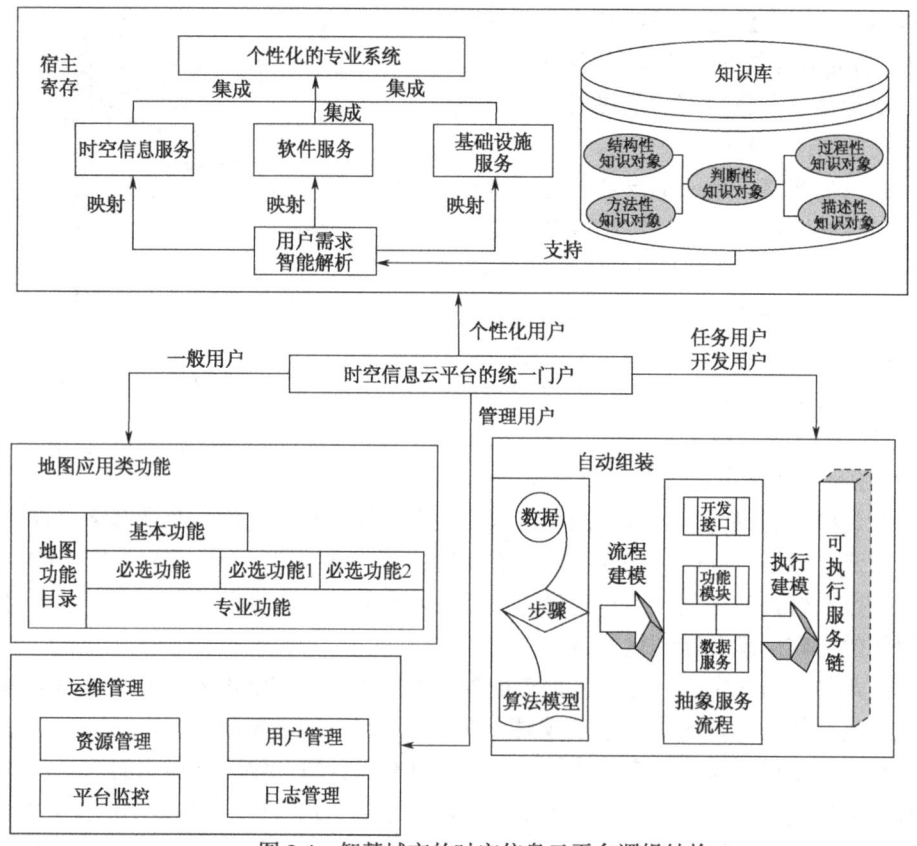

图 2.4 智慧城市的时空信息云平台逻辑结构

2.2 智慧城市体系框架

智慧城市作为具有一定自我学习、自我成长、自我创新的城市形态，本质上是城市资源的重新整合和创新发展，其体系架构将发生较大改变。通常智慧城市的体系框架是个完善的、相互联系且相互支撑的整体，包括技术层、应用层、主体层、智慧产业体系和智慧支撑保障体系，具体内容如图 2.5 所示。

（1）技术层是智慧城市建设的基础，是智慧城市技术支撑体系，主要包括感知层、网络层与数据层。感知层具有超强的环境感知能力和智能性，通过各类采集空间数据和非空间数据设备，如 RFID、智能终端、传感器、卫星、摄像头等泛在网技术实现对城市范围内基础设施、环境、建筑、安全等情况进行的识别、监测、信息采集、监测与控制，是智慧城市实现"智慧"的基础条件；网络层是构建智慧城市公共平台以及各业务应用系统所需的网络基础环境和信息传输服务高速公路，是智慧城市重要的基础设施，包括大容量宽带、高可靠度的光纤网络，全城覆盖的无线宽带网络，以及电信网、互联网、广播电视网融合的网络；数据层主要是对数据进行存储和处理，承担智慧城市数据交互枢纽、资源中心和服务中心职能，由计算存储网络、资源数据中心、信息服务系统组成，是智慧城市的必备资源。

（2）应用层是基于云计算、海量存储、数据挖掘等服务支撑的各种智慧应用和应用整合，构建在智慧城市公共平台之上的各类应用服务系统，如为城市环境宜居、安全防控、生活保障、公共服务、产业优化等领域提供应用服务的系统。应用层的建设可以促进各行业和领域的智慧化和创新发展，如智慧政务、智慧交通、智慧城管、智慧环保、智慧管网、智慧医疗、智慧教育、智慧社区等，进而构建起智慧的公共服务体系和公共管理体系。

（3）主体层是智慧城市建设的主体，包括政府、企业与公众。智慧城市建设必须充分调动所有主体的积极性和创造性，这也是智慧城市建设的重中之重。该主体层要充分体现人

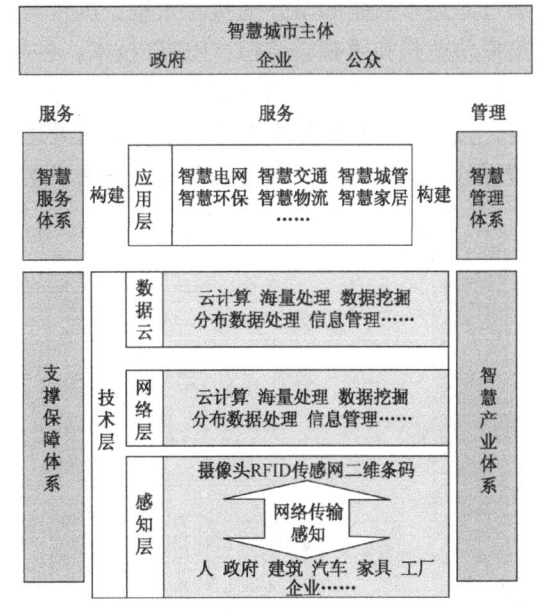

图 2.5 智慧城市体系框架

本、便民、利市、惠企的思想，以便智慧城市建设实现最大化的业务应用，此业务应用体系将覆盖城市环境宜居、城市安全防控、城市生活保障、城市公共服务和城市产业优化等五大领域。

（4）智慧产业体系是在技术应用带动下形成的具有竞争力的知识密集、高附加值的产业，为智慧城市发展提供动力。智慧城市建设要与城市产业转型相融合，以城市智慧化带动产业现代化，形成国家、企业、社会多元驱动、共同参与的智慧城市建设投融资的市场机制。智慧城市产业体系主要包括：数据产业、平台产业和应用产业。

（5）智慧支撑保障体系是智慧城市建设、管理、运行是否满足需求、达到预期目标的衡量标准，也是及时修正和调整智慧城市建设方向以及制定决策的科学依据，主要包括政策法规、技术标准、投融资政策以及评价考核体系等。

2.3 智慧城市层次结构

智慧城市的基础特征包括物联行业和物联网的应用，同时也有数字化应用以及基础数据库。原来城市里面已经存在的基础数据库，比如人口、地理信息系统（Geography Information System, GIS）等一些基础数据库，要不断更新，并将其整合到一个公共数据平台上。数据整合平台加上云计算服务，就形成了云计算数据整合平台，可以进行智能分析、预测、决策和服务。如图 2.6 所示为智慧城市层次结构框图，其基本构成大致包括基础设施（资源层与中间件层）、决策支持（核心服务层）和服务应用等三层结构。

2.3.1 基础设施

智慧城市基础设施层主要包括资源层和中间件层，如图 2.7 所示。基础设施层依靠传感器等"硬件"设施和云计算虚拟资源池、互联网、GIS 以及中间件等"软件"设施的支持，

通过对城市数据和事件的实时采集、测量与识别，建立各类庞大的动态增量数据库。信息采集模块就是利用视频监控、RFID技术、各种传感技术进行城市各种数据和事件的实时测量、采集、事件收集、数据抓取和识别。运作操控模块对采集到的数据和事件信息进行加工处理后，按照工作流程建模编排、事件信息处理，自动选择应对措施，通知相关负责人进行工作流程处理、历史信息保留及查询、网络设备监控等。

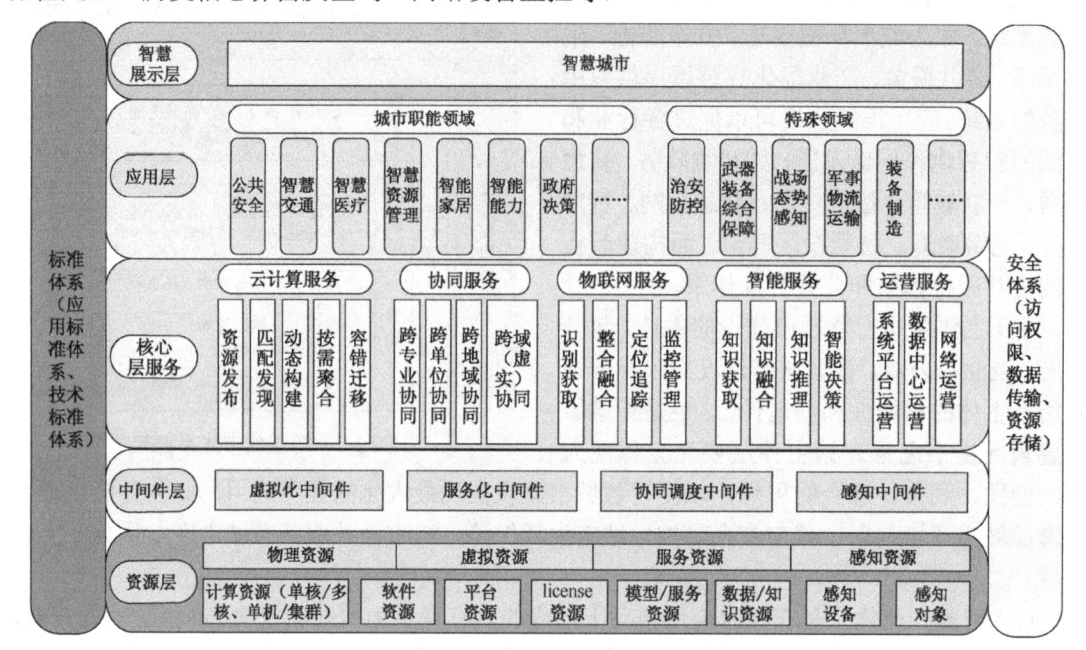

图 2.6　智慧城市层次结构框图

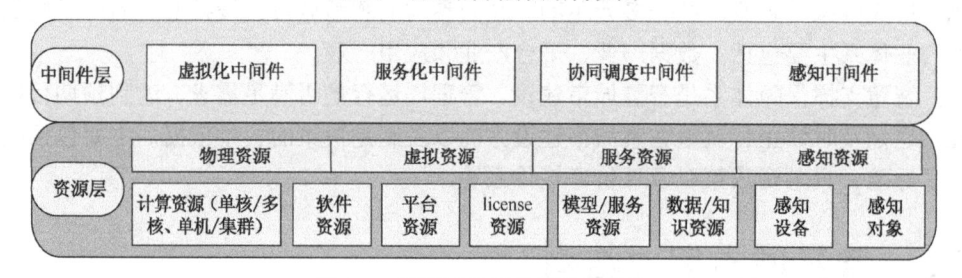

图 2.7　智慧城市基础设施层结构

2.3.2　决策支持

智慧城市决策支持层按需建立云计算服务、协同服务、物联网服务、智能服务以及运营服务等各类平台，平台通过对数据的处理分析，为城市的智能化管理和各种突发事件的处理提供数据支持与经验分析，如图 2.8 所示。城市管理者可进行多部门仿真演习、信息查询与监控、工作流程进度可视化监控、历史数据分析、相关专家协同分析、城市管理流程优化。

2.3.3　服务应用

智慧城市服务应用十分广泛，涉及城市职能领域与特殊领域的各个方面，如图 2.9 所示，通过一个 IOC（Intelligent Operation Center），应用于智慧政务、应急响应、资源管理、运营监管、城市管理以及社区管理等基于关键数据流程的事件。

图 2.8 智慧城市决策支持层结构

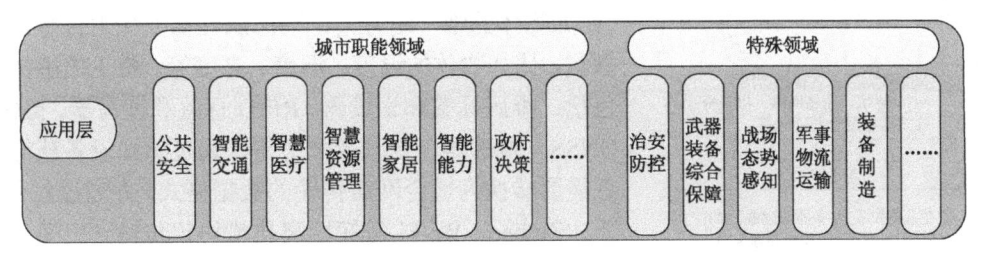

图 2.9 智慧城市服务应用层结构

2.4 智慧城市技术架构

2.4.1 智慧城市总体技术框架

智慧城市处处体现智慧，在整个城市资源投入方面力求达到最优化，保证以最少的物质投入，取得最大的价值回报；在智慧城市运营方面，以最少的运行成本，达到最大的社会效益；在政府的工作过程中，以最小的政府，实现最好的服务。

智慧城市面对城市管理涉及的城市部件、海量数据信息、异构处理平台和多样化业务系统组成的复杂系统，采用面向服务的架构，利用统一的基础设施和松耦合的服务结构，构建全局的统一信息服务平台，实现信息共享交换、系统互连互通，提高数据的复用性和互操作性。

总体技术框架可用"智、用、协、传、感"五个关键字描述，如图 2.10 所示。该框架从业务和技术两个维度说明了如何把各种信息资

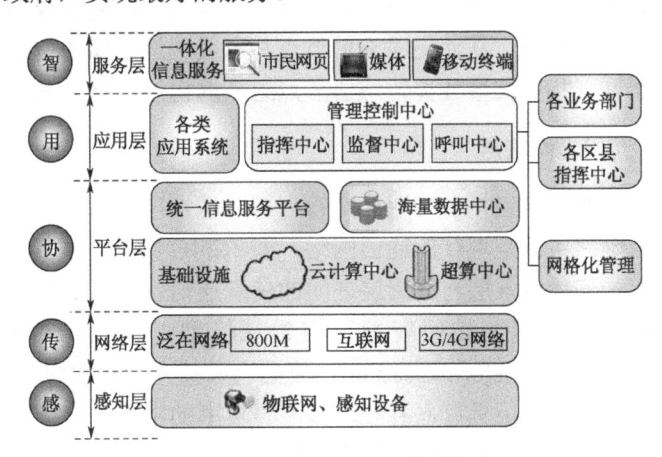

图 2.10 智慧城市总体技术框架

源有效地整合在一起。在业务方面，纵向实现从感知层到应用层的延伸，横向实现城市管理、产业、民生三大领域的业务联动；在技术方面：通过传感器、海量数据中心、统一信息服务平台、管理控制中心、信息发布渠道等构成一体化联动的信息共享与协同机制，为城市的精细化、准确化、实时化管理和运行提供保障。

2.4.2 智慧城市技术层次结构

根据智慧城市应用服务类型与方式的不同,智慧城市的技术架构包括感知层、数据传输接入层、网络层和应用层,是体系框架图(图2.5)技术层的细化和具体实现,如图2.11所示。

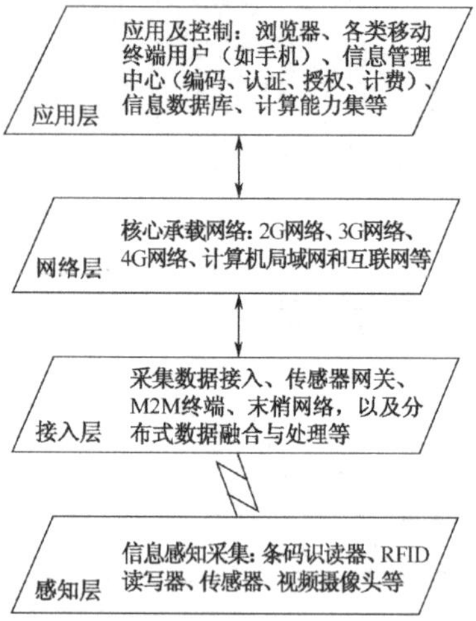

1. 感知层

感知层主要功能是信息感知与采集,即对物体的静态和动态属性进行标识,静态属性可以直接存储在标签中(比如物体的唯一编号),动态属性需要先由传感器实时探测,比如物体的温度、湿度、亮度等。常见的感知设备包括二维码标签和识读器、RFID标签和读写器、摄像头、GNSS、传感器、视频摄像头等,通过感知设备获得的信息需要转换为适合网络传输的数据格式,并通过红外、蓝牙、Zigbee、Wi-Fi等短距离传输协议传输到中间节点。通过这些设备采集到的大量感知数据是使城市体现出"智慧"的基础。

图 2.11 智慧城市技术层次结构

2. 接入层

接入层相当于人的神经系统,负责传送和处理感知层获取的信息。为了承担更大的数据量和更高的服务质量要求,该层由多种网络系统组成。从逻辑上来看,接入层可由基站节点(Sink节点)和接入网关(Access Gateway)组成,完成应用末梢各节点信息的组网控制和信息汇集,或完成向末梢节点下发信息的转发等功能。在末梢节点之间完成组网后,若需要上传数据,则将数据发送给基站节点,基站节点收到数据后,通过接入网关完成和承载网络的连接;当应用层需要下传数据时,接入网关收到承载网络的数据后,由基站节点将数据发送给末梢节点,从而完成末梢节点与承载网络之间的信息转发和交互。接入层的功能主要由传感网(指由大量各类传感器节点组成的自治网络)来承担。

3. 网络层

网络层包括各种通信网络与智慧城市形成的承载网络,承担着数据激活与支撑服务。承载网络主要是现行的通信网络,如3G/4G网络,或者是计算机互联网、移动通信网、企业网等,完成接入层与应用层之间的信息通信。网络层将感知层获取的原始数据(包括温度、湿度、视频等)按照智慧城市领域模型,整合到相应的领域数据库中,同时采用ETL(Extract-Transform-Loading)数据仓库技术,按照时间维度、空间维度等进行城市信息仓库的建立。运用具有高吞吐率和高传输率的数据存储技术、大数据分析技术和云数据库进行数据存储、处理和分析,从而能够满足上层应用业务需求。

4. 应用层

应用层由各种应用服务器组成(包括数据库服务器),承担着应用服务与行业应用,主要功能包括对采集数据的汇聚、转换、分析,以及用户层呈现的适配和事件触发等。对于信息采集,由于从末梢节点获取了大量原始数据,且这些原始数据对于用户来说只有经过转换、筛选、分析处理后才有实际价值；这些有实际价值内容的应用服务器将根据用户的呈现设备不同完成信息呈现的适配，并根据用户的设置触发相关的通告信息。同时当需要完成对末梢节点控制时，应用层还能完成控制指令生成和指令下发控制。与此同时,应用层要为用户提供智慧城市应用用户界面，包括用户设备（如 PC、手机）、客户端等。除此之外，应用层还包括智慧城市管理中心、信息中心等利用网络的能力对海量信息进行智能处理的云计算功能。应用层直接面向智慧城市的最终用户，提供多样化的应用和服务。

讨论与思考题

（1）如何理解智慧城市业务模型？
（2）阐述智慧城市主体构成。
（3）简述智慧城市的层次结构。
（4）阐述智慧城服务主体、服务内容与服务对象。
（5）阐述智慧城技术架构主要内容。

第3章　智慧城市技术层次构成

3.1　感知层

智慧城市感知层是指利用 RFID、传感器、摄像头、二维条码、遥测遥感等设备和技术，实现对城市中人与物的全面感知，它扩大了人的感知范围，增强了人的感知能力，极大地提高了人类对外部世界的了解水平，可以称为人的"第七感官"。感知层是智慧城市技术体系的首要环节，主要进行信息的采集处理为智慧城市的高效运营提供基础信息。

3.1.1　感知对象与感知方式

1. 感知对象

根据目前的城市形态及发展特点，智慧城市的感知对象主要包括城市居民的个体及各种相关群体，以及各种有形及无形的城市组成部件。如城市基础设施：道路、桥梁、轨道、水网、电网、管线、堤坝等；基础城市实体，如厂房、住宅、学校、街区、广场、公园等；基础服务体系：交通、物流、警务、城管、供电、医疗、教育等；城市资源与环境：地表、地质、河流、湖泊、森林、山丘、空域、天气等。

2. 感知方式

感知方式通常是利用被感知的信息类型来确定感知技术与方法的。感知方式主要分为身份、位置、多媒体以及状态等四类。① 身份感知通过条形码、RFID、智能卡以及信息终端等对物体的地址、身份及静态特征进行标识；② 位置感知利用定位系统或无线传感网络技术对物体的绝对位置和相对位置进行感知；③ 多媒体感知通过录音和摄像等设备对物体的表征及运动状态进行感知；④ 状态感知利用各种传感器及传感网对物体的状态进行动态感知。通过身份、位置、多媒体和状态等感知相结合的方式，实现信息从汇聚阶段向"人—人"、"人—物"、"物—物"之间协同感知阶段和泛在融合阶段迈进。

一般情况下，对于物体静态数据及属性的感知通常采用 RFID、红外感应、激光扫描以及二维码手段；对于物体固定属性的动态感知通常使用无线传感网络和全球导航卫星系统等；对于环境模糊的信息感知常常采用视频探头进行。因此，RFID、WSN 以及视频探测三者均属于智慧城市末梢环节，且具有很强的协作性和互补性，而这种协作性和互补性不仅可以实现更透彻的感知，且能提高其准确性。

3.1.2　感知网络与感知技术

1. 感知网络

感知网络是基于感知信息节点，通过布置大量多种类的感知设备和系统，对感知节点的信息进行延伸、扩展，而形成的一个最前端、泛在化的信息网络，图 3.1 所示为其结构示意图。感知网络主要由信息采集层、节点组网与协同信息处理层组成，主要对动态信息进行分布式协同感知与处理，为智慧城市的综合应用和建设提供智能化、泛在的网络平台。

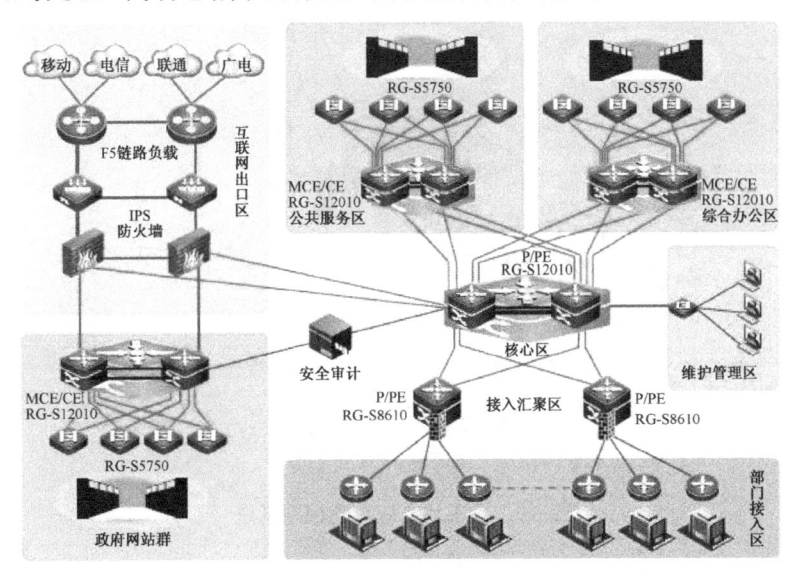

图 3.1　感知网络结构示意图

目前，常见的几类感知网络有传感网、家庭网、无线个域网、车联网等，具体内容包括：① 传感网是指随机分布的集成有传感器、数据处理单元和通信单元的微小节点等，通过自组织的方式构成的无线网络，它是感知层最主要的感知网络。传感网的功能是借助于节点中内置的传感器测量周边环境中的热、红外、声呐、雷达和地震波信号，从而探测包括温度、湿度、噪声、光强度、压力、土壤成分、移动物体的大小、速度和方向等信息。② 家庭网是基于家庭环境下，把用户家里各种信息终端和电气设备（如计算机、打印机、游戏机、电视机等）连接在一起的网络。③ 无线个域网是基于个人环境下，在个人周围空间形成的无线网络，现通常指覆盖范围在半径为 10 m 以内的短距离无线网络，尤其是指能在便携式消费者电器和通信设备之间进行短距离特别连接的自组织网。④ 车联网是指装载在车辆上的电子标签和定位设备，实现在信息网络平台上对所有车辆的属性信息和静、动态信息进行提取和有效利用，并根据不同的功能需求对所有车辆的运行状态进行监管和综合服务。

2. 感知技术

感知技术是智慧城市的基础，是指对客观事物的识别、辨别、定位及状态与环境变化等动态信息获取的技术，包括传感器技术和信息处理技术，可以帮助人们对事物本身的状态、位置、所处的环境进行及时了解和掌握，它跟现在的一些基础网络设施结合能够为未来人类社会提供无所不在、全面的感知服务。

1）自动识别技术

自动识别技术是以计算机技术和通信技术为基础的综合性技术，是数据编码、数据标识、数据采集、数据管理、数据传输的标准化手段，即通过被识别物体和识别装置之间的接近活动，自动地获取被识别物体的相关信息，并提供给后台的计算机处理系统来完成相关后续处理。自动识别技术是一种高度自动化的信息、数据采集技术。图 3.2 所示为停车场车牌自动识系统示意图。目前，常用的自动识别技术有条形码、射频识别（RFID）、语音识别、生物特征识别、图像识别、光学字符识别（Optical Character Recognition，OCR）、磁识别等。

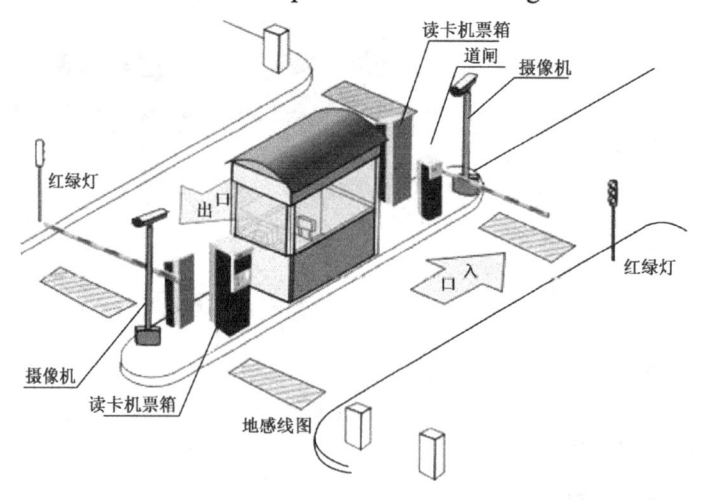

图 3.2 停车场车牌自动识别系统

2）传感技术

传感技术与计算机技术、通信技术一起被称为信息技术的三大支柱，是从自然信源获取信息，并对之进行处理（变换）和识别的多学科交叉的工程技术，它涉及传感器／换能器、信息处理和识别的规划设计、开发、制/建造、测试、应用及评价改进等活动。在传感技术应用时，传感器处于感知对象和测控系统的接口位置，是测量、采集和监测信息的主要感知终端和传感器材或装置。如果说计算机是人类大脑的扩展，那么传感器就是人类五官的延伸。

3）定位技术

定位技术是测量目标的位置参数、时间参数、运动参数等时空信息的技术，主要有卫星定位、无线电波定位、传感定位以及声呐定位等。常用的定位方式有：GPS 定位、GLONASS 定位、北斗定位、基站定位、Wi-Fi 定位、IP 定位、RFID/二维码等标签识别定位、蓝牙定位、声波定位以及场景识别定位等。美国 GPS 技术比较成熟，且应用广泛。我国的北斗卫星导航定位系统也已经正式应用，预计 2020 年覆盖全球。如图 3.3 所示为卫星 GPS/北斗系统应用示意图。

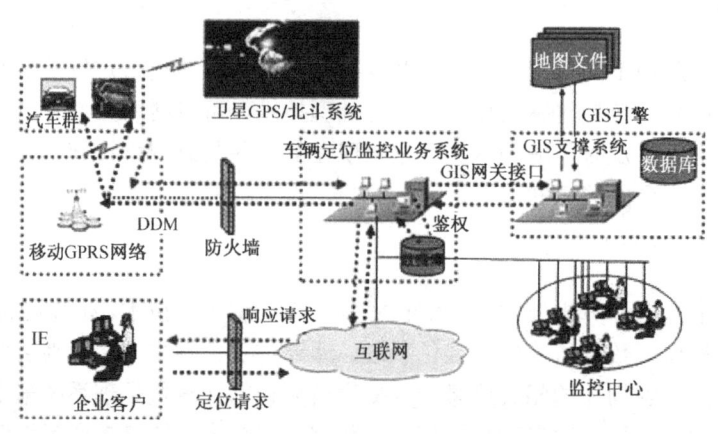

图 3.3 卫星 GPS/北斗系统应用示意图

蜂窝移动通信系统的小区定位技术,利用运营商提供的小区基站提供用户位置,但定位精度与卫星定位有差距。

3.1.3 RFID 技术

1. RFID 工作原理

射频识别(RFID)技术是从 20 纪 80 年代开始走向成熟的一项非接触式的自动识别技术,俗称电子标签。RFID 通过射频信号自动识别目标对象并获取相关数据,识别工作无须人工干预,可工作于各种恶劣环境。例如,多个高速运动物体可同时识别。系统工作原理如图 3.4 所示。

在实际应用中,系统的工作流程如下:① 读写器将要发送的信息,经编码后加载到高频载波上经天线向外发送,当附着标签的目标对象进入发射天线工作区域时会产生感应电流,电子标签凭借感应电流所获得的能量发送出存储在芯片中的产品信息,或者主动发送某一频率的信号。② 读写器对接收天线接收到电子标签发送来的载波信号进行倍压整流、调制、解调和解码后,送到数据管理系统进行命令请求、密码、权限

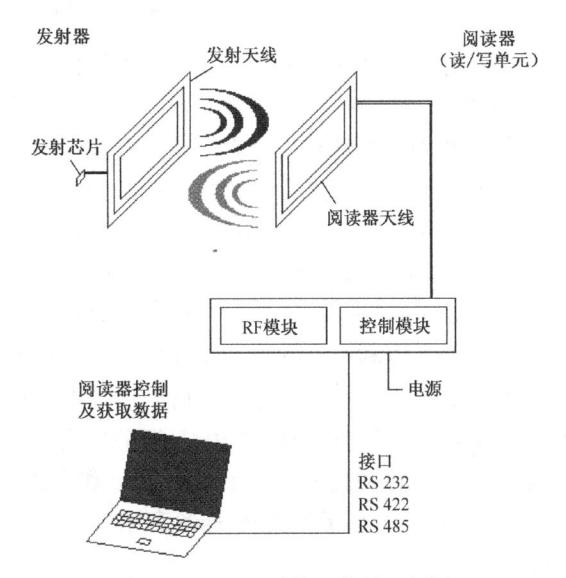

图 3.4 RFID 系统工作原理框图

等相关处理。③ 数据管理系统根据逻辑运算判断该电子标签的合法性,针对不同的设置做出相应的处理和控制。若为读命令,控制逻辑电路则从存储器中读取有关信息,经加密、编码、调制后通过片上天线再发送给读写器,读写器对接收到的信号进行解调、解码、解密后送至信息系统进行处理。若为修改信息的写命令,有关控制逻辑引起电子标签内部电荷泵提升工作电压,提供电压写 E^2ROM,对内部存储器进行修改。若经判断其对应密码和权限不符,则返回出错信息。

以读写器及电子标签之间的通信及能量感应方式来看,系统大致上可以分成感应耦合(Inductive Coupling)及后向散射耦合(Backscatter Coupling)两种,一般低频的 RFID 大都采用第一种,而较高频大多采用第二种方式。读写器根据使用的结构和技术不同可以是读或读/写装置,通常由耦合模块、收发模块、控制模块和接口单元组成,和标签之间一般采用半双工通信方式进行信息交换。

2. RFID 系统组成

一个完整的 RFID 系统由一个读写器和很多电子标签组成,其中一个标签的形式如图 3.5 所示。标签由耦合元件及芯片组成,每个标签具有唯一的电子编码,附着在物体上标识目标对象;读写器读取(有时写入)标签信息,可设计为手持式或固定式;天线(Antenna)在标签和读写器间传递射频信号。电子标签是 RFID 系统的载体,相当于条形码技术中的条形码符号,用来存储需要识别和传输的信息。依据电子标签供电方式的不同,电子标签可以分为

有源和无源两种；从功能方面来看，可将电子标签分为只读标签、可重写标签、带微处理器标签和配有传感器的标签。

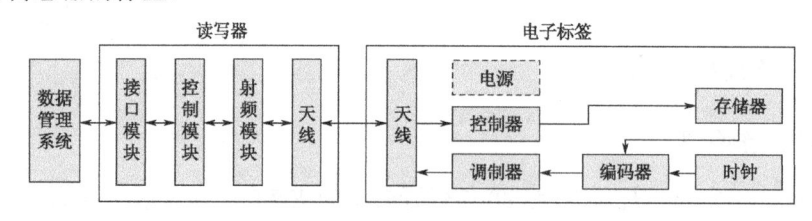

图 3.5　RFID 系统组成框图

电子标签在某些特定的领域，如工厂自动化生产线、仓库中的物品管理或车站检票等已经应用多年。随着技术的日益成熟，电子标签形态越来越小，成本越来越低，越来越适用于商品包装和物流的管理。目前，国际上现在有两家权威的 RFID 电子标签标准研究机构，代表着 RFID 电子标签标准的发展方向。一个是 1999 年成立的总部设在美国麻省理工学院（MIT）的自动识别中心（Auto ID），另一个是日本 2003 年 3 月成立的泛在 ID 中心（Ubiquitous ID Center），两个中心所推出的标准化规格有一些差别。例如在"自动识别中心"的规格中，以 96 位编码描述在电子标签中所容纳的数据，而"泛在 ID 中心"则采用 128 位编码。"自动识别中心"以利用互联网为前提探讨电子标签机制，而"泛在 ID 中心"则考虑在不连接因特网的情况下使用电子标签。自动识别中心提出的是由被称为 EPC 的 96 位 ID、管理 ID 信息的 PML 服务器以及检索 PML 服务器位置的 ONS 服务器组成的架构。泛在 ID 中心将应用面向 T-engine 的技术，包括 128 位 ID 和名为 ETP（Entity Transfer Protocol，实体传输协议）的专用协议，以及用于搜索 IC 标签和服务器位置的地址解析服务（Address Resolution Service，ARS）。

读写器是负责读取或写入标签信息的设备，它可以单独完成数据的读写、显示和处理等功能，也可以与计算机或其他系统进行联合，完成对电子标签的操作。典型的读写器包含有控制模块、射频模块、接口模块以及天线。此外，许多读写器还有附加的接口，如 RS232、RS485、以太网接口等，以便将获得的数据传给应用系统或从应用系统接收命令。

RFID 系统中电子标签和读写器工作时所使用的频率称为工作频率。全球频谱管理由 ITU（国际电信联盟）负责，ITU 把全球分为欧洲和非洲区、美洲区和亚洲区三个区，在不同的区域及各自的国家使用的实际波段和规则各不相同，且自由选择工作频段。为了确保电子标签在全球网络中均能够正常工作，其工作频率应能适应兼容多频段的读写器，以适应各个国家和地区频段和标准的多样化。多频段兼容读写器可支持 13.56MHz、868/915MHz、2.4G 三个频段的电子标签的识别和数据采集操作。读写器作为分布式客户端服务器的一部分采集数据并管理电子标签，无须人工干涉。

数据管理系统主要完成数据信息的存储、管理以及对电子标签进行读写控制，实际应用中多与应用系统集成在一起。

3.1.4　传感器技术

我国国家标准（GB7665—2005）对传感器的定义是："能感受被测量并按照一定的规律转换成可用输出信号的器件或装置"。传感器将物理世界中的物理量、化学量、生物量转化成供处理的信号，为感知物理世界提供最初的信息来源，其感知对象包括温度、压力、流量、位移、速度等。传感器一般由敏感元件（测量环节）和转换元件（变送环节）两部分组成，按一定规律变换成为电信号或其他所需形式的信息输出，以满足信息的传输、处理、存储、显示、记录和控制等要求。目前市场上智能化、网络化的传感器种类和功能都有很大的扩展，随着技术进步体积和成本呈下降趋势。传感器的分类如表 3.1 所示。

表 3.1 传感器分类情况

序号	分类依据	具体类型
1	传感器转换原理	物理传感器：应用的是物理效应，诸如压电效应、磁致伸缩现象、离化、极化、热电、光电、磁电等效应
		化学传感器：以化学吸附、电化学反应等现象为因果关系的传感器，被测信号量的微小变化也将转换成电信号
2	工作原理	振动传感器、湿敏传感器、磁敏传感器、气敏传感器、真空度传感器和生物传感器等
3	输出信号	模拟传感器：将被测量的非电学量转换成模拟电信号
		数字传感器：将被测量的非电学量转换成数字输出信号
		膺数字传感器：将被测量的信号量转换成频率信号或短周期信号的输出
		开关传感器：当一个被测量的信号达到某个特定的阈值时，传感器相应地输出一个设定的低电平或高电平信号
4	用途	压力敏和力敏传感器、位置传感器、液面传感器、能耗传感器、速度传感器、加速度传感器、射线辐射传感器和热敏传感器等
5	所用材料	按照所用材料的类别分为：金属传感器、聚合物传感器、陶瓷传感器和混合物传感器等
		按材料的物理性质分为：导体传感器、绝缘体传感器、半导体传感器、磁性材料传感器等
		按材料的晶体结构分为：单晶传感器、多晶传感器、非晶材料传感器等
6	制造工艺	集成传感器、薄膜传感器、厚膜传感器和陶瓷传感器等

3.1.5 条形码技术

条形码（Barcode）技术是集条码理论、光电技术、计算机技术、通信技术、条码印制技术于一体的一种自动识别技术。条形码由宽度不同、反射率不同的条（黑色）和空（白色），按照一定的编码规则编制而成，用以表达一组数字或字母符号信息的图形标识符，具有速度快、准确率高、可靠性强、寿命长、成本低廉等特点，因而广泛应用于商品流通、工业生产、图书管理、仓储标证管理、信息服务等领域。目前，条形码主要有一维和二维两种，一维条形码是指由一组规则排列的条、空及其对应字符组成的标识，用以表示一定的商品信息。"条"指对光线反射率较低的部分，"空"指对光线反射率较高的部分，能够用特定的设备识读转换成与计算机兼容的二进制和十进制信息，其对应字符由一组阿拉伯数字组成，供人们直接识读或通过键盘向计算机输入数据使用。普通的一维条形码在使用过程中仅作为识别信息，它的识别是通过在计算机系统的数据库中提取相应的信息而实现的。

二维条形码也叫二维码或二维条码，最早发明于日本，它是用某种特定的几何图形按一定规律在平面（二维方向上）分布的黑白相间的图形记录数据符号信息的，如图 3.6 所示。在代码编制上巧妙地利用构成计算机内部逻辑基础的"0"、"1"比特流的概念，使用若干个与二进制相对应的几何形体来表示文字数值信息，通过图象输入设备或光电扫描设备自动识读以实现信息自动处理。它具有条码技术的一些共性：① 每种码制有其特定的字符集；② 每个字符占有一定的

图 3.6 二维条形码

宽度；③ 具有一定的校验功能等，并对不同行的信息自动识别，可处理图形旋转变化。二维条形码能够在横向和纵向两个方位同时表达信息，即能在很小的面积内表达大量的信息。

二维条形码的类型主要可分为堆叠式/行排式和矩阵式两类。① 堆叠式/行排式是建立在一维条形码基础上的，由多行短截的一维条码按需堆积成二行或多行，在编码设计、校验原理、识读方式等方面继承了一维条码的特点，识读印刷设备与一维条码兼容，但由于行数的增加，译码算法与软件不同于一维条码。② 矩阵式是在一个矩形空间通过黑、白像素不同分布进行编码，用"点"表示二进制"1"，用"空"表示二进制"0"，由"点"和"空"的排列组成代码。

二维条形码具有高密度编码、信息容量大、编码范围广、容错能力强、译码可靠性高、保密性好、成本低等诸多优点。基于这些优良特性，二维条形码的应用范围极广，如公文自动追踪、生产线零件自动追踪、客户服务自动追踪、邮购运送自动追踪、维修记录自动追踪、危险物品自动追踪、后勤补给自动追踪、医疗体检自动追踪、生态研究自动追踪等，以及商业情报、经济情报、政治情报、军事情报、私人情报等机密资料的加密及传递。另外，二维条形码还可应用于表单、证照、存货盘点、资料备份等其他方面。

3.2 接入层

智慧城市接入层通常指网络中直接面向用户连接或访问的部分，其目的是允许终端用户连接到网络，交换机具有低成本和高端口密度特性。接入交换机是最常见的交换机，它直接与外网联系，使用最广泛，尤其是在一般办公室、小型机房和业务受理较为集中的业务部门、多媒体制作中心、网站管理中心等部门。现代接入交换机大都提供多个具有 10M/100M/1000M 自适应能力的端口，由无线网卡、无线访问节点和 L2Switch 组成，主要是完成用户流量的接入和隔离。

3.2.1 光纤通信

光导纤维通信简称光纤通信（Optical Fiber Communications），是利用光波作载波，以光纤作为传输媒质将信息从一处传至另一处的通信方式，被称之为"有线"光通信。在实际应用中，光纤通信系统可以使用单根光纤，也可以使用许多光纤聚集在一起组成的光缆。光纤通信技术从光通信中脱颖而出，已成为现代通信的主要支柱之一，在现代电信网中起着举足轻重的作用。

光纤通信就是在发送端首先要把传送的信息（如话音）变成电信号，然后调制到激光器发出的激光束上，使光的强度随电信号的幅度（频率）变化而变化，并通过光纤发送出去；在接收端，检测器收到光信号后把它变换成电信号，经解调后恢复原信息。其原理架构如图 3.7 所示。

光纤以其传输频带宽、抗干扰性好和信号衰减小，而远优于电缆、微波通信的传输，已成为通信中的主要传输方式，其技术特点主要有：

（1）频带极宽、通信容量大。光纤比铜线或电缆有大得多的传输带宽，目前单波长光纤通信系统的传输速率一般在 2.5 Gbps 到 10 Gbps，采用波分复用技术来实现。

（2）损耗低、中继距离长。石英光纤损耗可低于 20 dB/km，比其他任何传输介质的损耗都低。若采用非石英光纤，其损耗不可下降，这意味着光纤通信系统可以跨越更大的无中继距离。对长途传输线路，由于中继站数目的减少，系统成本和复杂性可大大降低。

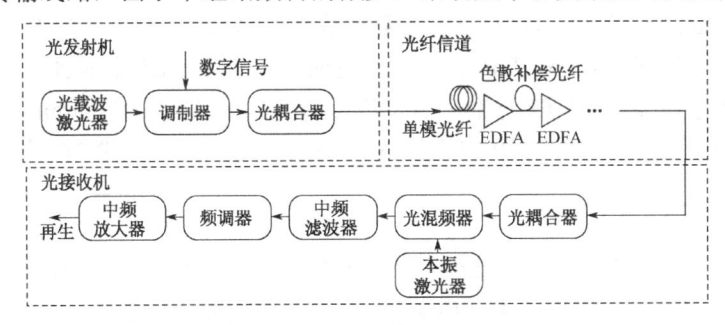

图 3.7　光纤通信原理架构

（3）抗电磁干扰能力强。光纤原材料是由石英制成的绝缘体材料，不易被腐蚀，而且绝缘性好。与之相联系的一个重要特性是光波导对电磁干扰的免疫力，它不受自然界的雷电干扰、电离层的变化和太阳黑子活动的干扰，也不受人为释放的电磁干扰，还可用它与高压输电线平行架设或与电力导体复合构成复合光缆，这一点对于强电领域（如电力传输线路和电气化铁道）的通信系统特别有利。由于能免除电磁脉冲效应，光纤传输系统还特别适合于军事应用。

（4）无串音干扰、保密性好。在电波传输的过程中，电磁波的泄漏会造成各传输通道的串扰，而容易被窃听，保密性差。光波在光纤中传输，因为光信号被完善地限制在光波导结构中，而任何泄漏的射线都被环绕光纤的不透明包皮所吸收。因此，即使在转弯处，漏出的光波也十分微弱；即使光缆内光纤总数很多，相邻信道也不会出现串音干扰；在光缆外面，也无法窃听到光纤中传输的信息。除以上特点之外，还有光纤径细、重量轻、柔软、易于铺设；光纤的原材料资源丰富，成本低；温度稳定性好、寿命长；等等。

3.2.2　蜂窝移动通信技术

1. 2G 通信技术

第一代移动通信技术（1G）采用频分多址（Frequency Division Multiple Access，FDMA）模拟语音调制技术，这种系统主要缺点是频谱利用率低，信令干扰话音业务。第二代移动通信技术（2G）是基于复用多路技术，包括时分多址（Time Division Multiple Access，TDMA）和码分多址（Code Division Multiple Access，CDMA）两种。2G 提高了系统容量，并采用独立信道传送信令，使系统性能大大改善。在世界范围内，2G 主要包含 5 个技术规格标准：① GSM，基于 TDMA 技术建立而发展，源于欧洲，是全球使用范围最广的网络；② IDEN（Integrated Digital Enhanced Network，集成数字增强网络），基于 TDMA 技术建立、美国独有的系统，目前主要有两个 IDEN 网络，分别由美国的 Nextel 以及加拿大的 Telus Mobility 运营；③ IS-136，基于 TDMA 技术建立，也就是通常所说的数字先进移动电话服务（Digital Advanced Mobile Phone Service，D-AMPS）网络，是美国最简单的 TDMA 系统，用于美洲；④ IS-95，基于 CDMA 技术建立，也就是通常所说的 CDMA ONE 网络，主要在美国以及亚洲部分国家或地区使用；⑤ PDC，基于 TDMA 技术建立，仅在日本地区使用。

2.5G 是一种处于 2G 到 3G 过渡阶段的通信技术，"2.5G" 并不像 "2G"、"3G" 那样属于官方定义，只是一种为了细分2G通信技术的一种非官方的说法。通常所说的2.5G就是指GSM网络下的GPRS（General Packet Radio Service，通用分组无线服务技术）、EDGE（Enhanced Data Rate for GSM Evolution，增强型数据速率GSM演进）技术以及CDMA网络下的cdma 2000 1x-RTT（Round-Trip Time，往返时延）标准。cdma 2000实际上有两个发展阶段，前一阶段为2G的1x-RTT标准，后一阶段为3G的EV-DO（Evolution-Data Only）标准。也有人将数据传输速率比GPRS快的EDGE或者cdma 2000 1x-RTT列入2.75G的行列。

2. 3G通信技术

第三代移动通信技术（3G），是指支持高速数据传输的蜂窝移动通信技术。3G服务能够同时传送声音（通话）及数据信息（电子邮件、即时通信等），速率一般在几百kbps以上，其代表特征是提供高速数据业务，能够实现高速无线上网、视频通话等业务。1995年问世的第一代模拟制式手机（1G）只能进行语音通话；1996到1997年出现的第二代GSM（Global System for Mobile Communications）、CDMA等数字制式手机（2G）便增加了接收数据的功能，如接收电子邮件或网页；早在2007年国外就已经产生3G了，而我国也于2008年成功开发出3G，下行速度峰值理论可达3.6 Mbps，上行速度峰值也可达384kbps。

3G和2G一样，需要大面积的网络覆盖，依赖数以万计的基站来支撑。其主要区别是在传输声音和数据的速度上的提升，它能够在全球范围内更好地实现无线漫游，并处理图像、音乐、视频流等多种媒体形式，提供包括网页浏览、电话会议、电子商务等多种信息服务，同时也考虑与已有第二代系统的良好兼容性。为了提供这种服务，无线网络必须能够支持不同的数据传输速度，也就是说在室内、室外和行车的环境中能够分别支持至少2Mbps、384kbps以及144kbps的传输速度。

3G也称IMT2000，是正在全力开发的系统，其最基本的特征是智能信号处理技术，智能信号处理单元将成为基本功能模块，支持话音和多媒体数据通信，它可以提供前两代产品不能提供的各种宽带信息业务，例如高速数据、慢速图像和电视图像等。

目前国内支持国际电联确定的三个无线接口标准，分别是电信的cdma 2000，联通的WCDMA，移动的TD-SCDMA，其中TD-SCDMA是我国具有自主知识产权的3G移动通信技术，为时分的同步码分多址，其英文是Time Division-Synchronous Code Division Multiple Access。TD-SCDMA是我国电信行业百年来第一个完整的移动通信技术标准，得到了我国通信标准化协会（China Communications Standards Association，CWTS）及3GPP（3rd Generation Partnership Project）国际组织的全面支持，是ITU正式发布的第三代移动通信空中接口技术规范之一。W-CDMA也称为WCDMA，全称为Wideband CDMA，也称为CDMA Direct Spread，这是基于GSM网发展出来的3G技术规范，是欧洲提出的宽带CDMA技术，是当前世界上采用国家和地区最多、终端种类最丰富的一种3G标准。CDMA 2000是由窄带CDMA（CDMA IS95）技术发展而来的宽带CDMA技术，也称为CDMA Multi-Carrier，是由美国高通北美公司为主导提出，摩托罗拉、Lucent和后来加入的韩国三星都有参与，韩国现在成为该标准的主导者。这套系统是从窄频CDMA One数字标准衍生出来的，可以从原有的CDMA One结构直接升级到3G，建设成本低廉。

3. 4G通信技术

4G是指移动通信系统的第四代，也是3G之后的沿伸，是新一代的无线通信系统。现在使用中的 3G 暴露出很多问题，使人们期望通过 4G 来解决 3G 中通信速率低等方面的问题，真正实现"任何人在任何地点以任何形式接入网络"的梦想，而 4G 通信技术将继续大幅提高通话质量及数据通信速度。简单而言，4G 是一种能够传输高清视频的高宽带移动通信技术，一种超高速无线网络，一种不需要电缆的信息超级高速公路。这种新网络可使电话用户以无线形式实现全方位虚拟连接，数据传输速率会超过 100 Mbps，是 3G 移动传输速率的 50 倍，除满足用户的上网需求以外，高清晰电视电影节目将推动手机新的应用模式。此外，4G 通信技术有望集成不同模式的无线通信协议，从无线局域网和蓝牙等室内无线网络到室外的蜂窝信号、广播电视到卫星通信，移动用户可以自由地从一个标准漫游到另一个标准。目前国际上 4G 标准有 TD-LTE（Time Division Long Term Evolution，分时长期演进）和 FDD-LTE 两种。FDD-LTE（Frequency Division Duplex Long Term Evolution，频分双工长期演进）标准已于 2011 年年初在欧美国家正式商用。

4G 系统具有更高的数据率、更好的业务质量、更高的频谱利用率、更高的安全性、更高的智能性、更高的传输质量、更高的灵活性；支持非对称性业务，并能支持多种业务，体现了移动与无线接入网和 IP 网络不断融合的发展趋势。具体而言，① 更大传输频宽：对大范围高速移动的使用者（最高 250 km/h）频宽为 2 Mbps，中速移动的使用者（60 km/h）频宽为 20 Mbps，低速移动或室内静止的使用者频宽为 100 Mbps；② 更高储存容量：由于传输频宽增大，因此资料储存容量至少为 3G 系统的 10 倍以上；③ 更高相容性：4G 通信技术必须具备向下相容、开放界面、全球漫游、与网路互联、多元终端应用等，并能从 3G 通信技术平稳过渡；④ 不同系统的无缝连接：用户在移动中，特别是高速移动中，也都能顺利使用通信系统，并在不同系统间进行无缝转换，传送高速多媒体资料等；⑤ 高度智慧化网路系统：4G 是高度智慧、能随状况自行调整的网路系统，有良好的弹性以满足不同环境与不同用户的通信需求；⑥ 整合性的便利服务：4G 系统将个人通信、信息传输、广播服务与多媒体娱乐等各项应用整合，提供更为广泛、便利、安全与个性化的服务。

3.2.3 卫星通信

卫星通信就是地球上（包括地面和低层大气中）的无线电通信站间利用卫星作为中继而进行的通信，由卫星和地球站两部分组成，其特点是：① 通信范围大，可覆盖全球陆地与海洋；② 只要在卫星发射的电波所覆盖的范围内，任何两点之间都可进行通信；③ 不易受陆地灾害的影响（可靠性高）；④ 只要设置地球站电路即可开通（开通电路迅速）；⑤ 同时可在多处接收，能经济地实现广播、多址通信；⑥ 电路设置非常灵活，可随时分散过于集中的话务量；⑦ 同一信道可用于不同方向或不同区间。

海事卫星通信系统Inmarsat 是全球覆盖的，其第三代卫星分布在大西洋东区和西区、印度洋区和太平洋区，其第四代卫星，定点于 64°E 和 53°W，具有 10 个全球波束，19 个宽点波束，228 个窄点波束。随着 甚小口径天线地球站（Very Small Aperture Terminal，VSAT）的成熟，中低轨道的移动卫星通信系统受到了人们广泛的关注和应用。"铱星（Iridium）"系统有 66 颗卫星，分成 6 个轨道，每个轨道有 11 颗卫星，轨道高度为 765 km，卫星之间、卫星与网关和系统控制中心之间的链路采用 ka 波段，卫星与用户间链路采用 L 波段。在卡特里娜飓风灾害时"铱星"业务流量增加 30 倍，卫星电话通信量增加 5 倍，体现出卫星通信系统在灾害发生时的重要作用。全球星（Globalstar）由 48 颗卫星组成，分布在 8 个圆形倾斜轨道平面内，轨道高度为1389km，倾角为52°。20世纪90年代中后期卫星电视直播（DBS——Direct Broadcast Satellite 或 DTH——Direct To Home）、卫星声音广播、卫星移动通信以及卫星宽带多媒体通信成为新的四大发展潮流。图3.8所示为海事卫星通信系统应用示意图。

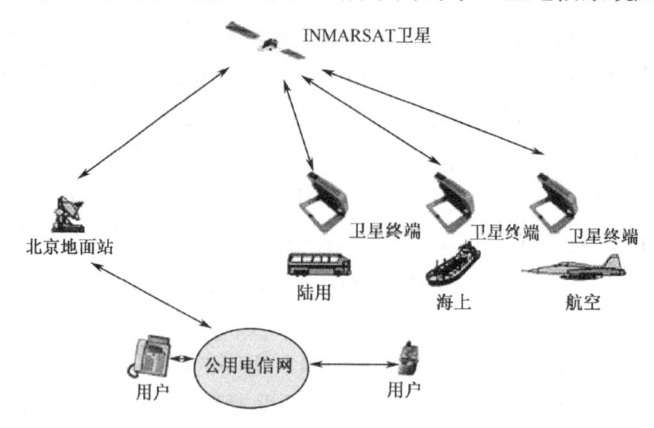

图3.8 海事卫星通信系统应用示意图

3.2.4 移动互联网

随着宽带无线接入技术和移动终端技术的飞速发展，人们迫切希望能够随时随地乃至在移动过程中都能方便地从互联网获取信息和服务，移动互联网（Mobile Internet，MI）应运而生并迅猛发展。移动互联网就是将移动通信和互联网二者结合起来成为一体，是指互联网的技术、平台、商业模式和应用与移动通信技术结合并实践的总称。图3.9所示为移动互联网结构示意图。移动互联网指蜂窝移动通信系统通过终端接入互联网，它和3G、4G等构成一个统一的无线、移动、互联网系统，使用户可以在任何地点、任何时间都能方便接入，以获得互联网上丰富的信息资源和服务。

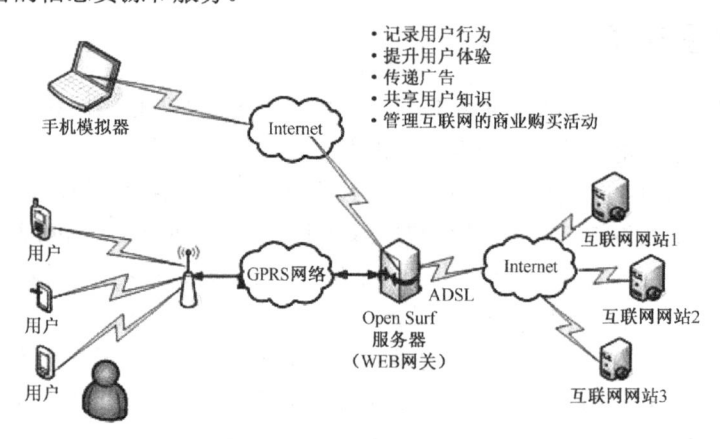

图3.9 移动互联网结构示意图

移动互联网整合了互联网与移动通信技术，将各类网站及企业的大量信息及各种各样的业务引入到移动互联网之中，为企业搭建了一个适合业务和管理需要的移动信息化应用平台，提供全方位、标准化、一站式的企业移动应用服务解决方案，主要包括：更高数据吞吐量，且低时延；更低的建设和运行维护成本；与现有网络兼容；更高的鉴权和安全能力；高品质互动操作。

移动互联网的终端包括智能手机、平板电脑、电子书、移动互联网设备（Mobile Internet Device，MID）等。软件包括操作系统、中间件、数据库和安全软件等。所提供的应用包括休闲娱乐类、工具媒体类、商务财经类等。

移动互联网是一个全国性的、以宽带 IP 为技术核心的，可同时提供话音、传真、数据、图像、多媒体等高品质电信服务的新一代开放的电信基础网络，是国家信息化建设的重要组成部分。

随着基础设施的建设与完善，我国移动互联网发展进入全民时代。根据《2013—2017 年中国移动互联网行业市场前瞻与投资战略规划分析报告》数据统计，截至 2014 年 1 月，我国移动互联网用户总数达 8.38 亿户，在移动电话用户中的渗透率达 67.8%；手机网民规模达 5 亿，占总网民数的 80%以上，手机保持第一大上网终端地位。目前，移动互联网正逐渐渗透到人们生活、工作的各个领域，短信、灵图下载、移动音乐、手机游戏、视频应用、手机支付、位置服务等丰富多彩的移动互联网应用迅猛发展，正在深刻改变信息时代的社会生活，迎来了新的发展高潮。

3.3　网络层

网络层是智慧城市技术架构的中间环节，是基于现有的通信网络和互联网基础上建立起来的，是架设在感知层与应用层之间的桥梁，主要负责信息的传输。网络层综合多种通信技术，实现有线与无线的结合、宽带与窄带的结合、感知网与通信网的结合，将感知层采集到的信息进行汇总、传输，从而将大范围内的信息加以整合，以备处理。网络层的主要支撑技术包括：无线传感网技术、低速近距离无线通信技术、自组织通信技术、IP 承载技术等。

3.3.1　无线传感网络技术

1. 概述

近年来，随着微电子、微机电系统（Micro-Electro-Mechanism System，MEMS）、片上系统（System on Chip，SOC）、无线通信和低功耗嵌入式技术的飞速发展，产生了无线传感器网络（Wireless Sensor Networks，WSN），并以其低功耗、低成本、分布式和自组织的特点带来了信息感知的一场变革。WSN 是一种全新的信息获取平台，能够实时监测和采集网络分布区域内的各种检测对象的信息，并将这些信息发送到网关节点，以实现复杂的指定范围内的目标检测与跟踪，具有快速展开、抗毁性强等特点，应用领域极其广泛，如感知战场状态（军事应用）、环境监控（气候、地理、污染变化的监控）、物理安全监控、城市道路交通监控、安全场所的视频监控等。

WSN 在无线通信框架中的位置如图 3.10 所示。图中描述了 WSN 主要应用的无线通信技术，并在通信距离、数据传输速率两个方面将 WSN 应用的这些无线通信技术与其他无线技术进行了比较，可以看出，WSN 的通信距离较短，在 100 m 范围之内，一般为 1~10 m，数据传输速率也比较慢。

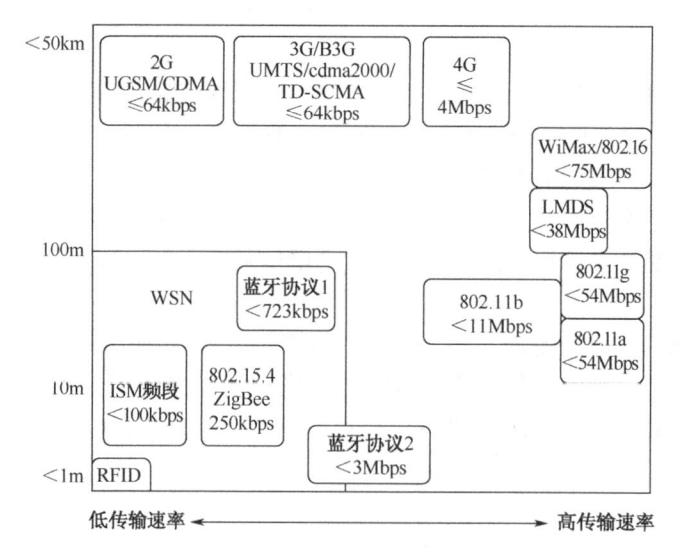

图 3.10　WSN 在无线通信框架中的位置

WSN 与传统的无线网络（如 WLAN 和蜂窝移动电话网络）有着不同的设计目标，后者在高度移动的环境中通过优化路由和资源管理策略最大化带宽的利用率，同时为用户提供一定的服务质量保证。而 WSN 是由部署在监测区域内大量的廉价微型传感器节点组成的，通过无线通信方式形成的一个多跳自组织网络。在 WSN 中，除了少数节点需要移动以外，大部分节点都是静止的，可广泛应用于布线和电源供给困难的区域、人员不能到达的区域（如受到污染、环境被破坏或敌对区域）和一些临时场合（如发生自然灾害时，固定通信网络被破坏）等。无线传感器网络的典型工作方式之一如下：使用飞行器将大量传感器节点（数量从几百到几千个）抛撒到感兴趣区域，节点通过自组织快速形成一个无线网络。节点既是信息的采集和发出者，也充当信息的路由者，采集的数据通过多跳路由到达网关。网关（一些文献也称为 Sink Node）是一个特殊的节点，可以通过 Internet、移动通信网络、卫星等与监控中心通信，也可以利用无人机飞越网络上空，通过网关采集数据。

WSN 的基本功能是将一系列空间上分散的传感器单元通过自组织的无线网络进行连接，从而将各自采集的数据通过无线网络进行传输汇总，以实现对空间分散范围内的物理或环境状况的协作监控，并根据这些信息进行相应的分析和处理。WSN 是结合了计算、通信、传感器三项技术的一门新兴技术，具有较大范围、低成本、高密度、灵活布设、实时采集、全天候工作的优势，且对物联网其他产业具有显著带动作用。

2. WSN 体系结构

1）WSN 结构组成

WSN 分层结构如图 3.11 所示，通常分为物理层、数据链路层、网络层、传输层和应用层。物理层定义 WSN 中的基站（Sink）、节点间（Node）的通信物理参数、使用哪个频段、使用何种信号调制解调方式等；数据链路层定义各节点的初始化，通过收发设置（beacon）、请求（request）、连接（associate）等消息完成自身网络定义，并定义数据链路层（MAC）帧的调试策略，避免多个收发节点间的通信冲突；在网络层，完成逻辑路由信息采集，使收发数据包能够按照不同策略，通过最优化路径到达目标节点；传输层提供数据包传输的可靠性，为应用层提供入口；应用层最终将收集后的节点信息进行整合处理，以满足不同应用程序的计算需要。

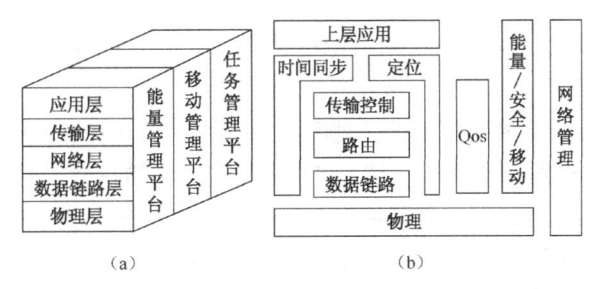

图 3.11 WSN 分层结构

对于每一个节点而言，其典型硬件结构如图 3.12 所示，主要包括电池及电源管理电路、传感器、信号调理电路、AD 转换器件、存储器、微处理器和射频模块等。节点采用电池供电，一旦电源耗尽，节点就失去了工作能力。为了最大限度的节约电源，在硬件设计方面，要尽量采用低功耗器件，在没有通信任务的时候，切断射频部分电源；在软件设计方面，各层通信协议都应该以节能为中心，必要时可以牺牲其他的一些网络性能指标，以获得更高的电源效率。利用风能、太阳能为各节点供电可以提升其工作性能并延长工作时间。

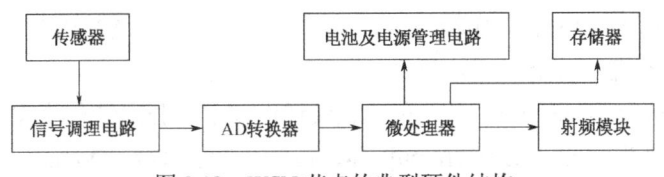

图 3.12 WSN 节点的典型硬件结构

2）WSN 组网结构

WSN 通常有平面拓扑结构和逻辑分层结构等两种组网形式。平面拓扑结构如图 3.13 所示，所有网络节点处于相同的平等地位，不存在任何等级和层次差别，因此也被称为对等式结构；逻辑分层结构如图 3.14 所示，网络节点按照某种规则（如地理位置、应用需求等）分成各个簇，每个簇由簇头和成员节点构成。

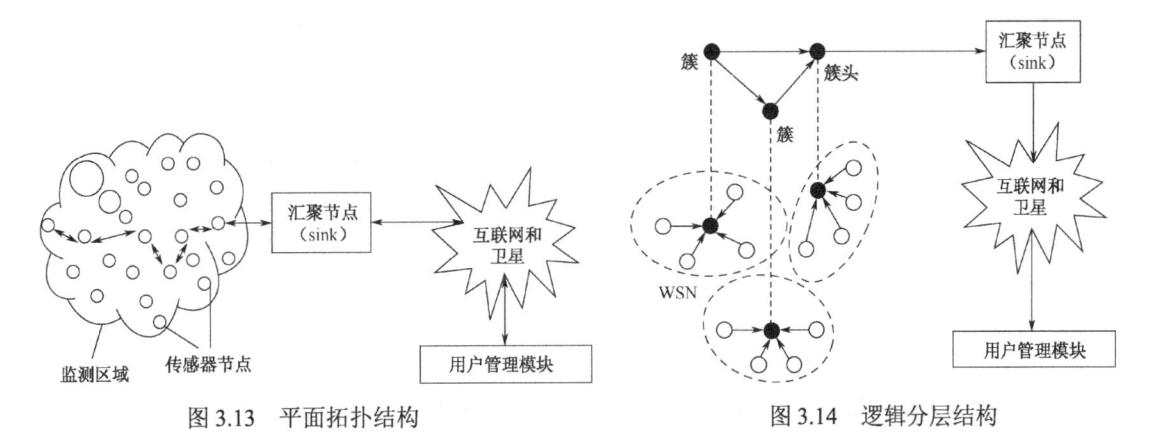

图 3.13 平面拓扑结构　　　　　　　　图 3.14 逻辑分层结构

3.3.2 无线传输技术

此处的无线传输技术是指各种短距离无线通信技术，主要包括红外线、蓝牙、Wi-Fi、UWB、Zigbee、NFC等。

（1）红外线是波长介于微波与可见光之间的电磁波，在 0.75 μm 至 1 mm 之间，在光谱上位于红色光外侧。红外线也是光的一种，它也同样具有光的特性，无法穿越不透光的物体。当遇到墙面时，它就会反射。根据红外线的一些特征，红外线传输具有低成本、跨平台、小角度（30°锥角以内）、短距离以及点对点直线数据传输的特点，速率可达 4 Mbps 和 16 Mbps，多用于室内短距离通信，在家用电器设备上应用较为广泛。

（2）蓝牙是一种支持设备短距离通信的无线电技术，能在包括移动电话、个人数字助理（PDA）、无线耳机、笔记本电脑、相关外设等众多设备之间进行信息交换，其数据速率为 1Mb/s，传输距离约 10 m，工作在全球通用的 2.4 GHz ISM（工业、科学、医学）频段，能够实现移动通信终端设备之间的通信，也能够简化设备与互联网之间的通信，支持点对点及点对多点通信，从而使数据传输变得更加迅速高效，为无线通信拓宽道路。

（3）Wi-Fi（Wireless Fidelity）是一种无线通信协议，与蓝牙一样，同属于在办公室和家庭中使用的短距离无线技术。Wi-Fi 的频段有 2.4 GHz 和 5 GHz 两种，其传输功率在 1~100 mW 之间，速率最高可达 54 Mbps 和 108 Mbps。与红外、蓝牙相比，Wi-Fi 的传输距离要远一些，从几十米到几百米不等，甚至可达几公里。

（4）UWB（Ultra Wideband）是一种无载波通信技术，利用纳秒至皮秒级的非正弦波窄脉冲传输数据，也称为脉冲无线电（Impulse Radio）、时域（Time Domain）或无载波（Carrier Free）通信。与普通二进制移相键控（Binary Phase Shift Keying, BPSK）信号波形相比，UWB 方式不利用余弦波进行载波调制而发送许多小于 1 ns 的脉冲，因此这种通信方式占用带宽非常宽，且频谱的功率密度极小，具有通常扩频通信的特点。

通过在较宽的频谱上传送极低功率的信号，能在 10~20 m 的范围内实现数百 Mbps 至数 Gbps 的数据传输速率。UWB 具有抗干扰性能强、传输速率高、带宽极宽、消耗电能小、发送功率小等诸多优势，主要应用于室内通信、高速无线局域网、家庭网络、无绳电话、安全检测、位置测定、雷达等领域。

（5）ZigBee 是一种近距离、低复杂度、低功耗、低速率、低成本的双向无线通信协议，其特点使它能在智能交通、环境保护、政府工作、公共安全、平安家居、智能消防、工业监测、老人护理、个人健康等领域有所作为。该技术主要用于距离短、功耗低且传输速率不高的各种电子设备之间进行数据传输以及典型的有周期性数据、间歇性数据和低反应时间数据传输的应用。

ZigBee 是 IEEE 802.15.4 协议的代名词，其数传模块类似于移动网络基站，通信距离从标准的 75 m 到几百米、几千米，并且支持无限扩展，图 3.15、图 3.16 为 ZigBee 传输范围及其数据传输率示意图。低成本 ZigBee 能广泛适用于无线监控方向的应用，低功耗使之能有更长的工作周期，所支持的无线网状网络有更强的可靠性和更广的覆盖范围。

（6）NFC（Near Field Communication）是近距离无线通信技术，是一种非接触式识别和互联技术，可以在移动设备、消费类电子产品、计算机和智能控件工具间进行近距离无线通信，能在大约 10 cm 范围内建立设备之间的连接，传输速率可分为 106 kbps、212 kbps、414 kbps，未来可提高到 848 kbps 以上。与 RFID 类似，NFC 也通过频谱中无线频率部分的电磁感应耦合方式传递信息，但其传输范围较小。

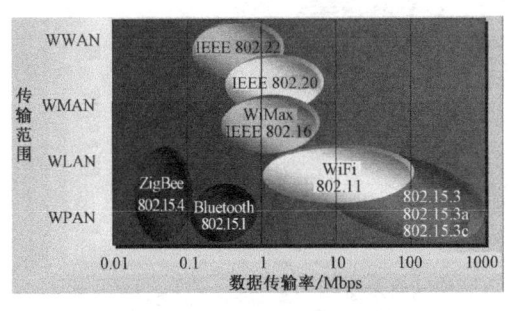

图 3.15 ZigBee 传输范围及其数据传输率示意图（一）

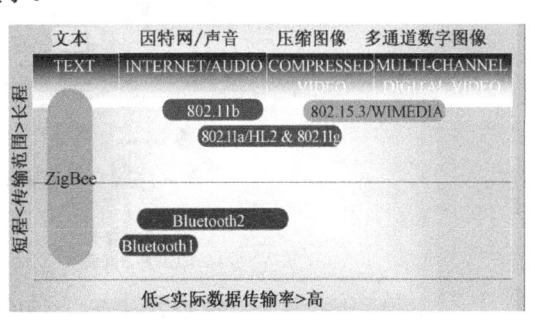

图 3.16 ZigBee 传输范围及其数据传输率示意图（二）

上述无线传输技术的性能对比如表 3.2 所示。

表 3.2 各无线传输技术的性能对比

	红外线	蓝牙	Wi-Fi	UWB	ZigBee	NFC
传输距离	≤1m	≤10m	90m	10~20m	75m~2km	≤0.1m
传输速率	4Mbps 16Mbps	1Mbps	11~108Mbps	几百 Mbps	40~250 kbps	106 kbps 212 kbps 424 kbps
工作频率	*	2.4GHz	2.4GHz	806~96MHz, 1710~1885MHz, 2500~2691MHz	2.4GHz	13.56MHz
传输功率	*	中	10~100mW	功率小	功率小	
终端价格	低	低	低	*	低	低
数据安全性	高,	高、软件实现	低	高	高	高、硬件实现
技术特征	点对点，不能穿透物体，遇到障碍物会反射	主动~主动，单点对多点			可自组网、无限扩展	主动~主动/被动，点对点
适用领域	适用于室内传输控制	移动设备、外设	小规模接入组网	距离短，大数据量，高速传输	工业控制、医疗	公交卡、门禁、车票、门票

3.3.3 自组织通信技术

自组织是指一个系统在内在机制的驱动下，自行从简单向复杂、从粗糙向细致方向发展，不断提高自身复杂度和精细度的过程。自组织系统不需要任何外部或专门的集中控制，个体实体间具有简单的局部交互功能，在系统范围内具有自适应能力。在通信和计算机网络领域中，应用自组织通信模式可以产生新型通信网络支持新兴的业务需求，并促进未来网络体系结构的发展，优化现有网络通信机制。图 3.17 所示为基于自组织的应急通信网络示意图。

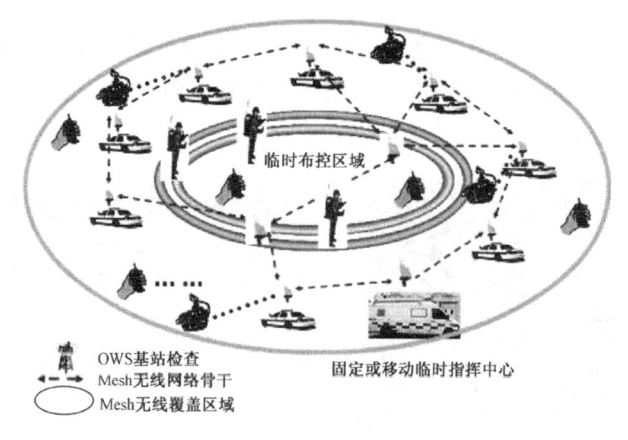

图 3.17 基于自组织的应急通信网络示意图

移动自组织网络是一种移动通信和计算机网络相结合的网络，是移动计算机网络的一种，用户终端可以在网内随意移动而保持通信。早期的原型是美国早在1968年建立的 Ad Hoc 网络和1973提出的 PR（Packet Radio）网络。Ad Hoc 网络需要固定的基站，网络中的每一个节点都必须和其他所有节点直接连接才能互相通信，是一种单跳网络。而 PR 网络中的各个节点不需要直接连接，而是能够通过中继的方式，在两个距离很远而无法直接通信的节点之间传送信息，即两点之间的通信可以由多跳间接实现。IEEE 在开发802.11标准时，提出将 PR 网络改名为 Ad Hoc 网络，也即今天我们常说的移动自组织网络。

移动自组织网络中的信息交换采用了计算机网络中常用的分组交换机制，而不是电话交换网中的电路交换机制。用户可以随时处于移动或者静止状态，且每个用户终端都兼有路由器和主机两种功能。作为主机，终端可以运行各种面向用户的应用程序；作为路由器，终端运行相应的路由协议，构成任意的网络拓扑。这种分布式控制和无中心的网络结构能够在部分通信网络遭到破坏后保持通信，具有很强的鲁棒性和抗毁性。

移动自组织网络没有固定的基础设施，能够在不能利用或者不便利用现有网络基础设施（如基站、AP）的情况下，提供终端之间的相互通信。由于终端的发射功率和无线覆盖范围有限，因此距离较远的两个终端如果要进行通信就必须借助于其他节点进行分组转发，这样节点之间构成了一种无线多跳网络。它既可以作为单独的网络独立工作，也可以以末端子网的形式接入现有网络，如 Internet 网络和蜂窝网。

移动自组织网络的主要特点包括：① 网络拓扑结构动态变化。在移动自组织网络中，由于用户终端的随机移动、节点的随时开机和关机、无线发信装置发送功率的变化、无线信道间相互干扰以及地形等综合因素的影响，移动终端间通过无线信道形成的网络拓扑结构随时可能发生变化，而且变化的方式和速度都是不可预测的。② 自组织无中心，抗毁性强。移动自组织网络没有严格的控制中心，所有节点的地位是平等的，是一种对等式网络。节点能够随时加入和离开网络，任何节点的故障都不会影响整个网络的运行，具有很强的抗毁性。③ 普通节点协作完成多跳路由。与一般网络中的多跳不同，自组网中的多跳路由由普通节点共同协作完成，而不需要专门的路由设备。④ 无线传输带宽有限。无线信道本身的物理特性决定了移动自组织网络的带宽比有线信道要低很多，而竞争共享无线信道产生的碰撞、信号衰减、噪音干扰及信道干扰等因素使得移动终端的实际带宽远远小于理论值。⑤ 移动终端的局限性。自组织网络中的移动终端（如笔记本电脑、手机等）具有灵巧、轻便、移动性好等优点，但同时其电源有限、内存小、处理器性能低等也会限制应用程序的开发。

3.3.4 IP 承载技术

1. IP 承载技术

IP（Internet Protocol）承载技术伴随互联网的普及而迅速发展，并从服务质量（Quality of Service，QoS）机制、安全性、可靠性等方面逐渐达到了电信级网络应用的要求。IP 承载网是各运营商以 IP 技术构建的一张专网，用于承载对传输质量要求较高的业务（如软交换、视讯、重点客户 VPN 等），一般采用双平面、双星双归属的高可靠性设计，精心设计各种情况下的流量切换模型，采用 MPLS TE、FRR、BFD 等技术，快速检测网络断点，缩短故障设备/链路倒换时间。在实际网络中，部署二层/三层 QoS，保障所承载业务的质量，使网络既具备低成本、扩展性好、承载业务灵活等特点，同时具备传输系统的高可靠性和安全性。图 3.18 所示为 IP 承载网络结构示意图。

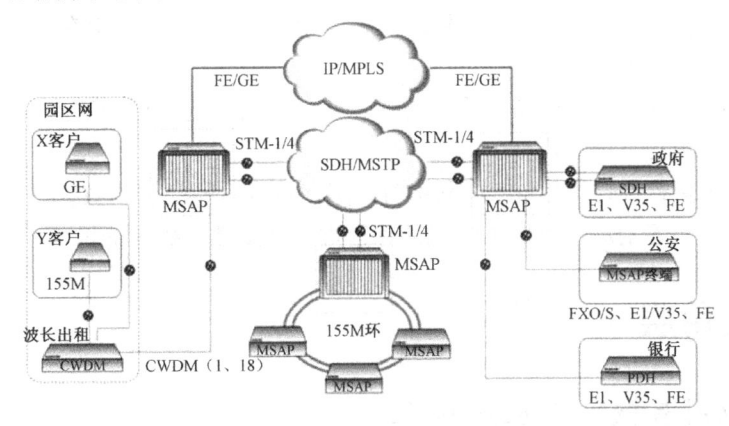

图 3.18 IP 承载网络结构示意图

2. IPv6 技术

IPv6（Internet Protocol Version 6）是 Internet 工程任务组（Internet Engineering Task Force，IETF）设计用于替代现行版本 IPv4 的下一代 IP 协议，其地址空间为 128 bit，可以解决 IPv4 地址不足的问题。IPv6 严格按照地址的位数划分地址，而不用子网掩码区分网络号和主机号。在 128 位的地址中，前 64 位为地址前缀，表示该地址所属的子网络并用于路由；后 64 位为接口地址，用于子网络中标识节点。图 3.19 所示为 IPv4 向 IPv6 的过渡网络结构示意图。

对于海量的地址分配问题，IPv6 采用了无状态地址分配的高效率解决方案，其基本思想是网络侧不管理地址的状态，如地址联系、有效期等，且不参与地址分配过程。节点设备连接到网络后，将自动选择接口地址（即 64 位），加上 FE80 的前缀，作为本地链路地址，该地址只在节点与邻居之间的通信中有效，路由器设备将不路由以该地址为源地址的数据包。在生成本地链路地址后，节点将进行地址冲突检测 DuplicateAddressDetection，即检测该接口

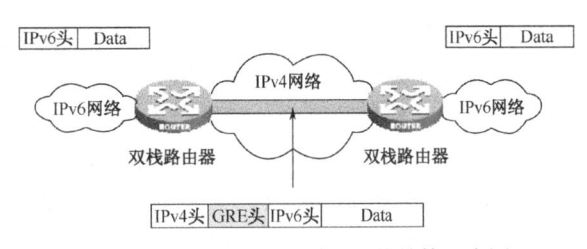

图 3.19 IPv4 向 IPv6 过渡网络结构示意图

地址是否有邻居节点使用，若发现地址冲突，则无状态地址分配过程将终止，节点将等待手工配置地址。若在检测定时器超时后仍没有发现地址冲突，则节点认为该接口地址可以使用，将发送路由器前缀通告请求，寻找网络中的路由设备。网络中配置的路由设备接收到该请求，则将发送地址前缀通告响应，将节点应该配置地址的前64位通告给网络节点，网络节点将地址前缀与接口地址组合，构成节点自身的全球IPv6地址。在整个过程中，网络侧不再需要保存节点的地址状态，维护地址的更新周期，以很低的资源消耗即可达到海量地址分配的目的。

与 IP v4 相比，IP v6 具有以下几个方面优势：

（1）更大的地址空间。IPv4 中规定 IP 地址长度为 32，最大地址个数为 2^{32}；而 IPv6 中 IP 地址的长度为 128，即最大地址个数为 2^{128}，与 32 位地址空间相比，其地址空间增加了（$2^{128}-2^{32}$）个。如此丰富的地址空间为实名制的互联网认证和"一人一证"提供了可能。

（2）更小的路由表。IPv6 的地址分配一开始就遵循聚类的原则，这使得路由器能在路由表中用一条记录）表示一片子网，大大减小了路由器中路由表的长度，提高了路由器转发数据包的速度。

（3）增强的组播支持以及对流的控制，这使得网络上的多媒体应用有了长足发展的机会，为 QoS 控制提供了良好的网络平台。

（4）IPv6 加入了对自动配置的支持。这是对DHCP协议的改进和扩展，使得网络（尤其是局域网）的管理更加方便和快捷。

（5）更高的安全性。在使用 IPv6 网络时，用户可以对网络层的数据进行加密并对 IP 报文进行校验，加密与鉴别选项提供了分组的保密性与完整性，极大的增强了网络的安全性。

3.4 应用层

3.4.1 应用层概念与应用对象

1. 应用层概念

应用层也称为应用实体，它由若干个特定应用服务元素和一个或多个公用应用服务元素组成。前者提供特定的应用服务，例如文件传输访问和管理（File Transfer Access and Management，FTAM）、电子文电处理（MHS）、虚拟终端协议（Virtual Terminal Protocol，VAP）等，后者提供最基本的应用服务，例如联系控制服务元素（Association Control Service Element，ACSE）、可靠传输服务元素（Reliable Transfer Service Element，RTSE）和远程操作服务元素（Remote Operations Service Element，ROSE）等。应用层直接和应用程序接口并提供常见的网络应用服务，也向表示层发出请求，主要是提供网络任意端上应用程序之间的接口，完成数据处理、信息集成、服务发现及服务呈现等，为智慧城市的发展运营（包括公共服务体系、公共管理体系、智慧产业体系与支撑保障体系）提供最直接的服务。

应用层网关（Application Layer Gateway Service，ALG，也叫应用层防火墙或应用层代理防火墙），其进程名是 alg.exe（所在位置 C：\Windows\System32），应用层网关通常被描述为第三代防火墙。当受信任网络上的用户打算连接到不受信任网络上的服务时，该应用被引导至防火墙中的代理服务器，对请求进行评估，并根据一套单个网络服务的规则决定允许或拒绝该请求。使用 ALG 的好处是隐藏内部主机的地址和防止外部不正常的连接，如果代服务器上未安装针对该应用程序设计的代理程序时,任何属于这个网络服务的数据包将完全无法通过防火墙,如图 3.20 所示为应用层网关结构示意图。

2. 应用对象

智慧城市应用服务的对象包括个人、企业、政府。个人可以分为城市市民、从业者、旅游者和商务来访者等,对个人的服务水平是最能体现智慧城市建设水平

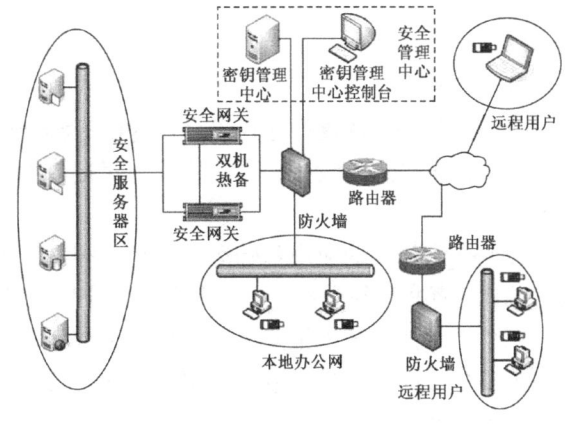

图 3.20 应用层网关结构示意图

的。企业是城市发展动力的提供者,是现代城市发挥经济功能的最基本元素,加强对企业的服务是促进智慧城市发展,不断提高竞争力的重要途径。政府是智慧载体的整体组织者、管理者、保障者和直接参与者,是智慧载体发展的直接动力,也是智慧城市的主要应用者,调动政府在智慧城市建设中的积极性,提高效率,将不断增强智慧城市的建设发展水平及综合实力。

3.4.2 应用平台

智慧城市应用平台架构示意图如图 3.21 所示。该平台是以云计算、数据挖掘、数据存储等支撑技术为基础,通过构建数据分析模型和进行海量数据分析,提供动态监控、预测预警、智能分析、决策支持等业务功能,为政府、企业或社会机构以及个人的各类应用需求提供支撑的一个综合平台。同时,智慧城市应用平台实现对支撑平台与面向终端用户的承上启下作用,对上层行业终端提供服务接口,对下层支撑平台的存储数据通过能力计算和功能引擎进行处理,把各种子应用整合成一个扁平的应用网络体系,从而实现各行业应用在数据和业务层次进行不同程度的融合,全面实现整个智慧城市各种应用系统之间的互联互通和智能处理。

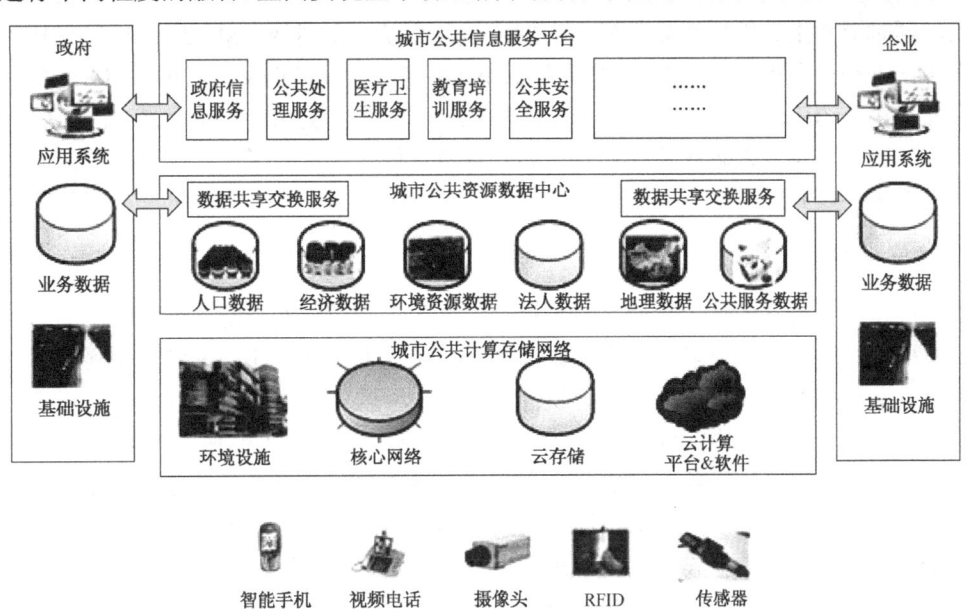

图 3.21 智慧城市应用平台架构示意图

具体功能如下：

（1）提供统一的终端接入平台：为所有涉及管理应用终端提供统一的数据接入方案。数据接入支持多种通信设备、通信协议，对接收到的数据进行辨识、分发，以及报警分析等预处理。

（2）提供统一的应用基础运行平台：智慧城市应用平台中各行业应用软件与传统的应用软件相比，有底层终端数量多、上层行业应用复杂的特点，各种行业终端数量规模非常庞大，要求整个平台能维护大量共享数据和控制数据，提供统一运行环境，从概念、技术、方法与机制等多个方面无缝集成数据的实时处理与历史记录，实现数据的高时效调度与处理，保证数据的一致性。

（3）提供统一的安全认证：以用户信息、系统权限为核心，集成各业务系统的认证信息，提供一个高度集成且统一的认证平台。

（4）提供统一的数据交换平台：通过中间件连接各种业务相关的异构系统、应用以及数据源，满足重要系统之间无缝共享和交换数据的需要。

（5）提供统一的门户支撑平台：提供一个灵活、规范的信息组织管理平台和全网范围的网络协作环境，实现集成的信息采集、内容管理、信息搜索，能够直接组织各类共享信息和内部业务基础信息，面向不同使用对象，通过门户技术实现个性化服务，实现信息整合应用。

（6）提供多种业务基础构件：为各行业应用业务提供开发辅助工具、快速定制、地理信息服务、权限管理、数据展现及挖掘等多种平台支撑服务。通过这些基础构件，实现系统的松散耦合，提高系统的灵活性和可扩展性，保障快速开发、降低运营维护成本。

3.4.3 中间件技术

随着计算机技术的飞速发展，各种各样的应用软件需要在各种平台之间进行移植，或者一个平台需要支持多种应用软件和管理多种应用系统，软、硬件平台和应用系统之间需要可靠和高效的数据传递或转换，使系统的协同性得以保证。这些都需要一种构筑于软、硬件平台之上，同时对更上层的应用软件提供支持的软件系统，中间件（Middleware）在此环境下应运而生。美国最早提出物联网中间件（Internet of Things Middleware，IOT-MW）的概念，当时企业在实施 RFID 项目改造期间，发现最耗时与耗力、复杂度和难度最高的问题是如何保证 RFID 数据正确导入企业管理系统，为此各企业做了大量的工作。经过多方面研究、论证和实验，最终找到了解决方案——中间件。

1. 中间件概述

中间件是一类独立的系统软件或服务程序，分布式应用软件借助这种软件在不同的技术之间共享资源。中间件位于客户机服务器的操作系统之上，管理计算机资源和网络通信。从中间件的定义可以看出，中间件是一类软件，而非一种软件；中间件不仅仅实现互连，还要实现应用之间的互操作；中间件是基于分布式处理的软件，定义中特别强调了其网络通信功能。中间件用于实现应用层各应用成分之间跨越网络的协同工作，并且允许各应用成分下涉及的"系统结构、操作系统、通信协议、数据库和其他应用服务"各不相同，其主要作用是用来屏蔽网络硬件平台的差异性和操作系统与网络协议的异构性，使应用软件能够比较平滑地运行于不同平台上。同时中间件在负载平衡、连接管理和调度方面起了很大的作用，使企业级应用的性能得到大幅提升，满足了关键业务的需求。

对于应用软件开发，中间件远比操作系统和网络服务更为重要，中间件提供的程序接口定义了一个相对稳定的高层应用环境，不管底层的计算机硬件和系统软件怎样更新换代，只要将中间件升级更新，并保持中间件对外的接口定义不变，应用软件几乎不需任何修改，从而保护了企业在应用软件开发和维护中的大量投资。

图 3.22 所示为一个标准的中间件工作模式，由此可以看出，中间件应该具备两个关键特征：首先要为上层的应用服务，这是一个基本条件；此外又必须连接到操作系统的层面，并保持运行工作状态。只有同时具备这两个特征才能称之为中间件。除了这两个关键特征之外，中间件还有一些特点，如满足大量应用的需要；运行于多种硬件和操作系统平台；支持分布计算，提供跨网络、硬件和操作系统平台的透明性的应用或服务的交互；支持标准的协议；支持标准的接口。由于标准接口对于可移植性，以及标准协议对于互操作性的重要性，中间件已成为许多标准化工作的重点考虑对象。

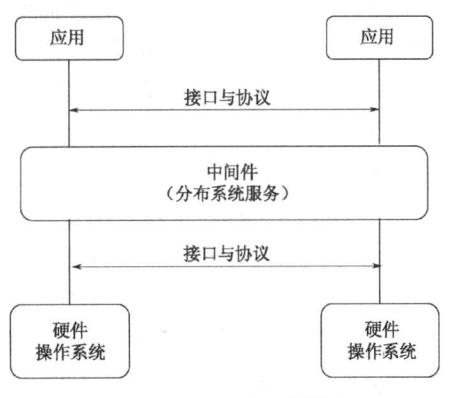

图 3.22 中间件工作模式

中间件研究的领域和范围非常广泛，不仅涉及电子政务、银行、电信、交通等多个不同行业，而且涉及桌面领域、移动领域和互联网领域，从技术集成角度也涉及运营和管理环境，安全框架、开发框架、集成框架及应用服务器等内容，如图 3.23 所示。

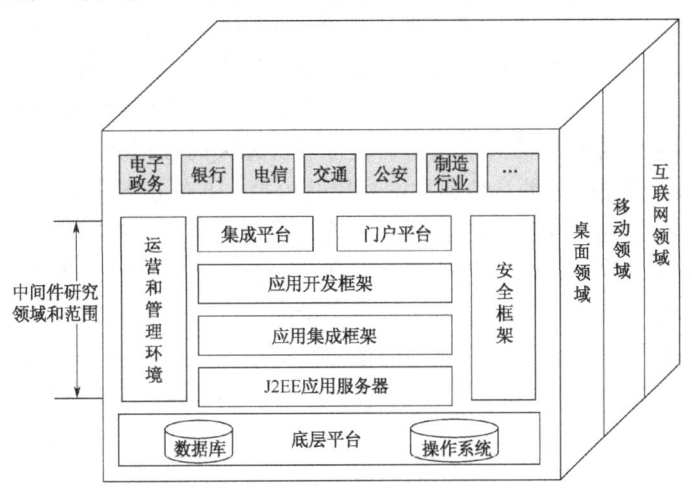

图 3.23 中间件的各个研究领域与方向

2. 中间件分类

根据中间件在系统中所起的作用和采用的技术不同，可分为以下几类：

（1）远程过程调用中间件。远程过程调用中间件（Remote Procedure Call Middleware，RPCM）是一种广泛使用的分布式应用程序处理方法，为 Client/Server 分布式计算提供了有力的支持。在执行一个位于不同地址空间里的过程时，从效果上看和执行本地调用相同。其工作方式是：当一个应用程序 A 需要与远程的另一个应用程序 B 交换信息或要求 B 提供协助时，A 在本地产生一个请求，通过通信链路通知 B 接收信息或提供相应的服务，B 完成相关处理后将信息或结果返回给 A。

在 RPC 模型中，Client 和 Server 只要具备了相应的 RPC 接口，且支持 RPC 运行，就可以完成相应的互操作，而不必限制于特定的 Server。但是，远程过程调用 RPC 所提供的是基于过程的服务访问，Client 与 Server 进行直接连接，没有中间机构来处理请求，因此也具有一定的局限性。例如，RPC 通常需要一些网络细节以定位 Server；在 Client 发出请求的同时，要求 Server 必须处于工作状态；等等。

（2）面向对象的中间件。面向对象中间件（Object Oriented Middleware，OOM）将编程模型从面向过程升级为面向对象，对象之间的方法调用通过对象请求代理（Object Request Broker，ORB）转发。ORB 能够为应用提供位置透明性和平台无关性，接口定义语言（Intcrfacc Definition Language，IDL）还可提供语言无关性。此外，该类中间件还为分布式应用环境提供多种基本服务，如名录服务、事件服务、生命周期服务、安全服务和事务服务等。这类中间件的代表有 CORBA、DCOM 和 Java RMI。

（3）基于事件的中间件。大规模分布式系统拥有数量众多的用户和联网设备，没有中心控制点，系统需对环境、信息和进程状态的变化做出响应。此时传统的一对一请求/应答模式已不再适合，而基于事件的系统以事件作为主要交互手段，允许对象之间异步、对等的交互，特别适合广域分布式系统对松散、异步交互模式的要求。基于事件的中间件（Event-Based Middleware，EBM）关注为建立基于事件的系统所需的服务和组件的概念、设计、实现和应用问题。它提供了面向事件的编程模型，支持异步通信机制，与面向对象的中间件相比有更好的扩展性。

（4）面向消息的中间件。面向消息的中间件（MOM）是基于报文传递的网络通信机制的自然延伸，其工作方式类似于电子邮件：发送方只负责消息的发送，消息内容由接收方解释并采取相应的行动；消息暂存在消息队列中，若需要可在任何时候取出，通信双方不需要同时在线。即利用高效可靠的消息传递机制进行平台无关的数据交流，并基于数据通信实现分布式系统的集成。通过提供消息传递和消息排队模型，可在分布环境下扩展进程间的通信，并支持多通信协议、语言、应用程序、硬件和软件平台。由于没有同步建立过程，也不需要对调用参数编、解码，所以消息中间件效率较高，而且有更强的扩展性和灵活性，更适合建立企业级或跨企业的大规模分布式系统。但消息中间件的异步通信方式不适合有实时要求的应用。另外从编程的角度看，其抽象级别较低，容易出错，不易调试，典型面向消息的中间件产品有 BEA 的 Message Q、微软的 MSMQ、IBM 的消息排队系统 MQ Series，以及 SUN 的 Java Message Queue。

（5）对象请求代理中间件。随着面向对象技术与分布式计算技术的发展，两者相互结合形成了分布对象计算，并发展为当今软件技术的主流方向。1990 年底，对象管理集团 OMG 首次推出对象管理结构（Object Management Architecture，OMA），对象请求代理（Object Request Broker，ORB）是其中的核心组件。它的作用在于提供一个通信框架，定义异构环境下对象透明地发送请求和接收响应的基本机制，建立对象之间的 Client/Server 关系。ORB 使得对象可以透明地向其他对象发出请求或接受其他对象的响应，这些对象可以位于本地也可以位于远程机器。ORB 拦截请求调用，并负责找到可以实现请求的对象、传送参数、调用相应的方法、返回结果等。Client 对象并不知道同 Server 对象通信、激活或存储、Server 对象的机制，也不必知道 Server 对象位于何处、用何种语言、使用什么操作系统或其他不属于对象接口的系统成分。值得指出的是，Client 和 Server 角色只是用来协调对象之间的相互作用，根据相应的场合，ORB 上的对象可以是 Client，也可以是 Server，甚至兼有两者。当对象发出一个请求时，它是处于 client 角色；当它在接收请求时，它就处于 Server 角色。另外由于 ORB 负责对象请求的传送和 Server 的管理，Client 和 Server 之间并不直接连接，因此，与 RPC 所支持的单纯的 Client/Server 结构相比，ORB 可以支持更加复杂的结构。

（6）事务处理监控中间件。一个事务是具有原子性、一致性、隔离性和持久性（ACID，Atomicity、Consistency、Isolation、Durability，数据库事务正确执行的四个基本要素）的一个工作单元。事务处理中间件又叫做事务处理监控器（Transaction Processing Monitors，TPM），支持分布式组件的事务处理，通常有请求队列、会话事务、工作流等模式，可视为事务处理应用程序的"操作系统"。其一方面通过复用和路由技术协调大量客户对服务器的访问，提高系统的可扩展性；另一方面扩展了数据库管理系统的事务处理概念，在各个子系统之间协调全局事务的处理。事务处理监控介于 client 和 server 之间，进行事务管理与协调、负载平衡、失败恢复等，以提高系统的整体性能。

3. 物联网中间件

以物联网（IoT）为例，中间件的作用与位置如图 3.24 所示。中间件在操作系统、网络和数据之上，应用软件的下层，总的作用是为处于自己上层的应用软件提供运行与开发环境，促进灵活、高效地开发和集成繁杂的应用软件。具体地讲，中间件在应用中的主要作用包括两个方面：① 控制 RFID 读写设备按照预定的方式工作，保证不同读写设备之间能够很好地配合协调；② 按照一定的规则筛选过滤数据，筛除冗余数据，将有效的数据传送给后台的应用系统。从应用程序端使用中间件所提供的一组通用的应用程序接口，能够连接到

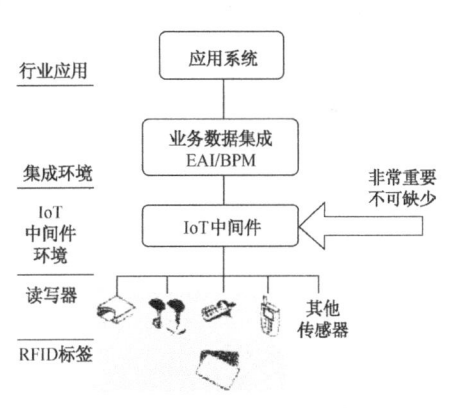

图 3.24 中间件的作用与位置

RFID 读写器，读取 RFID 标签数据。即使存储 RFID 标签信息的数据库软件或后端应用程序增加或由其他软件取代，或者 RFID 读写器种类增加等情况发生，应用端不需修改也能处理，大大简化了维护工作。对于企业而言，利用中间件还有以下的优势和益处：① 实施 RFID 项目的企业，不需要进行程序代码开发，便可完成 RFID 数据的导入，可极大地缩短企业 RFID 项目的实施周期；② 当企业数据库或企业的应用系统发生更改时，对于 RFID 项目而言，只需更改网络层与应用层之间的中间件相关设置即可实现 RFID 数据导入新的企业应用系统；③ 中间件可为企业提供灵活多变的配置操作，企业可以根据自己的实际业务需求和企业应用系统管理的实际情况，自行设定相关的中间件参数，将所需 RFID 数据顺利地导入企业系统；④ 当 RFID 项目的规模扩大时，例如增加 RFID 读写器数量，或更换其他类型的读写器或新增企业仓库，只需对中间件进行相应设置，便可完成 RFID 数据的顺利导入，而不需要开发新的程序代码。

讨论与思考题

（1）智慧城市感知技术主要有哪些？
（2）简述感知方式有哪些内容。
（3）智慧城市网络技术包括哪些特征？
（4）试阐述网络接入类型？
（5）简述移动互联网主要特点。
（6）试简述 WSN 主要构成及其特征。
（7）简述 IPv6 的技术特征。
（8）简述智慧城市中间件的作用及特点。

第4章 智慧城市支撑技术

智慧城市是一个复杂的巨系统，人类所能用到的科学技术应该说都可以或多或少地在其中发挥作用，找到应用的位置。因此，智慧城市的发展离不开各种新技术和新模式的应用，移动互联网、云计算、物联网以及大数据在智慧城市领域具有强大的推动作用。移动互联网是智慧城市的"神经"，为智慧城市提供无处不在的网络；云计算是智慧城市的"心脏"，所有数据、所有服务都由它来提供，为城市各领域的智能化应用提供统一的数据平台；物联网是智慧城市的"血管"，使得智慧城市实现互联互通；而大数据则好比智慧城市的"大脑"，是智慧城市建设发展的智慧引擎，在这些新技术与新应用的支撑下，智慧城市得以快速推进和发展。本书不可能罗列所有的技术，但是就实现智慧城市的功能而言，当前较为流行的主要技术包括云计算、大数据、空间信息与可视化、信息安全等，下面分别简述之。

4.1 云计算技术

4.1.1 云计算概念与原理

云计算（Cloud Computing）是一种新兴的共享基础架构的方法，可以将巨大的系统池连接在一起以提供各种服务。本质上云计算并不是一种技术创新，而是一种业务模式的创新，它将分布式计算、网格计算、虚拟化技术和基础架构服务相结合，把数据中心的计算资源进行虚拟化，然后以租用的形式提供给用户，使用户通过网络获得应用所需的资源（硬件、软件、平台），是一种资源交付和使用模式。根据美国国家标准语技术研究所定义，云计算是一种可以随时随地方便而按需地通过网络访问可配置的计算资源（如网络、服务器、存储、应用程序和服务）的共享池的模式，这个池可以通过最低成本的管理或服务提供商交会来快速配置和释放资源。狭义云计算是指"基础设施"的交付和使用模式，是指厂商通过分布式计算和虚拟化技术搭建数据中心或超级计算机网络，以免费或按需租用方式向技术开发者或者企业客户提供数据存储、分析以及科学计算等服务。广义云计算是指"服务"的交付和使用模式，厂商通过建立网络服务器集群，向各种不同类型客户提供在线软件服务、硬件租借、数据存储、计算分析等不同类型的服务，这种服务可以是和软件、互联网相关的，也可以是其他任意的服务。

云计算的"云"就是存在于互联网上的服务器集群上的资源，它包括硬件资源（服务器、存储器、处理器等）和软件资源（应用软件、集成开发环境等），本地计算机只需要通过互联网发送一个需求信息，远端就会有成千上万的计算机提供所需的资源并将结果返回到本地计算机，这样本地计算机几乎不需要做什么，所有的处理都由云计算提供商所提供的计算机群（亦称云计算平台）来完成。云计算平台通过从物理服务器上创建和管理虚拟运行环境，实现了由相同规模的物理数据中心支持更多的应用和用户，好比一个大的建筑被分成许多房间，可以根据用户需要定制每个房间，通过可移动的墙来实现调节。数据中心可以为用户配备特定的服务，并实现按需付费的模式。通过这种方式，对新服务的需求不再需要经过漫长的等待，而是即刻实现。

云计算是虚拟化（Virtualization）、效用计算（Utility Computing）、基础设施即服务（Infrastructure-as-a-Service，IaaS）、平台即服务（Platform-as-a-Service，PaaS）、软件即服务（Software-as-a-Service，SaaS）等概念混合演进并跃升的结果，网络服务提供者利用此技术可以在数秒之内完成处理数以千万计甚至亿计的信息，达到和"超级计算机"同样强大效能的网络服务。

云计算原理架构如图 4.1 所示，系统资源层包括操作系统、数据库、中间件及计算设备等；云计算服务层含有三类，即 IaaS、PaaS、SaaS。在 IaaS 中，资源管理又被虚拟化为计算资源、存储资源和网络资源池，消费者通过 Internet 可以从完善的计算机基础设施获得相应的服务，通过网络向用户提供计算机（物理机和虚拟机）、存储空间、网络连接、负载均衡和防火墙等基本计算资源；IaaS 最大优势在于它允许用户动态申请或释放节点，按使用量计费，用户在此基础上部署和运行各种软件，包括操作系统和应用程序。PaaS 将开发环境作为一种服务来提供，以服务形式将应用程序开发及部署平台提供给第三方开发人员，这种平台一般包含数据库、中间件及软件开发工具（软件设计、软件开发、软件测试和软件发布）等内容，并以 SaaS 的模式通过互联网提交给用户。所提供的所有应用和服务来自服务器集群，用户智能终端所需的应用、数据、存储和计算都由后台的服务器集群来完成和提供。PaaS 的出现可以加快 SaaS 的发展，尤其是加快 SaaS 应用的开发速度。平台通常包括操作系统、编程语言的运行环境、数据库和 Web 服务器，用户在此平台上部署和运行自己的应用。用户不能管理和控制底层的基础设施，只能控制自己部署的应用。

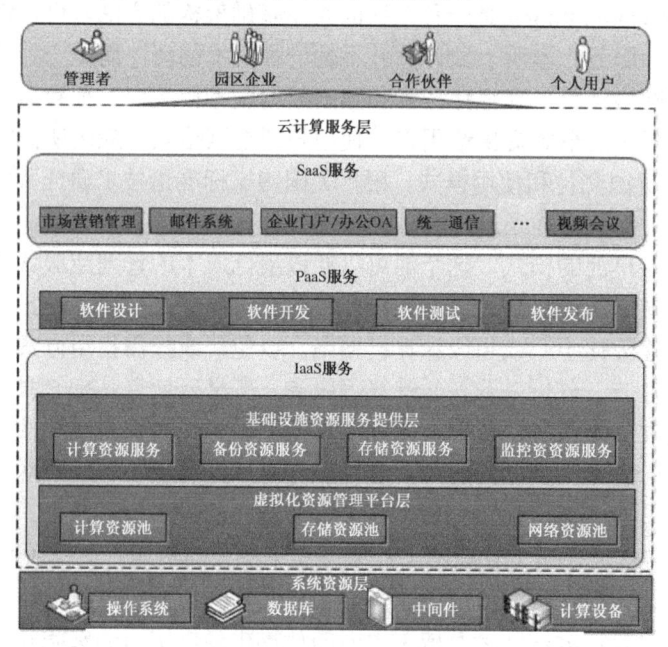

图4.1 云计算原理架构

SaaS 通过 Internet 提供软件的模式，用户无须购买软件，而是向提供商租用基于 Web 的软件，来管理企业经营活动，云提供商在云端安装和运行应用软件，云用户提供云客户端（通常是 Web 浏览器）使用软件，其包括的内容有市场营销管理、邮件系统、企业门户、视频会议等内容。云用户不能管理应用软件运行的基础设施和平台，只能做有限的应用程序设置。

"云"架构的核心是应用，未来所有的应用要能够同时在位于全球不同地方的各种不同的智能终端和设备上显示出来。目前，云计算根据提供应用的不同可分为三类：① 像微软和MSN提供的在互联网上开放的"云"，称之为公有"云"，即多个客户公用一个云服务提供商的IT资源，每个用户根据自己占用、消费IT资源的多少，向云服务提供商支付费用，比较适合于中、小企业、微型企业、政府基层单位和个人用户；② 相对公有"云"的私有云，通常是政府和企业为了能够与政府各部门及客户互动和沟通而构建的，不对外开放，也向外单位提供云计算服务，比较适合于大型企业集团、国家部委、省市一级政府，并可采用虚拟化等技术对传统计算中心、数据中心进行升级改造；③ 介于私有和公有之间的混合"云"，也有称之为"租用云"，是私有云和公有云的混合体，一部分资源公用，对外开放，一部分私用，不对外开放，通常有电信部门或"云"应用服务商。不管哪一类型的"云"，云计算都有如下几个特点：

（1）超大规模。"云"具有相当的规模，Google云计算已经拥有100多万台服务器，Amazon、IBM、微软、Yahoo等的"云"均拥有几十万台服务器。政府或企业私有"云"一般可以是数十台甚至上百台服务器，"云"能赋予用户前所未有的计算能力。

（2）虚拟化。云计算支持用户在任意位置使用各种终端获取应用服务。所请求的资源来自"云"，而不是固定的、有形的实体。应用在"云"中某处运行，但实际上用户无须了解也不用担心应用运行的具体位置。

（3）高可靠性。云计算提供最可靠、最安全的数据存储中心，"云"使用数据多副本容错、计算节点同构可互换等措施来保障服务的高可靠性，用户不用再担心数据丢失、病毒入侵等麻烦。在测量服务中，云服务提供商控制和监控云服务的各个方面。这对计费、访问控制、资源优化配置、容量规划和其他任务来说是至关重要的

（4）通用性与高可扩展性。云计算不针对特定的应用，在"云"的支撑下可以构造出千变万化的应用，同一个"云"可以同时支撑不同的应用运行，是实现智慧城市城市级信息互联互通和数据共享，消除"信息孤岛"最有效的手段和方法。同时"云"的规模可以动态伸缩，满足应用和用户规模增长的需要。

（5）数据共享便捷且客户端需求低。云计算根据需求可伸缩地使用资源，轻松实现不同设备间的数据与应用共享。在云计算的网络应用模式中，数据只有一份保存在"云"的另一端，所有电子设备只需要连接互联网就可以同时访问和使用同一份数据。云计算对用户端的设备要求很低，使用起来也最方便，这对于消费者来说，云似乎是无限的，消费者可以根据需求购买计算力资源。

（6）按需服务且极其廉价。"云"是一个庞大的资源池，支持按需应用，它可以像自来水、电、气那样计费和使用，即按需自助服务，这就意味着消费者可以根据需要使用云服务，不需要与云服务提供商进行人机交互。由于"云"的特殊容错措施，极其廉价的节点亦可构成"云"；"云"的自动化集中式管理使大量企业或用户无须负担日益高昂的数据资源中心管理成本，"云"的通用性使资源的利用率较传统系统大幅提升，因此用户可以充分享受"云"的低成本优势。

（7）可能无限多。云计算为存储和管理数据提供几乎无限多的空间，也为完成各类应用提供几乎无限强大的计算能力，即无所不在的网络接入意味着用户可以通过网络获取云服务商的能力。如当驾车出游的时候，只要用手机连入网络就能够直接看到自己所在地区的卫星

地图和实时的交通状况,能够快速查询自己预设的行车路线,可以请网络上的好友推荐附近最好的景区和餐馆,还能够把自己刚刚拍摄的照片或视频剪辑分享给远方的亲友等,因此云计算为使用网络提供几乎无限多的可能。

在智慧城市建设中,云计算在海量数据处理与存储,及对智慧城市运营模式与服务模式等方面具有重要作用,它不仅支撑智慧城市的高效运转,提高城市管理服务能力,而且将不断创新服务模式,促进智慧城市的快速、健康发展。

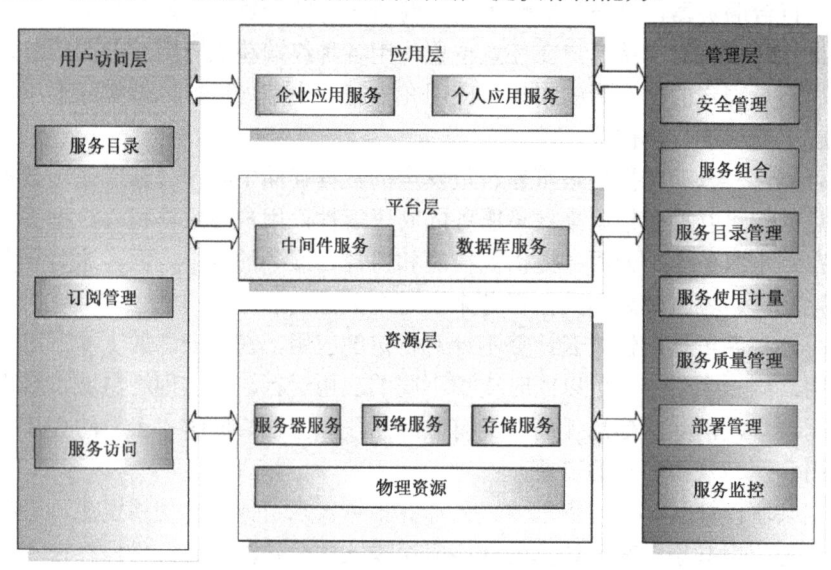

4.1.2 云计算体系结构

云计算体系结构如图 4.2 所示,由资源层、平台层、应用层、用户访问层以及管理层等 5 部分组成,其本质是通过网络提供服务,以服务为核心。

(1)资源层是指基础架构层面的云计算服务,这些服务可以提供虚拟化的资源,从而隐藏物理资源的复杂性。物理资源指的是物理设备,如服务器等;服务器服务指的是操作系统的环境,如 linux 集群等;网络服务指的是网络处理能力,如防火墙、虚拟局域网(Virtual Local Area Network,VLAN)、负载等;存储服务为用户提供存储能力。

图 4.2 云计算体系结构

(2)平台层为用户提供对资源层服务的封装,使用户可以构建自己的应用。数据库服务提供可扩展的数据库处理能力。中间件服务为用户提供可扩展的消息中间件或事务处理中间件等服务。

(3)应用层提供软件服务。企业应用是指面向企业的用户,如财务管理,客户关系管理,商业智能等。个人应用指面向个人用户的服务,如电子邮件,文本处理,个人信息存储等。

(4)用户访问层是方便用户使用云计算服务所需的各种支撑服务,针对每个层次的云计算服务都需要提供相应的访问接口。服务目录是一个服务列表,用户可以从中选择需要使用的云计算服务。订阅管理是提供给用户的管理功能,用户可以查阅自己订阅的服务,或者终止订阅的服务。服务访问是针对每种层次的云计算服务提供的访问接口,针对资源层的访问可能是远程桌面或者 XWindows,针对应用层的访问,提供的接口可能是 Web。

（5）管理层提供对所有层次云计算服务的管理功能。安全管理提供对服务的授权控制，用户认证、审计、一致性检查等功能。服务组合提供对已有云计算服务进行组合的功能，使得新的服务可以基于已有服务创建。服务目录管理提供服务目录和服务本身的管理功能，管理员可以增加新的服务，或者从服务目录中删除服务。服务使用计量对用户的使用情况进行统计，并以此为依据对用户进行计费。服务质量管理提供对服务的性能，可靠性，可扩展性进行管理。部署管理提供对服务实例的自动化部署和配置，当用户通过订阅管理增加新的服务订阅后，部署管理模块自动为用户准备服务实例。服务监控提供对服务的健康状态的记录。

4.1.3 云计算核心技术

云计算系统涉及的技术以编程模型、数据管理、数据存储、虚拟化以及云计算平台管理技术最为关键。

1. 编程模型

严格的编程模型使云计算环境下的编程十分简单。Map Reduce 是 Google 开发的 Java、Python、C++编程模型，它是一种简化的分布式编程模型和高效的任务调度模型，用于大规模数据集（大于 1 TB）的并行运算。Map Reduce 模式的思想是将要执行的问题分解成 Map（映射）和 Reduce（化简）的方式，先通过 Map 程序将数据切割成不相关的区块，将业务逻辑复杂的处理调度给处理能力比较高的计算机，将复杂度低的处理给小型的计算机，达到分布式运算的效果，再通过 Reduce 程序将结果汇总输出。

2. 海量数据分布存储

云计算系统由大量服务器组成，同时为大量用户服务，因此采用分布式存储的方式存储数据，用冗余存储的方式保证数据的可靠性。广泛使用的数据存储通过全局文件系统（Global File System，GFS）实现，解决共享存储读写问题。通常一个 GFS 集群由一个主服务器（Master）和大量的块服务器（Chunk Server）构成，并被许多客户（Client）访问，如图 4.3 所示。主服务器存储文件系统的元数据，包括名字空间、访问控制信息、从文件到块的映射以及块的当前位置。

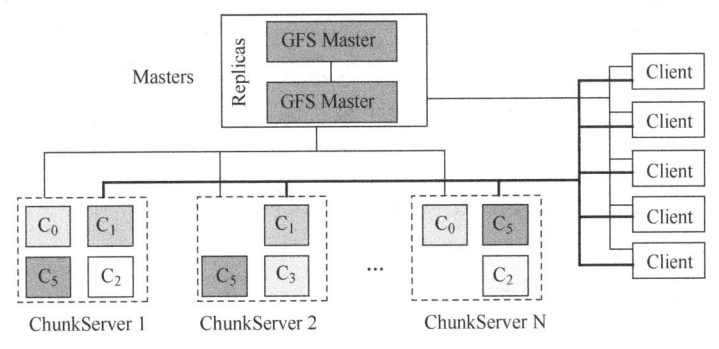

- Files broken into chunks(typically 64 MB)
- Master manages metadata
- Data transfers happen directly between clients/chunkservers

图 4.3 GFS 架构示意图

主服务器定期通过 HeartBeat 消息与每一个块服务器通信，给块服务器传递指令并收集它的状态。GFS 中的文件被切分为 64 MB 的块并以冗余存储,每份数据在系统中保存 3 个以上备份。客户与主服务器的交换只限于对元数据的操作,所有数据方面的通信都直接和块服务器联系,这大大提高了系统的效率,避免了主服务器超负载运转的情况。

海量数据分布存储系统通过对物理存储设备的虚拟化管理,实现了视频数据对物理存储位置的不依赖,降低了视频数据管理的复杂性,增强了系统的灵活性和可扩展性,满足了海量视频数据的存储需求。通过高速的读写接口能够满足采编等应用的视频加工需求,可对原始素材、成品节目、再加工节目等不同类型数据进行分层存储和分类管理。海量数据分布存储还支持跨域的数据存放、备份,视频资料可以共享,节省存储空间。

3. 海量数据管理

云计算需要对分布的、海量数据进行处理、分析,因此数据管理技术必须能够高效地管理大量的数据。云计算系统中的数据管理技术主要是 Google 的 BT(Big Table)数据管理技术和 Hadoop 团队开发的开源数据管理模块 HBase。BT 是建立在 GFS,Scheduler,Lock Service 和 Map Reduce 之上的一大型的分布式数据库,与传统的关系数据库不同,它把所有数据都作为对象来处理,形成一个巨大的表格,用来分布存储大规模结构化数据。

4. 虚拟化技术

虚拟化是云计算的基础,通过虚拟化技术可实现软件应用与底层硬件相隔离,它包括将单个资源划分成多个虚拟资源的裂分模式,也包括将多个资源整合成一个虚拟资源的聚合模式。虚拟化技术根据对象可分成存储虚拟化、计算虚拟化、网络虚拟化等,计算虚拟化又分为系统级虚拟化、应用级虚拟化和桌面虚拟化。

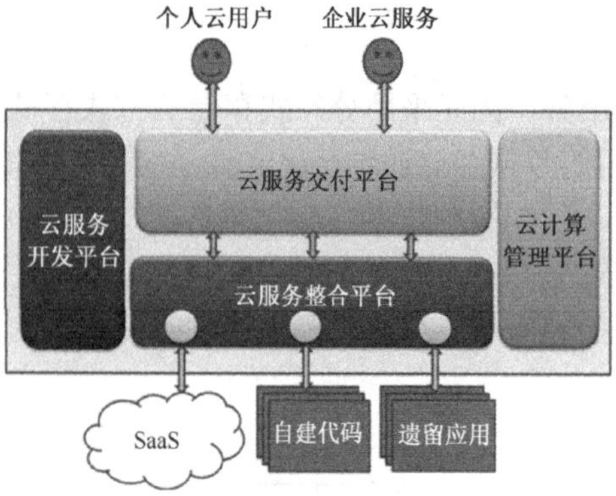

5. 云计算平台管理

图 4.4 所示为云计算平台管理结构。云计算资源规模庞大,服务器数量众多并分布在不同的地点,同时运行着数百种应用,如何有效地管理这些服务器,保证整个系统提供不间断的服务是巨大的挑战。云计算系统的平台管理技术能够使大量的服务器协同工作,方便业务部署和开通,快速发现和恢复系统故障,通过自动化、智能化的手段实现大规模系统的可靠运营。

图 4.4 云计算平台管理结构

4.2 地理空间信息与可视化技术

4.2.1 GIS 概念、组成及功能

地理信息系统(Geographic Information System,GIS)技术是近些年迅速发展起来的一门时空信息分析技术,在资源与环境应用领域中,它发挥着技术先导的作用。GIS 技术不仅可以有效地管理具有空间属性的各种资源环境信息,对资源环境管理和实践模式进行快速和重复的分析测试,便于制定决策、进行科学和政策的标准评价,而且可以有效地对多时期的资

源环境状况及生产活动变化进行动态监测和分析比较,也可将数据收集、空间分析和决策过程综合为一个共同的信息流,提高工作效率和经济效益,为解决资源环境问题及保障可持续发展提供技术支持。GIS 是多种学科交叉的产物,它以地理空间为基础,采用地理模型分析方法,提供多种空间和动态的地理信息,是一种为地理研究和地理决策服务的技术系统。GIS 基本功能是将表格型数据(无论它来自数据库,电子表格文件或直接在程序中输入)转换为地理图形显示,然后对显示结果浏览,操作和分析,其显示范围可以从洲际地图到非常详细的街区地图,显示对象包括人口、销售情况、运输线路以及其他内容。

1. GIS 概念

GIS 是利用计算机存储、处理地理信息的一种技术与工具,是一种在计算机软、硬件支持下,把各种资源信息和环境参数按空间分布或地理坐标,以一定格式和分类编码输入、处理、存储、输出,以满足应用需要的人-机交互信息系统。它通过对多要素数据的操作和综合分析,方便快速地把所需要的信息以图形、图像、数字等多种形式输出,满足各应用领域或研究工作的需要。随着计算机硬件性能的提高以及面向对象、网络和数据挖掘等主流 IT 技术的发展,目前国内学术界提出了第 4 代 GIS 的概念,其主要特征包括:① 支持"智慧地球"和"智慧城市"概念的实现,从二维向多维发展,从静态数据处理向动态发展,具有时序数据处理能力。② 基于网络的分布式数据管理及计算、Web-GIS 和 B/S 体系结构,用户可以实现远程空间数据调用、检索、查询、分析,具有联机事务管理(On-Line Transaction Processing,OLTP)和联机分析(On-Line Analysis Processing,OLAP)管理能力。③ 面向空间实体及其相互关系的数据组织和融合,具有矢量和遥感影像数据互动等多源数据的装载与融合能力,多尺度比例尺数据无缝融合、互动。④ 具有统一的海量数据存储、查询和分析处理能力,基于空间数据的数据挖掘和强大的模型支持能力。⑤ 具有与其他计算机信息系统的整体集成能力。例如与 MIS(Management Information System)、ERP(Enterprise Resource Planning)、OA(Office Automation)等各种企业信息化系统的无缝集成;微型、嵌入式 GIS 与各种掌上终端设备集成,如 PDA(Personal Digital Assistant)、手机、GPS 接收设备等。⑥ 具有虚拟现实表达及自适应可视化能力,针对不同的用户出现不同的用户界面及地图和虚拟现实效果。

2. GIS 组成

GIS 由 5 个主要的元素所构成:系统硬件、系统软件、空间数据库、用户和方法,如图 4.5 所示。

系统硬件:是 GIS 所操作的计算机,由主机、外设和网络组成,用于存储、处理、传输和显示空间数据。GIS 软件目前可以在很多类型的硬件上运行,从中央计算机服务器到桌面计算机,从单机到网络环境。

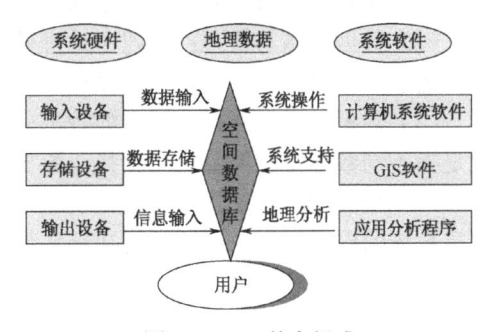

图 4.5 GIS 基本组成

系统软件:由系统管理软件、数据库软件和基础 GIS 软件组成,用于执行 GIS 功能的数据采集、存储、管理、处理、分析、建模和输出等操作功能和工具。主要软件部件包括:输入和处理地理信息的工具、数据库管理系统(Data Base Management System,DBMS)、支持地理查询、分析和视觉化的工具以及容易使用这些工具的图形用户界面(Graphic User Interface,GUI)。

空间数据库:由数据库实体和数据库管理系统组成,用于空间数据的存储、管理、查询、检索和更新等。地理数据和相关的表格数据可以自己采集或者从商业数据提供者处购买。GIS 将把空间数据和其他数据源的数据集成在一起，使用通用的或者专用的数据库管理系统，来管理空间数据。

用户：GIS 的用户范围包括设计、系统开发、维护的技术专家，以及管理者、使用人员。

方法：成功的 GIS 系统，应具有好的设计计划和特定的事务规律，而且具体的操作实践对每一个公司来说又是独特的。

3. GIS 功能

从技术和应用的角度，GIS 是解决空间问题的工具、方法和技术；从学科的角度，GIS 是在地理学、地图学、测量学和计算机科学等学科基础上发展起来的一门学科，具有独立的学科体系；从功能上看，GIS 具有空间数据的获取、存储、显示、编辑、处理、分析、输出和应用等功能；从系统学的角度，GIS 具有一定结构和功能，是一个完整的系统。GIS 基本功能框架示意图如图 4.6 所示。

对数据进行采集和编辑是 GIS 最基本的功能，比如对地图进行矢量化，将采集的地物点展现到地图上，修改以往的数据等。GIS 数据库管理功能除了应具备普通的 DBMS 功能以外，对空间数据的管理技术主要包括：空间数据库的定义、空间数据的访问和提取、图数互查、开窗和接边操作、数据更新和维护等。数据处理的任务和操作内容包括数据变换（如不同投影、不同坐标系的变换）、数据重构和数据抽取等。空间分析功能是 GIS 区别其他绘图软件如 CAD 的一个特有的功能，主要包括空间量测、几何分析（如叠加分析、缓冲区分析）、地形分析（如坡度坡向）、网络分析（如优化路径）、空间统计分析（如空间插值）等。

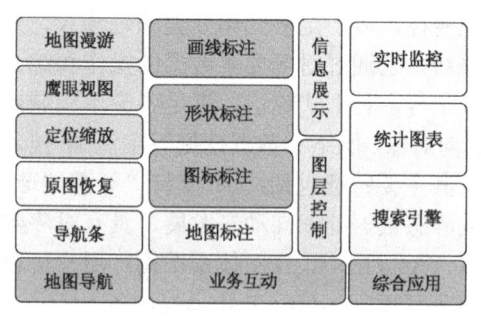

图 4.6 GIS 基本功能框架示意图

（1）数据采集与编辑：主要用于获取数据，保证地理信息系统数据库中的数据在内容与空间上的完整性、数值逻辑一致性与正确性等。

（2）数据存储与管理：是建立地理信息系统数据库的关键步骤，涉及空间数据和属性数据的组织。栅格模型、矢量模型或栅格/矢量混合模型是常用的空间数据组织方法。

（3）数据处理和变换：初步的数据处理主要包括数据格式化、转换、概括。数据的格式化是指不同数据结构的数据间变换；数据转换包括数据格式转化、数据比例尺的变化等。

（4）空间分析和统计：空间分析是地理信息系统的核心功能，也是地理信息系统与其他信息系统的根本区别。分析和解决现实世界中与空间相关的问题，是地理信息系统应用深化的重要标志。

（5）产品制作与显示：一个好的地理信息系统应能提供一种良好的、交互式的制图环境，以供使用者设计和制作高质量的地图，其表现形式既可以是计算机屏幕显示，也可以是诸如报告、表格、地图等硬拷贝图件。

（6）二次开发和编程：为满足各种不同的应用需求，同时也是一个二次开发环境，包括专用语言开发环境和控件等。

4.2.2 GIS 可视化技术

智慧城市中的各个业务应用系统的展现都离不开地理空间信息与可视化技术的应用。通过城市二维或三维景观电子地图，可以实现信息数据在电子地图上的位置、属性、景观的展示、查询、分析等，甚至通过虚拟现实技术将传统的信息数据符号及视觉变量表现为动态、时空变化、多维和多时相的交互虚拟环境，以提高地理空间信息数据复杂变化过程和分析的洞察能力。具体来说，城市 GIS 基础软件平台、地理空间信息共享数据互操作、城市三维景观重建与信息查询分析以及信息可视化与虚拟现实等四个方面均有 GIS 可视化技术的应用。

1. 城市 GIS 基础软件平台

城市 GIS 基础软件平台是实现城市信息共享的核心。只有当城市信息被定位在城市基础地理空间数据上时才能反映其空间位置和空间分布特征。首先是将城市各种比例尺（如：1∶500、1∶1000、1∶2000 等）地图数据，以城市数字正射影像数据、数字高程模型数据等整合为城市各种信息应用系统的基础框架和图层，在此基础平台上才可以实现可视化的信息展现、查询和统计分析。

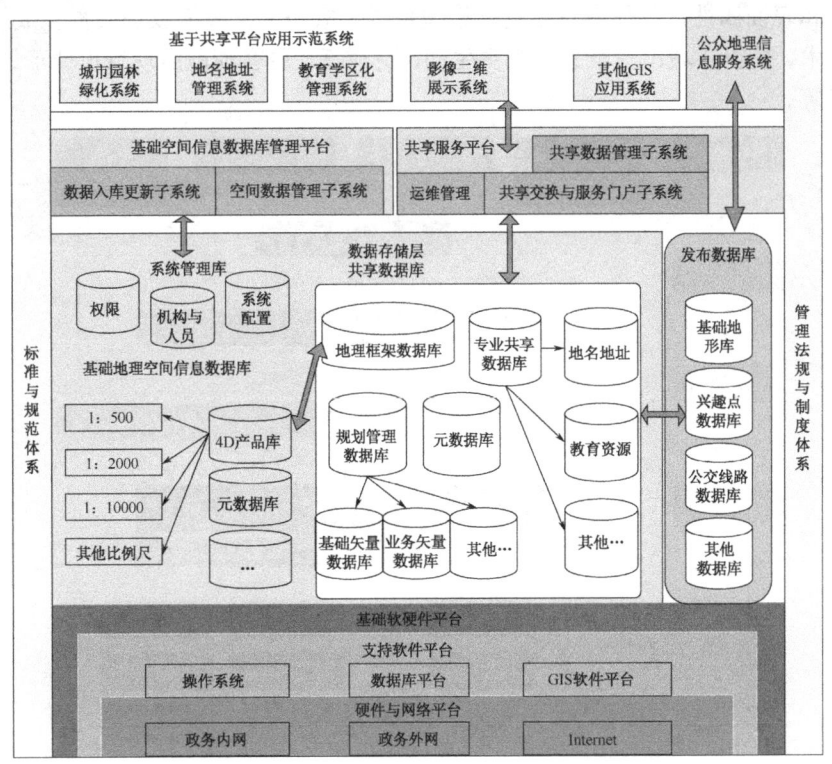

城市 GIS 基础软件平台框架如图 4.7 所示。城市 GIS 基础软件平台将在以下 10 个智慧城市信息平台中发挥作用：城市级"一级平台"信息互联互通与数据共享、电子政务内外网业务、城市综合监控与管理（包括数字城管、环保节能、市政市容等）、城市应急指挥、城市公共安全监控与管理、城市智能交通监控与管理、城市公共及基础设施监控与管理、城市社会民生服务（包括电子商务和现代物流）、数字企业以及智慧建筑与智慧社区等。

图 4.7 城市 GIS 基础软件平台框架

2. 地理空间信息共享数据互操作

GIS 技术与网络技术的结合实现了 GIS 的网络化，为空间数据的共享与互操作提供了契机。网络 GIS 可以使得分布在不同领域、不同部门之间的空间数据进行共享和互操作，使得 GIS 的应用扩展到智慧城市的各个应用领域和广泛的地理区域，并出现了大量不同类型、分布、异构数据库或地理信息系统，因此地理信息集成和共享就成为一个亟待解决的问题。在此背景下，要求传统的 GIS 由紧耦合、集中、封闭的系统向松耦合、分布式、开放的系统转变，由传统的 GIS 向地理信息 Web 服务转变。Web 服务是一种基于对象/组件模型的分布式计算技术，是数据互操作的解决方案，如图 4.8 所示。

Web 服务能使得运行在不同机器上的不同应用无须借助附加的、专门的第三方软件或硬件，无论它们所使用的语言、平台或内部协议是什么，都可以相互交换数据。

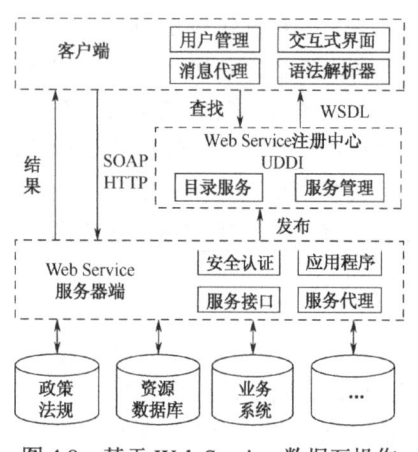

图 4.8 基于 Web Service 数据互操作结构理信息互操作系统框架

3. 城市三维景观重建与信息查询分析

图 4.9 所示为城市三维景观重建与信息查询示意图。城市的地形景观主要由数字高程模型和数字正射影像两种数据进行逼真的展现，通过三维城市模型数据表现地形地物千变万化的几何结构和表面属性，具体有三维几何模型数据生成技术、表面纹理数据生成技术、属性数据生成技术，使得在城市三维景观中更生动、更逼真、更客观地展现城市地形地貌、建筑、道路及桥梁等。

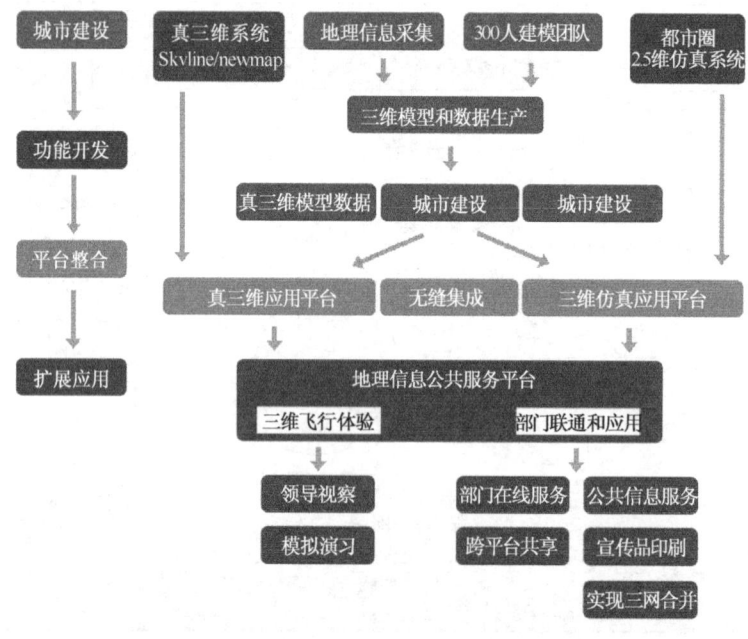

图 4.9 城市三维景观重建与信息查询示意图

4. 信息可视化与虚拟现实

信息可视化（Information Visualization）技术是一种将物理性和逻辑性元素进行形象化、显性化的信息数据呈现技术。现阶段的信息可视化技术的研究和应用已经超出了传统城市地图符号及视觉变量表示方法的水平，而进入到在动态、时空变化、多维和多时相的交互虚拟环境下探索城市，在提高对空间数据的复杂过程和分析的洞察能力、多维和多时相数据的显示等方面将有效地改善城市地理空间信息的利用水平。

虚拟现实（Virtual Reality, VR）技术是可视化技术最有效的应用和发展。虚拟现实技术综合利用计算机图形学、仿真技术、多媒体技术、人工智能技术、计算机网络技术、并行处理技术和多传感器技术，模拟人的视觉、听觉、触觉等感觉器官功能，使人能够沉浸在计算机生成的虚拟境界中，并能够通过语言、手势等自然的方式与之进行实时交互，用户不仅能够通过虚拟现实系统感受到在客观物理世界中所经历的"身临其境"的逼真性，而且能够突破空间、时间以及其他客观限制，感受到真实世界中无法亲身经历的体验。

空间信息可视化与虚拟现实技术的发展和应用，为智慧城市物理元素提供了三维描述方法和人机交互的虚拟城市环境，具有多维动态可视化和实时交互式操作的效果，而地理信息系统具有强大的海量空间数据存储、管理、处理和分析能力。充分结合两者的优势，用户可以在 GIS 与虚拟现实集成平台上，实现智慧城市各个信息应用及服务系统。

4.3　大数据技术

4.3.1　概述

随着云时代的来临，大数据也吸引了越来越多的关注。大数据（Big Data）或称巨量资料，指的是所涉及的资料规模巨大到无法通过目前主流软件工具，在合理时间内达到撷取、管理、处理、并整理帮助智慧城市商业经营决策的目的。《著云台》的分析师团队认为，大数据通常用来形容一个公司创造的大量非结构化和半结构化数据，这些数据在下载到关系型数据库用于分析时会花费过多时间和金钱。大数据分析常和云计算联系到一起，因为实时的大型数据集分析需要像 Map Reduce 一样的框架向数十、数百或甚至数千的电脑分配工作。图 4.10 所示为大数据概念示意图。

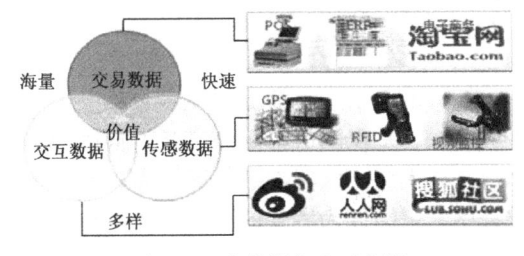

图 4.10　大数据概念示意图

大数据早期用来描述为更新网络搜索索引需要同时进行批量处理或分析的大量数据集。随着谷歌MapReduce 和全局文件系统GFS的发布，大数据不再仅用来描述大量的数据，还涵盖了处理数据的速度。大数据分析相比于传统的数据仓库应用，具有数据量大、查询分析复杂等特点。《计算机学报》刊登的"架构大数据：挑战、现状与展望"一文列举了大数据分析平台需要具备的几个重要特性，对当前的主流实现平台——并行数据库、MapReduce 及基于两者的混合架构进行了分析归纳，指出了各自的优势及不足。

大数据是指无法在一定时间内用常规软件工具对内容进行抓取、管理和处理的数据集合。随着城市信息化建设的深入，许多政府部门和企业积累了海量的数据资源，迫切需要利用大数据技术对这些数据资源进行处理、分析和挖掘，提供给政府部门的行政管理和公共服务，提高企业的生产经营管理水平，使海量的数据资源转化成巨大的社会财富。大数据可分成大数据技术、大数据工程、大数据科学和大数据应用等领域，大数据技术和大数据应用较为流行。大数据工程指大数据的规划建设运营管理的系统工程；大数据科学关注大数据网络发展和运营过程中发现和验证大数据的规律及其与自然和社会活动之间的关系。

大数据特点有四个层面，可用四个"V"表示：① Volume，数据体量巨大，即从 TB 级别跃升到 PB 级别；②Variety，数据类型繁多，即前文提到的网络日志、视频、图片、地理位置信息等，多类型的数据对数据的处理能力提出了更高的要求；③ Value，价值密度低，商业价值高，如随着物联网的广泛应用，信息感知无处不在，信息海量，但价值密度较低，如何通过强大的机器算法更迅速地完成数据的价值"提纯"，是大数据时代亟待解决的难题；以视频为例，连续不间断监控过程中，可能有用的数据仅仅有一两秒；④ Velocity，处理速度快，时效性要求高。这是大数据区分于传统数据挖掘最显著的特征。既有的技术架构和路线，已经无法高效处理如此海量的数据，而对于相关组织来说，如果投入巨大采集的信息无法通过及时处理反馈有效信息，那将是得不偿失的。可以说，大数据时代对人类的数据驾驭能力提出了新的挑战，也为人们获得更为深刻、全面的洞察能力提供了前所未有的空间与潜力。

4.3.2 大数据应用

智慧城市本身能产生大量的数据，淘宝注册用户已近 10 亿户，在 2012 年 11 月 11 日有 2.15 亿用户购物，处理交易上亿笔，峰值访问量每分钟达到 9 万次；新浪微博在晚上高峰期一秒钟接受 100 万次以上的响应请求；百度大概每天要处理 60 亿次搜索需求，几十个 PB 的数据；中国联通用户上网记录一秒钟就能收集 83 万条，一个月就有 1 万亿条。智慧城市产生大数据，大数据支撑智慧城市，对宏观经济进行有效掌控。大数据的挖掘对智慧城市的经济发展和社会管理是无形的生产资料，大数据价值的合理共享和利用会创造巨大的社会财富。在智慧城市中，大数据应用主要体现在大数据融合、大数据处理以及大数据分析挖掘等三个方面。

1. 大数据融合

智慧城市治理往往需要在多个相关系统之间实现信息的充分交互与共享，而底层数据的集成与融合是保障城市系统高效协同联动的前提和基础。例如：在城市安防领域，需要综合利用城市人口、嫌疑人档案库、案件卷宗库、道路监控视频等数据，从中发现案件线索并圈定嫌疑人范围，为案件侦破提供支持信息。目前，我国智慧城市建设面临的重大挑战之一是城市系统之间由于标准问题无法有效集成，形成信息孤岛。因此，在大数据融合技术领域，一方面要加强大数据标准建设，另一方面要加强海量异构数据建模与融合、海量异构数据存储与索引等关键技术研发，为底层数据集成的信息共享提供标准和技术保障。

2. 大数据处理

大规模数据在智慧城市系统流动过程中，出于传输效率、数据质量与安全等因素的考虑，需要对大规模数据进行预处理。例如，感知端数据在网络传输前，需要利用大数据质量保证技术、大数据压缩技术等手段，对采集的数据进行校验和压缩，以保证数据质量和网络传输效率。存储在数据库/数据仓库中的大规模数据在分析前，需要利用大数据 ETL（Extract-Transform-Load）技术、大数据隐私保护技术等手段，对数据进行提取/转换/加载处理，以满足数据分析与挖掘的需要。

3．大数据分析挖掘

开展智慧城市科学治理的前提在于准确把握城市运行的特点和规律，并深刻洞察城市治理问题的成因。大数据分析与挖掘技术为智慧城市治理提供了强大的决策支持能力。相比于大数据融合和处理技术，大数据分析挖掘技术更为复杂。面向智慧城市治理的大数据分析与挖掘主要通过综合利用机器学习、统计分析、可视数据分析、时空轨迹分析、社交网络分析、智能图像/视频分析、情感与舆情分析等技术手段，对多源异构融合的海量城市数据进行过滤、提取、汇聚、挖掘和展现，通过参考历史数据和领域知识、考虑事件间的相关性和上下文感知，对事件发生成因和发展规律进行分析推理，最终给出决策支持信息。

4.3.3 大数据价值

通常，企业数据本身具有很大的价值，但是如何将有用的数据从没有价值的数据中区分出来并不容易。例如，人们在商店浏览购物的视频、购买服务前后的所做所为、通过社交网络联系客户、吸引合作伙伴加盟、客户付款以及供应商的收款方式等场景可作为商家战略转变的工具。好的数据是所有管理决策的基础，是对客户的深入了解和竞争优势，也是业务部门的生命线，让数据在决策和行动时无缝且安全地流到人们手中，随时为决策提供依据。

我国政府的数据量已经初具规模，大数据技术逐步成熟。因此，发展大数据是促进政务信息资源开发利用的必然需要，是提高政府决策科学水平的必然要求，是提高城市管理精细化水平的必然要求，是促进现代化服务业的必然要求。

4.4 信息安全技术

信息安全是智慧城市得以高效、稳定运行的基础，要确保城市信息安全保障与智慧城市建设同步规划并落实，从而构建健康安全的网络环境。

4.4.1 概述

信息系统安全的最终目标是确保信息的机密性、完整性、可用性、可控性和抗抵赖性，以及信息系统主体（包括用户、团体、社会和国家）对信息资源的控制。实现一个信息系统的安全保障通常要求通过技术、组织和管理三个方面共同支撑。

1．技术层面

就技术层面讲，所涉及到的内容主要有以下三点：

（1）物理安全（物理层安全）。物理层安全包括通信线路的安全、物理设备的安全、机房的安全等，主要体现在通信线路的可靠性（线路备份、网管软件、传输介质），软硬件设备安全性（替换设备、拆卸设备、增加设备），设备的备份，防灾害能力，防干扰能力，设备的运行环境（温度、湿度、烟尘），不间断电源保障，等等。

（2）网络安全（网络层安全）。网络层安全主要体现在网络方面的安全性，包括网络层身份认证、网络资源的访问控制、数据传输的保密与完整性、远程接入的安全、域名系统的安全、路由系统的安全、入侵检测的手段、网络设施防病毒等。

(3) 应用安全（应用层安全）。应用层安全主要包括提供服务所采用的应用软件和数据的安全性，包括 Web 服务、电子邮件系统、域名系统（Domain Name System，DNS）等。

2. 组织层面

从组织上讲，则多从机构、岗位、人事三个角度构成一个完整的体系。机构的设置分为决策层、管理层和执行层等三个层次；岗位是信息系统安全管理机关根据系统安全需要设定的负责某一个或某几个安全事务的职位；人事机构是根据管理机构设定的岗位，对在职、待职和离职的雇员进行素质教育、业绩考核和安全监管的机构。

3. 管理层面

管理通常认为由法律管理、制度管理和培训管理三个部分组成：① 法律管理是根据相关的国家法律、法规对信息系统主体及其与外界关联行为的规范和约束；② 制度管理是信息系统内部依据系统必要的国家、团体的安全需求制定的一系列内部规章制度；③ 培训管理是确保信息系统安全的前提。

4.4.2 云计算安全

1. 云计算安全架构

随着云计算的蓬勃发展，越来越多的企业和个人将他们的存储和计算需求付诸于云端，云计算的安全问题随之变得愈加重要。近年来，云计算安全相关的研究成果主要集中于数据安全、身份认证、访问控制策略，以及可信计算技术相结合的内容，而且普遍认为可信计算与云计算结合，建立"可信云计算"是未来重要方向。图 4.11 所示为云计算安全架构。该框架分成四个层次，最下层是云基础设施层，其上是安全云操作系统、安全服务接口和安全应用程序。该安全框架的核心为安全云操作系统的两个服务层，其中安全基础核心服务包括云认证与授权、云访问控制、云安全隔离与加固、云安全存储、云恶意代码防范、云安全管理等；安全应用支撑服务包括网络安全传输、用户权限管理、数据备份恢复、数据存储加密、可信软件服务组件等。

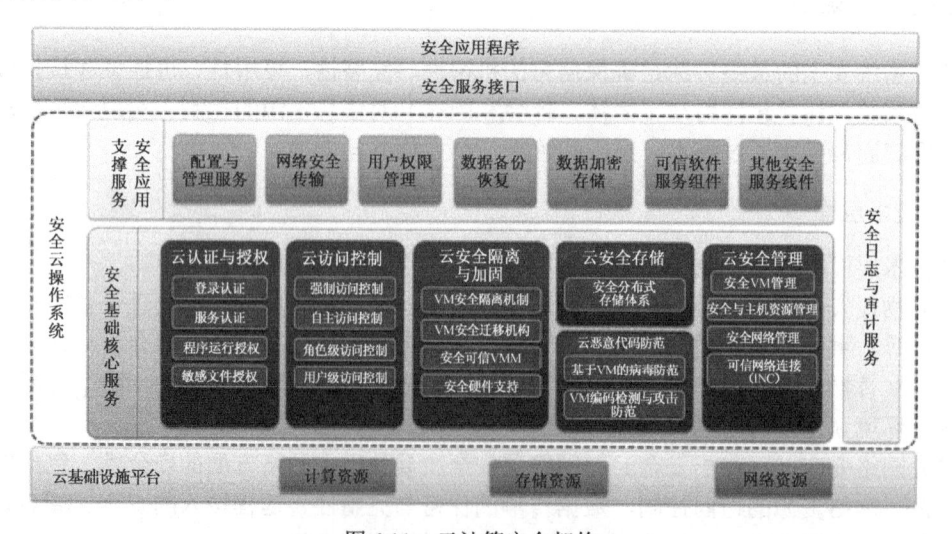

图 4.11 云计算安全架构

2. 数据安全方法

在云计算中，用户将数据存储在云端，因而不再拥有对自己数据的完全控制能力，要求云服务商（Cloud Service Provider，CSP）提供有效的安全保障，使其能够信任新环境下的数据一致性及完整性，并采用冗余存储的方式保证数据的可恢复性。

1）数据安全新问题和新方法

数据存储在云中是以分布式文件系统的形式存在的。针对分布式文件系统纠删码的研究，有学者认为，用户预先通过计算数据块的验证令牌，服务器在接收到用户验证后，生成指定块的"签名"并返回给用户。用户通过比较这些签名与预计算的令牌来判断数据正确性，用户端和服务器端使用的通用散列函数具有同态保持的属性，这种方法实现了存储数据正确性和数据错误定位的功能，并支持安全高效的数据的更新、添加和删除等块动态操作。

2）身份认证及访问控制策略

云中的数据存储和使用方式多种多样，其中有一部分具有"拥有者写使用者读"的特性。针对这种类型的数据存储和访问机制，有学者提出了一种访问控制方法，即使用不同的对称密钥加密每一个数据块，采用密钥导出方法以减少数据拥有者和终端用户需要维护的数量。密钥导出的基本思想是通过一个层次型结构生成数据块加密密钥，层次中的每个密钥能够通过结合其父节点和一些公有信息使用单向函数导出，这种结构类似于 Merkle hash 树。

3）虚拟机安全和自动化管理

云是一个存储资源和计算资源开放共享的环境，云服务通常通过给用户提供数字身份标识用户，同一用户不同服务需要管理不同的加密和签名信息。在由多个公有和私有云组成的混合云中，用户身份及对应的密钥难以管理，而基于身份的加密和签名系统（Identity-Based Cryptograph，IBC——基于标识的密码）恰能弥补这种不便。IBC 中使用用户身份相关信息作为公钥，而用户的私钥由一个公开可信的 PKG（Private Key Generator）结合用户身份来生成并安全传输给用户。然而，这会导致密钥集中于 PKG 的管理问题，并且系统的可扩展性也不高。针对这个问题，有学者提出联邦身份管理机制，即所有云之上有一个权威 PKG，每个子域云（公有云或私有云）也有自己的 PKG，子域中的用户和服务器由本域的 PKG 管理身份密钥，而权威 PKG 负责给子域云分配 ID，从而形成三层 HIBC（Identity-Based Cryptograph），如图 4.12 所示。这种结构简化了云中密钥分配及相互认证，并且缓解了 PKG 的密钥托管问题，只有本地 PKG 知道用户密钥。

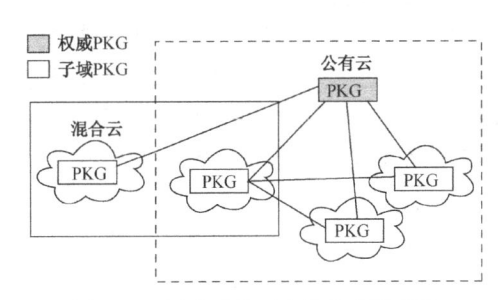

图 4.12 层次型基于身份的密码系统

4）新的安全问题

云计算本质是一个分布式的系统，因此各个节点（包括各个服务）之间的访问控制策略的互理解能力也成为云计算安全领域中的一个重要问题，Web 服务中的 WS-Security 等规范和语义 Web 技术为异质的语义互操作提供解决方案，有学者提出了一个新的语义访问控制策略语言（Semantic Access Control Policy Language，SACPL），以面向访问控制的本体系统

(Access Control Oriented Ontology System，ACOOS）作为 SACPL 的语义基础，能够有效解决分布式访问控制策略之间的互操作问题，扩展了语义 web 在安全领域研究范围，从而提供了云服务之间认证的一个语言描述环境。

在访问控制策略方面，有学者采用基于数据属性来定义和增强访问控制策略，其理论基础包含基于属性加密的密钥策略（Key-Policy Attribute-Based Encryption，KP-ABE），代理重加密（Proxy Re-encryption，PRE）和惰性重加密（Lazy Re-encryption，LRE）三个方面。KP-ABE 是一个利用了双线性映射和离散对数问题的一对多的公钥加密通信机制，允许单个数据拥有者与多个数据使用者进行安全数据分发；而 PRE 是一种加密机制，其中的半信任代理能够将 Alice 公钥加密的密文转换为另外一份密文，使得在不查看原始明文的基础上，密文能够被 Bob 的私钥解密，如图 4.13 所示。另外，还有学者采用一个属性集与每个数据文件关联，给每个用户指定一个定义在这些属性集上的访问结构。用 KP-ABE 来管理数据拥有者与数据使用者之间的信息交换密钥，但这会导致数据拥有者异常繁重的计算任务。尤其是在移除用户时，数据拥有者必须自己计算更新所有与移除用户关联的文件的密钥。因此结合 PRE，将繁重的密钥计算任务委托给云服务器，而不需要向云服务器揭示底层的文件内容，该结构降低了用户端的计算负载，保证了数据的安全。为了进一步降低云服务器的计算压力，利用了 LRE，允许云服务器积累多个系统操作的计算任务进行批量计算。云服务器的计算复杂度与系统属性个数成正比，且与用户访问结构树的大小成线性关系，与云系统中的用户个数无关，从而获得可扩展性，也防止用户隐私信息在云服务器端泄漏。这种访问控制方法在实现细粒度访问控制的基础上，同时保证了可扩展性、数据安全和用户隐私。

图 4.13　PRE 基础结构

4.4.3　云数据隐私保护

云计算环境中，一个最重要的特征就是用户数据不再存放于本地，而是存放到云端，其中的敏感数据会带来隐私保护问题。虽然很多云安全指南建议人们不要将敏感数据放到云端，然而这并不是长久的解决之道，而且会抵消云计算带来的好处，阻碍云计算的进一步发展。因此，采用何种方法保护用户隐私，成为当今研究的一个热点。从应用设计的角度考虑隐私相关的设计原则，即认为在云计算软件开发的各个周期都应当考虑隐私保护问题。

大多数云计算中的隐私管理强调云服务器的作用，主要利用云端的管理组件实现隐私管理。针对这个问题，有学者提出了一种基于用户的隐私管理器，通过一种用户为中心的信任模型，在服务提供商能够协作的假设下，帮助用户控制他们的敏感信息，并以此使用混淆，在即使没有服务商的协同工作，甚至服务商是恶意的情况下来保护数据隐私。另外，还一些学者提出一个在云计算环境下的隐私管理器，即用户私有数据以加密形式通过隐私管理器提供给云。基于一个用户和隐私管理器共有的密钥，隐私管理器对数据进行混淆和解混（De-obfuscation），以便在云端隐藏数据真实内容，在客户端给用户显示真实结果，并且隐私管理器充分利用了 TPM 来保护混淆密钥，进一步增强了隐私保护特性。上述两个隐私管理器都应用了混淆的技术。混淆是用户对私密数据 x 进行某些函数 f 求值 $f'(x)$，并将 $f'(x)$ 上传至服务器。服务提供商在不知晓 x 的情况下，针对某项云服务，对 $f(x)$ 求 $f'(x)$，并将 $f'(x)$ 作为服务结果返回给用户，用户再进行进一步的处理，但是混淆的过程通常在用户端完成，这就要求用户有一定的计算能力，在频繁进行计算的时候会造成计算瓶颈；另外，尽管存在某些特定的运算可以在不需要揭示实际数据的情况下得到一致的结果，但仍有大量运算在没有明确输入的情况下得不到正确的结果。

针对隐私保护，有学者提出了一种隐私保护的关键字查询方法，即采用一种带有关键字查询的公钥加密方法（Public Encryption Key，PEKS）：在 Bob 与 Alice 传递邮件的场景中，利用 Alice 提供的一个陷门（trapdoor），使得第三方代理在不知道邮件内容的情况下测试某个单词是否包含在 Bob 发给 Alice 的邮件中．该方法允许服务提供商部分参与内容解密并进行相关内容的查询，但不能由此得到全部明文，这可以在隐私保持的条件下减少用户端信息处理（加密/解密）的压力。

加密数据的隐私保护查询还有一种特定应用环境，客户搜索云服务器的信息，而不希望服务器知道他的 ID 或查询的内容。当然，从云服务本身来说，也不希望这种查询获知与查询无关的其他信息，这种特定的应用可以看作是一种强隐私保护场景。例如，为了调查取证，警察查询某个人的银行账户的特定信息，这种特定应用可以称之为安全匿名查询（Secure Anonymous Database Search，SADS）。这种特定情况与前述隐私保持的区别在于，数据查询者的 ID 也需要对服务器保密，而且数据拥有者还必须阻止数据的非法使用。一些学者针对这种情况提出了一种解决方案，即协议有两个查询路由器（Query Router，QR）和索引服务器（Index Server，IS）中间代理实体，其中，IS 存储了数据拥有者构建的加密查询结构，并且在不知道查询内容和任何底层数据库的条件下执行提交的查询；而 QR 连接查询者和 IS，且不会将任何查询者的 ID 暴露给其他实体。为了保护查询者 ID 不被服务器探知，还定义了一种可重寻路加密（Re-routable Encryption）协议，这种机制类似于代理加密和通用重加密（Universal Re-encryption），即允许一个不可信代理转换 A 加密的密文，使之能被 B 所使用，且代理不会知道任何关于明文及 A/B 的密钥的信息。

4.4.4 可信云计算

随着云计算进一步的发展和壮大，各种安全问题逐渐被认识和发现，各种解决方案也陆续被提出。然而，在复杂的计算机系统中单纯使用软件的方法难以解决所有的问题，一种可以尝试的方向就是利用硬件芯片和可信计算的支持，在云的环境中建立可信计算基（Trusted Computing Base，TCB）保护用户、基础设施提供商、服务提供商的秘密，进行完整性度量以及执行云计算参与各方的身份证明和软件可信性证明，也即构造基于可信基的可信云计算（Trusted Cloud Computing）。在云计算的多租户计算环境中，实现租户隔离，保护平台提供者不受恶意租户的攻击，结合可信计算和虚拟化技术来加强计算平台的安全，使得云服务商能够在公共云计算平台中提供虚拟私有云计算服务（Virtual Private Cloud，VPC）。虚拟私有云的实现需要对云服务提供者的内存储器和 CPU 寄存器作一种非加密方式的保护，使得租客的代码和数据在云服务提供者的内存和 CPU 寄存器中以明文形式被处理时仍然得到私密性及完整性的保护，避免被其他租客或攻击者窃取。项目提供的 VPC 计算服务为云用户提供应用程序级别的安全隔离，并保证用户代码和数据的私密性和完整性，是从真正意义上降低了云计算的安全风险。

在虚拟机管理平台 Xen 中，利用 TCB 的安全增强措施，描述了这种方法如何被用于实现"可信虚拟化"及提高虚拟可信赖平台模块（Trusted Platform Module，TPM）实现的安全性。目前 Xen 的 TCB 除了虚拟机监控器（Virtual Machine Monitor，VMM）外，还包含一个完整的 OS（Dom0）和一个用户空间工具集合，这使得 TCB 异常笨重，并且用户空间工具集的存在也使得硬件管理员能配置任意特权代码到 TCB 中，带来不安全因素。文中把新的 VM（Virtual Manufacturing）创建功能转移到一个小的运行于 Dom0 之外的可信 VM，这样做有两个主要目标：基本目标是减小和界定基于 Xen 的系统的 TCB，尤其是将 Dom0 用户空间从 TCB 中移除，从而提高安全性；另一个目标是如果假设 TCB 安全的话，那么新创建的 VM 保持了与物理机器一样的安全和完整属性。

4.5 物联网技术

4.5.1 物联网概念

物联网（Internet of Things，IOT）最早是在 1999 年由麻省理工学院（Massachusetts Institute of Technology，MIT）Auto-ID 中心的 Ashton 教授在研究 RFID 时最早提出来的。2005 年 11 月 17 日，在突尼斯举行的信息社会世界峰会（World Summit of Information Society，WSIS）上，国际电信联盟（International Telecommunication Union，ITU）发布《ITU 互联网报告 2005：物联网》，引用了"物联网"的概念。2008 年后，为了促进科技发展，寻找经济新的增长点，各国政府开始重视下一代的技术规划，将目光放在了物联网上，很多国家陆续制定了物联网发展战略规划。物联网项目目前的规模还很小，没有实现信息的开放和共享。在市场方面，物联网的应用项目还都很局限，商业化、产业化的物联网应用需要市场的推动，但是物联网应用 4 大关键领域是：① RFID 领域；② 传感网领域；③ M2M（Machine to Machine）领域；④ 两化融合领域（工业化与信息化），如图 4.14 所示。目前，物联网应用主要分为基于 RFID、基于 WSN 以及基于 M2M 等三类物联网应用模式。

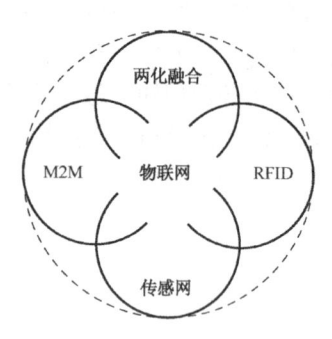

图 4.14 物联网 4 大关键领域

物联网就是通过各种感知设备、传感器网、互联网以及 M2M 网络，连接物体与物体的，全自动、智能化采集、传输与处理信息的，实现随时随地和科学管理的一种新型网络。物联网主要解决物品到物品（Thing to Thing，T2T），人到物品（Human to Thing，H2T），人到人（Human to Human，H2H）之间的互连。其中，H2T 是指人利用通用装置与物品之间的连接，H2H 是指人之间不依赖于个人电脑而进行的互连。物联网具有与互联网类同的资源寻址需求，以确保其中联网物品的相关信息能够被高效、准确和安全的寻址、定位以及查询，其用户端是对互联网的延伸和扩展，即任何物品和物品之间可以通过物联网进行信息交换和通信。物联网的本质特征就是网络化、物联化、互联化、自动化、感知化、智能化等。

（1）网络化：是物联网的基础。无论是 T2T、H2T 和 H2H 专网，还是无线、有线传输信息，感知物体，都必须形成网络状态；不管是什么形态的网络，最终都必须与互联网相联接，这样才能形成真正意义上的物联网（泛在性的）。目前的所谓物联网，从网络形态来看，多数是专网、局域网，只能算是物联网的雏形。

（2）物联化：人物相联、物物相联是物联网的基本要求之一。电脑和电脑连接成互联网，可以帮助人与人之间交流。而物联网，就是在物体上安装传感器、植入微型感应芯片，然后借助无线或有线网络，让人们和物体"对话"，让物体和物体之间进行"交流"。可以说，互联网完成了人与人的远程交流，而物联网则完成人与物、物与物的即时交流，进而实现由虚拟网络世界向现实世界的联接映射。

（3）互联化：物联网是一个多种网络、接入、应用技术的集成，也是一个让人与自然界、人与物、物与物进行交流的平台，因此在一定的协议关系下，实行多种网络融合、分布式与协同式并存是物联网的显著特征。与互联网相比，物联网具有很强的开放性，具备随时接纳新器件、提供新服务的自组织、自适应能力。

（4）自动化：物联网是典型的自动化特征，通过数字传感设备自动采集数据；根据事先设定的运算逻辑，利用软件自动处理采集到的信息，通常不需人为的干预；按照设定的逻辑条件，如时间、地点、压力、温度、湿度、光照等，可以在系统的各个设备之间，自动地进行数据交换或通信；对物体的监控和管理实现自动的指令执行。

（5）感知化：物联网离不开传感设备。RFID、红外感应器、全球定位系统、激光扫描器等信息传感设备，就像视觉、听觉和嗅觉器官对于人的重要性一样，它们是物联网不可或缺的关键元器件。

（6）智能化：所谓"智能"是指个体对客观事物进行合理分析、判断及有目地行动和有效地处理周围环境事宜的综合能力。物联网的产生是微处理技术、传感器技术、计算机网络技术、无线通信技术不断发展融合的结果，从其"自动化"、"感知化"的要求来看，它已能代表人、代替人"对客观事物进行合理分析、判断及有目地行动和有效地处理周围环境事宜"，智能化是其综合能力的表现。

与此同时，物联网的精髓不仅是对物实现联接和操控，它通过技术手段的扩张，赋于网络新的含义，实现人与物、物与物之间的相融与互动，甚至是交流与沟通。作为互联网的扩展，物联网具备互联网的特性，但也具有互联网当前所不具有的特征。物联网不仅能够实现由人找物，而且能够实现以物找人，并对人的规范性回复进行识别。

物联网的关键不在"物"，而在"网"。实际上，早在物联网这个概念被正式提出之前，网络就已经将触角伸到了"物"的层面，如交通警察通过摄像头对车辆进行监控，通过雷达对行驶中的车辆进行车速的测量等。然而，这些都是互联网范畴之内的一些具体应用。此外，还有人们在多年前就已经实现了对物的局域性联网处理，如自动化生产线等。物联网实际上指的是在网络的范围之内，可以实现人对人、人对物以及物对物的互联互通，在方式上可以是点对点，也可以是点对面或面对点，它们经由互联网、通过适当的平台，可以获取相应的信息或指令，或者是传递出相应的信息或指令。比如通过搜索引擎来获取信息或指令，当某一数字化的物体需要补充电能时，它可以通过网络搜索到自己的供应商，并发出需求信号，当收到供应商的回应时，能够从中寻找到一个优选方案来满足自我需求。而这个供应商，既可以由人控制，也可以由物控制。这样的情形类似于人们现在利用搜索引擎进行查询，得到结果后再进行处理一样。具备了数据处理能力的传感器，可以根据当前的状况做出判断，从而发出供给或需求信号，而在网络上对这些信号的处理，成为物联网的关键所在。仅仅将物联接到网络，还远远没有发挥出它最大的威力。网的意义不仅是联接，更重要的是交互，以及通过互动演生出来的种种可利用的特性。

物联网结构层次架构如图4.15所示，主要分为感知层，网络层以及应用层。物联网是"万物沟通"的、具有全面感知、可靠传送、智能处理特征的连接物理世界的网络，实现了任何时间、任何地点及任何物体的连结。可以帮助实现人类社会与物理世界的有机结合，使人类可以以更加精细和动态的方式管理生产和生活，从而提高整个社会的信息化能力。物联网的核心技术包括传感与 RFID 融合技术、识别与环境感知技术、物联网节点及网关技术、物联网通信与频管技术、物联网接入与组网技术、物联网软件与算法、物联网交互与控制以及物联网计算与服务。

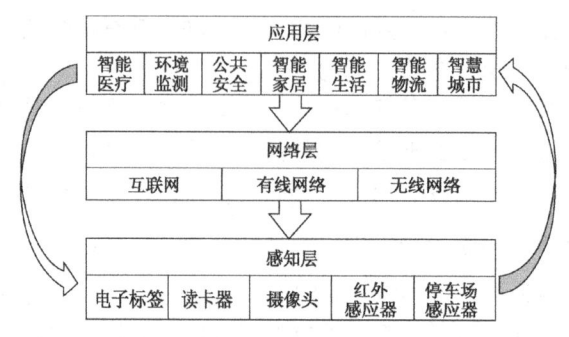

图 4.15 物联网结构层次架构

4.5.2 物联网技术

智慧城市的基本特征体现在更透彻的感知、更全面的互联互通、更深入的智能化，如图 4.16 所示。通常认为建设智慧城市需要三个步骤：① 各种创新的感知科技开始被嵌入到各种物体和设施中，从而令物质世界被极大程度地数字化；② 随着网络的高度发达，人、数据和各种事物都将以不的同方式连人网络；③ 先进的技术和超级计算机可以对这些海量数据进行整理、加工和分析，将数据转化成可用的信息，并帮助人们做出正确的行动决策。具体实现方法就是将感知传感器嵌入和装备到各种智慧化的监测和控制系统中去，形成物联网，实现物联网与互联网的互联互通。物联网在智慧城市中体现在智慧政府、智慧城管、智慧安全、智慧交通、智慧电力、智慧卫生医疗、智慧教育、智慧物流、智慧建筑、智慧社区以及智慧家庭等方面。

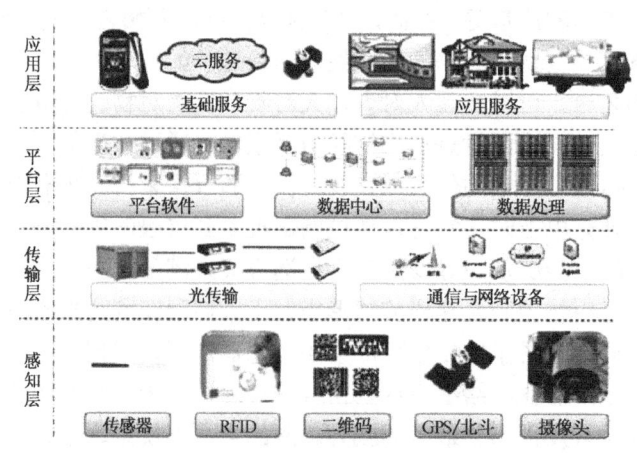

图 4.16 物联网在智慧城市中的应用

物联网作为一个庞大、复杂的综合信息系统其技术应用防及多个技术领域，其中感知互动、网络融合和应用服务等相关技术是物联网技术应用的关键技术和应用重点。信息传输是实现物联网应用和管理的重要基础，物联网的实质就是网络的融合和互联互通。物联网实际上就是互联网、通信网、传感网、控制网、泛在网的融合和信息的互联互通与数据共享交换。

（1）物联网与互联网。首先应明确的是物联网不是互联网。物联网是物与物互联的网络，它传输的信号具有实时、在线、连续及动态的特点，和互联网传输的分时信息完全不同，同时物联网还可对每一个感知对象实现可寻址、可通信、可控制三大特征。从某种意义上来讲互联网是虚拟的，而物联网是现实的，实现互联网与物联网的互联互通和网络融合，就可实现虚拟和现实的结合。物联网更像是互联网的延伸和扩展。

（2）物联网与通信网。通信网是实现物联网实时信息和数据传输的重要手段。通信网包括：3G、Wi-Fi、M2M、蓝牙、IEEE 802.16.4、IEEE 802.11、TD-SCDMA（Time Division-Synchronous CodeDivision Multiple Access，时分同步码分多址）、WCDMA（Wideband Code Division Multiple Access，宽带码分多址）和 LTE（Long Term Evolution，长期演进）。实现物联网与通信网的无缝互联，可以使得物联网信息无所不在，无所不能。

（3）物联网与传感网。实际上传感网是物联网的基础，传感网传输信号的特征和物联网基本上是一致的，具有实时、在线、连续、动态等特点。物联网强调网络的互联互通和网络融合。

（4）物联网与控制网。控制网的概念是监测传感器、控制执行器、管理网络操作系统和提供网络数据全面接入的装置的集合。控制网不但具有传输检测元件所采集的实时、在线、连续、动态的信息和数据，同时具有传输实时控制和互操作指令的能力。通常控制网应用于工业自动化和军事领域的武器群控系统等物联网与控制网的互联互通和网络融合可以将物联网应用推广到工业自动化和军事应用领域，使得物联网技术应用更完善，更具有现实意义。

（5）物联网与泛在网。泛在网实质上是一个大通信的概念，它不是一个全新的网络技术，而是在现有技术基础上的应用创新，是不断融合新的网络，不断向泛在网络注入新的业务和应用，直至"无所不在、无所不包、无所不能"。从网络技术层面上来讲，泛在网是物联网、互联网、通信网、传感网以及控制网的高度融合的目标，它将实现多网络、多行业、多应用、异构多技术的融合和协同。泛在网将实现人与人、人与物、物与物通信，涵盖传感器网络、物联网和已经发展中的电信网、无线网、移动互联网等。

当前，物联网应用方面，美、日、韩、中以及欧盟等国家和地区都正投入巨资深入研究探索物联网，并启动了以物联网为基础的"智慧地球"、"U-Japan"、"U-Korea"、"感知中国"等国家或区域战略规划。由于其建立在现有的微电子技术、计算机网络与信息系统处理技术、识别技术等成熟而完整的产业链基础之上，许多概念正通过研究而实现，进入试验阶段。与历次信息化浪潮革命不同，我国在物联网领域几乎与美国等国家同时起步。2009年8月7日，时任国务院总理温家宝在视察中科院嘉兴无线传感网工程中心无锡研发分中心时便提出"在传感网发展中，要早一点谋划未来，早一点攻破核心技术"，并且明确要求尽快建立中国的传感信息中心，或者叫"感知中国"中心。物联网的发展从早期以 RFID 为核心逐步延伸手口扩展开来，并正在逐步融合传感器网络、M2M（Machine-to-Machine）、CPS（Cyber Physical System），泛在计算等诸多技术领域。从发展阶段上看，物联网的发展可以大致分为探索培育阶段（2005—2010）、规模成长阶段（2011—2015）和成熟应用阶段（2016—2020）三个阶段。

讨论与思考题

（1）智慧城市的支撑技术有哪些？
（2）如何理解智慧城市的云计算的核心技术结构？
（3）试简述物联网技术在智慧城市中的作用。
（4）简述 GIS 可视化技术特征。
（5）试述如何正确和使用智慧城市的大数据。
（6）简述信息安全体系结构的特点。
（7）如何理解可信云计算？

第 5 章　智慧城市规划设计

5.1　概述

智慧城市规划是根据智慧城市发展趋势、愿景和发展目标，在综合区域基础条件、产业发展、资源供给和内外部环境等基础上，结合城市发展规律和先进经验，运用科学的规划理论和绩效模型，制定完整的智慧城市建设方案的过程。

5.1.1　智慧城市顶层规划

规划通常是指关于一个项目或组织的发展方向、环境条件、中长期目标、重大政策与实施策略等方面的策划、筹划和计划的综合。任何规划都在动态中形成和发展，具有在不同规划实施期间因环境和政策的变化而进行及时调整的可能。智慧城市建设的顶层规划已经摆脱了传统的迟缓与分散的规划方式，采用自上而下、顶层规划与业务专项及底层应用相结合的规划模式。智慧城市顶层设计原则如图 5.1 所示，智慧城市顶层设计应该遵循：① 以体制机制为保障，营造和谐发展氛围；② 以云平台为统领，牵引分布式智慧应用；③ 以基础设施为依托，打造智慧城市根基；④ 以先进技术为支撑，实现数据穿透和挖掘；⑤ 以体制机制为保障，营造和谐发展氛围。

新时期的智慧城市发展呈现出新特征：一方面，大数据、云计算、物联网应运而生；另一方面，人们对信息消费

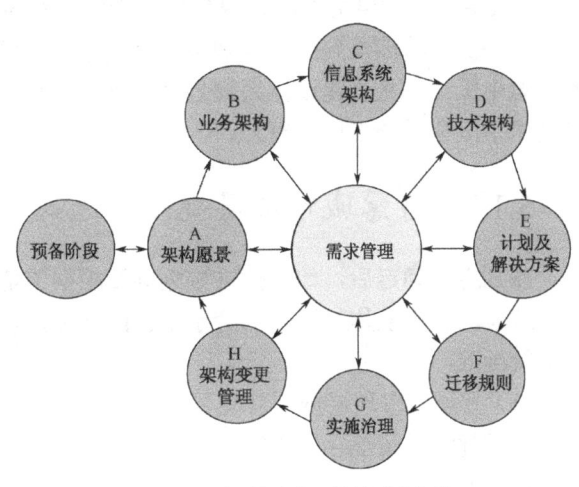

图 5.1　智慧城市顶层规划步骤

的需求与日俱增，而又有很强的隐私保护意识。做好顶层规划，在充分有效利用新技术的同时，做到基础设施共享、资源高效利用和方便人们生活。智慧城市顶层规划是将建设目的、实施目标、知识体系、建设体系、实施计划、组织结构、技术应用以及实现成果等所需的信息要素集成为"顶层规划方案"，是智慧城市纲领性和路线性的建设宗旨、目标和实施战略。

传统城市规划主要是在城市发展方向、空间布局、基础设施等方面开展工作，而智慧城市规划则是根据城市发展演进的趋势，充分利用新一代信息技术，使未来城市在信息基础设施、公共管理服务、产业发展及环境建设等方面统筹资源，提高城市的综合竞争力和人们生活在其中的幸福指数。总体而言，智慧城市的顶层规划需要考虑如下几点：① 保证规划与城市管理和公共服务的内容总体战略上的一致性；② 智慧城市建设的总体框架结构和业务应用系统平台，保证实现其所应有的功能；③ 拟定实施计划的优先顺序和资源的合理分配，避免

出现业务系统的重叠与竞争;④ 应用系统工程的理论和方法,分期、分区域、分行业制定实现的实施策略、方法和步骤。

作为整个智慧城市系统工程的首要阶段,顶层规划的质量和水平直接影响智慧城市建设成败。其中,以城市级的信息互联互通及数据共享在为切入点和规划的重点内容,从主体架构、主系统、从系统逻辑关系等角度制定完善的推进策略,明确智慧城市的愿景、战略定位、发展思路、目标和主要任务等。

5.1.2 智慧城市规划内容

智慧城市建设使原来的物理空间通过数字化、智能化,不断提高虚拟空间的地位,进而通过虚拟空间与物理空间的互动融合,充分优化城市空间布局,使已有空间呈现出更加开放、可控、融合的局面,成为更具开发价值的新世界。

智慧城市的规划包括宏观和微观两个方面。宏观层面即是对"天"、"地"、"人"的最优组合。其中,"天"包括环境和网络空间;"地"包括物理世界和各种资源与信息技术的结合;"人"包括生活和工作环境的优化,创造力培养和竞争力提升。微观层面,即是对智慧基础设施、智慧治理、智慧民生、智慧产业、智慧人群和智慧环境等六部分内容做全面规划。

智慧城市顶层规划内容主要包括智慧城市知识体系研究和智慧城市建设体系规划两个部分,其中前者主要用于确定智慧城市所应达到的性能指标,信息的属性种类和涵盖的范围,管理服务的范畴涉及到的标准规范,以利于各个城市间的交互,从而形成一个完整的无壁垒的智慧中国。在从事建设体系规划时,则着重从功能、基础设施和保障三个方面入手,辅之以技术手段和系统工程的概念。

5.1.3 智慧城市顶层规划推进策略

规划内容确定后,如何推进规划则要根据国情和城市情况实施。作为智慧城市的建设主体,政府应着重从体制机制上给予足够的保障,以业务要求为出发点并用绩效作为智慧城市的检验标准。

(1)智慧城市顶层规划首先要有体制机制的保障,包括完善的管理体制,对城市人、财、物、事进行统筹管理,以决策、协调、管理和执行四类机构协同工作,保障顶层规划的全局性和权威性。

(2)在智慧城市中,政府提供的各类业务需要重新梳理,以适应城市管理、经济发展、社会民生和公共服务的变化,这必然要求具体部门职能局限要打破,建立可共享城市基础设施和信息资源的新型业务体系,减少重复投资,优化服务内容和流程。

(3)智慧城市的目标是围绕公众,以企业等对象为服务用户,从收益、范围和质量等多个方面进行改善,实现服务的及时性、可访问性等特点。为此,要建立一套有效的绩效评估标准体系,对智慧城市建设的成果进行评估,如信息化基础、组织提升、公共效益和公众满意等。

除上述三点以外,在推进智慧城市顶层规划的过程中,还应重点考虑信息资源的共享和复用相关的内容,以及用于实现顶层规划的技术手段。

5.2 智慧城市系统功能体系规划

智慧城市的"智慧"特点使其应具备的功能变得十分复杂,不同的专家、不同的人群对于其说法也不统一;但就实现层面来讲,建设规划的重点还是围绕"人"做文章,即通过改善政府公共服务提高效率,通过综合统筹管理、节约资源、保障安全以及社会信息化,改善人们生活质量。

5.2.1 政府公共服务功能

政府公共服务将管理和服务通过网络技术进行集成,通过对政府需要的和拥有的信息资源的开发和管理,提高政府的工作效率、决策质量、调控能力,从而改进政府的组织结构、业务流程和工作方式,向社会公众提供高质、高效的管理和服务。

(1)改善公共服务。以公民和企业为对象、以互联网为基础、中央与地方相配合及多种技术手段相结合,推动智慧政府公共服务延伸到街道、社区和乡村,增加服务内容,扩大服务范围,提高服务质量,建设服务型政府,其公共服务型政府的内涵如图 5.2 所示。

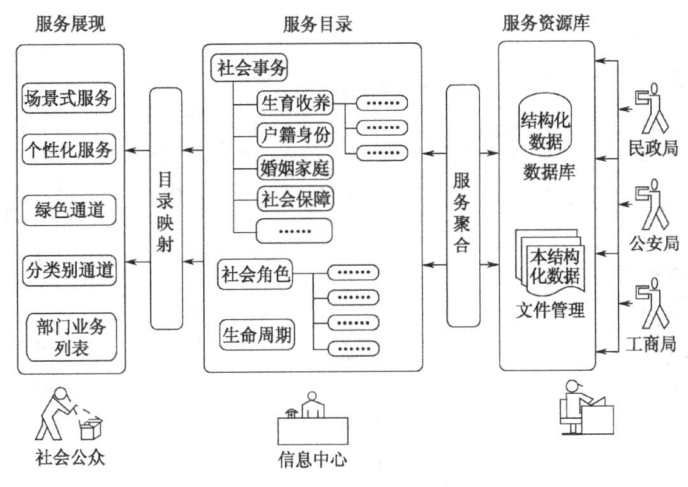

图 5.2 公共服务型政府的内涵

(2)转变政府职能。各级政务部门利用信息技术,扩大信息公开,促进信息资源共享,推进政务协同,提高行政效率,在改善公共服务的同时,有效推动政府职能转变。

(3)强化综合监管。围绕财政、金融、税收、工商、海关、国资监管、质检及食品药品安全等关键业务,统筹规划,分类指导,有序推进相关业务系统之间、中央与地方之间的信息共享,促进部门间业务协同,提高监管能力,并建设企业、个人征信系统,规范和维护市场秩序。

5.2.2 城市综合管理功能

智慧城市综合管理核心体现在城市和社会的整合监控与管理能力上。通过整合城市管理要素和资源,形成全面覆盖、高效灵敏的城市及社会监控与管理体系和信息网络,以增强社会综合治理能力。其中，采用政府和社会协同共建的模式，完善城市和社会"常态"和"非常态"下的预警和应对突发事件的网络运行机制，增强对各种突发性事件的监控、决策和应急处置与指挥的能力，保障国家安全、公共安全，维护社会稳定。

以城市应急指挥为例，在智慧城市的功能规划中已成为衡量其水平的重要标志，在重大灾害面前，各级各部门以及社会公众的协调能力也成为衡量政府为民服务的重要参数。智慧城市应急指挥实现的功能主要包括：突发事件报警与分级管理功能、突发事件显示及通知功能、应急处理视频会议功能、应急处理辅助决策功能、应急预案管理功能、应急通信及指挥功能、灾害预测及灾情评估功能以及应急信息发布功能等八类，通过预案管理系统、应急资源管理系统、应急值班与指挥管理系统具体实现。其中，应急预案是针对可能的重大事故或灾害，为保证迅速、有序、有效地开展应急救援行动，尽可能地降低事故导致的人员伤亡、财产损失和环境破坏，在事故后果和应急能力分析的基础上，预先制定的有关计划或方案。应急资源管理系统就是要动态维护应急资源信息（帐篷、清洁水、食品、药品、装备等），以便在发生突发共公事件时，能够迅速调集应急救灾物资，调度应急抢险队伍，使损失降低到最低限度。应急值班与指挥管理系统就是构建支持多种业务的、可靠的、图型化、综合指挥管理平台，帮助指挥人员根据事件的类型、规模选择最适合的部门进行处理和协调，实现处置命令迅速畅通、传递及时准确无误，并能实时监控部门的实时工作状态。城市应急指挥解决方案架构如图 5.3 所示。

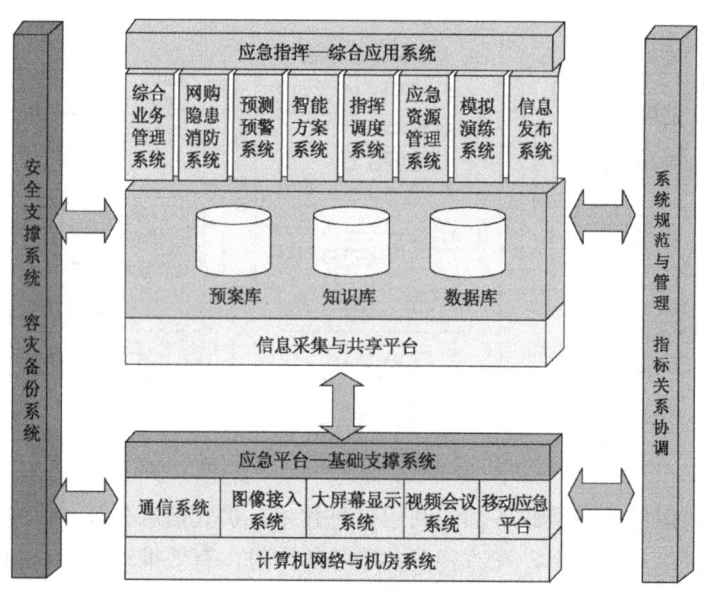

图 5.3　城市应急指挥解决方案

5.2.3　社会民生服务功能

社会民生服务是指人们的社会生活信息化及其为提高人们的社会生活品质和水平的社会服务。社会生活信息化涵盖经济生活、政治生活、文化生活及社交生活的信息化等领域，如教育科研信息化、医疗卫生信息化、就业和社会保障信息化等。

智慧城市市民卡在城市现代服务业、社会医疗保障体系、城市公共交通及电子金融等服务领域有广泛的应用，是社会信息化的重要载体，促进智慧城市社会信息应用和技术改造、提升，促进传统服务业的转型，大力促进电子商务，降低物流成本和交易成本，推进城市智慧化进程，为市民日常生活带来全新体验。通过新建、改造、整合各类与市民办理个人社会事务相关的政府部门信息系统，突破传统城市管理模式，建设智慧城市管理新模式，提升城市生活品质，改善城市发展环境，实现城乡管理一体化。

在社会民生服务领域，与人们接触最直接和最多的是建筑，智慧建筑是构成智慧城市的智能细胞。智慧建筑以建筑物为平台，兼备信息集成系统、信息应用系统、建筑设备管理系统、综合安防管理系统等，集结构、系统、服务、管理及其优化组合为一体，相比传统建筑，它更是一个时代发展水平的重要体现，向使用者和管理者提供安全、舒适、高效、便捷、节能、环保及健康的建筑环境。智慧建筑解决方案与传统"智能楼宇"的区别：一方面体现在与外部信息的紧密结合，例如，与社区、高科技园区、与城市指挥中心、应急中心等外部系统的联动；另一方面体现在信息的自动采集与控制上，传统智能楼宇是安装了各自独立的自动控制系统，智慧建筑将会与内部各自控系统全面集成，充分利用物联网技术，为楼宇部件安装了视觉、触觉、嗅觉、温度感知、湿度感知、流量感知、能耗感知等"神经末梢系统"，获取的信息都会实时传递至楼宇的"大脑"，即楼宇总控中心，便于对各种情况进行分析和决策。

智慧社区是智慧城市信息化的基本节点，是一级基层政府行政管理机构，包括街道办事处、居民委员会、住宅小区（居住区）等。智慧社区公共服务与管理功能主要包括：社区综合信息集成平台、社区物业及设施管理、社区便民利民服务、社区文化教育、社区综合治安监控、社区环境卫生、社区医疗及社会保障、社区福利与救助、社区流动人口管理、社区计划生育管理、社区老龄人口管理以及社区就业与培训等，并实现对公共建筑物和住宅小区的物业、设施、安全、商务、节能、生态及环保等一系列应用系统进行数字网络化的监控、管理、服务的信息集成功能。智慧社区功能架构如图5.4所示。

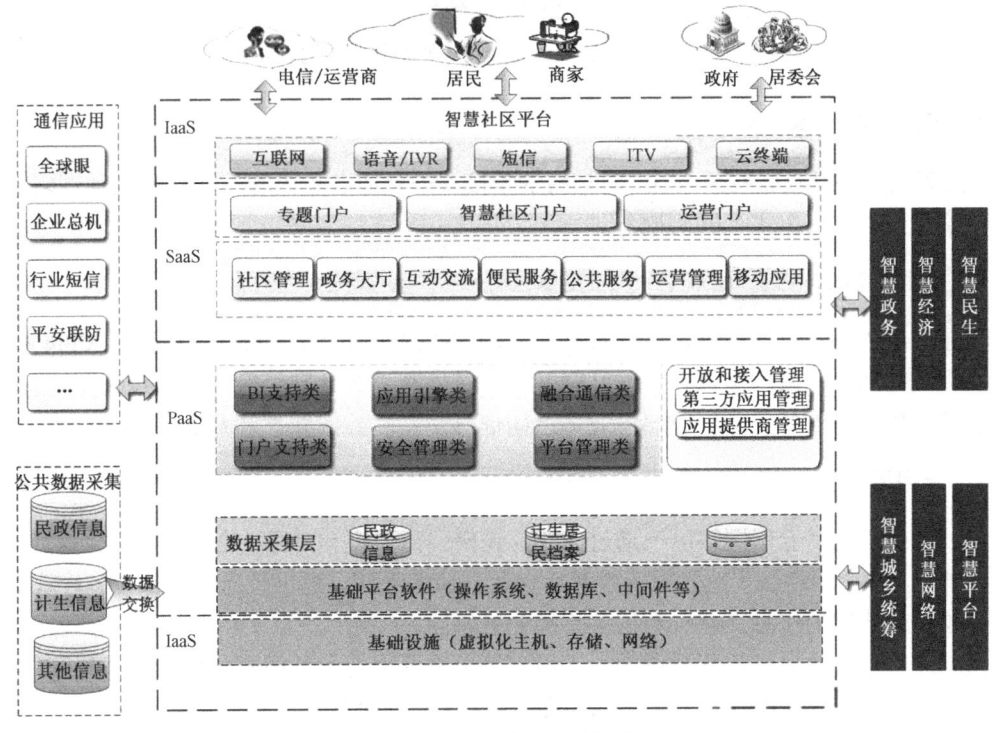

图5.4 智慧社区功能架构

5.3 基础设施体系规划

传统城市的基础设施重点内容是交通路网，以及围绕路网延伸出的水网、气网、电网等网络。而对于智慧城市，其基础设施则主要是围绕信息而构建，包括信息传输的网络、政府管理网络、城市物联网等内容，在规划时也要考虑城市级的各种多媒体互联互通，有线、无线、室内、室外无缝对接。

5.3.1 电子政务外网规划

电子政务在智慧城市中主要是发挥其政府管理职能，国家信息化办公室对此有明确的要求，实施中采取自上而下的垂直模式。城市下辖区、镇、街道、社区等依其物理位置和职能关系做规划，并从互联网接入、公共网络、专业网络等三个层面进行部署，如图5.5所示。

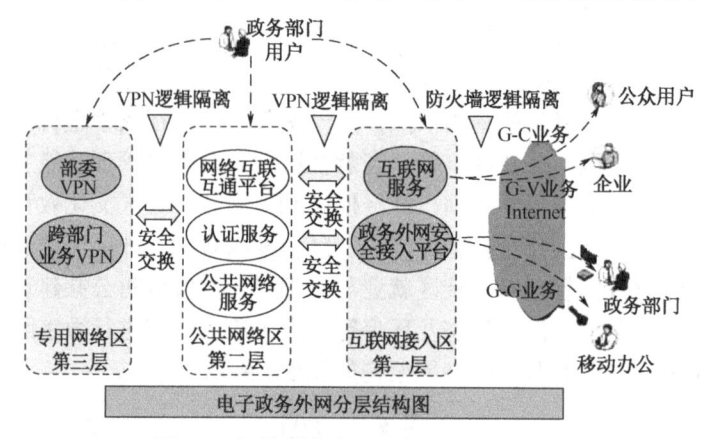

图 5.5 智慧政府电子政务外网分层结构

1. 互联网接入区

电子政务外网"互联网接入区"的外网安全接入平台通过防火墙与互联网实现逻辑隔离，由外网安全接入平台提供互联网服务。

2. 公共网络区

电子政务外网"公共网络区"通过虚拟专用网络（Virtual Private Network，VPN）逻辑隔离实现与外网"互联网接入区"的互联互通，在外网"公共网络区"部署统一身份认证和用户管理，提供政府各业务单位横向业务之间信息交互、数据共享和业务协同。

3. 专用网络区

电子政务外网"专用网络区"通过 VPN 逻辑隔离实现与外网"公共网络区"的互联互通，在外网"专用网络区"部署电子政务后台数据仓库系统，提供政府直属部委、行政部门、业务单位纵向之间的信息交互、数据共享和业务协同。

根据政府信息化电子政务系统的上下级隶属关系及现有业务模式，电子政务外网的业务流向以市、县、区、街道办、乡镇这样的纵向流为主，包含各专项部门内部的纵向业务流量。据此，网络模型采用的是星状组网模式，即以政府信息化电子政务数据资源中心为核心，区县、街道办、乡镇节点通过第三层外网接入网和第二层骨干网络接入智慧城市政府信息化数据资源中心核心网络层，从而构成一个从政府信息化数据资源中心到政务外网骨干网节点，再通过外网接入网连接街道办、乡镇、社区的三级星状架构。

5.3.2 城市物联网规划

物联网具有三个基本的特征：① 全面感知，即利用各类传感器测量和获取物体各种物理变化的信息，如温湿度、压力、流量、位移等；② 分析处理和传递，将采集到的海量数据和信息，利用云计算、数据库、自动化、智能化等技术进行智能处理和控制反馈，并通过各种形式的网络和线路的融合，将物体的信息和控制实时准确地传递出去；③ 应用，物联网应用极其广泛，涉及政府、城市管理、社会服务、企业经营的方方面面，物联网的实际应用是建设物联网的终极目标。因此，城市物联网规划的重点就是根据其基本特征来规划物联网系统体系架构。物联网系统体系架构大致被分为三个层次，即底层是测量和采集物体变化数据的感知层，第二层是数据传输的网络层，最上层则是应用层，如图5.6所示。

图 5.6 物联网系统体系架构

1. 城市物联网感知层

城市物联网感知层包括传感器等数据采集设备以及数据接入到网关之前的传感器网络。感知层是物联网发展和应用的基础，RFID 技术、传感器技术、控制与反馈技术以及检测技术是感知层涉及的主要技术，其中又包含芯片研发、通信协议研究、RFID 材料及智能探测设备制造等。传感器设备是感知层的核心，它是感知物质世界的"感觉器官"，通过传感器可以感知物体的热、力、光、电、声、位移等信号，为网络系统的处理、传输、分析和反馈提供最原始的信息。随着科学技术的不断发展，传统的传感器正逐步实现微型化、智能化、信息化、网络化。

2. 城市物联网网络层

城市物联网的网络层将建立在现有的移动通信网和互联网基础上。物联网通过各种接入设备与移动通信网、互联网、传感网、控制网等实现互联互通和数据共享交换。物联网的网络层实质上是网络融合的具体应用和延伸。物联网的网络层中的感知数据管理与处理技术是实现以数据为中心的物联网的核心技术,其包括传感网数据的存储、查询、分析、挖掘、控制及基于感知数据决策和行为的自动化控制、遥控遥测及信息应用技术的综合展现。云计算平台作为海量感知数据的存储、分析平台,将是物联网网络层的重要组成部分,也是应用层众多应用与服务的基础。

3. 城市物联网应用层

城市物联网的应用层利用经过分析处理的感知数据为用户提供丰富的特定服务,如智慧政府、智慧平安、智慧交通、智慧电子商务及物流、智慧医疗卫生、智慧教育、智慧房产、智慧文化、智慧社区、智慧建筑以及智慧家庭等一系列的具体应用。应用层是物联网发展的目标,物联网应用平台的开发和智能控制技术将为用户提供丰富多彩的物联网应用。各行各业和智慧家庭的应用开发将会推动物联网的普及和迅速发展,也给物联网产业链带来丰厚的利益回报。

5.3.3 城市无线网络接入规划

城市无线网络建设通常由电信部门规划与实施,网络接入应遵循虚拟专用网络接入的方案,主要是为了解决移动用户通过无线网络访问互联网、物联网和政府电子政务外网等问题,通过统一身份认证和用户管理的验证与访问等级授权。以社会企业及个人移动用户为例,无论身处何处,只要能登录互联网(无论任何接入方式,无论任何带宽),即可实现接入,无须安装任何软件即可接入电子政务外网。

5.4 智慧城市保障体系规划

智慧城市的建设与运行需要保障体系,在体制、机制、法规、安全与社会伦理等诸方面需具备全面、完善的措施,这也是智慧城市规划设计的重要工作内容。

5.4.1 智慧城市体制与机制

在智慧城市规划、建设和运行的过程中,体制与机制是一个关键的问题,特别是必须明确政府、非政府组织(Non-Governmental Organization,NGO)和企业的地位与作用,以及运行规则。智慧城市的规划、建设和运行是一项经济与社会活动,需要发挥市场机制和企业主体作用,但是政府承担着引导与市场监管的责任,各相关部门按照职责分工,负责落实具体任务。另外,还要依托专业机构,对智慧城市的建设和运行情况进行跟踪分析与社会评估,发现问题后及时协调、处置,落实工作推进机制和相关部门的考核机制。

智慧城市的实施是按照行业业务运作的,如通信业、商业、计算机信息集成业、旅游业、交通运输业等,每个行业都有自己的业务链,在利用感知信息网络融合、高宽带网络、智能分析决策等共性技术时,往往需要在业务流程、应用技术、技术标准方面进行研究与协调。NGO可以接受政府的委托对业内企业进行管理,将行业中的问题向政府报告,以加快智慧城市建设。

在体制机制方面,智慧城市的规划还包括信息共享和业务想太多协同保障机制。前者是指集约管理共享信息资源，以业务协同为核心，整合各类专题资源，建立部门信息资源和应用系统目录，建立资源共享更新责任制度，实现共建共享共用，促进业务协同应用；后者是指建立跨部门应用机制，整合优化城市管理跨部门业务流程与数据流程，实现跨部门业务联动协同，促进城市管理运行协同化能力提高。

5.4.2 智慧城市法规建设与执行

智慧城市的建设与运行需要完善的政策法规。建立健全智慧城市管理与运行的政策及规定、管理责任监督体系，建立以行政效能监察为保障的城市管理评价考核机制，将城市管理评价考核结果纳入电子监察范畴，完善管理有效的协调和督办机制，为智慧城市管理运行提供强有力的制度保证。从人才队伍角度来讲，智慧城市整合优化城市管理相关部门的信息化建设管理机构队伍，逐步建立资源整合、集约建设的信息化建设管理体制，并整合各级城市管理部门工作队伍，建立健全城市管理网格化、精细化巡查监督队伍，为智慧城市建设提供人才保障。

智慧城市涉及的新技术、新应用、新业态发展，在国家层面上虽然已有一些政策法规，也出台过一些标准规范，但尚不完备，需要针对实际问题，编制技术规定，以指导具体事务。

无论是智慧城市的相关政策和法规，还是标准和规范，都需要开展宣传，积极执行，提高城市运行效率和公共服务水平，促进经济社会协调发展，让市民与企业得到实惠和便捷，引导市民、企业、社会团体参与智慧城市建设，形成良好的社会氛围。

5.5 智慧城市集成规划

智慧城市应用系统工程的方法和思想进行分析、组织、设计与实施，在缤纷复杂的实现过程中，包括系统集成和信息集成在内的"集成"发挥至关重要的作用，实现被集成系统间信息的互联互通和数据的交换与共享，将各个"信息孤岛"的运行环境集成，并统一在信息互联互通与数据共享、应用功能协同的一个大运行环境中。

5.5.1 系统集成

系统集成从广义上看，不是一套系统、一套设备，更不是一套软件，而是一种思想、一种哲理，是一种指导信息系统建设总体规划、分步实施的方法和策略。它按照用户的需求，对众多的软/硬件产品和技术进行综合比较、精心取舍，合理地选择相应的技术和策略，配置软硬件资源，从而组成完整的、能够实现用户具体应用需求的集成方案，使系统整体性能最优、使用灵活、扩展方便和投资收益最大。因此，系统集成是针对应用目标而提出的全面解决方案的实施过程，包括人员的集成、组织机构的集成、管理与技术的集成及综合信息的集成等。从狭义上讲，系统集成特指计算机信息系统集成，包括硬件平台、软件平台、开发工具和应用系统的集成以及相应的咨询、服务和技术支持。图5.7所示为家庭智能化系统集成架构示例。

系统集成的内容涉及项目开发和实施的整个过程，从系统规划、系统生成到系统维护，从系统的功能模型设计到技术的实现，从系统的立项、建设中的管理到系统的验收，所有的工程行为组成了系统的工程空间。此空间可以用一个四维的坐标加以描述，分别为功能维、技术维、过程维和管理决策维，共同构成系统集成的体系，也可表示为：系统集成(SI)=span{功能；技术；过程；管理决策}。

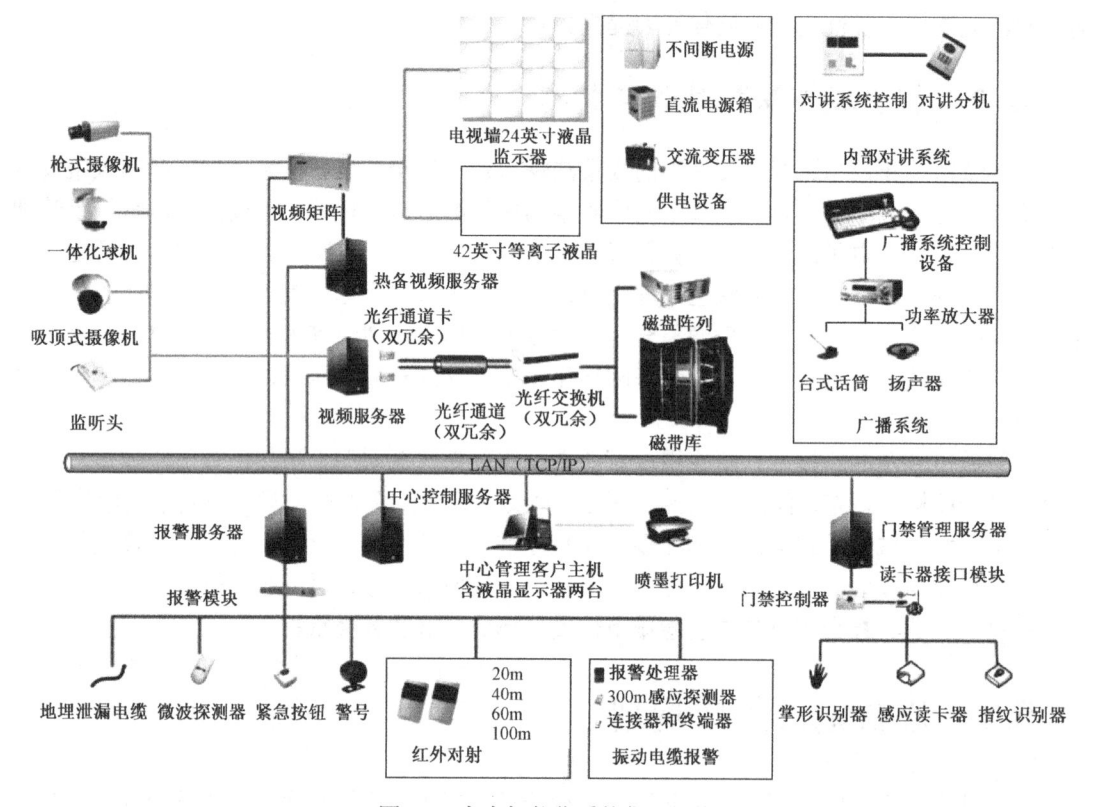

图 5.7 家庭智能化系统集成架构

5.5.2 信息集成

智慧城市信息集成的实现结构与城市的组织架构密切相关，从类型上分可有垂直分级型、扁平互联型与综合型三种，如图 5.8 所示。由于智慧城市涉及的领域与行业很广，各类应用系统与城市集中管控中心的功能差异很大，无论是垂直分级型还是扁平互联型，在现阶段的智慧城市组织结构现状下，都不能适应需求。而综合型则能根据信息集成需求和协调指挥的优先级别，建立具有良好实用性与可持续性的信息集成架构。

智慧城市的信息集成具有强烈的功能性，必须满足智慧城市各应用系统常态运行时的信息共享与上下级联动，以及与相关系统的协调。假如出现 38℃ 高温天气时，气象信息系统的信息应立即发送到城市信息交换平台，自动转发到各相应的应用系统。政务系统据此对各行业下达防暑降温的工作布置要求，相关行业则迅速调整运行状态，如教育机构的作息时间、电力部门的电力调度、城市供水的生产计划、食品供应的卫生措施、医院的医疗力量的配备等。当电力部门发现电网供应量与预测负荷出现缺口时，则根据预案将可能限电区域上报政务系统。若在限电区域有重大活动，不允许限电，则政务系统会要求电力部门重新调整方案，形成新的限电区域，获准后再通报相关用户系统，作为它们运行调整的参考数据。如果没有信息集成,这样的调整过程由人工推进可能需要几十个小时,而在智慧城市仅需几十分钟就能完成,并能取得良好的效果。

当城市出现突发事件时,城市集中管控中心快速收集事发地点的相关信息,以最高优先级别指挥相关系统进入应急状态运行。假定在某一河边道路发生了装载有毒物品车辆的倾翻事故,城市集中管控中心在发出现场抢救指令的同时立即调动交通、防化、卫生及水务等应用系统,对于事故地域的污染灾情进行分析与评价,并提出协同对策。城市集中管控中心从全局观点确定对策和行动方案,推进并跟踪减灾行动,根据现场相关灾情处置过程的信息(由相关应用系统采集、处理并上传),不断修正行动方案,直至灾情消除。此时已在现场的交通、卫生、防化及水务等部门,在减灾处置过程中,既接受城市集中管控中心的指挥,也与减灾相关应用系统互通情报信息,对自己业务范围的态势进行研判,执行减灾救灾方案。

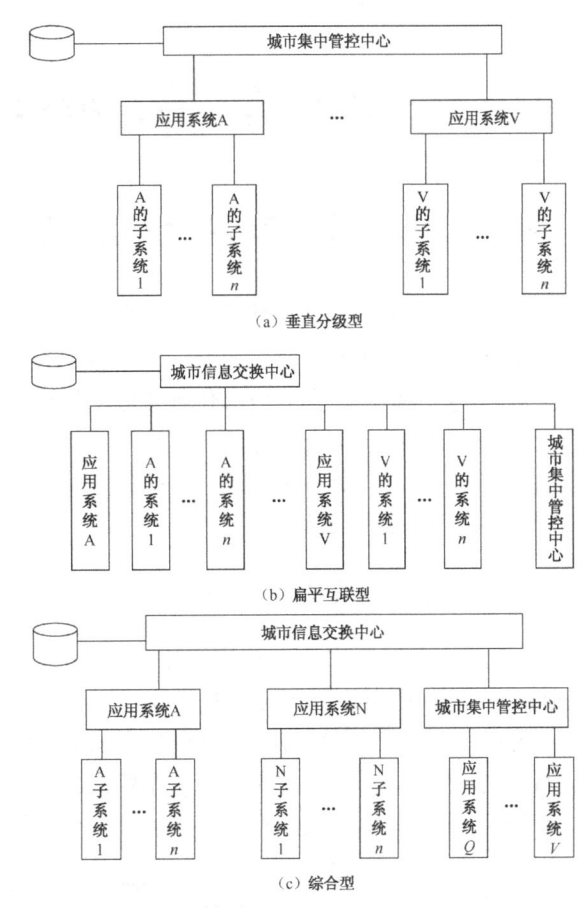

图 5.8 智慧城市信息集成平台架构

讨论与思考题

(1)试述智慧城市顶层规划的原则与步骤。
(2)简述智慧城市规划的内容及特点。
(3)阐述智慧城市系统总体规划主要内容。
(4)智慧城市基础设施体系规划主要包括哪些?
(5)智慧城市信息集成如何规划?
(6)简述智慧城市系统功能规划主要内容与特点。
(7)如何考虑智慧城市保障体系?
(8)简述城市物联网体系架构。

第6章 智慧城市一级平台设计

6.1 智慧城市系统总体架构

智慧城市一级平台是智慧城市最顶层或称为最高层的平台，有的地方称之为"e-City Top Level Platform（TLP）"。智慧城市一级平台建设是为了实现国家信息化在政府信息化、城市信息化、社会信息化、企业信息化各级应用平台和业务应用系统间的信息互联互通与数据共享，促进国家全社会信息资源的开发与利用，避免在一个城市范围内政府各部门之间、政府与社会、企业以及公众之间形成"信息孤岛"，造成在网络融合、信息交互、数据共享、功能协同时的障碍和瓶颈以及资源上的浪费。

6.1.1 系统层次体系架构

智慧城市系统层次体系架构如图 6.1 所示。城市级一级平台采用面向服务的技术架构（Service Oriented Architecture，SOA），采用广泛接受的可扩展标记语言（Extensible Markup Language，XML）和简单对象访问协议（Simple Object Access Protocol，SOAP）标准，以及松耦合设计模式，有利于整合来自相关系统的信息资源，为与新建第三方系统平台、应用和信息资源进行整合提供手段，构建易于扩展和可伸缩的弹性系统。

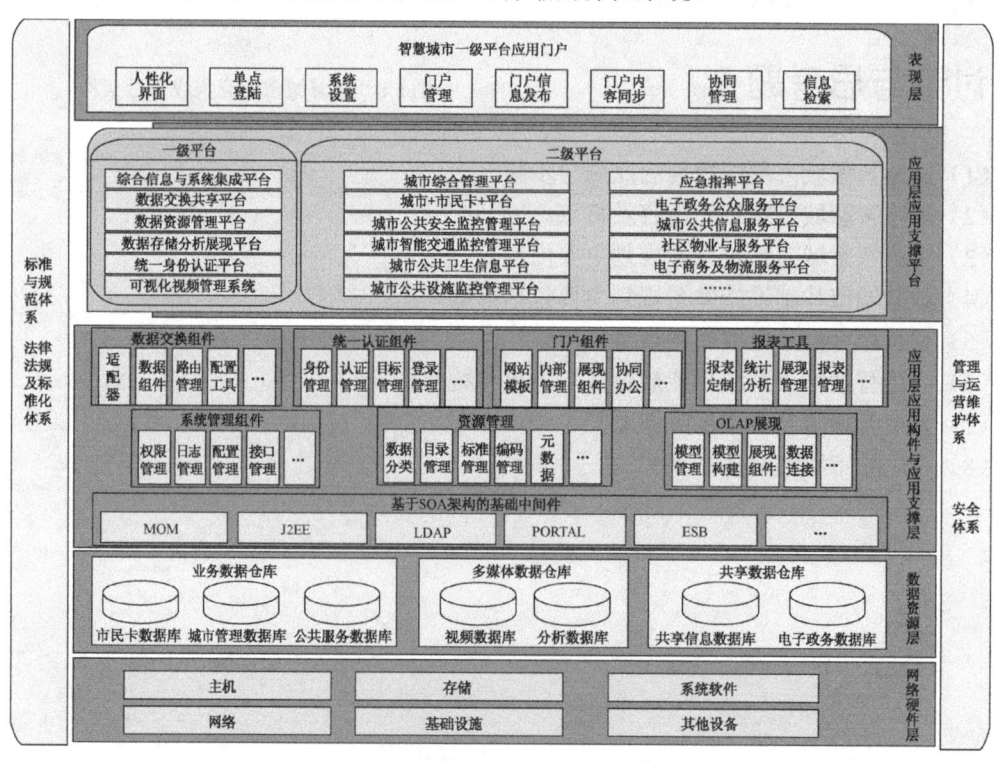

图6.1 智慧城市系统层次体系架构

智慧城市一级平台由五个层次的内容和四大体系构成，即网络硬件层、数据资源层、应用支撑层、应用层、表现层，标准与规范体系、法律法规及标准规范体系、管理及运营维护体系以及安全体系等共9个方面。其中，网络硬件层包括网络、服务器等硬件设施以及操作系统等系统软件平台；数据资源层是整个项目的数据库系统，其包含业务数据仓库、多媒体数据仓库以及共享数据仓库等；应用支撑层为项目建设提供应用支撑框架和底层通用服务，主要由应用支撑组件和基于 SOA 的基础中间件两个层次构成；应用层以应用支撑平台和应用构件为基础，除了向最终用户提供城市级一级平台功能的各类应用模块，还可以整合二级平台的相关业务应用系统；表现层提供了智慧城市一级平台应用门户，为用户进行信息查询和信息互动提供统一的入口和展示；标准与规范体系包含系统标准规范内容；法律法规及标准规范体系贯彻于整个体系架构，是整个项目建设的基础；管理及运营维护体系是智慧城市一级平台的两个支柱之一，贯穿于整个体系架构各层的建设过程中；安全体系是智慧城市一级平台的安全规范。这四个体系均用于指导各平台系统的建设。

该架构具有以下特点：① 层次结构清晰，即其结构体系采用分层的模式，从满足整体需求出发，根据系统建设的设计原则和技术路线，采用面向对象、面向服务以及面向模式的系统架构设计方法作指导，描述智慧城市一级平台应用系统的整体架构。② 统一框架结构易于扩展部署。采用统一框架结构，避免了因为存在不同的应用结构而可能引起的不易集成的可能性，易于增加新的应用。统一开发新应用，可以降低开发成本，保证应用的兼容性和集成性。③ 统一数据易于利用，即通过实现对智慧城市一级平台各类数据以及其他系统相关数据的集中整合，为相关决策提供依据，并辅助业务监督和管理。

6.1.2 一级平台信息及数据组织

智慧城市的信息可分如下三层：战略层信息、战术层信息以及业务层信息。智慧城市一级平台属于战略信息层，承担城市管理与公共服务综合信息，决策指挥信息互联互通与数据共享交换功能；二级平台属于战术信息层，协调各业务管理信息，担负着业务管理发布数据功能；三级平台属于业务层信息，承担各业务应用信息，执行完成独立应用功能。

要实现上述三层信息的协同，必须做到在一级平台中的信息互联互通与数据共享。为此，要将各类信息资源按照政府电子政务、城市管理、社会公共服务、经济与企业进行分类、组合、优化与共享，从信息的供需角度组织和建立信息互联互通与数据共享的通道，建立城市分类信息资源目录和应用目录，实现两种目录之间或信息的供需之间的映射和对接。同时，基于数据的权限控制管理，建立"谁发布，谁授权，谁维护"的机制，保证数据的安全共享和传输。在设计一级平台时，信息及数据的组织还需要具备如下特点：

（1）以元数据方式管理各种分散异构信息，包括：① 直接共享访问资源文件和数据库，实现信息资源的自动编目、分类和安全共享；② 通过简单的拖曳式操作，可完成共享信息的自动编目和分类；③ 以资源目录树的方式，对共享目录进行组织和展现。

（2）海量业务数据管理能力，主要包括：① 支持元数据自动提取、自动编目以及自动更新；② 支持元数据和资源唯一性检验、全文检索；③ 支持主题和业务分类资源导航。

（3）提供业务综合信息资源服务，一般包括：① 提供个性化的信息定制、信息发布与获取，以及信息订阅等服务；② 支持用户自行建立业务应用目录；③ 根据业务需要，自定义信息目录、实时订阅最新信息；④ 基于 Web、E-mail 及短信的信息变化实时通知服务。

（4）提供地理空间信息管理与服务，主要包含：① 通过无缝集成地理信息平台，提供分布式异构数据源的整合和管理能力；② 内嵌中文分词、分类、全文检索以及多媒体文件播放等工具，提供强大的海量业务数据管理能力；③ 支持开放地理空间联盟（Open Geospatial Consortium，OGC）标准——Web 地图服务（WMS）访问空间资源；④ 按照元数据中的空间位置项，在基础地图上管理和查询信息资源。

6.2 一级平台功能设计

智慧城市一级平台在应用层中具有特殊的地位与作用，位于整个城市总体一样结构的最顶层，是智慧城市的核心枢纽；各二级平台与之相连，形成一个星状架构的分布式系统体系；三级平台与二级平台也构成星状拓扑结构，以一级平台为中心节点，借助其提供的各项功能服务完成自身的服务。就功能而言，一级平台主要是针对数据进行处理，并辅之网络中心、综合数据库和门户网站，完成智慧服务的功能，其总体功能结构如图6.2所示。

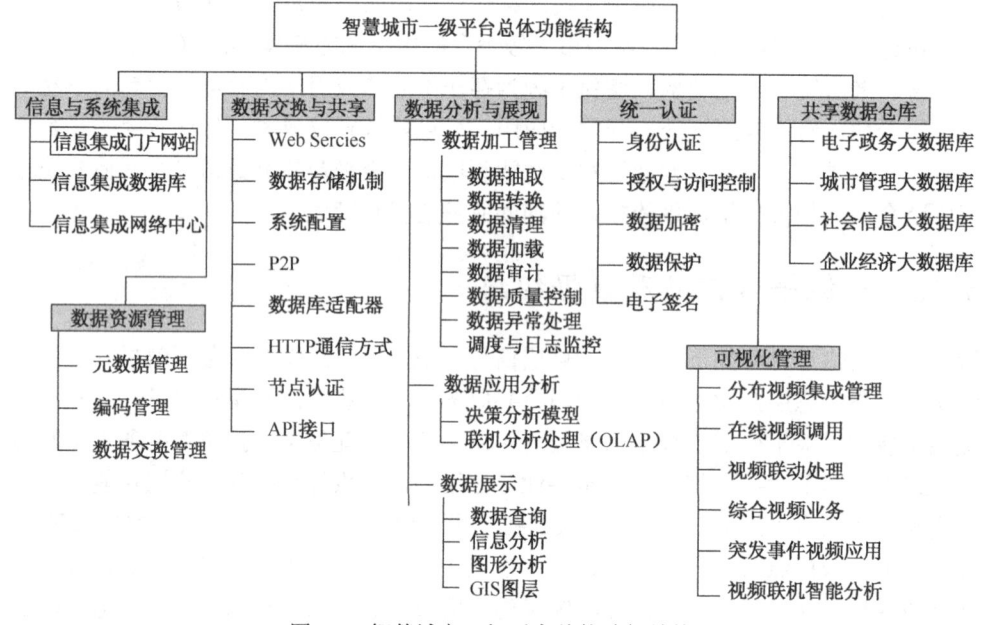

图 6.2 智慧城市一级平台总体功能结构

6.2.1 数据资源管理功能

智慧城市一级平台对数据资源的管理包括信息资源规划相关标准的管理、元数据管理以及数据交换管理等功能，方便普通用户使用规划成果、维护规划成果及数据，为用户提供直接浏览和查询界面，将该成果进一步规范化管理，并将数据元目录、信息编码分类、信息交换标准等进一步落实，以指导支持智慧城市一级平台的建设以及智慧城市在政府、城市管理、社会公共服务以及企业信息化系统方面的建设。图6.3所示为智慧城市数据资源管理示意图。

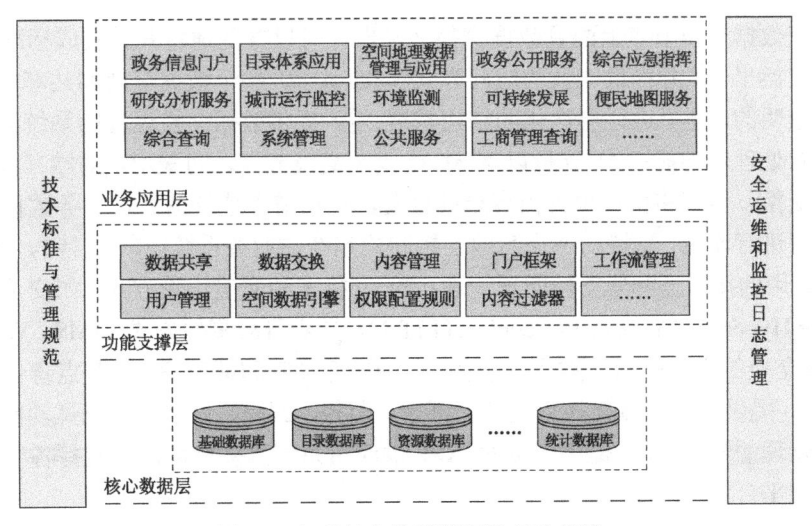

图 6.3 智慧城市数据资源管理示意图

6.2.2 数据交换共享功能

智慧城市一级平台保障共享数据仓库间以及一级平台和二级平台间的数据交换与共享，也能够在其应用系统之间实现共享和交换功能。此功能利用面向服务的要求，以可扩展标记语言为信息交换语言，基于统一的信息交换接口标准和数据交换协议进行数据封装，利用消息传递机制实现信息的沟通，实现基础数据、业务数据的交换和控制指令的传递，以及各应用间的业务协同和应用系统的集成，如图 6.4 所示数据交换共享平台架构。

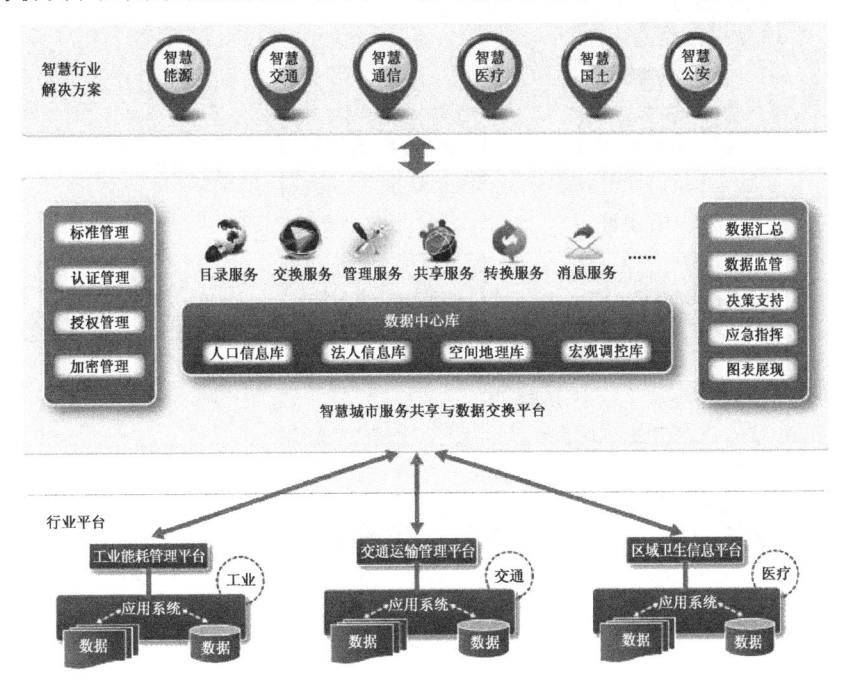

图 6.4 数据交换共享平台架构

具体来说，数据交换共享功能主要是指：① 对于城市已有系统、在建系统和新增加的系统，通过在数据交换节点上配置数据交换适配器，可以方便地将其封装成标准的接口，从而能够接入交换平台，并提供一致的访问方式和接口；② 整个数据交换和共享的底层，对各应用节点是透明的，便于进行层次化的结构扩展；③ 提供数据交换过程的系统配置、安全监控告警和异常处理等功能；④ 支持以 XML 格式在交换节点之间采用端对端（Peer to Peer）的方式直接交换，数据路由可根据内容自动分发，包括节点地址信息、业务数据信息等，也可按业务规则进行流转，支持动态灵活地连接和构建新的业务系统；⑤ 支持与多种数据库无缝对接，可重用的接口适配器支持配置管理；⑥ 支持多种通信传输方式，如安全超文本传输协议（Secure Hypertext Transfer Protocol，HTTPS）、异步可靠事件方式（JMS，Web 服务等）；⑦ 提供数据交换的安全机制，包括对传输内容的压缩加密和解压解密，节点身份认证等安全管理功能；⑧ 提供集成一体化的远程统一部署、监控、跟踪、日志以及测试功能，适应平台集中部署和管理的需求；⑨ 提供丰富的 API 供应用系统直接使用，以支持各节点的异构环境和操作系统平台。

6.2.3 数据分析与展现功能

DataWarehouse 数据分析与展现功能主要是对从数据源采集的数据进行处理和存储，构建数据仓库，并针对不同的分析主题进行分析应用，以辅助政务工作者的决策工作。数据加工管理包含数据抽取（Extract）、转换（Transform）、清除（Clear）和加载（Load），是将数据由数据源系统向一级平台的运营数据存储（Operational Data Store）加载的过程，是一级平台建设过程中数据整合的核心。图 6.5 所示为智慧城市数据分析与展现示意图。

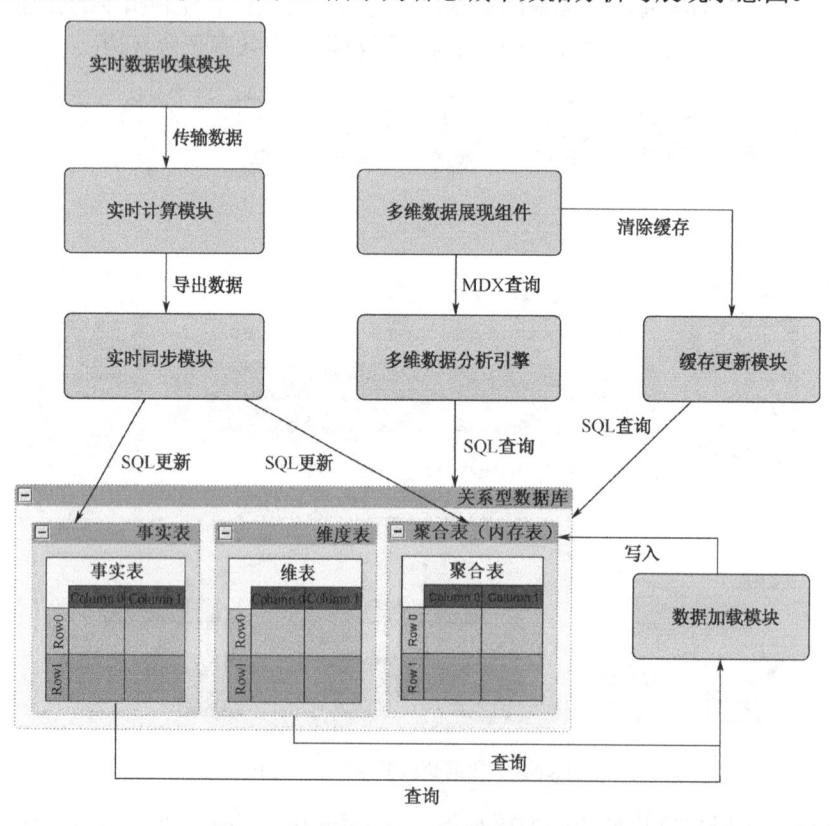

图 6.5 智慧城市数据分析与展现示意图

数据分析通常是指：① 建立各种决策分析模型，对数据进行数据挖掘，如对数据进行预测和关键因素影响分析；② 利用数据仓库和联机分析处理、前端展现等商业智能（Business Intelligence）技术，将采集的海量数据经过整理、分析以及挖掘之后形成辅助决策的数据，且提供多种分析展现方式。

决策分析应用的展示界面直观简洁、美观大方而且操作简便，具有数据查询以及图形分析等功能。可灵活设定查询条件，快速查找符合条件的记录；支持模糊查询，提供关联跳转功能，从明细表的数据区中跳转到另一个明细表或者查询结果集；系统可以选定所需的指标、时间段、客户类型、项目等条件，显示所要查询的数据，并可对查询结果进行排序、分组求和以及合计等操作；报表和查询结果可以方便地用图形展现，直观地显示出当前状态及发展趋势、各项目占比等。

6.3.4 可视化管理功能

可视化管理功能是指智慧城市视频图像的"互联互通和视频资源共享"，确保各业务应用平台的视频资源"形成合力，产生规模效益"，切实保障各级政府和社会应用在系统建设中的投入能"物有所值"。图6.6所示为智慧城市可视化管理结构框图。

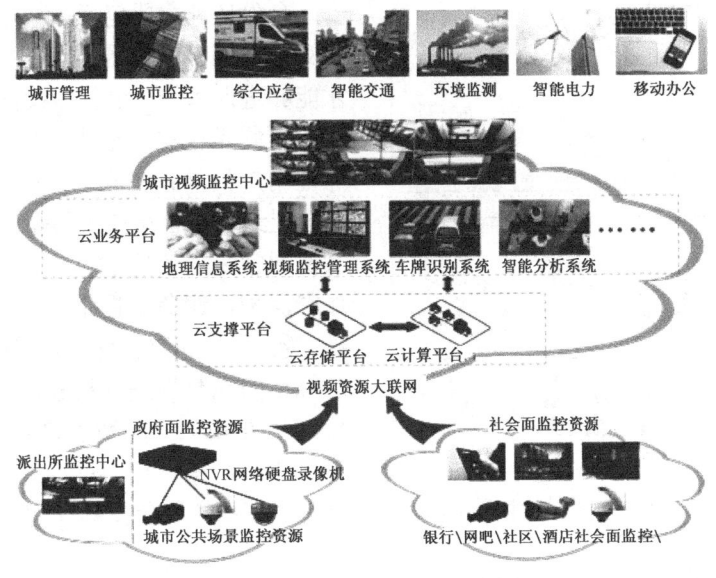

图6.6 智慧城市可视化管理结构框图

（1）分布式视频集成管理功能。视频服务器将分布在城市各个采集点的视频数据统一存储为结构化数据的形式，如智能建筑、住宅小区、治安案情、文件数据等分布地存储在各个辖区及各派出所。

（2）在线视频调用功能。一级平台向业务系统提供切、播、控、推、解、巡、截、叠、录、调及编等共11种基本视频服务，业务系统通过这些基本服务，实现根据业务需求切换视频、播放视频以及保存视频等操作。

（3）视频联动功能，通常包括：① 联动报警接收来自业务系统提供的报警信息，调出与报警信息可能相关的实时视频；② 方案应用接收来自业务系统的视频显示方案编辑、启动和关闭等要求，结合基本视频服务的功能，实现对视频显示方案的定义、优化和应用；③ 智能分析响应业务系统的要求，对指定通道的视频进行分析，并向业务系统输出结果；④ 视频事件业务系统可以对录像进行事件标记并保存在视频平台中，允许业务系统根据事件标记对录像进行检索。

（4）综合视频业务服务功能，主要包括：① 提供业务数据交换接口，允许业务系统向视频平台增/删/查/改视频相关的结构化业务数据；② 进行用户认证、权限管理等安全业务的操作；③ 了解系统运行的实时状态和历史数据。

（5）突发事件信息交换服务功能，主要包括：① 响应报警采集信息的查询要求，向业务系统提交视频记录、报警记录；② 对突发事件实时视频查询，返回查询结果；③ 从业务系统下载应用系统中的布控信息；④ 响应业务系统下发的应用系统控制和配置信息。

6.2.5 统一认证功能

智慧城市一级平台的统一认证采用数字身份认证方式，以数字签名的方式通过第三方进行网上身份认证，帮助各个实体识别对方身份和表明自身的身份，具有真实性检验和防抵赖功能。其统一认证结构如图6.7所示。

身份认证主要包括：① 用户的身份标识和身份鉴别，只有通过身份认证的合法用户才能够进入系统，进行后续操作；② 授权与访问控制是根据"最小授权"的基本原则，保证用户只具备完成工作所需的最小操作权限，杜绝超越合法授权的操作行为；③ 数据加密通常采用密码学算法，对重要数据进行加密保护，避免数据中所包含的敏感信息泄露；④ 数据完整性保护也采用密码学算法，对数据的完整性进行校验，发现可能存在的数据非法篡改；⑤ 数字签名通常采用公钥密码算法，对操作行为进行签名确认，提供数字化的证据，避免抵赖行为的发生。

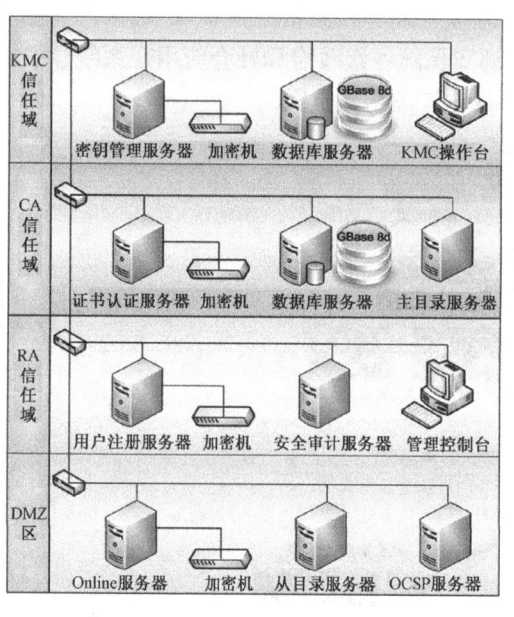

图6.7 智慧城市一级平台的统一认证结构

6.2.6 共享数据仓库功能

智慧城市一级平台的共享数据仓库由政府电子政务数据仓库、城市综合管理数据仓库、社会公共信息数据仓库以及经济与企业数据仓库等构成，采用城市级、业务级、企业级多级数据存储相结合的方式。数据存储采用集中数据存储和网络化分布式数据存储相结合的模式；城市级共享数据仓库采用集中数据存储的方式；业务级和企业级数据存储数据库可采用网络化分布式数据存储的方式。各级存储数据库均具有数据存储、管理、优化、复制、防灾备份、安全及传输等功能。智慧城市共享数据仓库结构框图如图6.8所示。

上述四个数据仓库在物理上相互独立、互不干扰，在逻辑上则为一体化。其中，政府电子政务数据仓库通常包括人口数据库、法人数据库、宏观经济数据库、地理空间信息库、政府方针政策库、公共政策事务数据库、政府行政业务数据库、人大数据库、政协数据库以及党政组织人才库等；城市综合管理数据仓库主要具有城市基础设施数据库、城市公共交通数据库、城市公共卫生与公共安全数据库、城市可视化视频信息库、城市管理网格化部件库、城市管理专家库、城市应急救援物资库、城市应急救援队伍库、城市应急预案库以及城市应急典型案例库等；社会公共信息数据仓库主要包括城市公共信息库、城市市民卡数据库、城市常驻居民信息库、城市流动人口数据库、城市及智慧社区电子商务数据库、城市及智慧社区物流配送数据库、城市智慧社区数据库以及城市智能建筑数据库；经济与企业数据仓库一般包含经济基础数据库、制造业数据库、林业数据库、矿产业数据库、旅游业数据库以及服务业数据库等。

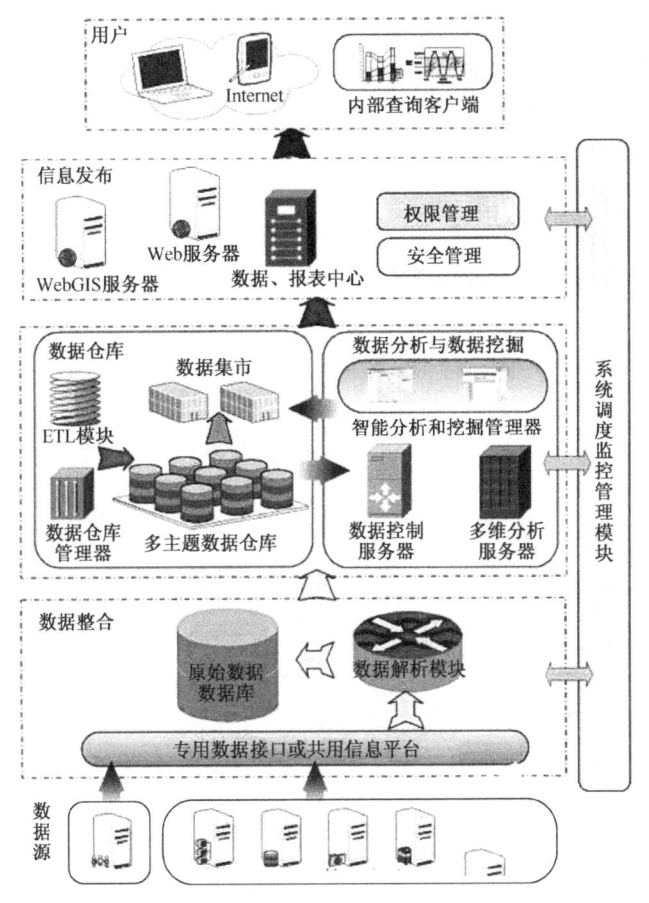

图 6.8 智慧城市共享数据仓库结构框图

6.2.7 综合信息集成门户网站功能

综合信息集成门户网站定位为智慧城市信息化应用城市级大型门户网站，其功能是将智慧城市信息化应用一级平台和智慧城市业务级应用二级平台的相关应用系统和监控、管理、服务信息，通过信息集成和 Web 页面的方式连接到"门户网站"上来。网络注册用户可以通过网络浏览器方式实现对整个智慧城市的城市管理、城市市民卡、城市公共服务等综合信息进行浏览、可视化展现、查询及下载。城市综合信息集成门户网站是全面提供智慧城市信息化应用人机界面的交互平台。

综合信息集成网络中心支撑一级平台和各业务级二级平台，以及各平台网络设备基于城市互联网和电子政务外网的运行环境。综合信息集成数据中心是连接城市互联网和政府电子政务外网的中心节点，主要承担网络路由、网络交换、网络管理、服务器托管、服务集群、服务代理、域名服务、目录服务、用户认证、电子邮件、文件传输以及主页发布等网络服务功能。

讨论与思考题

（1）试述智慧城市一级平台逻辑框架。
（2）试述智慧城市一级平台的总体结构。
（3）如何实现智慧城市信息互联互通？
（4）简述智慧城市信息体系架构的特征。
（5）简述智慧城市数据共享要求。
（6）简述智慧城市数据资源管理与交换共享的特征。
（7）试述智慧城市可视化管理功能的作用。

第7章 智慧城市功能平台设计

智慧城市二级平台是智慧城市整体框架中的中间层，是一级平台和三级平台的桥梁，为智慧政府信息、城市管理信息、社会民生信息、企业经济信息的互联互通与数据共享，全面实现网络融合、信息交互、数据共享以及功能协同发挥重要的作用。现有的二级平台包括智慧政府平台、智慧城管平台、智慧公共安全管理平台、智慧应急指挥管理平台、智慧交通管理平台、智慧节能减排管理平台、智慧基础设施管理平台、智慧市民卡服务平台、智慧民生服务平台、智慧社区服务平台、智慧医疗卫生服务平台、智慧教育服务平台、智慧文化服务平台、智慧金融服务平台、智慧旅游服务平台以及智慧电子商务服务平台等，随着社会的发展和新型技术的出现，二级平台还会含有更多形态出现。本书中仅就具有代表性的五个平台——智慧政府平台、智慧公共安全管理平台、智慧应急指挥平台、智慧医疗卫生服务平台以及智慧社区服务平台等加以介绍，读者可从中受到启发。

7.1 智慧政府平台

7.1.1 智慧政府平台规划内容

政府信息化网络由基于智慧政府电子政务传输网的政务内网和政务外网组成。政务内网由党委、人大、政府、政协、法院及检察院的业务网络互联互通形成，主要满足各级政务部门内部办公、管理、协调、监督和决策的需要，并满足副省级以上政务部门特殊办公需要；政务外网主要满足各级政务部门的社会管理、公共服务等面向社会服务的需要。以外网为例，智慧政府平台的重点内容包括基础平台、协同办公平台、政府信息化数据资源中心、统一身份认证与用户管理平台、行政审批系统、电子监察系统、政府绩效评估与考核系统等，其目标是通过规范政务基础信息的采集和应用，建设政务信息资源目录体系，推动政府信息公开，将政务公共服务延伸到街道、社区和乡村。

智慧政府平台顶层规划是对电子政务建设的基本对象、范围与内容、功能与应用、技术与措施等要素进行总体的、全面的、自上而下的规划，不仅包括智慧政府基础网络、应用平台、信息互联互通与数据共享、安全保障、业务协同以及统一互联出口等诸多技术层面的内容，也包括政府管理创新、政府体制、政府职能、政府绩效管理及具体业务类型之间的关系。图7.1所示为智慧政府愿景框架。

基于智慧政府统一的硬件支撑平台建设与应用，建设政府外网门户网站和数据资源中心，将平台硬件资源集中到数据中心，面向政府各部门统一提供标准的网络和数据支撑服务，如外网接入、专网组建等网络服务，服务器租用、数据容灾、业务容灾等业务服务，数据资源登记、数据交换与共享等数据服务，风险评估、安全策略部署、安全监控等安全服务，并协助各政府部门做好业务需求、方案设计、系统实施、日常运维等技术服务。

智慧政府外网门户网站建设时，遵循如下几条原则：① 统一平台、统一网络、统一出口、统一应用、统一标准以及统一认证；② 共享资源，共享硬件、共享业务、共享数据及共享服务；③ 拓展应用，集中拓展共享应用，优先发展跨部门应用，积极开展部门应用；④ 保障信息安全，网络安全、应用安全、数据安全和安全管理。

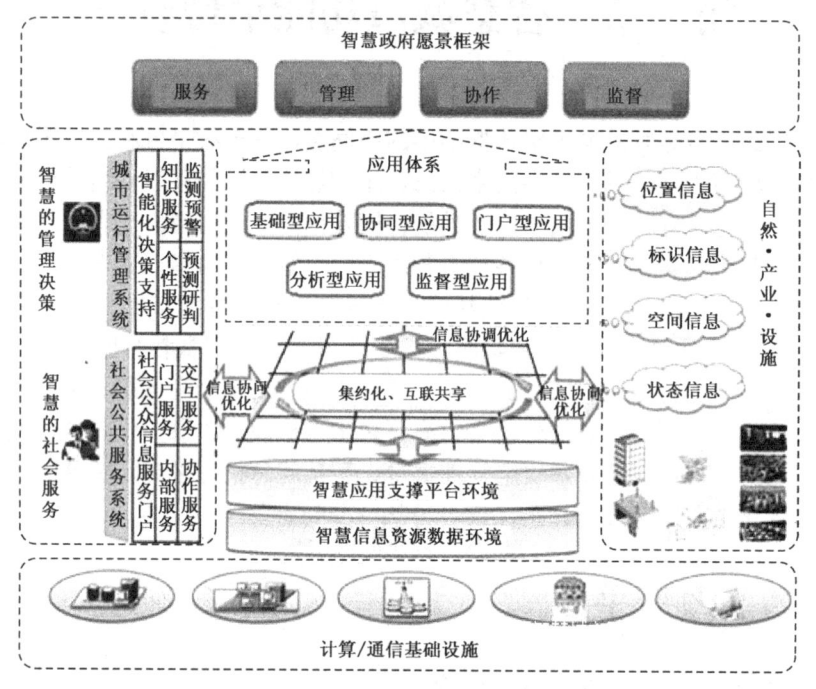

图 7.1　智慧政府愿景框架

7.1.2　智慧政府数据资源中心

智慧政府数据资源中心为政府各个部门提供统一的数据资源共享平台，实现政府信息化的数据大集中，为政府的城市管理、协同办公与公共服务提供支撑。图 7.2 所示为智慧政府数据资源中心框架。数据资源中心建立在电子政务外网平台上，供市级政府各部门共同使用，旨在解决各个跨部门、跨组织的应用之间的数据交换、数据共享、信息流转问题，消除低水平重复建设的现象。其中，共享的信息内容是包括空间信息和非空间信息在内的城市地理信息资源数据，以基础地理信息为基础，将多源、海量基础空间信息资源整合，通过提供 OGC 标准规范的二次开发接口，满足地理空间框架数据库资源开发和共享的要求。

在资源中心，人口、法人、空间数据以及宏观经济等四类基础信息数据是关键所在，每一类共享数据库的基础信息都有多个组成部分，各部分又分散在不同的应用系统和业务单位中，基础信息的一致性、完整性以及时效性都需要完善的交换共享机制来保证，使数据在分布且异构的环境中能安全地共享和交换。面对日益繁多的专题应用，数据资源中心按照参与应用单位的安全级别统一考虑信息的安全可靠传输和访问。

除安全外，协同也是至关重要的内容。无论是网上审批、电子公文交换，还是基础信息交换、城市应急指挥，都是跨部门的综合应用，需要各部门之间进行业务协同，有些应用还需要或提供与其他省市政府部门的协作。市级政府数据资源中心的建立，可以为各种类型的跨部门综合应用提供统一的支撑，方便而快捷地搭建应用系统，避免重复建设，节约政府投资。

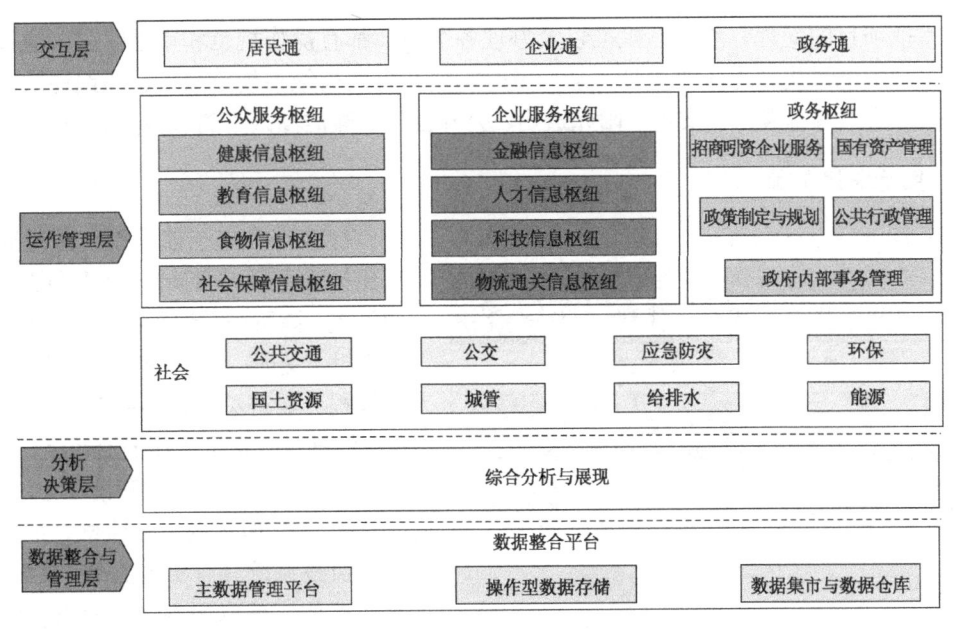

图 7.2　智慧政府数据资源中心框架

7.1.3　智慧政府平台门户网站

智慧政府门户的服务模式是以用户需求为导向，即政府网站是服务社会公众的重要平台，用户需求是网站服务供给的基本指向，智慧政府门户弥补了传统"供给导向"服务模式的弊端，开启"需求导向"的服务新模式，如图 7.3 所示。

智慧政府的平台门户网站运行在电子政务外网"公共网络区"上，既能实现政府部门之间的信息交互和数据共享，又是社会企事业公众获取政府服务的主要通道，各部门和企业及公众相互沟通的枢纽。门户网站包含政府内部信息与办公的 G2G（Government to Governmen）和政府向社会公众提供公共服务信息的 G2C（Government to Citizen）。

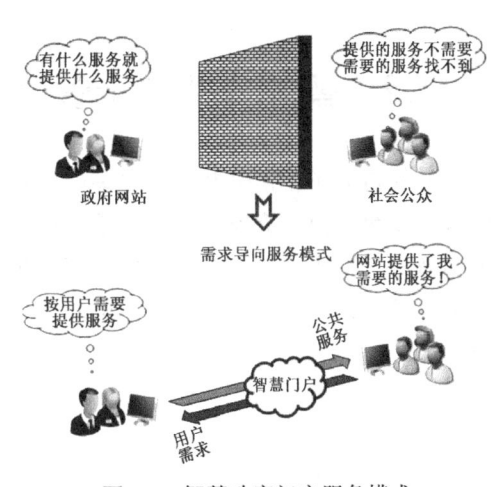

图 7.3　智慧政府门户服务模式

7.1.4　政府平台应用示例

智慧政府平台是政府职能高效体现的信息化平台，实现的功能通过门户网站与社会、公众乃至政府内部进行自闭合，各功能均由自己相对独立的子系统来完成。下面介绍两个典型的示例，由此可以了解智慧政府与传统政府的区别。

1. 行政审批系统

智慧政府行政审批系统实现四个"一"功能：一口受理、一表登记、一网审批以及一站领证。审批项目的受理、承办、批准以及办理各个环节都有操作规范和审批时限。通过电子监察对每项审批过程进行实时监控，从而及时发现并有效杜绝不规范操作、违纪违法的问题发生，从源头上遏制腐败，实现"阳光透明、公开公正、廉洁高效"的服务型政府管理创新。

2. 电子监察系统

行政审批电子监察系统是指通过信息化技术手段，对行政审批事项进行监察的系统。该系统通过网络技术，实现对行政审批（受理、承办、审核、批准和办结）全过程"看得见，管得住"，提高行政效能，促进行政审批工作的透明化，有利于建设高效、廉洁政府与和谐社会。

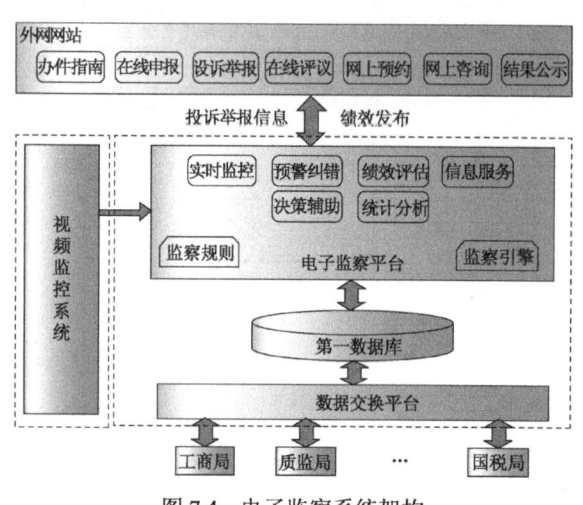

图 7.4 所示为电子监察系统架构。电子监察系统具有实时监控、预警纠错、绩效评估、信息服务以及决策辅助等模块，可以实时监控到政府所有部门的动态办理事项，如今日新增、历史业务、再办业务、已办事项以及待办事项等，而且实时跟踪其状态。

图 7.4　电子监察系统架构

7.2　智慧公共安全管理平台

在智慧城市中，公共安全管理同样具有"智慧"的特点，主要体现在集成城市社会治安管理、安全防范、突发公共安全事件控制为一体，通过统一的城市公共安全信息平台，实现城市各业务应用与安防监控系统的监控状态及报警信息的显示，各系统间实时信息的交互与数据共享，以及各系统间的功能协同和控制联动，并实现与智慧城市一级平台、智慧应急指挥应用平台、智慧医疗卫生应用平台、智慧社区的互联互通和信息共享。图 7.5 所示为智慧公共安全管理机制。

智慧化的公共安全是一个多层次的、多元化的人防技防相结合的完整体系。从区域上来说，城市道路、公共场所、娱乐场所、公共设施、车站、机场、码头、广场、酒店、建筑物以及住宅小区都是必须监控的地方。当然，不同性质的区域其安全等级将有所不同，不同时间段其安全等级也会发生变化。安全等级的划分通常如下：① 一级安全防范风险最高等级区域，主要为行政事业办公区域、广播电台、电视台、大型建筑物、金融机构、博物馆、发电厂、自来水公司、煤气公司及通信设施等；② 二级安全防范风险较高区域，包括涉外业务区、酒店、网吧以及娱乐场所等区域；③ 三级公共部分安全级别，主要包含城市主干道、车站、城市广场、公共设

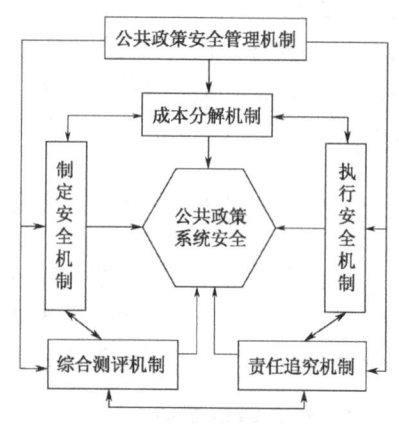

图 7.5　智慧公共安全管理机制

施、普通建筑物、住宅小区以及企事业单位等。

在第 1 章提到，智慧城市的最高宗旨是"以人为本"，智慧化的公共安全更是围绕"人"来实现其各项功能。一方面是"被管理"的人，从三个角度重点保障，其中包括：① 人流的安全，即对于不同类型的人流，系统应充分考虑其流动方向、流动时间和流动区域；② 各流动区域人员的进出、时间和活动特点；③ 引导人流疏散、躲避，应对紧急情况的发生。另一方面是"管理"的人，即维护公共安全的工作人员，具体包括公共执勤人员、城管监督员、监控指挥中心人员、交通警察、消防人员以及医护救助人员等。在智慧城市中，所有人员的状态和位置都应能在整个城市管理平台的大数据库中，特别是在突发事件发生情况下，人、车、物都能统一地调度，实时掌握其变化情况，集成城市内的建筑、社区、企业、公共场所、机场车站以及商业网点等，做到"信息交互、网络融合、处置协同"，减少生命财产损失。

（1）信息交互功能。城市在应对和处置公共安全和暴恐事件时，信息瞬息万变，信息采集、交互、综合、分析、共享、统一身份认证、GIS 地图标绘及可视化展现等是实现公安、武警、社区、群众之间以及城市公共安全机构和组织中各级行政部门联合协同作战指挥的基础。在实践中采用系统集成、信息集成、软件集成、应用集成等现代集成技术，实现信息交互共享。

（2）网络融合功能。网络融合是城市公共安全防范体系的重要支撑，即互联网、电信网、公安专网（包括无线通信专网、有线通信专网）、集群通信网、视频监控图像传输控制网、卫星通信及监测网、移动通信指挥车等有机融合，实现天地空网络之间的互联互通和通信设施之间的无缝连接。

（3）处置协同功能。在城市发生恐怖或突发重大安全事件时，需充分共享人员、装备和设施资源。换句话说，公共安全事件处置协同控制是实现现代城市公共安全的重要手段，是现代信息化、网络化、数字化、自动化以及智能化技术的综合应用。

与智慧政府平台类似，智慧化的公共安全也由很多功能模块组成，下面介绍常用的五个系统。

1. 视频监控系统

视频监控系统相当于城市的眼睛，通过分布在城市各个角落、大街、小巷、酒店、商场、机场、码头及车站，甚至楼宇和住宅小区的监控摄像机，24 小时不休息地注视着整个城市。图 7.6 所示为公共安全视频监控系统架构。通过事件、事故、案发现场的实时监控图像，可以及时掌握状况和动态，回放过去的历史影像，对于侦破案件和处理事件都是重要的线索和依据，同时可以起到对犯罪分子心理威慑的作用。

2. 报警联网系统

报警联网系统相当于城市的神经，它可以通过电话线路连接到城市的千家万户，连接到企事业单位、住宅小区。当发生盗警、非法入侵、火灾以及紧急求助时，系统就会自动将报警信号通过这条城市的生命线发送到公安机关或城市管理部门。图 7.7 所示为智慧化公共安全报警联网系统架构。

3. "三警合一"系统

"三警合一"系统相当于城市的耳朵，它通过 110、122、119 电话将治安、医疗、火灾的信息，以语音的方式和公安报警呼叫中心进行沟通，以听到城市各个方面的信息、求助、举报等,是政府与公众建立血肉联系的重要手段。图 7.8 所示为公安三警合一系统架构。该系统将和城市智慧化管理中心和城市应急指挥中心整合在一起,充分发挥"非常态"下事件现场治安执勤人员、交警、城市管理监督员协同处理事态的能力,并可提供"常态"下为民服务的帮助和咨询工作。

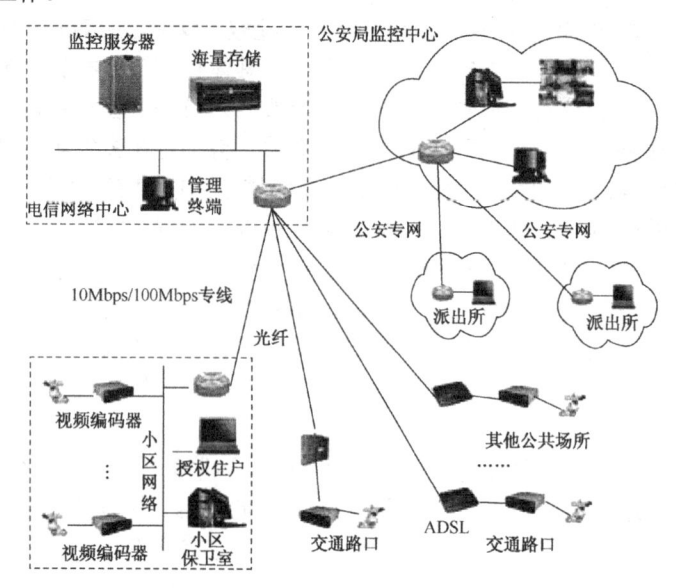

图 7.6 公共安全视频监控系统架构

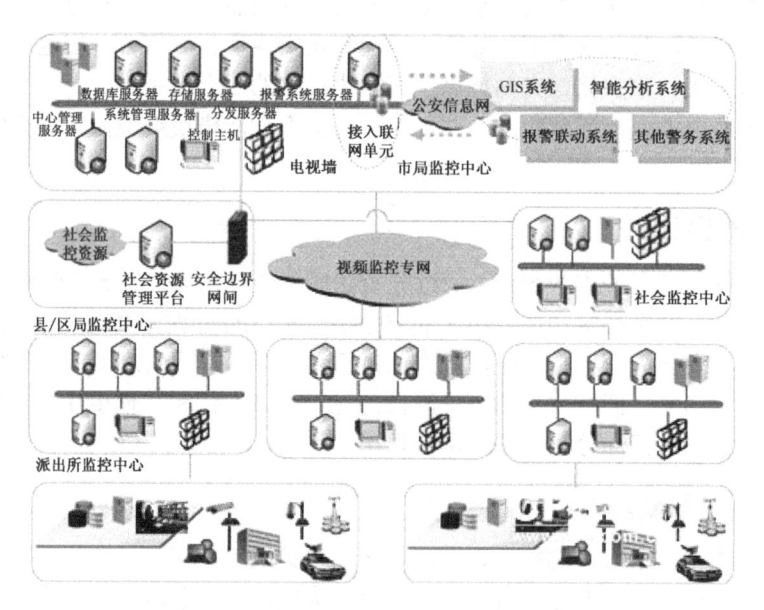

图 7.7 智慧化公共安全报警联网系统架构

4. 智能卡口系统

智能卡口系统就相当于城市"大门"的门禁系统,它通过在城市的各个道路交通要道口、高速公路收费站以及城市的车站、机场、码头的身份证件检查通道等处安装图像识别摄像机和身份证件检查验证设备,可以实现对过往卡口的人员和车辆进行严密的监视、识别、审查、放行以及自动化操作。同时，结合学校、公园、建筑物、住宅小区门禁系统和闭路电视监控系统的联网，当在城市内发生任何突发事件或恶性治安案件时，犯罪分子都将被快速锁定，在第一时间被通缉和跟踪。图7.9所示为智能卡口系统架构。

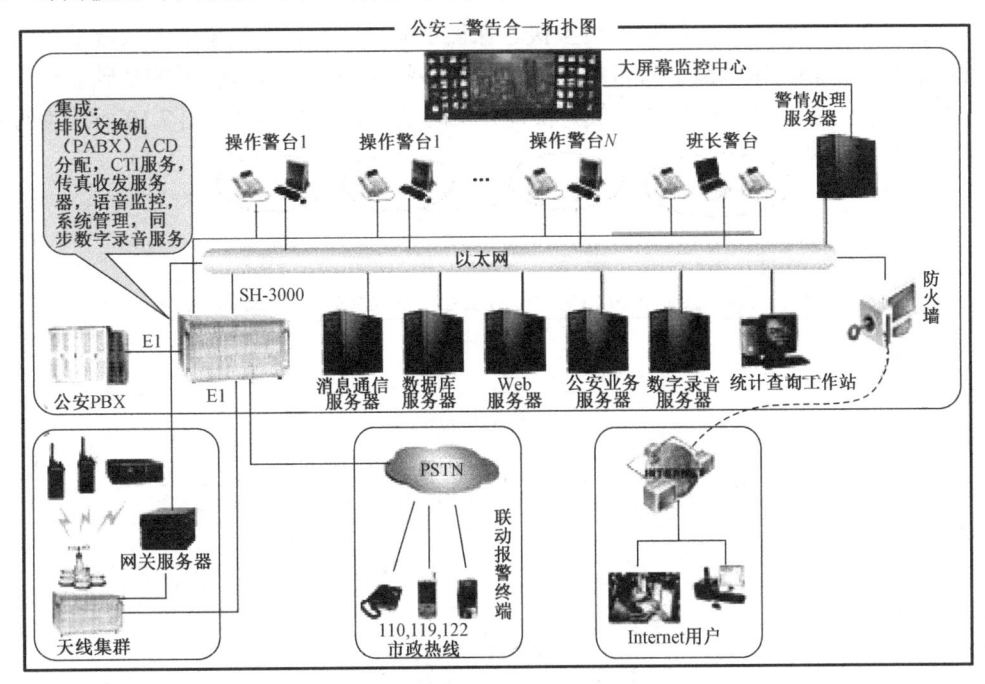

图7.8 公安三警合一系统架构

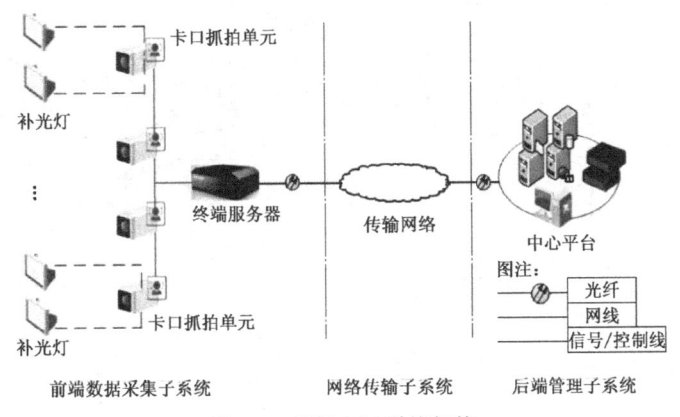

图7.9 智能卡口系统架构

5．通信指挥调度系统

通信指挥调度系统相当于城市公安机关的大脑，通过它的通信设备和网络建立起城市公共安全信息及时传递的桥梁和高速公路。其最重要的能力就是通过各自独立的通信系统和设备与网络的集成，实现随时随地接收到最新案情和事态的情报与信息，及时、安全、准确地发布指挥、调度和行动的命令。

7.3 智慧应急指挥平台

应急指挥是紧急情况下为解决人员救援、保证生命财产损失降到最低而采取的行动。智慧化的应急指挥应该有国家级、省市级和县区级的多级体系，在垂直畅通的基础上还应该保证横向互联，多行业、多部门协同作战，快速、实时地处置突发事件。图 7.10 所示为智慧应急指挥平台总体框架。

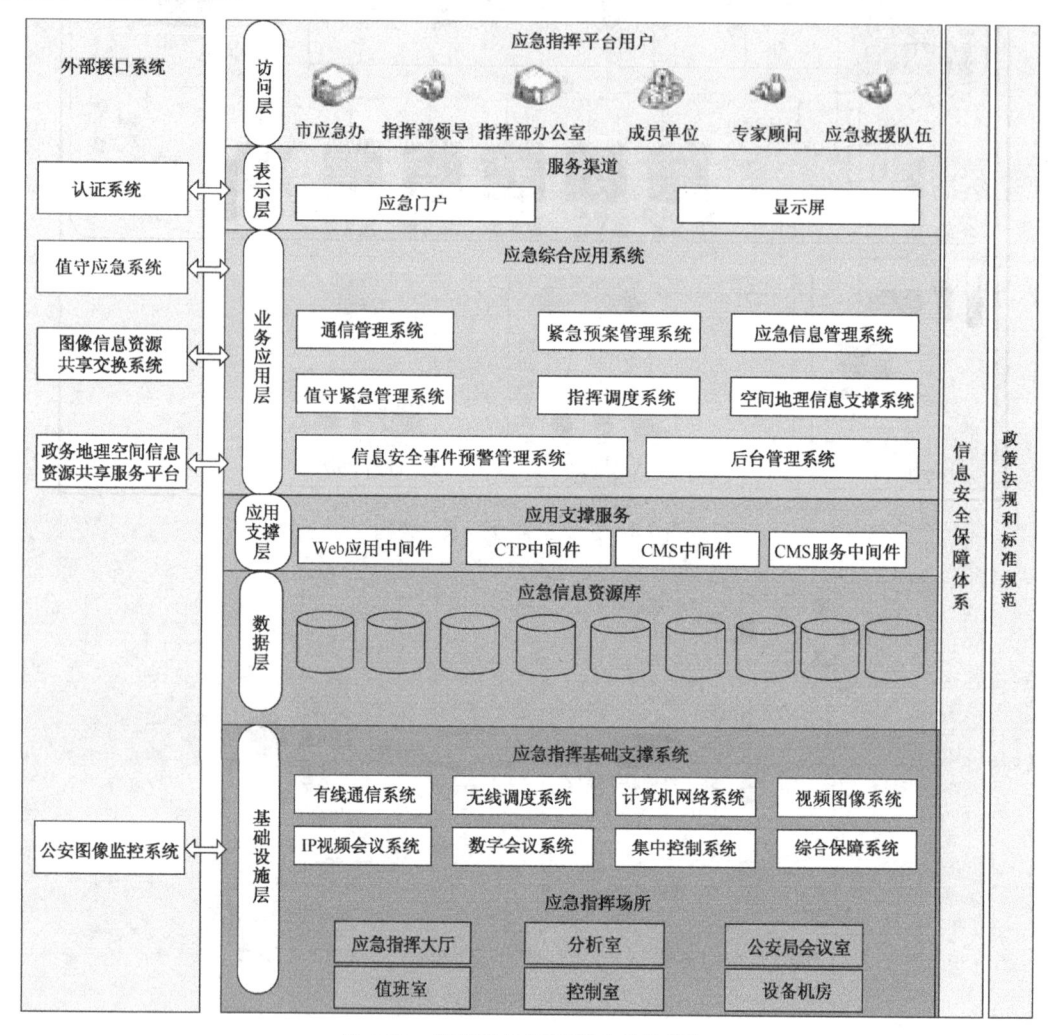

图 7.10 智慧应急指挥平台总体框架

总的来说，应急指挥平台完成的功能有以下几个方面：① 实现突发公共事件信息的接报处理、跟踪反馈和情况综合等应急业务管理，与各地区、各有关部门应急指挥管理平台保持联络畅通；按照统一格式，向自治市县报送重大突发公共事件信息、现场音视频数据以及重大突发事件预警信息，并通报相关部门。② 市县级应急指挥管理系统依托市县级政务信息网，覆盖市县级街道办事处、镇、专项指挥部及其他应急相关单位，实现在应急状况下调度指挥和协调，形成应对各种突发事件的市县级应急信息网络。③ 通过汇总分析突发公共事件的预测结果，结合事件的进展情况，对事件范围、影响方式、持续时间和危害程度等进行综合研判。④ 提供应对突发公共事件的指导流程和辅助决策方案，根据应急过程不同阶段处置效果的反馈，实现对辅助决策系统的动态调整和优化。⑤ 实现对应急资源的动态管理，为应急指挥调度提供保障。⑥ 利用视频会议、异地会商和指挥调度等功能，为各级应急管理机构应对突发公共事件提供快捷指挥。⑦ 建设满足应急管理要求的应急数据库系统，并通过和市县共享交换平台的互联互通获取基础数据支撑。

在常规情况下，即不发生突发事件时，应急指挥平台也应保证完成专业预警及公众舆论联合预警，应急资源的空间管理、预案的精细化管理以及多层次多角度的模拟演练等功能。图 7.11 所示为智慧应急指挥平台层次结构。

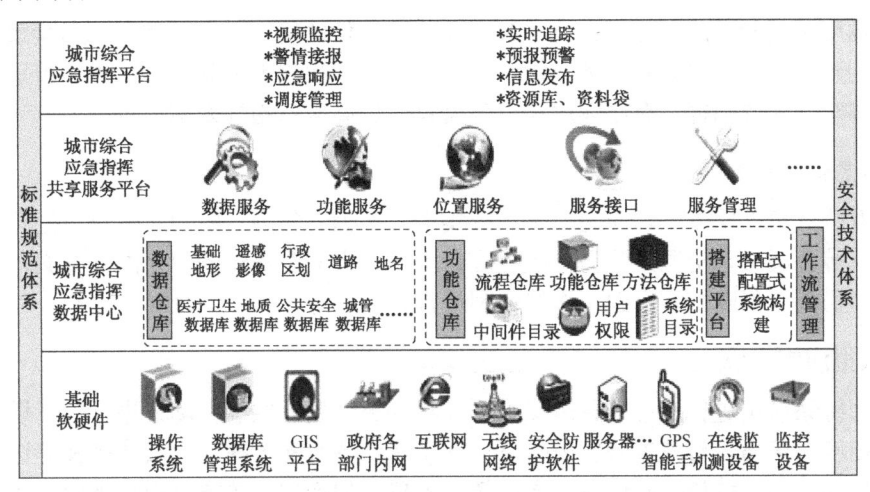

图 7.11 智慧应急指挥平台层次结构

在智慧应急指挥平台中，共有六大应用系统相互补充、相互支撑，共同完成和保证复杂条件下的应急保障。这些系统均以数据库系统为运行基础，提供强大的数据和业务管理能力，具有承载应急管理工作的各项业务，支撑突发公共事件的应急运作流程，是体现监测防控、预测预警、信息报告、综合研判、辅助决策、指挥协调、信息发布、总结评价以及模拟演练等主要功能的核心。这六大应用系统分别是风险隐患监测防控系统、预警管理系统、空间辅助决策系统、指挥调度系统、应急保障系统以及模拟演练系统等。

1. 风险隐患监测防控系统

风险隐患监测防控系统实现政府各级部门、各地级以上市政府的监测信息与风险分析结果的汇集、相关信息的抽取并据此进行风险分析，把结果直观地展现给决策者作为预测预警或者事件处置的依据。通过整合各级政府的专业部门资源，能够获取大量重大危险源、关键基础设施和重点防护目标等的空间分布与运行状况等有关信息，以监控、分析风险隐患，预防潜在的危害。

2. 预警管理系统

预警管理系统实现突发公共事件的早期预警、趋势预测和综合研判，即根据当前掌握的信息，运用综合预测分析模型，对事态发展和后果进行模拟分析，预测可能发生的次生、衍生事件，确定事件可能影响范围、影响方式、持续时间和危害程度，并结合相关预警分级指标提出预警分级建议与预案。

3. 空间辅助决策系统

空间辅助决策系统主要是基于时间信息框架，对事件所牵涉的各项客体、主体、外部因素进行多角度和多层次分析；通过将突发事件信息与历史相关数据对比，帮助决策者对事件等级和影响范围进行评估；调用应急知识库，对各类信息综合集成、分析、处理、评估和研究；推演事件发展态势；根据事件进展信息和各项基础信息，对系统中各项预案进行对比分析；对预警和事件信息进行组合查询、统计分析等。

4. 指挥调度系统

指挥调度系统辅助应急指挥人员了解突发公共事件的发生、发展状况，通盘掌握应急处置情况，创建并向各单位分发任务，协调任务执行过程中出现的问题，并进一步采取相应的措施。最终实现协同指挥、有序调度和有效监督，提高应急指挥效率。

5. 应急保障系统

当突发公共事件发生时，应急保障系统实现对人力、物力、财力、医疗卫生、交通运输及通信保障等各类应急资源的管理，参考应急预案制定应急资源的优化配置方案，以满足应急救援工作需要，保障恢复重建工作的顺利进行。

6. 模拟演练系统

模拟演练系统可进行应急处置模拟推演，对各类突发公共事件场景进行仿真模拟，分析事态、提出应对策略，对处置突发公共事件的步骤、各方配合联动及具体措施等进行网络模拟演练。模拟演练系统依托其他业务子系统，模拟过程产生的数据不影响平台实际运行，演练报告还将保存到文档库中。

上述六大应用系统的功能实现在实际中通过展示界面完成。此界面通过提供统一的展示和分析相关报警事件信息与处置应急事件的功能，针对所关心的信息可以进行自定义管理，选择需要的信息进行展示，为管理人员快速了解当前城市的运行状况提供实时信息。在展示界面上会显示城市的报警事件等级，共有 5 级：一级即城市应急突发事件；二级即城市公共安全；三级即城管事件；四级即交通事件；五级即城市监测事件。针对不同的报警事件，在空间辅助决策的基础上，直观地展示报警事件相关重点区域的空间地理信息，并提供报警事件区域 300 m、500 m、1 000 m 的周边情况进行分析和标绘，按事件类别、级别等要素自动显示相关预案，依托指挥调度系统，实现对突发报警事件的处置。

7.4 智慧医疗卫生服务平台

智慧化的医疗卫生服务，其宗旨仍然是全面提高应对医疗卫生事件的能力，更好地保障人民群众身体健康和生命安全。在规划构成中，应着重从门诊、住院、药品、物资、患者、医护人员等全方位掌握动态，各种技术手段并用，在统一制定智慧城市医疗卫生服务规范的基础上，构建市、区（县）两级纵向联结平台，提高信息质量和准确性，确保互联互通和数据共享。

7.4.1 智慧医疗卫生服务平台结构

智慧医疗卫生服务平台可概括为"三级网络、两层结构"。三级网络就是依托智慧城市政府公用数据网，综合运用计算机技术、网络技术和通信技术，建立连接市、区（县）、乡镇三级卫生行政部门和医疗卫生机构的双向信息传输网络，形成智慧城市医疗卫生信息虚拟专网。两层结构就是在市、区（县）两级建立两层医疗卫生信息网络结构。其中，在市级平台上建立全市医疗卫生中心数据库，支持全市医疗卫生资源的综合指挥调度，该平台由智慧城市医疗卫生信息中心负责统一规划、建设和管理，并在市 CDC（疾控中心）、卫生监督所、急救中心、妇幼保健院、血液中心等专业机构建立相关业务数据库；各区（县）应建立区（县）级医疗卫生服务平台，与区（县）卫生行政部门、区（县）疾病预防控制机构、卫生监督机构、妇幼保健机构和医疗卫生机构等连接形成区域医疗卫生服务平台。

从应用系统构成看，智慧医疗卫生服务平台由突发医疗卫生事件报告监测系统、医疗卫生资源综合管理系统、卫生防病信息系统、卫生监督执法信息系统、医疗卫生救治信息系统、突发医疗卫生事件应急指挥调度信息系统、妇幼保健信息系统、实名就诊卡系统等应用系统组成。

7.4.2 智慧医疗卫生应用系统

1. 突发医疗卫生事件报告监测系统

突发医疗卫生事件报告监测系统是在传统防治工作基础上，将疫情定期报告的逐级统计转为在线报告，满足预警和快速反应的要求，其架构如图 7.12 所示。其主要内容包括：① 完善突发医疗卫生事件直报系统，建成畅通的疫情信息网络，实现全市所有一级以上医院与国家、市、区（县）CDC 联网，并将疫情信息网络逐步延伸到全市所有的村卫生室和社区卫生服务站，实现智慧城市疫情信息资源的全行业覆盖。② 在市、区（县）两级医疗卫生信息平台上建设与国家 4 套直报系统（疾病监测报告管理系统、突发医疗卫生事件管理系统、死亡信息上报管理系统、疾病控制基本信息系统）数据的接口，实现对疾病和突发医疗卫生事件的数据监测和分析预警。③ 建立市、区（县）两级突发医疗卫生事件、相关危险因素数据库。区（县）CDC 通过网络信息系统对辖区内突发医疗卫生事件报告进行核实、流行病学调查、订正，完善本地数据库建设；市 CDC 对全市突发医疗卫生事件数据库进行综合管理；各级卫生行政和监督部门对辖区内突发医疗卫生事件报告进行执法监督。④ 加强各级各类医疗卫生机构突发医疗卫生事件报告人员的技术培训，提高各级疾病控制机构的疫情监测数据分析和预警能力。

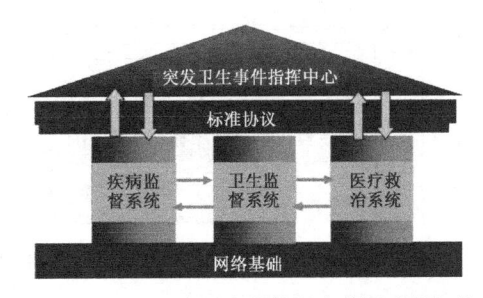

图 7.12 突发医疗卫生事件报告监测系统架构

2. 医疗卫生资源综合管理系统

医疗卫生资源综合管理系统是智慧医疗卫生服务平台的基础，通过市、区（县）两级区域医疗卫生资源综合管理平台，将各部门所要采集的信息分解为原始数据项；通过直接采集原始数据项的方式，强化数据的规范性、一致性，减少基层单位重复采集数据的情况发生；通过医疗卫生资源信息的整合，形成为智慧城市医疗卫生工作提供包括人力、物力及疾病发生等信息的全方位服务，生成满足多方面需求的医疗卫生指标体系。图 7.13 所示为医疗卫生资源综合管理系统结构。具体内容包括：① 建立市、区（县）两级区域医疗卫生资源综合管理系统，按照属地管理的原则采集、整合区域内医疗卫生机构的医疗卫生资源信息；② 医疗卫生资源信息主要包括医疗卫生机构、人力资源、医疗卫生设备、应急药品库存、应急卫生材料库存、血液库存、住院床位动态以及救护车辆动态等信息；③ 实现智慧城市医疗卫生资源信息的全面采集、整合、分析并支持指挥调度。

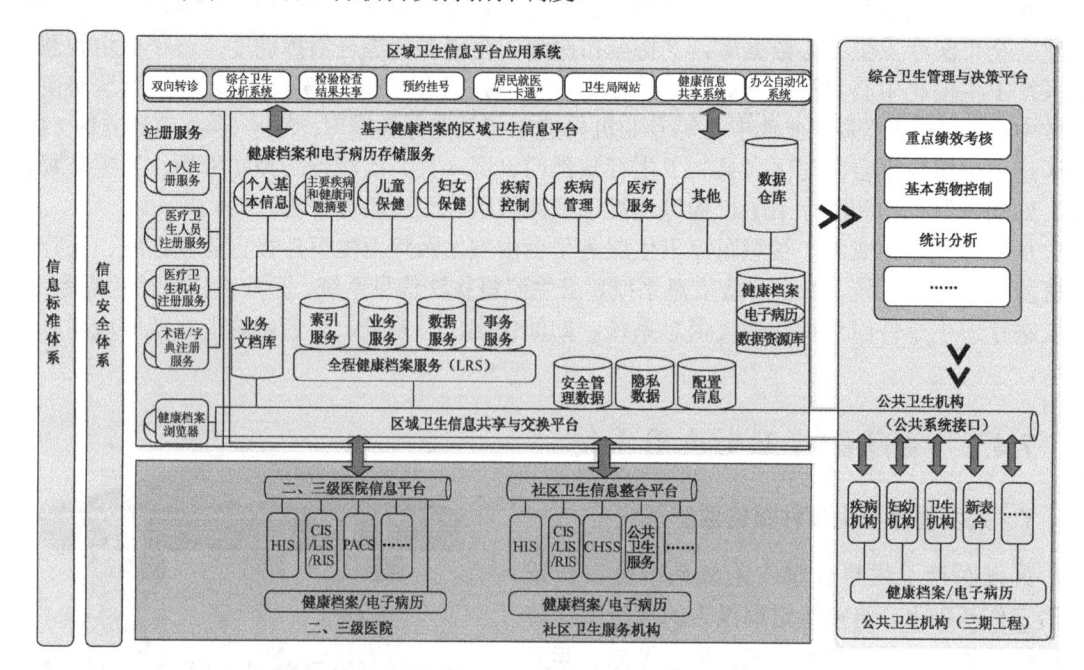

图 7.13 医疗卫生资源综合管理系统结构

3．卫生防病信息系统

卫生防病信息系统建设是区域医疗卫生信息系统建设的重要内容，其系统架构如图 7.14 所示，具体内容包括：① 完成由市、区（县）两级 CDC、妇幼保健、健康教育与各级卫生医疗机构、社区卫生服务机构和乡镇卫生院组成的全市疾病预防控制体系的信息采集、传输设备和网络设施的建设；② 通过统一的信息交换机制，逐步实现对基础疾病信息的采集和监测，对医疗卫生机构提供的就诊患者日常主要疾病症状和就诊信息进行汇总，研究设置预警域值，形成对传染病及医疗卫生事件的监测预警；③ 建立卫生防病中心数据库，包括卫生防病信息、卫生防病决策支持等；④ 各级医疗卫生信息系统都应实现与国家卫生部 4 套直报系统数据的导入导出，加快数据分析模型的研究、分析和再利用。

4．卫生监督执法信息系统

卫生监督执法信息系统具有与疾病控制、医疗卫生救治信息系统类似的功能，其特殊性还表现在不仅对医疗卫生机构自身行为的监督执法，而且对全社会与健康相关的环境、产品及服务的监督执法，如经常性卫生监督、预防性卫生监督以及突发事件报告等。具体内容包括：① 统一的"卫生监督执法报告和数据中心"，卫生监督执法数据库，包括监督对象、监督执法工作、监督执法结果以及卫生监督资源等；② 利用基于 IC 卡和 POS 机（销售终端）

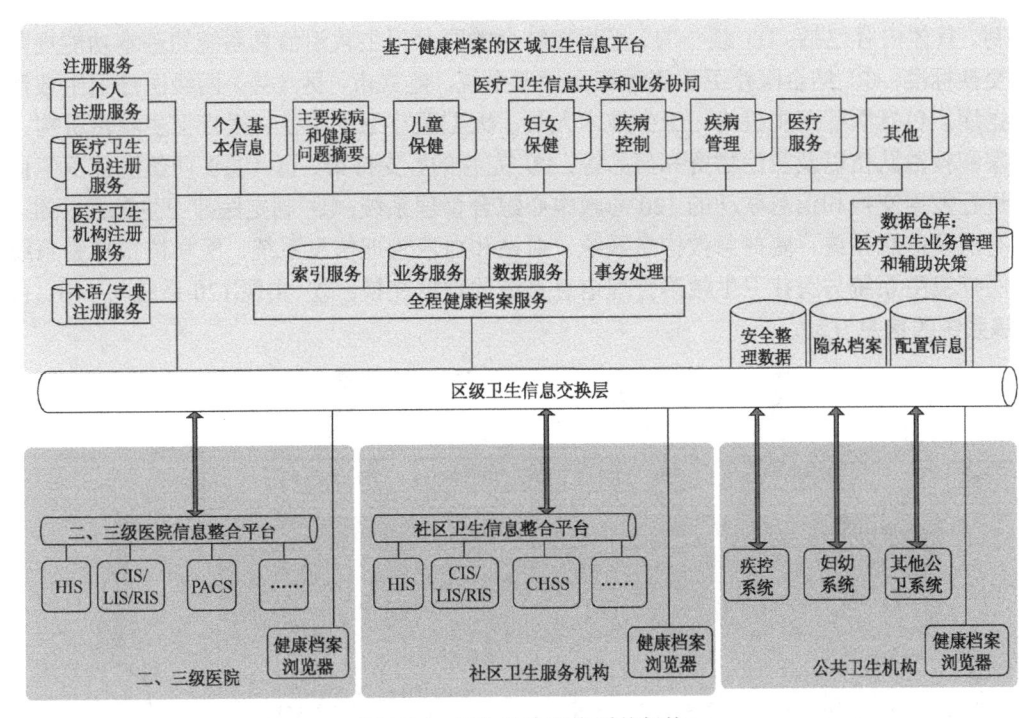

图 7.14 卫生防病信息系统架构

的卫生监督执法信息采集处理系统实现卫生监督执法数据的及时录入和汇总;③ 市、区(县)两级卫生监督执法管理系统软件;④ 卫生监督机构与监督对象、疾病预防控制中心、医院和其他医疗卫生机构数据的接口,保证信息的及时交流和共享;⑤ 监督执法信息系统还包括食品卫生、公共场所卫生、放射卫生、职业卫生、学校医疗卫生的监督、监测,以及医政管理、妇幼保健和血液管理的执法监督等内容。图 7.15 所示为卫生监督执法系统框架。

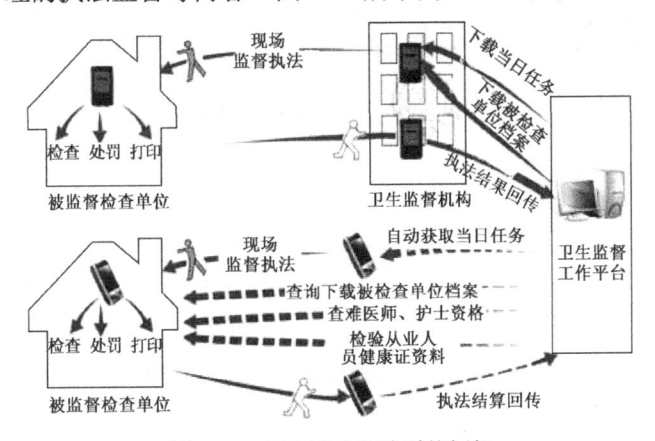

图 7.15 卫生监督执法系统框架

5. 医疗卫生救治信息系统

医疗卫生救治信息系统框图如图 7.16 所示。医疗卫生救治信息系统是突发医疗卫生事件应急机制和反应能力的重要组成部分,既服务于日常医疗卫生管理、医疗卫生服务、救治、远程医学等业务工作,又适应突发医疗卫生事件等重大危害时期区域医疗卫生救治资源统一调度的需要,并在医疗卫生机构、紧急救援机构和疾病预防控制机构之间建立畅通的信息沟通机制。具体内容包括：① 统一的、平战相结合的医疗卫生救治信息系统的基本功能规范和信息交换标准；② 结合医疗卫生资源综合管理系统，建立市、区（县）两级医疗卫生救治资源数据库，包括医疗卫生机构、卫生技术人员、大型医疗卫生设备、医疗卫生救治机构、救治专家和救治队伍以及救治物资和药品等；③ 完善的、支持市、区（县）两级医疗卫生信息系统进行数据交换和信息联动的 120 急救中心综合管理系统；④ 制定医疗卫生信息标准，实现现有医院信息系统、院前急救信息系统、血站和血液管理信息系统、医学情报检索系统、远程医疗卫生系统与医疗卫生救治管理信息系统的数据交换；⑤ 实现 120 系统与 110、119，122 等系统的信息互动。

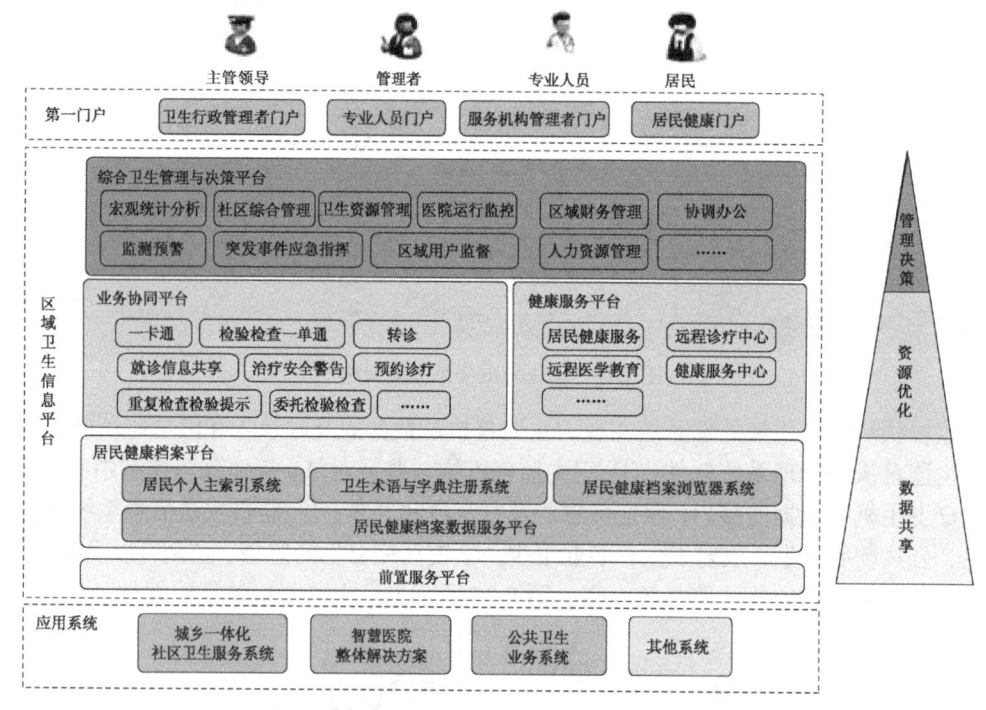

图 7.16　医疗卫生救治信息系统框图

6．突发医疗卫生事件应急指挥调度信息系统

在市、区（县）两级医疗卫生信息网络系统上进行功能扩充，将疾病与突发医疗卫生事件监测信息、医疗卫生救治信息、卫生监督执法信息和相关信息统一在网络平台上，采用科学的危机处理方法、先进的信息处理技术和现代的管理手段，对突发事件进行辨别、处理和反应，全过程跟踪。具体内容包括：① 指挥场所以及计算机网络系统和管理、通信系统和管理及视频音频（如电视电话会议）等；② 医疗卫生综合指挥调度数据库；③ 指挥中心与决策系统软件；④ 与相关部门的信息交换机制。突发医疗卫生事件应急指挥组织体系框架如图 7.17 所示。

7．妇幼保健信息系统

妇幼保健信息系统利用先进的计算机信息处理技术和通信技术，覆盖全市各妇幼卫生机构和全市妇幼人口的信息网络，实现妇幼保健健康档案和报表数据的信息化管理。具体包括：

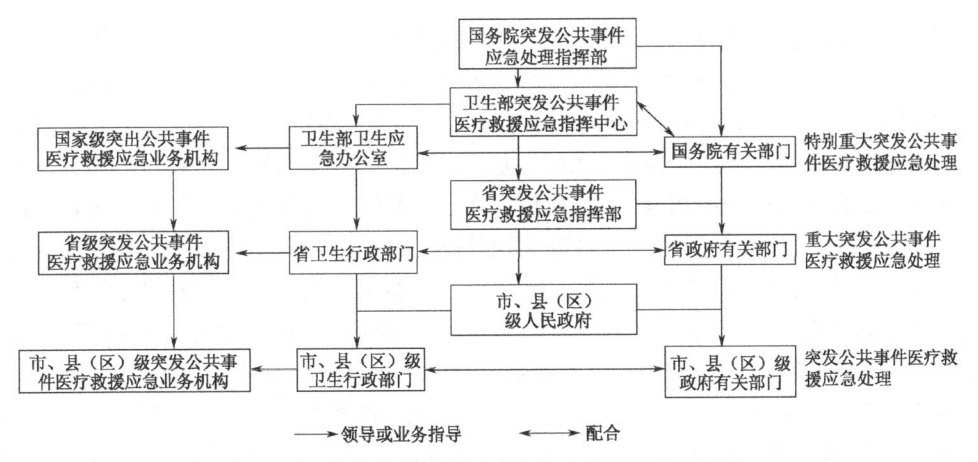

图 7.17 突发公共事件医疗救援应急组织体系框架

（1）妇幼保健信息网络覆盖的机构分别为：① 一级单位是指基层开展业务工作的单位，包括各级医院相关科室、托幼园（所）保健科；② 二级单位是指区卫生局防保科/妇幼科、区妇幼保健院；③ 三级单位是指市卫生局妇幼处、卫生局信息中心及市妇幼保健院；④ 四级单位是指卫生部妇社司、国家妇幼保健中心。

（2）业务内容有妇女保健、婚前检查、孕妇保健、产妇保健、婴儿保健、幼儿保健和学龄前儿童保健。保健是指定期体检、评价、常见疾病的预防和治疗、疾病普查、健康教育等。

（3）对全市孕妇、婴儿等人群的追踪检查，及时提供健康医疗卫生服务。

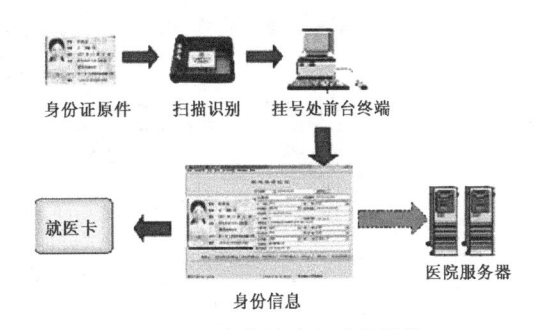

8. 实名就诊卡系统

实名就诊卡系统结构如图 7.18 所示。通过在全市统一使用实名就诊卡和银行卡在医疗卫生机构中的应用，实现实名就诊，赋予所有患者统一的实名代码，方便病人就医；通过疾病信息上报，逐步积累就诊病人的本底信息，实现疾病预警的功能。具体包括：① 各区（县）卫生局共同参与系统建设，协调本辖区医院开通系统，上报信息，将实名就诊卡系统建设作为各区（县）疾病监测预警工具，纳入本地医疗卫生信息系统；② 就诊卡与市民卡合二为一；③ 实名就诊卡系统信息资源全市共享，提供与区（县）其他系统的标准接口。

图 7.18 实名就诊卡系统结构

7.4.3 智慧医院

智慧医院使从业医生能够搜索、分析和引用大量科学证据来支持他们的诊断，同时还可以使医生、医疗研究人员、药物供应商、保险公司等整个医疗生态圈的每一个群体受益。在不同医疗机构间，建立起医疗信息整合平台，将医院之间的业务流程进行整合，使医疗信息和资源可以共享和交换，跨医疗机构也可以进行在线预约和双向转诊，这使得"小病在社区，大病进医院，康复回社区"的居民就诊就医模式成为现实，从而大幅提升医疗资源的合理化分配，真正做到以病人为中心。

智慧医院从宏观上看由两大部分构成：一是医院的信息化应用系统，一是医院的智慧化建筑系统。前者体现"医"的特点，由智慧医院云服务平台（Intelligent Hospital SaaS，IHSaaS）、综合医院信息系统（Intelligent Hospital Informaiton System，IHIS）、临床信息系统、电子病历（Electronic Medical Record，EMR）系统、医学影像存储传输系统（Picture Archiving and Communication Systems，PACS）、远程视频医疗会诊系统、医疗就诊卡管理系统、医院业务管理系统、医院行政管理系统、医院财务管理系统、医疗办公自动化系统以及辅助决策系统（与HIS集成）等构成。后者体现"院"的特点，主要由智慧建筑物业及设施管理信息系统（Intelligent Building Property Management System，IPMS）、建筑设备管理系统（Building Magement System，BMS）与楼宇自动化系统（Building Automation System，BAS）、综合安防管理系统（Security Management System，SMS）、视频监控系统、访客管理及医用对讲呼叫系统、停车场管理系统：车牌识别和车位引导、公共广播及背景音乐系统、"一卡通"管理系统、综合布线系统、智能化系统物联网络布线系统、有线电视系统、电子公告及信息查询系统、弱电防雷与接地系统以及智能化机房工程等构成。

目前，国内已兴起的智慧医院项目总体来说已具备以下功能：智能分诊、手机挂号、门诊叫号查询、取报告单、化验单解读、在线医生咨询、医院医生查询、医院周边商户查询、医院地理位置导航、院内科室导航、疾病查询、药物使用、急救流程指导、健康资讯播报等。与此同时，电子健康档案/电子病历的建设，通过标准化的业务语言组件，在授权许可范围内，共享患者的病历信息，以供医护人员随时查询，为预防、诊断、康复提供可靠参考，这保证了患者在任何地方都能得到一致的护理服务，从而有效提升了医疗服务水平。图7.19所示为智慧医院总体架构示例。

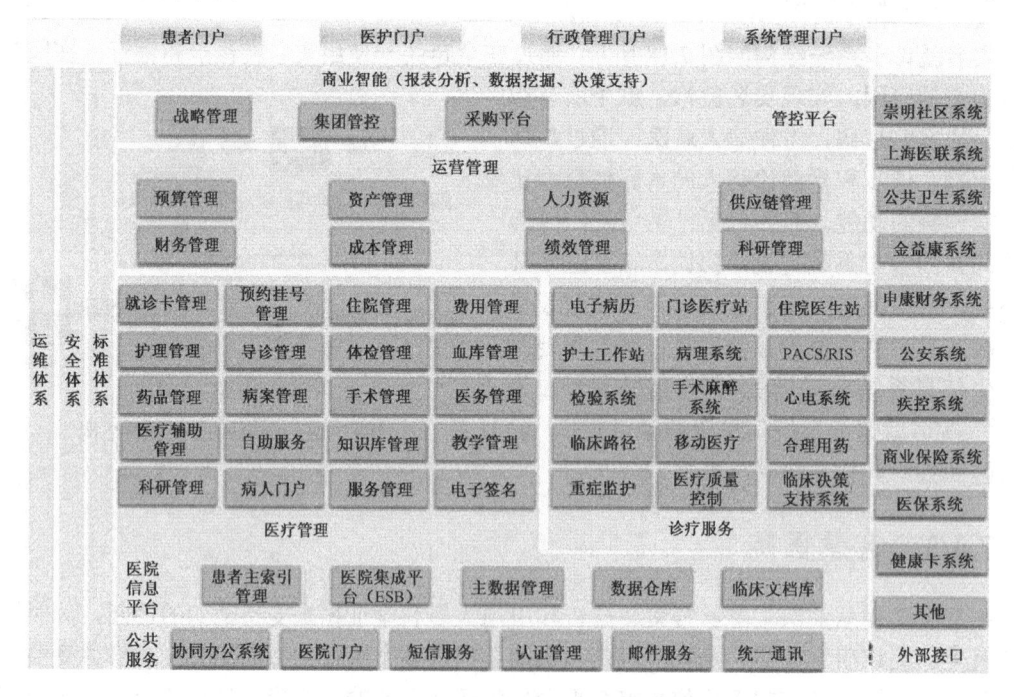

图7.19 智慧医院总体架构示例

7.5 智慧社区服务平台

7.5.1 智慧社区的特点与作用

社区是最小的城市行政单元，是城市构成的基本单位，其智慧化程度的高低不仅体现了智慧城市水平的高低，而且与公众最为贴近，直接影响公众对智慧城市的体验感觉。从功能上看，一个完整的智慧社区应包括上面所说的所有功能模块，如政府管理、公共安全、应急指挥、社区医疗等，否则以上各个功能模块就不足以真正发挥作用，惠及民生。因此，智慧社区是智慧城市的基础组成部分，其建设不是孤立存在的，而是智慧城市的"末端"或者说"前端"。作为智慧城市的组成部分，智慧社区建设与智慧城市的其他建设内容（如政府信息化、城市信息化、社会信息化、企业信息化等）是相互依存和关联的，它们共同构成一个整体。不仅如此，智慧社区中的一些应用实际上是智慧政府和电子商务等建设项目在智慧社区领域的延伸。因此，在开展智慧社区建设时应在智慧城市总体规划的指导下，密切注意整体的统一和相互间的协调，充分共享建设成果，从整体上提高效率和效益。智慧社区系统功能架构如图 7.20 所示。

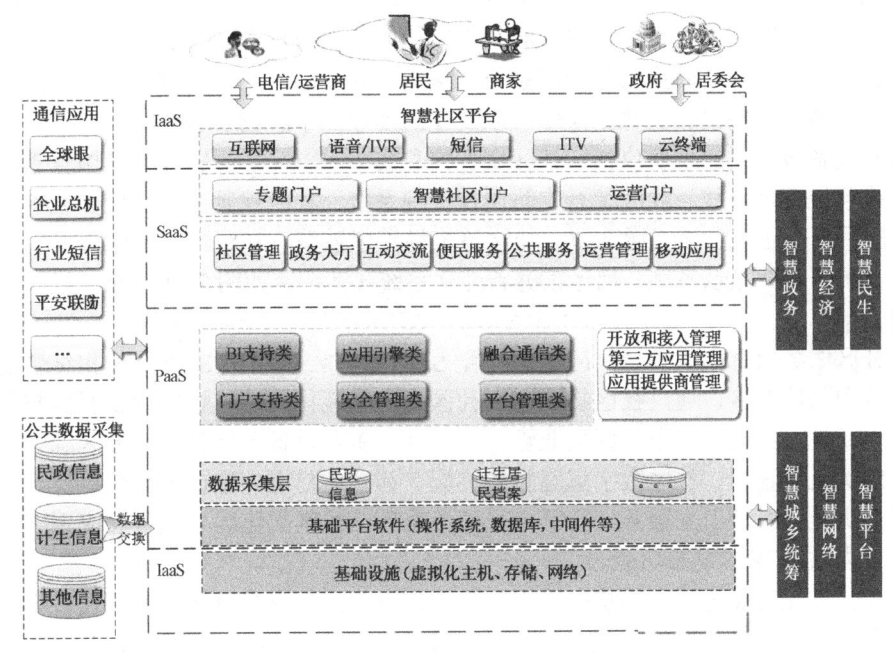

图 7.20 智慧社区系统功能架构

建设智慧社区将在以下几个方面发挥作用：

（1）提高政府工作效率。智慧政府的应用向社区延伸，可大大提高社区组织以及整个地方政府的工作效率。例如，电子公文流转向社区延伸，可以以十分迅速和便捷的方式将市、区政府的有关文件传递到每个社区，有利于有关政策的迅速传达与贯彻。又如，视频会议系统打破了场地限制，可以根据需要将一些会议的分会场扩大到每个社区，由此不仅可减少一些不必要的层层传达，还可大大提高政府有关政策和意志宣传贯彻的时效性。

（2）提供为民政府服务。将直接面向公众服务的应用延伸到社区，可更好地向公众提供政府部门的服务。例如，将社会保障与市民卡系统应用延伸到社区，可大大方便市民办理社会保险、优抚安置、灾害救济、城市低保、社会福利等方面的手续。

（3）促进政务信息公开。在各社区内广泛宣传市长热线系统和政府网站，使更多的市民了解并使用这些成果，可促进政府与广大市民的沟通与交流，促进市民更多地关心并参与城市建设，监督政府部门工作，为政府献计献策。

（4）促进智慧政府建设完善与发展。将社区住户和居民管理应用与人口基础数据库的建设紧密结合，既可以使前者利用后者的建设成果，又有利于人口基础数据库获取更为真实、完整的人口数据。另外，可以通过社区网站与上级政府网站的链接，增加政府网站的上网人数和点击次数，从而使政府利用网站所进行的政务公告、新闻发布、民意调查等活动有更多市民参与。

7.5.2 智慧社区应用系统

智慧社区服务平台包括社区政务服务应用系统、社区公共服务应用系统以及商业服务应用系统。其中，智慧社区政务服务应用系统包括政务信息服务、行政审批服务、网上申报与注册服务、公众业绩评估、社区治安管理、社区环境与节能管理、社区居民与流动人口管理、社区计划生育管理以及社区老龄人口管理等；智慧社区公共服务应用系统包括社会保障服务、城市市民卡服务、医疗卫生服务、教育服务、文化服务、房产管理与服务、福利与救助以及就业与培训等；智慧社区商业服务应用系统包括电子商务服务、现代物流服务、金融服务、旅游服务（含酒店、餐饮、交通、娱乐）以及建筑及住宅小区物业服务等。

智慧社区各应用系统主要包括：社区服务信息集成平台、社区物业及设施管理系统、社区节能减排监控管理系统、社区综合安防监控管理系统、社区视频监控系统、社区公共设施 RFID 监管系统、社区公共广播系统、社区停车场管理系统、社区"一卡通"及门禁管理系统、社区电子公告牌显示系统、社区家庭智能化系统（其示例如图 7.21 所示）以及社区物联网系统等。

（1）社区服务信息集成平台：应用云计算 SaaS 技术，采用 B/S 和 C/S 相结合的计算机结构，支持网页超链接，通过社区物联网、社区家庭智能化终端、社区综合服务与管理服务器集群三大新技术应用，实现社区物业管理、社区设施及设备节能管理、社区综合安防及公共设施 RFID 监控管理、社区数字家庭智能终端、社区住户电力数据统计分析等一体化的信息集成，提供社区医疗卫生服务、社区电子商务服务、社区文化娱乐服务等应用模块，并具有独立门户网站和 Web 发布功能。

（2）社区物业及设施管理系统：采用 B/S 工作方式，其内容包括物业管理、设施管理、公共安全管理、社区节能减排管理、社区维修保养、社区保洁、社区服务、社区智能电网分户计量及统计分析等，并提供与社区服务信息集成平台、社区门户网站、社区综合安防系统、社区设备监控与节能系统、社区家庭智能化终端、社区电力数据统计分析系统的通信接口。

（3）社区节能减排监控管理系统：由社区机电设备管理系统和设备监控与节能系统组成，涉及内容有网络化设备监控管理平台、社区公共建筑空调系统监控、社区能耗计量与节能管理、给排水设备监控、变配电设备监腔、照明及灯光控制管理、电梯运行监控等。

（4）社区综合安防监控管理系统：包括社区周界入侵报警、视频监控、楼栋单元门禁及可视对讲、家庭安全报警、社区公共设施 RFID 监管、停车场管理等一体化的监控管理，以确保社区人身财产和公共设施的安全。

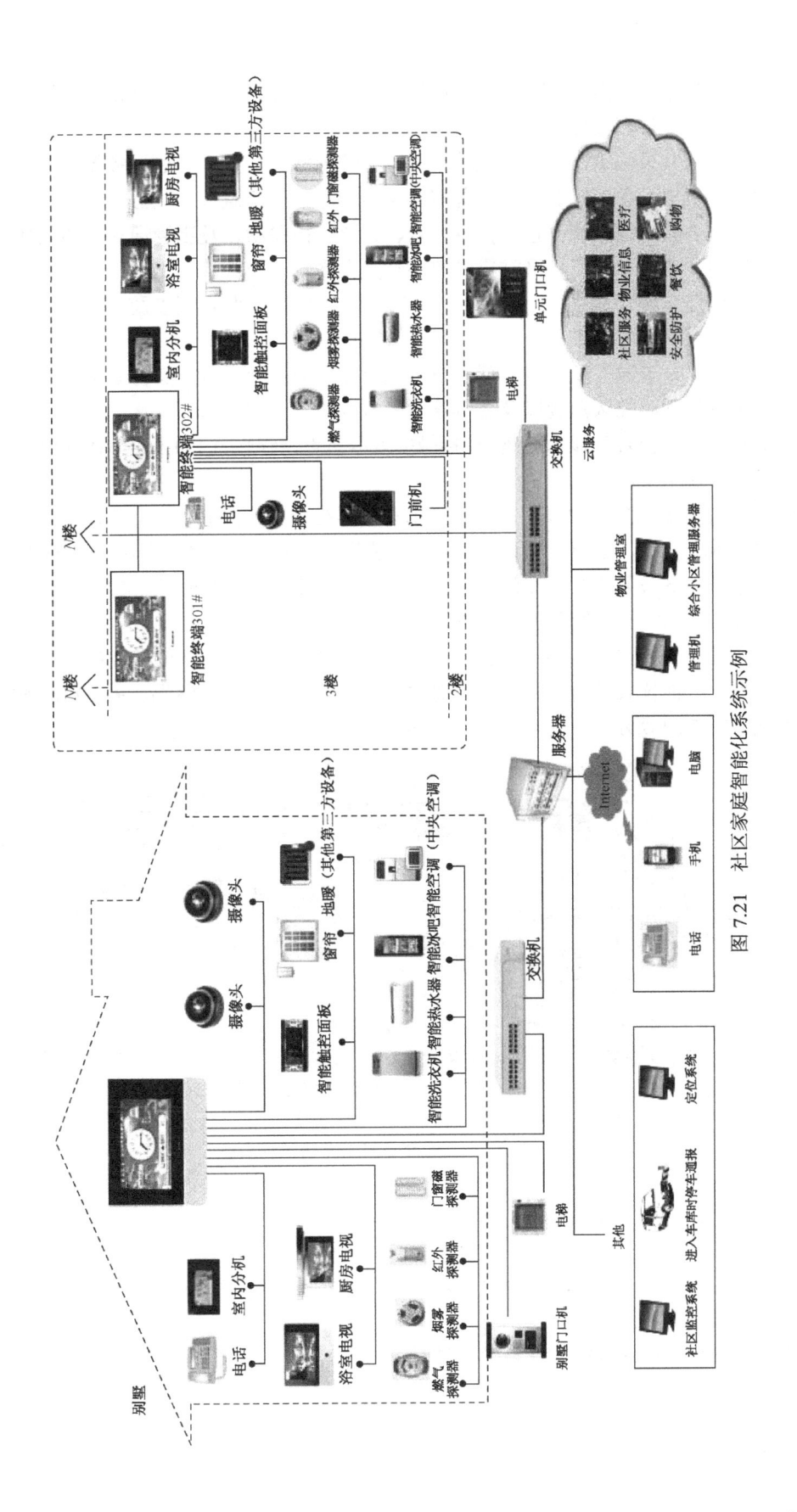

图 7.21 社区家庭智能化系统示例

(5)社区视频监控系统：主要包括电视监控、云台控制、视频矩阵切换、报警联动、数码录像以及图像信号网络传输。

(6)社区公共设施 RFID 监管系统：利用无源 RFID 标签，通过射频阅读器实施对社区内公共设施、机电设备、综合安防设备与器材的信息采集和监管。

(7)社区公共广播系统：包括背景音乐、紧急广播联动以及物管通知，还包括双向有线电视传输网络，通过社区门户网站提供数字家庭文化娱乐服务。

(8)社区停车场管理系统：包括住户车辆管理、停车收费管理以及车辆影像识别安全管理等内容。

(9)社区"一卡通"及门禁管理系统：包括住户卡发行、住户身份识别、社区楼栋单元门禁、停车场管理、社区消费以及会所管理等内容。

(10)社区电子公告牌显示系统：包括触摸屏信息查询终端、LED 公告牌显示屏、LCD/PDP 视频以及广告显示系统。

(11)社区家庭智能化系统：由信息显示触摸屏终端和家庭智能单元组成，其中包括家居安防报警、家电控制、空调控制、社区内及远程网络可视对讲、社区网站、社区医疗卫生服务、社区电子商务服务、社区文化娱乐服务、互联网接入、物业服务、室内电视机连接显示等功能。该应用系统的示例参见图 7.21。

(12)社区物联网系统：采用以太网结构和 TCP/IP 通信协议，可实现社区内各监控系统智能控制器、智能仪表及传感器、可视对讲设备、数字家庭智能终端、RFID 设备的联网和互联互通。图 7.22 所示为社区物联网系统架构。

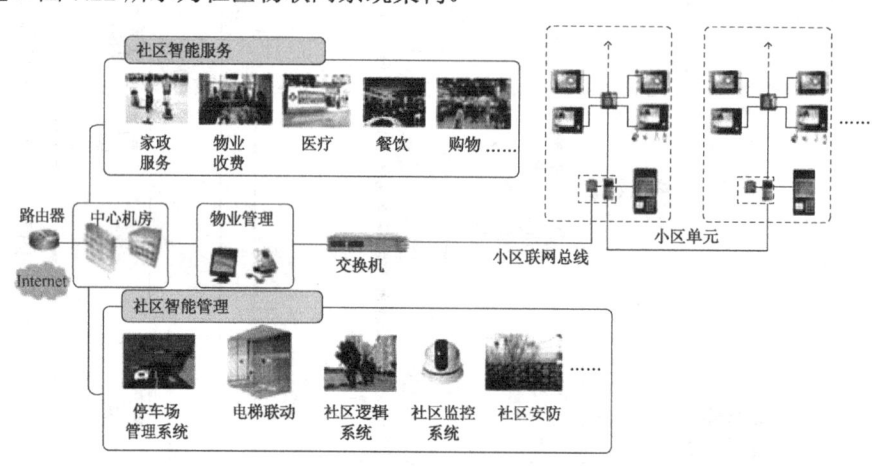

图 7.22　社区物联网系统架构

7.5.3　智慧社区医疗服务系统

智慧社区医疗服务系统的典型应用如图 7.23 所示，智慧社区医疗服务工作流程如图 7.24 所示。

下面介绍智慧社区医疗服务系统的组成。

1. 社区个人健康档案系统

社区个人健康档案系统的内容通常包括：① 全科医生通过该系统对责任区的居民建档、

维护；② 在转诊过程中能为其他医疗机构调用，实现居民健康档案跨区管理；③ 全科医生通过调用居民健康档案信息，了解居民的健康情况，更好地为居民服务；④ 管理职能部门人员借助健康档案的统计分析全区居民的健康情况，对所辖的社区服务中心、社区主站全科医生的工作进行监督管理。与此同时，移动医疗的出现让每一个患者都可以通过手机应用查看个人曾在医院的历史预约和就诊记录，包括门诊/住院病历、用药历史、治疗情况、相关费用、检查单/检验单图文报告、在线问诊记录等，不仅可以及时自查健康状况，还可通过 24 小时在线咨询医生。

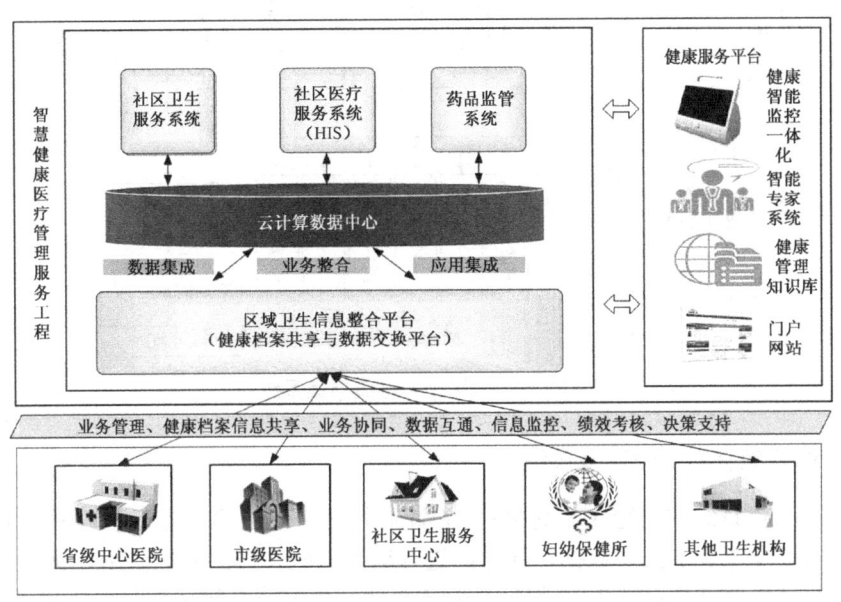

图 7.23 智慧社区医疗服务系统的典型应用

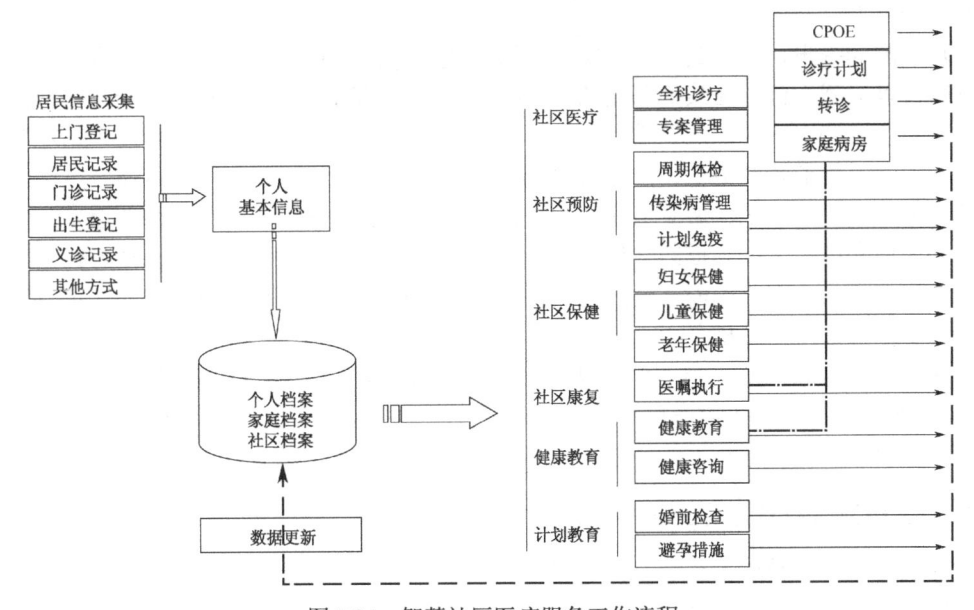

图 7.24 智慧社区医疗服务工作流程

社区个人健康档案系统如图 7.25 所示。

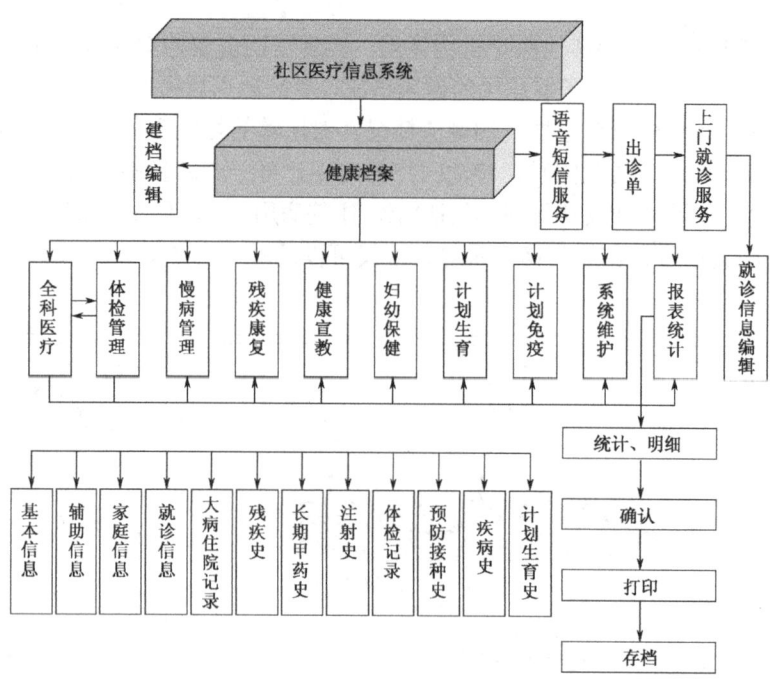

图 7.25 社区个人健康档案系统

2. 社区健康教育和保健服务系统

社区健康教育系统的内容主要包括：① 针对社区主要健康问题，明确社区教育的重点对象、主要内容及适宜形式，根据不同时期进行适当调整，建立疾病防治、健康教育、卫生常识等模块及其更新方法；② 提供常见病的健康教育处方公共模板和个性化模板，医生可于诊疗后或预防保健服务后发放；③ 按照统一指标体系进行统计报表编制，通过接口向上级数据中心上传数据。

疾病预测的推出，为与其相关的医疗、医疗资源分配的优化和效率提升提供了很好的大数据支持。以流感为例，在疾病预测的支撑下，医疗机构可以提前知晓流感的走势，从而及时做好预防措施和医疗资源的储蓄和分配。更确切地说，医院等医疗机构可以根据流感的爆发时间和力度，提前预判数量，从而妥善分配好门诊、急诊挂号量，以及协调好主治医生、住院部等方方面面的资源，做到万无一失。而对于医药公司来说，疾病的突然爆发，往往考验其库存的调配能力。如果提前知道某一疾病可能爆发，医药公司就可以及早备药，不仅解决患者的用药需求，同时也能够通过这样的合作，获得院方、医疗连锁机构的认可，为后续的合作打下更为深厚的基础。

社区保健服务系统的内容通常包括：① 儿童的健康体检、生长发育监测、评价和干预等；② 孕产妇信息、产褥期信息、更年期信息管理监测和健康检查等；③ 老年人专项档案管理、随访管理、健康教育等。

3. 社区康复服务与计划生育服务系统

社区康复服务系统的内容包括：① 对各专档可进行新增、删除、修改、查询、统计及打印等操作；② 配合康复期精神疾患监护，指导康复治疗，提供康复咨询、指导和有关功能训练；③ 生成随访计划，根据随访计划对患者进行相应随访，建立随访记录，同时更新随访计划，其中随访情况包括治疗情况、康复情况及其他相关情况；④ 报表编制和数据上传。

社区计划生育服务系统的内容主要包括：① 全科医生或防保科医生依托健康档案信息建立育龄妇女花名册、生殖健康卡信息；② 与健康教育管理模块相结合，进行计划生育宣传计划管理和宣传活动过程记录；③ 全科医生通过该系统记录相关计划生育技术支持活动的相关过程信息；④ 全科医生或防保科医生记录避孕药物发放信息，并建立相关随访卡信息；⑤ 全科医生或防保科医生记录相关生殖保健活动的相关过程信息；⑥ 社区中心、社区站的全科医生和保健科医生能够查询统计所辖区域的信息；⑦ 领导部门具有查询、统计整个所辖区数据的功能，社区中心、社区站的管理人员具有部分订正修改功能。

4. 社区家庭诊疗服务与转诊服务系统

社区家庭诊疗服务系统的内容主要包括：① 记录社区家庭应享受公共卫生服务的人群、服务面、各专项服务项目等，建立家庭健康档案和专项服务档案时自动采集；② 根据诊断结果，对特定病人建立家庭病床，与防保、精防、康复业务等相结合，对病人进行长周期的跟踪治疗；③ 家庭健康档案实行全区统一管理，建立统一的家庭拆分、合并、迁入及迁出等变更信息的管理。

社区转诊服务系统的内容包括：社区卫生服务中心（站）转诊维护、社区卫生服务中心（站）接收转诊病患、转诊处理与转诊回复以及转诊信息查询等内容。

5. 社区传染病防治与精神卫生服务系统

社区传染病防治系统的内容主要包括：① 对社区内各类传染病（包括注定传染病和非法定传染病）的发病情况进行监测、评价与分析；② 掌握传染病病人信息的变化情况；③ 实现传染病的聚集性判断与预警。社区疾病预测用大数据让民众提前知晓疾病风险并预防。疾病预测目前可以就流感、肝炎、肺结核、性病这四种疾病，对全国每一个省份以及大多数地级市和区县的活跃度、趋势图等情况，进行全面的监控。同时还能智能化地列出某一疾病的整体指数、城市指数"Top 10"和搜索医院"Top 10"等。有了这样的大数据指导，民众就可以实时了解到自己所面临的疾病风险，并有针对性地进行预防，从而降低染病的几率。当地的药店、医院也可以根据这一趋势相应地提高对应药品的备货量、相关科室医生的排班计划等。

社区精神卫生服务系统的内容主要包括精神病人专项健康档案管理、精神病康复治疗管理以及精神病随访管理等。

讨论与思考题

（1）简述智慧城市业务平台的构成。
（2）如何规划智慧政府数据资源中心？
（3）简述智慧城市公共安全管理平台的管理范围与业务应用。
（4）阐述智慧城市应急指挥管理平台总体规划的内容。
（5）智慧社区服务平台规划包括哪些主要内容。
（6）阐述智慧城市公共安全管理平台框架。
（7）简述智慧社区电子商务服务要点。
（8）智慧医疗卫生服务平台的结构特征是什么？

第8章 智慧城市建设与管理

8.1 我国智慧城市建设内容与管理模式

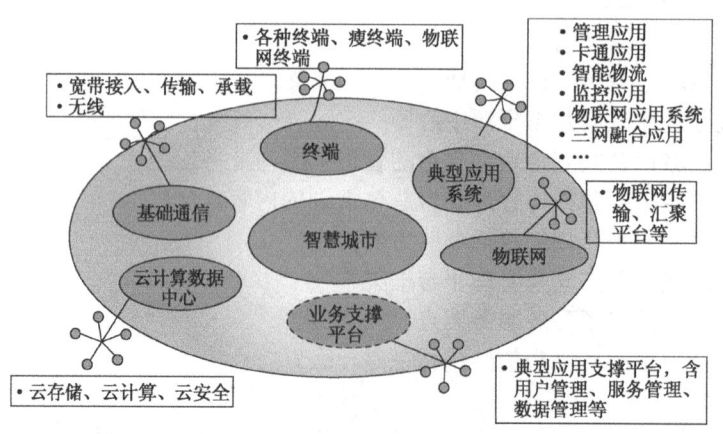

8.1.1 智慧城市建设内容

智慧城市建设是一项浩大的工程，具体工程建设完成后的运营又是一件长期复杂的工作。不同的智慧信息化项目，需要根据其独有特性选择不同的建设和运营模式。一般而言，智慧城市适龄考虑以下7个方面：① 加强信息基础设施建设，扩大互联网利用，构成覆盖城市的信息共享网络体系；② 开发和整合利用各种信息资源，建立和发展智慧城市的技术支撑体系；③ 以信息化带动工业化，通过微电子、计算机、网络等技术的应用，推动传统产业研究开发、设计、制造及工艺技术的变革，通过电子商务推动营销、运输和服务方式的变革；④ 建设"电子政府"，推进政府系统信息化建设，开展多层次的电子政务信息服务，建立和完善公众信息服务网络；⑤ 开发建设重点领域的信息应用系统；⑥ 建设信息化政策法规环境，有效管理信息资源，制定投融资政策；⑦ 建设智慧城市人才队伍，普及信息化知识，提高全社会的信息化和信息技术研发水平和工程技能。

智慧城市建设内容如图 8.1 所示，包括云计算数据中心、基础通信、终端、典型应用系统、物联网以及业务支撑平台等。其中，云计算数据中心是承载智慧化应用，构成各种支撑能力的核心基础设施，它承载各种物联网、三网融合等的数据，更重要的是承载用户行为数据，构成智慧化应用的核心；基础通信网络包括宽带接入、承载和传输等有线宽带网络，3G/4G蜂窝通信网络，以及无线 Wi-Fi 等设备；终端即各种终端，如 PC、电视、电话、各种物联网终端等；业务支撑平台支持各种智慧化应用的业务（包括订单管理、用户管理、服务管理）以及各种基本能力支撑（如数据库、基本的管理应用系统等）；物联网包括信息采集、存储、预处理等系统；典型应用系统主要包括各种应用系统，如管理应用、一卡通应用、智能物流、监控应用以及三网融合应用等。

图 8.1 智慧城市建设内容

8.1.2 智慧城市管理的内容与模式

1. 城市管理的内涵与基本内容

城市管理是指以城市这个开放的复杂巨系统为对象，以城市基本信息流为基础，运用决策、计划、组织、指挥、协调、控制等一系列机制，采用法律、经济、行政、技术等手段，通过政府、市场与社会的互动，围绕城市运行和发展所开展的决策引导、规范协调、服务和经营行为。它是实现城市高效运营、良性发展的重要手段，科学的管理可以促进城市的健康、快速发展。城市管理的本质是对城市资源进行合理调配，实现城市资源的效益最大化，其目的是为了协调、强化城市功能，保证城市发展战略的实施，促进城市社会的和谐发展，使人们能够享受幸福生活。城市管理的基本内容可分为城市的社会管理、经济管理、规划管理、生态环境管理和公共设施管理等几个方面。

1）社会管理

社会管理主要包括人口管理、社会法治管理、信息网络管理以及精神文明建设管理等方面。其中，人口管理是城市社会管理中重要的一环，涵盖了与人口相关的各项基本信息管理；社会法治管理是指依照严格公正的司法程序来管理社会生活中的各种事务；信息网络管理主要包括信息的传递、沟通及信息内容健康审查等；精神文明建设管理是加强社会思想道德和科学文化的建设管理，以促进精神文明建设的健康、有序发展。

2）经济管理

经济管理是指在国家宏观调控下，充分发挥政府的经济管理职能，运用法律手段和经济手段对城市的各种经济活动进行科学、有效的综合控制、指导和协调，促进城市整体功能的正常发挥，以取得良好的经济效益和社会效益。这是整个国民经济活动赖以正常进行和健康发展的基本手段之一，是宏观经济的调控方式。

3）规划管理

规划管理就是合理利用城市土地和各类资源，协调城市空间布局和各项建设，以发挥城市整体优化功能和效益。它具有指导和规范城市建设的重要作用，是国家和城市政府调控城市用地和发展建设的重要手段，同时也是具有法律效力的公共管理行为。

4）公共设施管理

公共设施管理主要涉及城市基础设施管理和公共事业设施管理。其中，城市基础设施包括：① 能源生产和供应设施；② 给排水设施；③ 航空、铁路、汽车运输等交通设施，城市道路、城市客货运和城市交通管理等市内交通设施；④ 邮电通信设施；⑤ 环卫、环保、园林以及绿化等设施；⑥ 防火、防洪及防震等城市防灾设施；⑦ 城市战备设施等。城市公共事业设施通常包括城市的公共教育设施、公共文化设施、公共卫生和体育设施等。

5）生态环境管理

生态环境管理主要指对居民生存、生活及社交环境的管理。在城市生态环境管理中，需要从政策上和法制上保障城市可持续发展：一方面要防治污染，不让自然环境变坏；另一方面要通过绿化美化，力求使自然环境更好，创造一个健康、优美的高质量环境。

近年来，随着现代城市管理理论的不断丰富以及城市管理实践性的不断增强，城市管理呈现科学化、信息化、系统化和法制化的发展趋势。其中，科学化即要求城市管理从决策目标开始的每个环节都实行科学决策，将科学的思维和手段方法贯穿城市管理始终，它是城市现代化的基本要求；信息化就是利用先进的信息技术快速、准确地收集、存储、传递、加工分析和利用各种信息资源，为科学制定城市发展目标和管理措施及管理决策等提供支持；系统化即通过对大量信息进行科学、系统的分析，对城市进行高效、系统的管理，做到管理有序化、决策科学化，达到城市协调发展；法制化就是发挥法制强制性、规范性和稳定性的作用，实现依法管理城市。

2. 智慧城市管理分类与特点

目前，从智慧城市资源体系的角度进行分析，可以把智慧城市的管理内容分为信息资源管理、社会资源管理、自然资源管理和无形资源管理等，如图 8.2 所示。

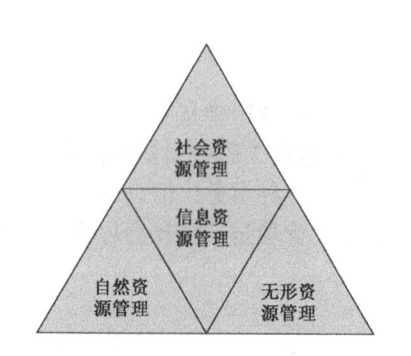

图 8.2 智慧城市管理分类

信息资源管理是智慧城市管理的核心内容。信息资源管理首先是对数据和资料的管理，如对城市人口、土地、环境、经济、交通以及安全等各种资料进行管理，建设、开发数据库以实现信息共享；其次是组织资源管理，包括软件开发、云计算、网络安全管理等，尤其是网络安全管理，需要对包括信息的采集、传输、深度计算和挖掘，以及相关软件与程序、网络架构及安全等进行全面梳理。

社会资源管理是智慧城市管理的重要内容，包括社会资源的综合调配、协调、整合，以及信息采集、加工处理、远程控制、一体化及综合应急处理等，具有集聚性、创新性、复杂性等特点。针对社会资源的管理，除了已有的调配供给、整合开发等管理理念和方法之外，在智慧城市发展的要求下，还需要充分利用信息技术，提高社会资源的信息化水平，增强社会资源管理的智能化手段，使社会资源综合效益最大化。

自然资源管理包括土地资源、水资源、大气资源、植被资源、空间资源和其他自然环境管理等。在智慧城市建设发展过程中，需要综合利用各种信息技术，建立城市自然资源档案和监控体系，提高自然资源的信息化管理水平，建立完善的自然资源保护制度、有偿使用制度及补偿制度等，加强自然资源的监管和有效利用。

无形资源管理包括城市的形象和品牌、影响力、辐射力及竞争力管理等。在智慧城市建设过程中，需要形成无形资源管理的长效机制，加强制度建设和品牌推广，提高无形资源管理水平，充分发挥无形资源在智慧城市建设和发展中的作用。

智慧城市管理不仅具有一般城市管理的特征，而且还呈现出与传统城市管理不同的一些新特点：

（1）信息资源管理成为管理核心。信息资源管理涉及的种类包括信息资源的生产与创新管理，信息资源的分配与流通管理，信息资源的配置与运用管理，信息服务的管理等，其内容包括信息资源的组织与过程管理，信息资源开发与利用的标准、规范、法律与制度，以及信息资源的安全与系统管理等。在智慧城市建设的过程中，信息资源渗透到了各个领域，带动、支撑其他资源的创新发展，已成为智慧城市的核心资源。

（2）感知化成为关键手段。感知化是实现智慧城市管理的基础。例如在食品供应链管理过程中，采用感知化的手段，通过电子标签全程追踪食品、物联网记录与整合物流信息，可以达到及时处理事故、优化物流成本的目标。

（3）互联化实现融合统一。通过体制机制创新，利用互联网、物联网等构成的泛在网络资源，整合相关部门的管理资源，实现各个管理部门之间的网络互联和信息共享，建立起协同管理的模式，达到节省管理成本、提高管理效率的目的。

（4）智能化促进管理升级。利用智能化技术，促进管理方法、管理模式升级，这将是智慧城市管理的一个重要特点。例如，采用智能化手段实现城市供水管线管理，通过全面监控地下给排水管线流量，及时发现并预测管网破损与漏水，有助于进一步实现高效、精准管理，并大幅降低供水损耗等。

3. 智慧城市管理思路与模式

1）智慧城市管理思路

智慧城市管理的思路是准确把握智慧城市的技术基础、内涵及发展趋势，基于城市公共应用平台的体系化管理，进一步整合、共享各种管理资源，集聚各种管理力量，形成一体化的智慧管理体系，达到管理高效、精准、智能、绿色的目的。主要从管理体制机制的体系化、管理信息资源的体系化以及管理方法的体系化三个方面分析。

（1）管理体制机制的体系化：重点解决管理体制机制存在的问题，打破部门之间的限制，形成一个强有力的领导机构、一体化的管理机制，通过各管理部门纵向、横向之间的完全互联互通、信息共享、资源整合，全面理顺各管理部门的职责，增强管理精准度，提高管理效率。

（2）管理信息资源的体系化：建立统一的信息资源目标体系及技术标准和高度集中统一的公共管理平台，形成互联互通、资源共享的一体化资源系统，为形成高度整合的信息资源打下基础，并通过云计算平台，实现信息资源的高度共享及深度计算，形成集信息采集、处理、应用为一体的统一系统。

（3）管理方法的体系化：在自下而上的信息采集、加工处理、智能决策等的基础上，建立自上而下的统一指挥、协调体系，形成具备信息获取、信息共享查询、快速评估、辅助决策、命令发布、现场指挥、动态显示、信息公告等功能的一体化管理模式，构建信息全面采集，部门互联互通，集中与分散相结合的处置管理体系架构。

2）智慧城市管理模式

智慧城市管理模式主要体现在理念、架构、对象、方式以及制度五个方面。

（1）在管理理念上，将从经济主导型向社会服务型转变。社会服务型的管理更注重以人为本，确立人在管理过程中的主导地位，并从人的需求出发，围绕着调动人的主动性、积极性、创造性，以实现组织目标和促进人的全面发展为目的实施管理。

（2）在管理架构上，将从垂直独立型向扁平协同型转变。扁平协同型的管理打破部门限制，实行集中与分散相结合的管理、处置方式，管理架构趋向扁平化，达到信息互联、资源共享，实现低成本、高效率的网络化、协同化以及智能化城市管理。

（3）在管理对象上，将从对人的管理向人、物和信息流的管理转变。智慧城市的管理对象不仅包括人和物，还包括信息流，通过对各种信息流的有效分析、利用和管理，做出科学的判断和决策，进而实现对城市人与物的正确引导和管理。

（4）在管理方式上，将从行政管理向行政管理与社会自我调节相结合转变。智慧城市管理需要行政管理与社会自我调节相结合的综合管理方式，充分发挥社会的自我调节功能，减少人为干预。

（5）在管理制度上，将从单一的供给体系向多样化的供给体系转变。智慧城市建设要打破政府作为单一制度供给主体的局面，鼓励和引导城市化进程中的所有利益相关者参与制度供给体系建设，形成多样化的供给体系，充分重视民间方式供给主体在城市化制度支撑体系建设中的积极作用，用制度供给主体的广泛性弱化制度实施过程中的阻力，转变政府和民间主体的制度供给理念，优化制度供给路径，进而推动整个制度供给体系的不断完善。

4．智慧城市公共管理服务

1）智慧城市公共管理服务内涵

智慧城市公共管理服务是指利用互联网、物联网等先进的信息技术，通过感知化、网络化、智能化以及系统化的方式，为市民、企业及相关机构等提供便利、增效的服务，主要包括智慧政务服务系统与智慧民生服务系统。

智慧政务服务系统以跨部门的服务与资源整合、业务协同和决策协同为重点，依托政务数据交换平台和政务云计算平台，通过一站式服务全面提高政府管理部门的服务效率，进而为市民、企业及相关机构等提供高效、便捷的政务服务。

智慧民生服务系统以开放互动的理念，充分利用信息技术，增强感知化、网络化、可视化、智能化的服务功能，为市民提供便捷、高效、人性化的服务，主要包括智慧社会保障、医疗卫生、教育文化、交通服务、社区服务、安全服务、商业服务及家庭生活服务等。

2）智慧城市公共管理服务方式

智慧城市公共管理服务可以全面展示智慧化的成果，其服务方式除了延续一些传统的城市公共服务方式之外，还呈现网络化、感知化、系统化和智能化，以增强市民对智慧城市建设的主观感知度，其突出特点是更便捷、更惠民。

（1）网络化服务：以互联网、物联网强大的功能实现互联互通，在网上办理各种城市公共服务。网络化服务方式具有高效、便捷、成本低等优点，可以广泛应用于基础公共服务、经济公共服务、公共安全服务、社会公共服务等各个方面。但是，网络化服务方式对操作的人性化、简单化及安全性提出了更高要求。因此，为了使网络化服务方式真正发挥其功能，需要加快转变观念，加强信息共享，加快信息技术人才培养，不断提高市民网络获取、运用信息的能力等。

（2）感知化服务：利用感知、网络等技术增强城市中人与物、物与物之间的相互感知度，进而提供更加便捷、人性化的服务，如定位、个人导航、移动地图，以及酒店、旅游、车位等位置服务。

（3）系统化服务：利用新一代信息技术，制定统一的技术标准，将相关服务内容集成、叠加，在信息共享、互联互通的前提下，实现资源共享、打破界限，形成一个系统化的服务方式，达到便民、惠民的目的。

（4）智能化服务：利用新一代信息技术，根据服务对象的实时状态及需求，充分发挥实时数据采集、处理、决策和反馈等功能，满足市民各种个性化的服务需求，广泛应用于交通、安全、旅游以及社区服务等领域。

随着城市建设的不断深入，在智慧环境下的城市公共服务方式将不断增多，服务范围将不断扩大，服务水平也将不断提高。

8.2 智慧城市建设运营

8.2.1 智慧城市运营模式影响因素

在智慧城市资源共享、协同管理、应用聚合的主体需求下，整个信息产业链会发生导向性变革，整个建设模式和产业链模式将紧紧围绕智慧城市主体需求展开。借助这场变革，政府、企业、市场在智慧城市建设过程中将面临着各种挑战，多维融合的运营模式与各个环节参与方的关联也愈加密切，其中基础数据资源共建共享的相关整合、运营数据资源有效开发的市场机制、政务数据资源共享运营的政策保障、多维信息安全的相关保障、面向智慧城市运营的统筹规划以及面向智慧城市运营的组织保障等六大因素直接影响了智慧城市的运营模式。

1. 基础数据资源共建共享的相关整合因素

我国目前对信息资源的归属、采集、开发等相关的管理规则并不清晰，导致不少政府部门和行业数据产权部门化和区域化，而且在法规规范方面缺乏硬性规定，极大地制约了政府信息服务效能、协同管理水平和应急响应能力，成为阻碍信息化发展的瓶颈。

2. 运营数据资源有效开发的市场机制

政府占有60%以上的社会资源，并分散于各个部委办局，数据信息资源的市场开发和使用效率不足，普遍存在信息利用率不高的问题，缺乏竞争、激励和考核机制，缺乏对公众使用信息资源的服务意识和信息资源的协调管理，造成国家数据资源开发和应用率较低。

3. 政务数据资源共享运营的政策保障

各个政府部门对信息资源的分割和垄断使巨大的政府信息资源共享需求与实际共享情况形成鲜明反差，在政府数据安全、数据所有权、数据使用权以及数据保存等方面缺乏相关规定，社会需求与供给的矛盾越来越突出，从行业和区域角度都迫切需要建立和完善相应法规标准。

4. 多维信息安全的相关保障

传统的静态安全措施无法适应动态变化的、多维互联的智慧系统应用环境。智慧城市建设涉及城市范围内各行各业的数据资源，加上物联网、云计算、移动互联网等所对应的安全机制没有完善，保障数据安全成为首要任务。

5. 面向智慧城市运营的统筹规划

科学加强智慧城市的顶层设计和统筹规划，最大限度地实现跨部门、行业、领域的信息集成和利用，兼顾信息资源现有配置与管理状况，对分散异构的信息资源系统实现合理整合，在新的信息交换与共享平台上开发新应用，实现信息资源的最大增值，为智慧城市的产业经济、城市管理以及资源环境等提供支撑。

6. 面向智慧城市运营的组织保障

智慧城市运营是一项涉及多行业、多部门的综合性、基础性工作，需要梳理和规范建设、运营及行政管理各项流程，以更加科学和精细的方式来提升政府的行政服务效能和管理模式，增强智慧城市的综合竞争力和品牌影响力，保障智慧城市的正常、高效运营。

8.2.2 智慧城市运营的支撑要素

1. 信息基础设施

信息基础设施的建设是城市向智慧化发展的前提与条件。信息基础设施又称"高速计算机通信网络"，由计算机、数据库、通信网络以及多种电子终端设备等组成，能够给用户随时提供大容量信息的传输，以便用户可以跨越时空，通过声音、数据、文字、图像相互传递信息、享用信息。

智慧城市发展首先要完善信息基础设施，加快骨干光纤、无线宽带网络建设，实施三网融合等信息资源整合，以点到面推进传感器布局，实现城市基础设施向智慧化的转变，其中涉及信息通信系统、电网、交通运输系统、能源供应和管理系统以及环保系统等。图 8.3 所示为智慧城市信息基础设施支撑要素示意图。

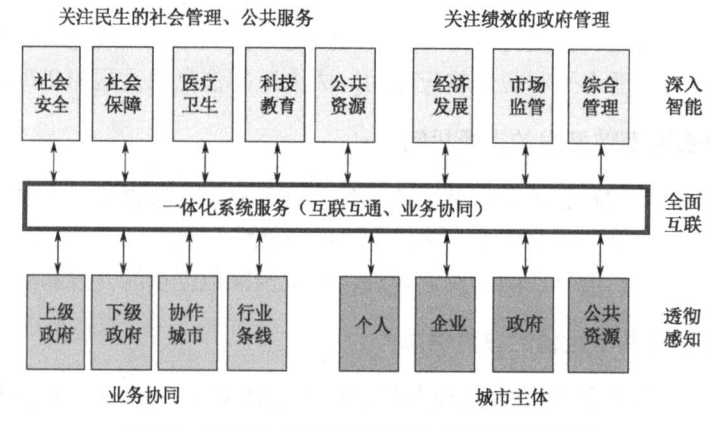

图 8.3 智慧城市信息基础设施支撑要素示意图

不同城市的经济条件和技术环境不同，当地政府所主导规划构建的智慧城市，其信息基础设施建设也是不同步的。在通信能力方面，有些城市已初步实现网络的数字化、综合化、宽带化、智能化和个人化，并与全国及国际通信网络接轨，形成高速大容量骨干传输与宽带网相结合，固定和移动方式灵活接入，信息资源丰富的通信网络，反应迅速、准确，运行灵活、高效，服务水平先进，技术装备领先，服务种类综合多样，能满足社会多层次需求。有的城市已经建成国家级信息网络互联中心，能够实现地区信息资源的协调和调控。

2. 智慧政府

智慧政府是政府信息化发展的高级阶段，是智慧城市建设的核心，也是推动智慧城市建设的抓手。智慧的政府能够实现多部门集成和一站式服务，提高政府的服务效率，提高市民对政府的满意度。所涉及的内容包括：政务网络管理中心、政务数据中心、数字认证中心和公共信息中心的建设，加快数据交换平台和协同工作平台的完善，连接政务网到行政村的社区网；逐步建立以公民和企业为对象、以互联网为基础、多种技术手段相结合的智慧政府公共服务体系（如图8.4所示）；加强社会管理，整合资源，形成全面覆盖、高效灵敏的社会管理信息网络，增强社会综合治理能力，强化综合监管，满足转变政府职能、提高行政效率和规范监管行为的需求，深化相应的业务系统建设。

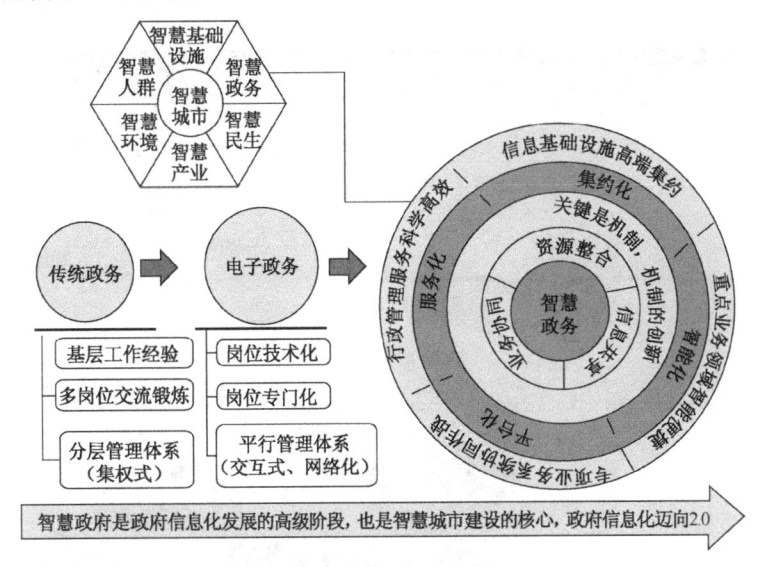

图 8.4　智慧政府公共服务体系

在电子政务的基础上进一步深化，把日常的行政与管理工作电脑化、数据化、网络化，构建综合电子政务平台、整合公共服务，将一系列行政事务进行整合和管理优化，形成多个部门、一个政府的格局。通过政务云的建设，实现新区电子政务系统的统一规划、集中管理，信息基础设施的按需部署、弹性扩展和集约化利用。

3. 智慧经济

智慧经济是创新性知识在知识中占主导、创意产业在知识产业中占主导的经济形态，它使知识主体化、个性化、功能化、价值化、增值化，使主体和客体、主观与客观、相对主体与相对客体的统一具体化、微观化，是继农业经济、工业经济、信息经济、知识经济之后的第五大经济发展形态。智慧经济是集科技、信息、知识、环境、文化、伦理、道德于一体的战略性、创新性经济，强化主体的创造性、主客体关系的和谐性，强化以主体为中心、主体同客体的对称统一，以及以相对主体为中心、相对主体同相对客体的对称统一。智慧经济是智慧城市建设的实体，发展智慧经济将成为未来城市、企业转变经济增长方式、实现升级发展的重要手段之一。图8.5所示为中国电信提出的智慧经济架构示意图，从中可以看到，智慧经济要在发展传统信息产业和知识产业等知识经济主导产业的基础上发展以创造性智慧产业、发现性智慧产业和规划性智慧产业等三类智慧产业，跟踪信息化最新技术，突破物联网核心关键技术，推进企业设计研发、生产、经营管理信息化，促进新技术对工业、服务业的渗透与带动升级，创造出一些创新型经济制高点、学习型经济制高点、知识型经济制高点、超越型经济制高点四位一体的经济发展模式。

在智慧经济中，创新–创造–创业使资源得到优化配置与再生，更加追求经济发展对环境保护、人类福祉的深切关怀和人类自由发展的核心目标，绿色经济、低碳经济和循环经济。

在实践中,智慧经济着力推进重点领域节能减排,突出抓好工业、电力、交通、建筑行业减排和低碳化,着力发展高技术含量、高成长性、高附加值、高带动性的产业,增强企业新产品开发和品牌创建能力,提高产业层次和市场竞争力,大力开发利用新能源、可再生能源和清洁能源,积极发展循环经济,建立一种以绿色经济和幸福经济为基础,多种经济形态共存的发展模式。

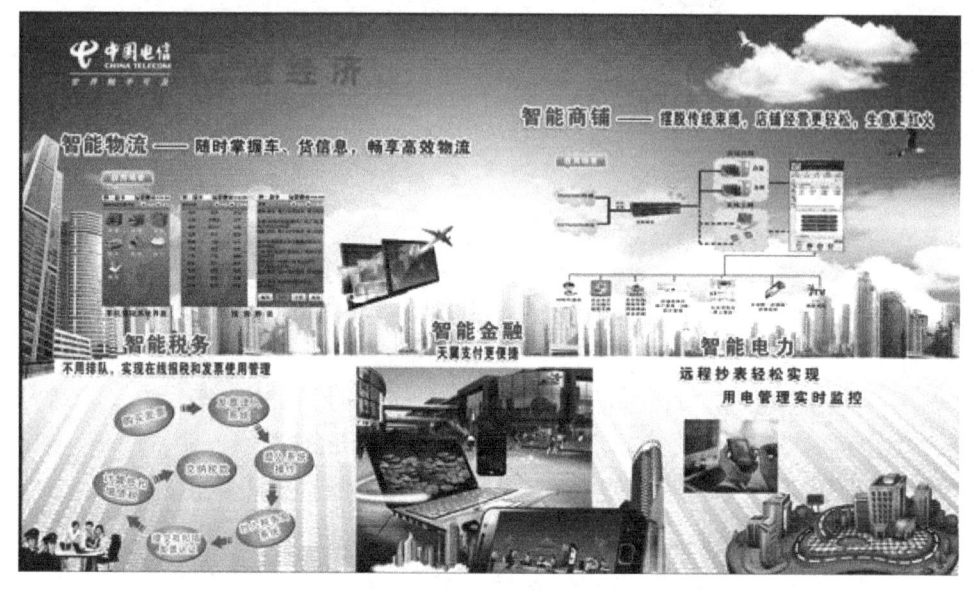

图8.5 智慧经济架构示意图

智慧经济是已有的知识经济的升华,使知识经济成为完整的、真正意义上的经济形态,其新的增长方式是知识运营,新的经营模式是对策,新的发展模式是对称,新的发展目标是和谐。传统经济发展模式不再适应时代的变迁,而要实施多元化、多层次的区域合作机制,实施以互动共进、承接产业转移为主题的改革创新,取得经济发展上的倍增效应。大力发展信息产业,培养软件和信息服务业的新经济增长点,实现信息化与工业化相融合。建设网络化研发与制造技术共享平台,建设多功能电子商务公共支撑平台,建设推动人才型经济增长,对城市持续吸引高端人才起到带动作用。

4. 智慧社会

智慧社会是智慧城市建设的落脚点。智慧城市的建设一方面是为了推动城市工业的发展,促进城市的经济繁荣,发挥地区经济优势;另一方面是为了催生城市智慧教育、智慧交通、智慧医疗、智慧物流智能家居应用等各类现代服务业,通过物联网、云计算和新兴科学技术整合完善公共卫生、医疗服务;以及建设一批试点智慧小区,来实现居住城市的升级,提高人民生活质量,促进社会领域的智慧化管理,更好地为百姓生活服务。图8.6所示为智慧社会构建美丽中国架构示意图。

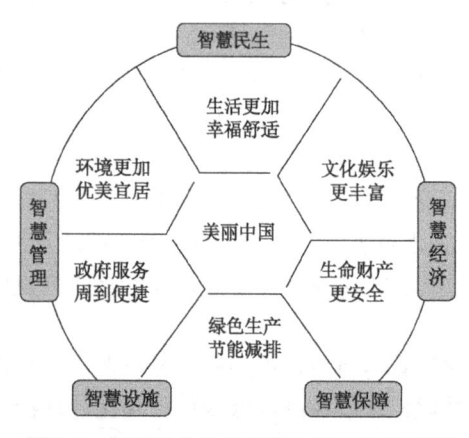

图8.6 智慧社会构建美丽中国架构示意图

智慧社会是信息技术在社会领域中的应用。智慧城市建设要实现最大化的业务应用，其体系建设必须充分体现"人本、便民、利市、惠企"的思想，其应用版块覆盖城市环境宜居、城市安全防控、城市生活保障、城市公共服务以及城市产业优化五大领域。其中，城市环境宜居领域包括数字土地资源管理、低碳生态规划建设、城市建筑节能环保、城市地下管网控制、数字城市网络管理、城市水系环境监测、城市智慧电网管理、风景名胜旅游管理等业务应用系统建设；城市安全防控领域包括社会治安防范控制、生产安全监督救助、行政应急预警指挥、公共卫生应急处、食品药品安全监管等业务应用系统建设；城市生活保障领域包括市民智慧卡务、公共服务呼叫、便民基础设施、城市智慧交通、数字医疗卫生、数字校园服务、数字社区生活等业务应用系统建设；城市公共服务领域包括政府公共服务、政府内部网站、政府自动办公、行政审批监察、信访综合业务、政务视频会议，以及人力资源、社会保障、科技、统计、财政、公安、建设、环保、计生、文化、教育、旅游等管理数字化业务应用系统等；城市产业优化领域包括低碳、循环、节能、生态、高附加值、信息、数字、智慧等新一代可持续、低消耗、可再生、智慧化的产业等业务应用系统建设。前三个领域源于公众视角，后两个领域则出自政府和企业视角。人类的创造力与需求是无限的，对智慧生活的期望应该也是逐渐转变的。智慧城市将充分借助物联网和传感网连接方方面面，在绿色化、服务化、泛在化三大动力的驱动下，做到以人文本，加快物联网和前沿科技的应用研究，把先进的信息化成果向消费与生活领域转化，为城市公共管理与服务提供更便捷、更灵活的创新应用与服务模式，进而营造更安全、更高效、更环保的人类生存环境。

8.2.3 智慧城市运营管理

1. 智慧城市运营管理与服务

在智慧城市运营管理和服务过程中，所涉及的主体要素是政府、智慧城市的经营者与服务提供者、云计算基础设施服务提供者以及云计算应用服务提供者。为了确保智慧城市的良性发展，必须坚持以上主体要素四位一体，共同推动集中化、集约化、规模化、创新性的智慧城市健康生态环境。

（1）政府是智慧城市的牵头组织者，必须对智慧城市建设、运营以及服务开展进行全程监管，优化和综合各种应用，形成城市的整体发展合力。

（2）智慧城市的经营者和服务提供者：随着社会信息化应用的进一步推进，信息通信服务的进一步发展和提升，要建立创新应用、可靠运营、开放平台、优质服务、共享资源、有效监管的智慧城市，必须依靠有力的智慧城市经营与服务者，智慧城市的践行者，负责牵头实施、整体规划、运营安全保障、服务过程保障、服务拓展以及需求搜集等工作。

（3）云计算基础设施服务提供者，主要关注于规模化投资建设，完善的运营与服务保障制度以及流程，建设安全的信息保障和监管。

（4）云计算应用服务提供者，提供创新性、开放性以及共享性的云计算应用服务和行业应用服务。

2. 智慧城市建设运营模式

在智慧城市建设过程中，如何能够高效率地推进智慧城市的建设进程，除了有良好的智慧城市全面规划外，还要有良好的运营模式，保障智慧城市有序高效地建设。智慧城市建设运营模式主要有城市管理者推动的政府运营模式、市场运营模式，以及运营商和厂商推动的运营模式。

1）政府运营模式

智慧城市完全由政府进行投资建设和推动，涉及公共安全、市政服务等领域，相关平台和系统建设完成后所有权归政府所有，具体的工程建设以及运营工作可由政府直接负责，也可由社会资源承建和代为维护。政府自主推动智慧城市建设的运营模式，其最大的特点就是涉及城市建设的方方面面，进行完整的智慧城市建设规划，有明确的智慧城市建设的项目和时间表，其中的典型代表就是"智慧宁波"、"智慧连云港"等。针对政府各部门基础信息化建设、专用的信息化建设项目，通常由部门信息化预算资金建设；针对信息互通共享项目的建设，建成后的系统和数据需要对外开发和共享的，利用政府信息化专项资金进行集中投资，避免重复建设。

2）市场运营模式

智慧城市建设可以由政府和社会资源共同参与，社会资源通过自己建设或者与政府共同建设并运营维护。这种模式发挥市场化的效率和服务优势，可利用社会资源与资金加快智慧城市建设，满足用户需求，缓解政府沉重的财政压力。市场运营模式主要是针对有一定增值性服务信息化需求，面向社会，未来有一定盈利，且涉及政府部门较少、易于监管的智慧城市项目。在该模式下，可以按照以下四种方式开展工作：

（1）政府主导、吸引社会资金参与，公司化运作。在这种模式下，智慧城市建设虽然对社会进行开放，吸引社会资源的参与，但还是应当由政府为主导进行项目推动。具体可由政府进行部分投资，以政府为主成立信息化投资公司，投资公司由国资委进行控股，并注意吸引社会相关的信息化企业参股到投资公司中。投资公司成立后按照公司化独立运作，进行智慧城市建设与运营，但是政府信息化主管部门要对投资公司进行监管。另外，投资公司还可根据不同的信息化需求和行业领域投资成立专业的信息化投资子公司，如交通信息化投资公司、市民卡投资公司等。该模式前期投资大，后期会有一定的盈利，但主要还是公共服务为主，且涉及到行政部门较多的城市工程。这种模式不仅可以有效地吸引社会优质资源，还有利于将相关信息化产业做大做强，促进地方经济的发展。

（2）政府提供引导资金和政策支持，与社会资源进行合作，共同建设和运营。在该模式下，鼓励企业与政府进行合作，参与公共基础设施的建设。从公共事业的需求出发，利用社会资源的产业化优势，通过政府与企业双方合作，共同开发、投资建设，并维护运营公共事业。

（3）政府牵头，社会资源出资建设，到期移交政府。这种模式是政府提供政策和资源的支持，主要由社会资源来出资建设，政府主管部门进行监管。根据社会资源是否参与运营，又可分为两种模式：BOT 模式（Build－Operate－Transfer，"建设－经营－转让"）和 BT 模式（Build－Transfer，"建设－移交"）。BOT 模式：作为委托方的政府会将智慧城市的建设特许权授予作为承包商的企业，由企业在特许期内负责工程的设计、融资、建设和运营，并回收成本、偿还债务、赚取利润，待特许期结束后再将工程的所有权移交给政府指定部门经营和管理，整个过程中的风险由政府和私人机构分担；BT 模式：政府利用非政府资金进行属于政府的智慧城市的建设，吸引社会资本参与，在项目建设和移交后，政府按协议赎回相关设备和设施，政府向投资方支付项目总投资加上合理回报的过程，也是一种"交钥匙工程"。

（4）政府与多方社会资源共同参与，以示范工程带动产业发展。这种模式主要针对创新型产业工程，政府与生产企业、物联网、互联网、通信等信息产业企业和科研院所紧密合作，建设智慧应用的示范区。政府给予政策倾斜以及引导资金、研究经费上的扶持，由参与企业出资建设运营，拓展融资渠道，以示范效应推进该工程的推广，提升智慧城市建设的规模和层次。

3）运营商推动的运营模式

该模式最大的特别之处是以运营商为主导来推动当地政府进行智慧城市的建设。中国移动最早在2008年就提出协助政府建设"无线城市"的战略规划，而中国电信2010年在广东首次提出建设智慧城市的战略规划。厦门的无线城市，广东汕尾的"智慧汕尾"就是其中典型代表。虽然能很好的建设智慧城市的智能管道和智能平台，但由于受限运营商业务的范围，该模式在某些运营商业务无法覆盖的领域无法形成真正的智能化建设。

4）厂商推动的运营模式

该模式最大的特点，是整个城市的智能化规划设计中通常所涉及的领域比较少，定义也比较狭小，在智慧城市的目标拆分与落地时，被落实为智慧医疗、智慧生产、智慧交通、智慧政府等比较大概念的行业应用。推动这种商业模式建设的主要厂商有IBM、贝尔信，典型城市代表有昆明和天津。

8.3 智慧城市建设风险控制

8.3.1 智慧城市顶层设计和组织机构的风险控制

1. 智慧城市顶层设计风险控制

在智慧城市建设过程中，若缺乏科学的顶层设计将会导致智慧城市建设失败，如何有效控制风险是一个值得世人研究的课题。智慧城市建设是一项极其复杂的系统工程，做好顶层设计，对智慧城市做出科学合理的规划，是搞好智慧城市建设的首要前提。首先要根据智慧城市发展趋势、愿景和发展目标，在综合区域基础条件、产业发展、资源供给和内外部环境等基础上，结合城市发展规律和先进经验，运用科学的规划理论和绩效模型，制定一个完整的智慧城市建设方案。此方案既为一份长远路线图，指导、规范智慧城市各项工作的实施，帮助政府量化决策、提升效能，影响智慧城市建设的理念、思路、及进程等，也将关系到智慧城市建设的成败。具体来说，应该着手考虑的措施包括：① 高度重视顶层设计的重要性，成立专门的专家委员会，对智慧城市建设进行科学的顶层设计；② 深入了解城市发展现状，进行全面需求分析和科学效益分析；③ 以先进设计理念进行指引，科学制定智慧城市的发展战略。同时，在科学规划过程中要遵循愿景先行、"智""慧"并行、六路同行、操作可行和目标必行五项原则，还要充分结合自身城市的特点，不能脱离实际。

2. 智慧城市组织机构风险控制

智慧城市建设是一项长期的工作，涉及面广，需要专门的组织机构持续、强有力地去推进实施。若组织机构建设不完善、决策不科学、执行不到位，将会半途而废，这在智慧城市建设过程中也是一个很大的风险。对此，要建立强有力的组织机构，尤其重要的是：① 成立由主要领导担任组长的智慧城市领导机构，优化组织机制，成立分工合理、权责明确、高度协同和工作高效的推进机构，形成"有人决策、有人协调、有人落实、有人督查"的工作机制；② 推行首席信息官（Chief Information Officer，CIO）制度，提高智慧城市建设的领导力和执行能力，抓好各级领导、机关干部和企业家的培训，提升推动智慧城市建设的能力。例如，南京的智慧城市建设分别成立了专门的工作领导小组和工作推进小组。前者由市委、市政府主要领导挂帅，各相关部门主要负责领导参加，负责确定智慧城市建设发展战略、规划和政策，统筹协调发展中的重大问题；后者由各县市区和重点企业，特别是智慧产业基地、智慧应用具体项目的有关责任单位等组成，负责具体的项目实施和推进。

8.3.2 智慧城市人才体系与技术的风险控制

1. 智慧城市人才体系风险控制

智慧城市的建设和运营是一项非常复杂的创新型工程，需要大量高素质的人才，尤其是高端的技术人才、管理人才和跨学科跨领域的复合型人才。若缺乏完善的具有保障的人才体系，智慧城市建设很可能事倍功半，甚至无法成功。针对人才体系存在的风险，要建立科学的人才保障体系，完善人才培养、引进和激励机制，大力培养各种高素质的人才，尤其是应该重视：① 加强高层次领导人才、高层次复合型实用人才和高技能人才的培养，出台相应的优惠政策，积极吸引优秀人才，从而建立完善的智慧城市人才体系；② 支持企业和社会力量参与人才的培养，建立人才激励保护机制，从生活待遇、科研设施配置、创业条件提供等方面支持优秀人才创新创业，营造有利于人才发展的良好环境；③ 制定具体的人才培养计划，确保智慧城市建设人才培养工作落到实处。例如，宁波在智慧城市的人才体系建设方面，首先聘请全国知名专家成立了智慧城市建设专家咨询委员会，负责长期观察、跟踪宁波智慧城市建设的进度，对在建设过程中出现的问题答疑解惑、提出建议；宁波市还向全国公开招聘智慧城市建设方面的领导干部、研究人员和工作人员，并与浙江大学、宁波大学一起制定了人才培养计划。

2. 智慧城市技术风险控制

智慧城市是以物联网、下一代互联网等新一代信息技术为基础的，相关技术支撑着整个智慧城市建设；但智慧城市技术体系庞大、范围广、涉及的环节多，包括感知技术、传输技术以及应用技术等。其中，感知技术有传感器技术、微机电系统、超高频和微波 RFID 标签及基于 MEMS 的传感器等；传输技术有传感网自组网技术、新型近距离无线通信技术、局域网和广域网技术、下一代互联网以多层次物联网组网技术等；应用技术有云计算、海量信息存储和处理、数据挖掘、数据库、系统软件以及中间件等。目前，很多技术还在不断研发推广应用之中，有些技术还不太成熟，这都是智慧城市建设中的技术风险。对此要在如下几方面开展工作：① 积极引进高端的技术研发机构，突破感知信息网络融合、高宽带网络、智能分析决策等共性技术，为智慧城市建设提供技术支撑；② 加大资金投入，支持企业进行技术研发并加强与高校科研院所的合作；③ 发挥各种合作机制的作用，多层次、多渠道、多方式推进国际科技合作与交流；④ 鼓励我国企业和研发机构积极开展全球物联网产业研究，加紧制定统一的智慧城市标准体系,加强信息技术和产业领域的知识产权保护。

8.3.3 智慧城市资金与运营模式的风险控制

1. 智慧城市资金风险控制

与一般的城市建设相比,智慧城市建设因其建设内容较多、工程项目较复杂、建设周期较长,因此通常需要更多的资金支持,尤其是智慧城市长期的运营需要大量资金的持续投入。从目前上海、广东、福建等地的智慧城市建设经验来看,在中国若没有数百亿、上千亿的资金投入,智慧城市就很难顺利建成。针对智慧城市建设运营方面的资金风险,需要建立完善的投融资体系:① 要建立智慧城市专项资金,鼓励和引导具有管理、技术和资金优势的企业、社会机构参与智慧城市建设;② 要充分发挥资本市场作用,鼓励企业通过发行股票、项目融资、股权置换等方式拓宽融资渠道,逐步建立以政府投入为导向、企业投入为主体、社会投入为重要渠道的多元化投融资体系,以政府扶持资金带动更多的社会投入。

2. 智慧城市运营模式风险控制

智慧城市的运营是个漫长的过程,需要大量人力和物力的投入和全社会的共同参与,只有建立合适的运营模式,才能理清权、责、利的关系,让政府、企业、用户及其他机构等形成合力、利益共享,保证其持续、安全、高效地运营。对此,科学合理的运营模式至关重要。从目前国内外智慧城市建设运营来看,主要有几种模式:① 美国纽约采取的是政府独自投资建网运营的模式;② 新加坡采取的是政府投资、委托运营商建网运营的模式;③ 日本东京采取的是运营商独立投资建网运营的模式;④ 福建厦门采取的是政府指导(部分投资)运营商投资建网运营的模式;⑤ 台北采取的是由政府牵头、运营商建网的 BOT 模式。

根据现有的智慧城市运营模式案例,智慧城市运营应该可以采取政府主导、企业建设和公众参与的运营模式,三者的具体职责是:① 政府是智慧城市建设的主导者,负责政府体制机制的创新建立,协调各方资源,统筹各方力量,通过落实部分引导资金与优惠政策等带动社会方面力量参与智慧城市建设,加强智慧城市相关法规政策的制定等。② 企业是智慧城市建设运营的主体。例如,电信运营商提供基础通信与宽带网络,直接进行项目投资、承建、运维,进而转售或租给政府使用;解决方案提供商主要提供完整的行业应用解决方案,行业咨询与规划,项目建设方案以及技术支持等;内容及业务提供商主要提供行业化、本地化的内容信息及定制化业务等。③ 公众是智慧城市的参与者、体验者和维护者。城市居民参与智慧城市的建设,直接体验智慧城市的建设成果,维护智慧城市的环境和形象。

8.3.4 智慧城市信息安全与支撑环境的风险控制

1. 智慧城市信息安全风险控制

智慧城市信息安全风险是指在智慧城市建设运营过程中,潜在的信息安全隐患对政治、经济、社会公共管理与服务等领域带来的威胁。智慧城市是以新一代信息技术为基础而建设的新型城市,涉及信息的采集、传输、处理等多个环节,如何确保其被合法利用而不发生安全问题,关系到国家安全、经济发展、社会运营等各个方面。针对智慧城市建设存在的信息安全风险,应该采取的主要措施包括:① 建立健全信息安全法律法规,加强立法和执法工作,强化互联网安全管理，建立上网身份认证实名制，规范互联网运营商和联网单位的信息安全管理职责。② 加强政府和主管部门的管理，要按照国家目前颁布的《信息系统等级保护》等相关法律法规的规定，对每个系统进行定级，并施行等级保护。全面实行重要单位信息安全等级保护制度，完善数字认证、信息安全等级测评等工作机制。规范重要数据库和信息系统的开发、运营和管理等各个环节的信息安全工作，加强网络经济活动中违反信用行为的惩戒制度建设。③ 加强信息安全基础设施建设，建立重要数据容灾中心，提升网络应用的数据备份和应急处理能力，掌握信息安全主动权，为智慧城市建设提供可靠的信息安全保障。④ 加强信息安全宣传教育，强化行业自律，全面提高全民信息安全意识，建立可信、可靠、可控的信息安全环境。

2. 智慧城市支撑环境风险控制

智慧城市建设的支撑环境主要包括信息网络、基础设施等硬环境以及人才体系、体制机制、公众信息化水平等软环境。软环境不是一朝一夕可以完成的，其建设水平是智慧城市建设的关键。针对在这方面存在的风险，要加强智慧城市理念的宣传推广，加强智慧城市相关知识普及和应用培训，改变原有的观念，打破部门之间的藩篱。加强人才培训基地建设，拓宽培训渠道，创新培训模式，广泛开展面向全社会的信息化知识与技能的培训和普及，尤其要开展专业领域和政府部门管理人员的信息化培训，从而形成全社会支持智慧城市建设的良好氛围。

8.4 智慧城市建设发展水平评估

智慧城市建设发展水平的高低与技术、政策、管理、人才等综合效用的发挥直接相关，也将会影响人们对智慧城市的认知度。那么，如何评估呢？首先，研究制定智慧城市的评价体系，为整个智慧城市的建设明确目标和标准；其次，科学、系统的评价体系帮助管理者对整体建设过程及结果做出客观的评判，及时发现建设过程中出现的问题，优化解决方案，使资源得到有效利用，加快建设进程。

8.4.1 智慧城市评价构建原则

信息化测评研究兴起于20世纪六七十年代的美国。近30年来，在信息化测评研究方面积累了不少具有代表性的理论和方法。归纳起来，可以分为两个主要分支：① 从经济学范畴出发的以信息经济为对象的宏观计量，以此来反映社会信息化水平，其代表人物是美国经济学家马克卢普、波拉特等人。因受当时信息经济发展水平的限制，波拉特方法存在不少问题，包括信息产业的定义和划分不够合理，影响测算的可信度和准确度，仅选用两个指标测算信息化水平，不能全面反映信息化的程度和水平，且波拉特法是一种静态法，无法反映信息经济发展的潜在能力。② 以衡量社会信息的信息流量和信息能力等来反映社会的信息化程度，主要依据某些综合的社会统计数字来构造测度模型，其典型代表是日本提出的信息化指标。与波拉特法相比，日本的指数测评法具有统计数据容易获得、操作过程简便易行、测评结果直观清晰的特点。但是，该方法在指标设立上对信息产业的作用强调不够，有些指标（如"人均年发出函件数"）影响较小也较为陈旧。随着我国信息化建设的全面展开，政府部门也积极参与信息化的测评研究。2002年7月，信息产业部发布了《城市信息化水平测评指标方案（试行）》，作为试点城市进行信息化水平测评的依据。国家信息化指标构成方案由20项指标组成，分别给它们赋予不同权重，各指标权重总和为100，每个指标的计算主要依靠统计数据和抽样调查。该方法强调了对信息基础设施的评价（这类指标占指标总数一半还多），但没有反映信息化投入、信息化人才储备情况、信息化政策环境等，没有真正反映社会信息化、企业信息化和电子政务的发展情况。

指数测评法和波拉特法两种衡量国家或城市产业经济发展水平的常用评价体系，均不适应用于智慧城市的评价。科学的智慧城市评价指标体系对于智慧城市的建设和发展具有重要意义，它既能有助于避免在智慧城市建设过程中出现相关问题（如形象工程、浪费投资资金等），也可以使相关职能部门及时总结智慧城市建设中的经验和教训。

智慧城市指标体系主要基于城市"智慧化"发展理念，统筹考虑城市信息化水平、综合竞争力、高品质城市、最平安城市、绿色低碳、人文科技等方面的因素综合量化而成，其主要目的是为了较为准确地衡量和反映智慧城市建设的主要成果和发展水平，既提升城市竞争力，又促进经济社会转型发展。因此，智慧城市指标体系的制定，主要遵循科学性、系统性、可操作性、可比性以及可持续性等原则。

1. 科学性原则

科学性是构建智慧城市评价指标体系的基本原则。要保证评价指标体系的科学性，首先要明确构建智慧城市评价指标体系的理论基础，要依据社会经济发展理论、城市信息化发展及创新理论等，对智慧城市的内涵、本质特征、愿景与目标以及发展规律等进行科学认识和正确理解；其次，针对评价指标体系的每个指标都要有明确的含义和目标导向，指标选择与层次划分要符合逻辑，不能出现内容相同、划分指标不一、越界划分等错误。

2. 系统性原则

智慧城市系统关系复杂、环境因素多、分布较广，建立评价指标体系应按照系统论观点，把相关系统发展纳入整体，处理好局部与整体、具体行动和系统目标之间的关系，要能够全面、系统地反映被调查对象的综合情况。评价指标体系应作为一个有机的整体，要能反映充分的信息量，若干个相互独立的指标群综合成一个完整的评价指标体系，用来测度和评价城市信息化的整体水平；不但应从各个层次、各个角度反映被评价对象的特征和状况，而且还要体现对象的变化趋势，反映对象的发展动态。在智慧城市评价指标体系构建、指标选取及权值分配上，要抓住智慧城市建设的核心要素，注意各个部分的关系，符合事物发展规律，以保证评价的全面性和可信度。

3. 可操作性原则

构建智慧城市评价指标体系不仅是一项研究课题，而且是一个重要的实践工具，要利用其进行实证分析，对现有的智慧城市建设情况进行评价，必须与所评估对象的内涵与结构相符合，能够真正反映某一城市智慧化水平的本质。因此，在构建智慧城市评价指标体系时要考虑可操作性，具体包括：① 数据资料的可获得性；② 数据资料可量化，定量指标数据要保证真实、可靠和有效，而定性指标和经验指标应尽量少用；③ 评价指标不能过多，应尽可能简化等，以便于实施。

4. 可比性原则

必须明确评价指标体系中每个指标的含义、统计口径、时间和适用范围，以确保评价结果能够进行横向与纵向比较，以便更好地了解和把握不同城市或同一城市在不同发展阶段智慧化的实际水平和变化趋势。因此，选用指标时必须注意指标口径的一致性，保证指标体系不仅能进行地区性横向比较，而且可以进行某一时间序列上的纵向比较，在指标选取时要注意将不可比因素转化为可比因素，尽可能与国际通用的有关指标相统一，以提高智慧城市评价的国际性。在进行城市信息化水平评价时，为了确保其可比性，指标应尽量采用相对指标，少用绝对指标。

5. 可持续性原则

智慧城市评价指标体系应全面反映智慧基础设施、智慧治理、智慧民生、智慧产业、智慧人群以及智慧环境等方面的内容，从发展的角度集中展示智慧城市的最新理念、未来愿景、建设目标、内在逻辑及体系架构等核心要素，要具有较强的导向性，能起到指导中国智慧城市建设、引领世界智慧城市发展的作用。在选择评价指标时，既要有测度智慧城市的现状（城市基础设施先进度和智慧化应用状况）的现实指标（静态指标），又要有反映城市推进智慧化发展过程（城市智慧化发展趋势）的过程指标（动态指标），能综合反映城市智慧化的现状和未来趋势，而且其评价指标也不能保持长期不变，应根据城市所处的发展阶段的不同对指标进行适当的调整。

8.4.2 智慧城市建设效果评价模式

智慧城市评价指标体系是由一套科学系统的评价指标构成的，对智慧城市建设成果进行量化计算、科学评测的方法体系，是智慧城市建设的行动指南，也是检验智慧城市成果的具体体现，将起到引领、监测指导、量化评估等作用。

欧洲有专家认为，智慧城市是城市化发展的高级阶段，更为关注民生与服务、创新与发展、感知与物联、公众参与和互动，评价标准包括智能经济（即创新型经济）、智能移动（即不仅是智能交通，也延伸到教育、购物等领域）、智能环境（即注重城市的生态环境）、智能治理（即政府管理模式的调整和改善）等多种指标。

2011 年 5 月上海浦东新区提出了"智慧城市评价指标体系"，统筹考虑了城市信息化水平、综合竞争力、绿色低碳、人文科技等方面因素，形成了 45 项具体的量化指标，其中 15 项为核心指标，30 项为一般指标。这 45 项指标除了城市基础网络设施等硬件建设外，还包括智慧化交通管理、医疗教育体系、环保网络、社区管理、产业可持续发展能力以及市民文化科学素养等软件条件。若一座城市的两项指标达标率均超过 80%，那么它将迈入"初级智慧型城市"的门槛；若核心指标实现 100%达标，一般指标的达标率也超过 90%，那么它将成为"成熟智慧型城市"。以智慧城市主要内容的评价模式，将评价指标体系分为智慧城市基础设施领域（也称网络互联领域）、智慧产业领域、智慧服务领域和智慧人文领域四大部分。基础设施领域包含无线网络覆盖率、光纤接入覆盖率等 5 个指标项；智慧产业领域包含产业固定资产投资额、产业研发经费支出、产业从业人员数等 7 个指标项；智慧服务领域包含政府行政效能指数、建设资金投入额等 4 个指标项；智慧人文领域包含人均 GDP、信息化水平总指数、文化创意产业占 GDP 比重等 7 个指标项。对于无线通信网络和光纤覆盖率等相同性质的指标,其标准通常定为 100%;而对于像信息化水平总指数等指标项,一般会有一个国家规定的基准;没有实现或者未达到相关标准的则视为智慧城市建设不达标。但也有研究在评价指标体系中的智慧人文领域略去对文化创意占 GDP 比重和国际性文化体育交流活动评价这两项指标的评价。

2011 年 8 月由中国智慧工程研究会提出的"中国智慧城市(镇)评价指标体系"正式发布,作为我国智慧城市建设的参考依据和评价体系。该体系包含智慧城市幸福指数、管理指数和社会责任指数 3 项一级指标,医疗卫生等 23 项二级指标,86 项三级指标和 362 项四级细分指标。其中,智慧城市幸福指数包括就业收入、文化教育、医疗卫生和健康、社会保障、安居和消费、城市凝聚力、公共服务、机构与基础设施以及社会服务等;智慧城市管理指数包括经济基础、科技创新水平、人力资源、人居环境、环保行动以及生态环境等;智慧城市社会责任指数包括执政水平、区域影响力、形象传播力、管理和决策、公共事业责任、权益责任以及诚信责任等。

以上介绍的评价模式仅仅是以智慧城市所涉及的内容为要素开展的,除此以外,还有金字塔式的评价模型、基于用于水平的评价方法等。

8.4.3 基于内容的智慧城市评价指标

根据智慧城市的主要内容,浙江宁波市智慧城市规划标准发展研究院提出了一套基于智慧人群、智慧基础设施、智慧治理、智慧民生、智慧经济、智慧环境与智慧规划建设等 7 个层面的评价指标体系。

1. 智慧人群

智慧人群是智慧城市区别于智能城市、数字城市的主要特征,主要包括 3 项二级指标、7 项三级指标,如表 8.1 所示。其中,人力资源主要反映智慧主体水平,包含 3 项三级指标,主要考察人口受高等教育水平、人口科学技术水平与信息产业就业情况;"终身学习"借鉴欧盟指标体系,用人均公共图书馆书刊文献外借次数反映;教育与信息消费包含 3 项三级指标,其中居民人均教育支出反映居民人力资本投入情况,人均信息消费系数指个人消费中除去衣食住外杂费的比率,人均电子商务交易额指平均每位城市居民通过计算机网络所完成的交易活动的成交额。这 7 项三级指标均为客观指标,除最后一项指标外,余下指标均可从城市统计年鉴、科技统计年鉴或信息产业年鉴直接或通过简单计算获取。

2. 智慧基础设施

智慧基础设施是确保智慧城市各项功能顺畅、安全运行的相关基础设施,主要包括 2 项二级指标、7 项三级指标,如表 8.2 所示。

通信设施包含 5 项客观指标:每百人移动电话持有数与每百户家庭计算机拥有量可直接从统计年鉴获取;有线电视双向数字化改造率是指有线电视完成双向数字化改造的用户数占城市全部有线电视用户数的比例;有线宽带接入率是指接入宽带的家庭占全市家庭总数的比重,反映城市宽带发展速度与宽带家庭渗透率;无线宽带网络覆盖率在现阶段主要是指 3G/4G 与 WLAN(无线局域网络,Wireless Local Area Networks)的综合覆盖率。

后 3 项指标在数据获取上存在一定难度。

信息共享基础设施包含 2 项主观指标。其中,政府数据中心建设包括自建数据中心,也包括利用外部数据服务的情况;四大基础数据库的建设情况(人口、法人、空间地理、宏观经济）主要包括建设的完备性和共享性，信息安全灾备建设主要指政府部门灾备制度的制定、灾备机构的设置和人员配置等；通信网共建共享主要指"三网"融合水平和小区驻地网共建共享水平。

表8.1 智慧人群指标构成

一级指标	二级指标	三级指标
智慧人群	人力资源	1. 每万人受过高等教育人数 2. 每万人拥有科技人员数 3. 信息产业从业人数占全社会从业人数比重
	终身学习	4. 人均公共图书馆书刊文献外借次数
	教育与信息消费	5. 城镇居民人均教育支出所占比重 6. 人均信息消费系数 7. 人均电子商务交易额

表8.2 智慧基础设施指标构成

一级指标	二级指标	三级指标
智慧基础设施	通信设施	1. 每百人移动电话持有数 2. 每百户家庭计算机拥有量 3. 有线电视双向数字化改造率 4. 有线宽带接入率 5. 无线宽带网络覆盖率
	信息共享基础设施	6. 政府数据中心，四大基础数据库，信息安全灾备建设情况 7. 通信网络共建共享

3. 智慧治理

智慧治理主要指政府提供高效互动的行政服务的能力及其对公共服务投入情况，主要包括3项二级指标、7项三级指标，如表8.3所示。其中，政府电子政务水平用政务微博发布数、一站式网上行政审批服务及电子监察系统、市政府门户网站点击量3项指标加以反映，这3项指标数据可通过网上逐一查询与统计获得；政府决策的公共参与程度借鉴了欧盟指标体系，用人代会议案立案数、政协委员提案立案数与听证会数量3项指标加以体现，均为客观指标，可在统计年鉴和相关部门网站获取数据；公共服务投入可直接用统计年鉴中的一般公共服务支出（地方财政）加以反映。

4. 智慧民生

智慧民生是智慧城市建设中需要重点解决的事情，主要是为公众在衣食住行等日常生活各方面提供便捷的服务，主要包含3项二级指标、6项三级指标，如表8.4所示。

表8.3 智慧治理指标构成

一级指标	二级指标	三级指标
智慧治理	电子政务	1. 政务微博发布数 2. 是否有一站式网上行政审批服务及电子监察系统 3. 市政府门户网站点击量
	政府决策的公共参与	4. 人代会议案立案数 5. 政协委员提案立案数 6. 听证会数量
	公共服务投入	7. 一般公共服务支出（地方财政）

表8.4 智慧民生指标构成

一级指标	二级指标	三级指标
智慧民生	社保	1. 基本养老保险覆盖率 2. 基本医疗保险覆盖率
	医疗	3. 网上预约挂号医院比例
	交通	4. 人均交通卡拥有数量 5. 城市交通诱导系统 6. 公交站牌电子化率

社保建设水平用基本养老保险与医疗保险覆盖率 2 项客观指标反映。智慧医疗服务用网上预约挂号医院比例反映。智慧交通包括 3 项指标：人均交通卡拥有数量用当年城市常住人口去除城市 5 年内交通卡发卡总量；城市交通诱导系统是主观指标，主要对城市路况诱导、车位诱导系统进行专家打分；公交站牌电子化率是指电子公交站牌在城市所有公交站牌中的比例。

5. 智慧经济

智慧经济层面主要包括城市经济实力、智慧产业发展水平、研发能力、经济产出能耗和产业结构 5 项二级指标，如图 8.5 所示。其中，经济实力用人均地区生产总值即可反映；智慧产业发展水平用信息产业（主要指电子、邮电、广电、信息服务业等产业）增加值占 GDP 比重、软件服务外包产值占 GDP 比重两项指标加以反映；研发能力用研发投入占 GDP 的比重、万人专利授权量两项指标加以反映；产出消耗用平均每万元地区生产总值能源消耗量（吨标准煤）反映；产业结构优化水平用三次产业增加值占 GDP 的比重加以体现。

6. 智慧环境

智慧环境主要指智慧城市通过智慧管理减少排放、减轻污染的能力加以反映。在借鉴欧盟智慧城市评价指标体系基础上，构建了包含 2 项二级指标、6 项三级指标的智慧环境评价指标体系，如表 8.6 所示。其中，废物处理能力用生活污水处理率、生活垃圾无害化处理率等 4 项三级指标反映；环境吸引力用建成区绿化覆盖率和人均绿地面积 2 项指标反映。这 6 项三级指标均为客观指标，可直接从统计年鉴获取数据。

表 8.5 智慧经济指标构成

一级指标	二级指标	三级指标
智慧治理	经济实力	1. 人均地区生产总值
	智慧产业	2. 信息产业增加值占 GDP 比重 3. 软件服务外包产值占 GDP 比重
	研发能力	4. 研发投入与 GDP 比重 5. 万人专利授权量
	产出消耗	6. 平均每万元地区生产总值能源消耗量
	产业结构优化水平	7. 平均每一从业人员创造农、林、牧、渔业增加值 8. 规模以上高技术制造业增加值占工业增加值比重 9. 第三产业增加值占 GDP 比重

表 8.6 智慧环境指标构成

一级指标	二级指标	三级指标
智慧环境	废物处理能力	1. 城镇生活污水处理率 2. 生活垃圾无害化处理率 3. 工业固体废物综合利用率 4. 三废综合利用产品产值
	环境吸引力	5. 建成区绿化覆盖率 6. 人均绿地面积

7. 智慧规划建设

智慧规划建设主要包括城乡统筹一体化、城市空间布局和智慧楼宇 3 项二级指标，如表 8.7 所示。其中，城乡统筹一体化用城乡收入比、城乡居民受教育年限比、城乡公共财政投入比、城镇化率等 4 项客观指标加以反映；城市空间布局的合理性用通勤时间（或换乘次数）指标反映，具体指本年度市民从住所到工作场所花费的时间；智慧楼宇主要用建筑智能化水平体现，该指标是主观指标，可从城市建筑的楼宇自控系统、闭路监控系统等方面进行评价。

以上以城市信息化评价指标为基础，借鉴国内外智慧城市评价指标体系，在对智慧城市含义和主要内容进行界定的基础上，构建了一套包含7项一级指标、21项二级指标、48项三级指标的我国智慧城市评价指标体系。其中，客观指标44项，占91.7%；较易获取数据的指标34项，占71%。这说明该指标体系具有较强的可操作性与应用性。

表8.7 智慧规划建设指标构成

一级指标	二级指标	三 级 指 标
智慧规划建设	城乡统筹一体化	1. 城乡居民收入比 2. 城乡居民受教育年限比 3. 城乡公共财政投入比 4. 城镇化率
	城市空间布局	5. 通勤时间（或换乘次数）
	智慧楼宇	6. 建筑智能化水平

8.4.4 智慧城市金字塔式评价模型

金字塔式评价模型是由湖北邮电规划设计有限公司李贤毅和邓晓宇两位高级工程师提出的，分为4个维度，即泛在网络、智慧应用、公共支撑平台和价值实现，前3个维度构成智慧城市基础设施的评价，最后一个主要评价智慧城市整体综合功能满足人与自然健康发展的程度。图8.7所示是该模型的示意图。

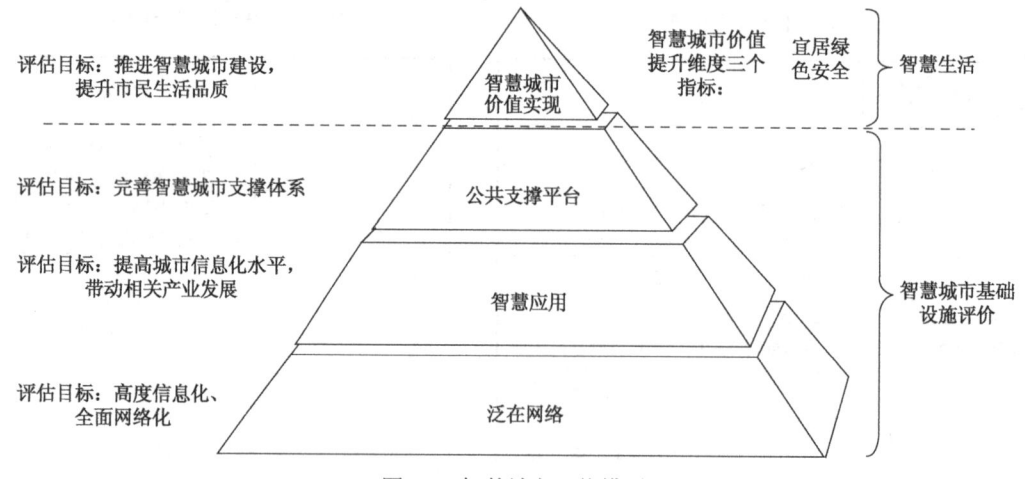

图8.7 智慧城市评价模型

金字塔式评价模型将抽象的城市具体化，形成了鲜明的导向，不仅考虑了城市信息网络基础设施发展水平、综合竞争力、政策法规、绿色低碳、人文科技等因素，而且考虑了交通管理、医疗教育、环保网络及产业可持续发展能力、市民文化科学素养等软件，共含19个二级指标、57个三级指标，如表8.8所示。

表 8.8 智慧城市金字塔式评价指标构成

序号	一级指标	二级指标	三级指标
1	泛在网络	网络基础设施	光纤接入覆盖率、无线网络覆盖率、户均网络带宽、宽带用户普及率、移动电话普及率、3G 用户渗透率
		云平台	服务企业的百分比、云计算产业产值
		信息安全	物理安全指数、数据安全指数
2	智慧应用	智慧政务	政府在线服务渗透程度、信息资源对领导决策支持程度、网上办公占办公业务工作总量的比例、公众对政府工作基本满意提升率
		智慧交通	交通信息管理服务能力、智能传感终端安装率
		智慧物流	物流企业信息化使用率、物流电子商务交易金额占比、货物 RFID 标签使用率
		智慧旅游	通信与信息技术应用程度、旅游资源整合与共享程度
		智慧能源	能源利用的可靠性、能源的使用效率、新能源的应用程度
		智慧建筑	信息网络应用程度、节能环保技术应用程度
		智慧环保	环境质量自动化检测比例、重点污染源监控比例
		智慧医疗	市民电子健康档案建档库、电子病历使用率、医院间资源和信息共享率
		智慧教育	教育资源的共享程度、教育过程的优化程度、教育质量与效益的提升程度
		智慧家庭	家庭智能表具安装率、家庭信息化互动率、家庭信息化支出
3	公共支撑平台	政策法规	政策法规完善率、政策法规引导能力
		规范标准	信息标准完善率、设备标准完善率、技术标准完善率
		人才培养	每年相关宣传培训人员占总人口比例、智慧产业从业人数、大专及以上学历占总人口比重
4	价值实现	宜居城市	网络资费满意度、交通信息获取便捷度、政府服务的便捷程度、城市就医方便程度、获取教育资源的便捷程度
		绿色城市	新能源汽车比例、建筑物数字节能比例、万元 GDP 能耗年均下降率
		安全城市	食品安全、环境安全、交通安全、防控犯罪安全等方面的满意度

1. 泛在网络指标

泛在网络即广泛存在的网络，它以无所不在、无所不包、无所不能为基本特征，以实现在任何时间、任何地点、任何人、任何物都能顺畅地通信为目标，共包括 3 个二级指标、10 个三级指标。

（1）网络基础设施。网络基础设施是实现智慧城市不可少的基础设施，是智慧城市的物质基础。城市光网与泛在的无线网络是智慧城市的基础；户均带宽则体现了城市居民实际可使用的网络平均带宽；宽带、移动电话普及率、3G/4G 用户渗透率则反映了城市居民对综合信息服务的使用程度。

（2）云平台。智慧城市离不开云计算的支持，云计算平台将成为智慧城市的"大脑"，实现对海量数据的存储与计算。云计算通过网络使用各种信息资源与服务的方式，将改变传统信息资源的获取与管理模式，实现资源的集约共享。该评价体系采用"服务企业的百分比"、"云计算产业产值"两项指标来反映云计算平台应用程度。

（3）信息安全。信息安全是智慧城市发展的基础保障。随着我国国民经济和社会发展对信息化依赖度越来越高，网络信息安全问题日益突出。该评价体系采用"物理安全指数"、"数据安全指数"两项指标来反映智慧城市信息安全程度。

2. 智慧应用指标

智慧应用是智慧城市建设的最核心领域，主要包括智慧政务、智慧交通、智慧物流、智慧旅游、智慧能源、智慧建筑、智慧环保、智慧医疗、智慧教育以及智慧家庭等方面的应用，是智慧城市价值实现的直接影响因素，主要包括 10 个二级指标、27 个三级指标。

（1）智慧政务。以电子政务为代表的智慧政务将以信息化手段进一步提高政府工作效率，提高各级政府公共服务能力，创建平安和谐的社会环境。该评价体系采用"政府在线服务渗透程度"、"信息资源对领导决策支持程度"、"网上办公占办公业务工作总量的比例"以及"公众对政府工作基本满意提升率"4 项指标来反映智慧政务的应用程度。

（2）智慧交通。智慧交通系统主要包括交通控制系统、电子警察系统、交通信息枢纽平台、交通监控系统、智能公交和电子车牌等，通过整合公共交通资源，向社会提供交通信息服务，提升交通管理水平。该评价体系采用"交通信息管理服务能力"、"智能传感终端安装率"两项指标来反映智慧交通的应用程度。

（3）智慧物流。智慧物流是以数据中心为核心，以通信网络为基础，通过定位、跟踪、监控（传感）及自动化管理等多种技术手段实现的"智慧"型高效率、低碳综合型解决方案。该评价体系采用"物流企业信息化使用率"、"物流电子商务交易金额占比"以及"货物 RFID 标签使用率"三项指标来反映智慧物流的应用程度。

（4）智慧能源。智慧能源是指构建水、电、气和热力等能源的智能网络，不仅要求各种能源实现智能化，而且还需要将不同能源品种网络有机整合，形成跨能源品种的能源生产、流通（交易）、消费网络，从而实现能源管理的高可靠性，提升能源服务的效率，增加新能源的应用比重。该评价体系采用"能源利用的可靠性"、"能源的使用效率"以及"新能源的应用程度"三项指标来反映智慧能源的应用程度。

（5）智慧建筑。智慧建筑是以建筑为平台，兼备建筑设备、办公自动化及通信网络系统，集结构、系统、服务、管理及它们之间的最优化组合，向人们提供一个安全、高效、舒适及便利的建筑环境。该评价体系采用"信息网络应用程度"、"节能环保技术应用程度"两项指标来反映智慧建筑的应用程度。

（6）智慧环保。智慧环保主要将无线传感器网络技术、地理信息技术等运用到无人维护、条件恶劣生态环境监测中，提高生态监测实时性、可靠性，扩大生态监测范围。该评价体系采用"环境质量自动化检测比例"、"重点污染源监控比例"两项指标来反映智慧环保的应用程度。

（7）智慧旅游。智慧旅游是利用云计算、物联网等新技术，通过互联网/移动互联网，借助便携的终端上网设备，主动感知旅游资源、旅游经济、旅游活动以及旅游者等方面的信息，及时发布，让人们能够及时了解这些信息，及时安排和调整工作与旅游计划，从而达到对各类旅游信息的智能感知、方便利用的效果。该评价体系采用"通信与信息技术应用程度"、"旅游资源整合与共享程度"两项指标来反映智慧旅游的应用程度。

（8）智慧医疗。智慧医疗通过建设基于健康档案的区域卫生信息平台，以居民电子健康档案为核心，有效整合全市的医疗卫生信息资源，通过电子病历系统在全市的统一建设，提升城市医疗卫生资源的共享、医疗协同和公共卫生服务的整体水平。该评价体系采用"市民电子健康档案建档率"、"电子病历使用率"以及"医院间资源和信息共享率"三项指标来反映智慧医疗的应用程度。

(9) 智慧教育。智慧教育是通过信息技术在教育领域的广泛应用，达到高效开发教育资源、优化教育过程、提高教育质量和效益的目标，从而推动教育的改革和发展，培养适应信息社会要求的创新人才，促进教育现代化。该评价体系采用"教育资源的共享程度"、"教育过程的优化程度"以及"教育质量与效益的提升程度"三项指标来反映智慧教育的应用程度。

(10) 智慧家庭。智慧家庭是以住宅为平台，兼备建筑、网络通信、信息家电、设备自动化，集系统、结构、服务、管理为一体的高效、舒适、安全、便利及环保的居住环境。利用先进的计算机技术、网络通信技术、自动控制技术和综合布线技术等，将与家居生活有关的家庭安全防护系统、网络服务系统和家庭自动化系统等各种子系统有机地组合成家庭综合服务与管理集成系统。通过统筹管理，让家居生活更加舒适、安全、有效。该评价体系采用"家庭智能表具安装率"、"家庭信息化互动率"以及"家庭信息化支出"三项指标来反映智慧家庭的发展程度。

3. 公共支撑平台指标

智慧城市的公共支撑平台主要包含政策法规、规范标准以及人才培养等三个指标。

(1) 政策法规。智慧城市建设是一项系统而复杂的工程，牵涉到城市中的每个要素，通过政策指标评价，要求智慧城市建设过程中制定科学合理的发展规划，充分考虑智慧城市的发展阶段和建设基础，以及所面临的机遇和挑战，根据城市发展和信息技术发展规律，科学制定智慧城市建设的目标、主要任务、重点工程及保障措施等，同时制定有效的法律法规，有效保障智慧城市的各个参与主体的利益，切实营造一个"人人参与，人人放心、人人受益"的智慧城市建设环境。该评价体系采用"政策法规完善率"、"政策法规引导能力"两项指标来反映政策法规的完善程度。

(2) 规范标准。智慧城市规范标准包括架构标准、应用需求标准、通信协议、标识标准、安全标准、应用标准、数据标准以及信息处理标准等。智慧城市建设过程中只有严格遵守相关的标准和规范，才能保障智慧城市各层面功能的正常工作，保证智慧城市的高效运行。该评价体系采用"信息标准完善率"、"设备标准完善率"以及"技术标准完善率"三项指标来反映规范标准的完善程度。

(3) 人才培养。人才培养是智慧城市建设的重要保障，逐步建立智慧城市教育培训体系，有计划地进行人才培养，重点培养智慧城市建设高级人才。该评价体系采用"每年相关宣传培训人员占总人口比例"、"智慧产业从业人数"以及"大专及以上学历占总人口比重"三项指标来反映智慧城市人才培养状况。

4. 价值实现指标

城市中各个关键系统与参与者之间高效地协作，以达到城市运行的最佳状态。政府、企业和个人在智慧基础设施之上进行科技和业务的创新应用，为城市提供源源不断的发展动力，从而创造一个更加和谐的、绿色的生活环境。价值实现指标共包含3个二级指标、12个三级指标。

(1) 宜居城市。宜居主要指居民在出行、就医、教育等方面的便捷程度。该评价体系采用"网络资费满意度"、"交通信息获取便捷度"、"政府服务的便捷程度"、"城市就医方便程度"以及"获取教育资源的便捷程度"5项指标来评价智慧城市的宜居程度。

(2) 绿色城市。智慧的绿色城市是以信息化为驱动，结合绿色环保技术的深入应用，推动城市生态转型和高效运转的建设运动,旨在通过先进技术的应用和开发建设模式的创新,建设生态高效、信息发达、经济繁荣的新型现代化城市。该评价体系采用"新能源汽车比例"、"建筑物数字节能比例"以及"万元 GDP 能耗年均下降率"三项指标来评价。

(3)平安城市。主要指居民在城市生活中,对食品安全、环境安全、交通安全以及防控犯罪安全等方面的满意度五项指标。

智慧城市评价指标的编制过程本身就是一个不断修改、完善的动态过程,各指标在智慧城市发展评价中的权重也是一个动态调整过程,需要根据对智慧城市认识的深化以及建设智慧城市的实践,适时对指标体系进行动态调整。

讨论与思考题

(1)简述我国智慧城市建设的内容。
(2)阐述智慧城市管理的内容与模式。
(3)阐述我国智慧城市建设的运营模式。
(4)简述如何控制我国智慧城建设风险。
(5)简述如何评价智慧城市建设发展水平。
(6)智慧城市评价指标体系如何选择?

第9章　智慧城市应用体系与智慧产业

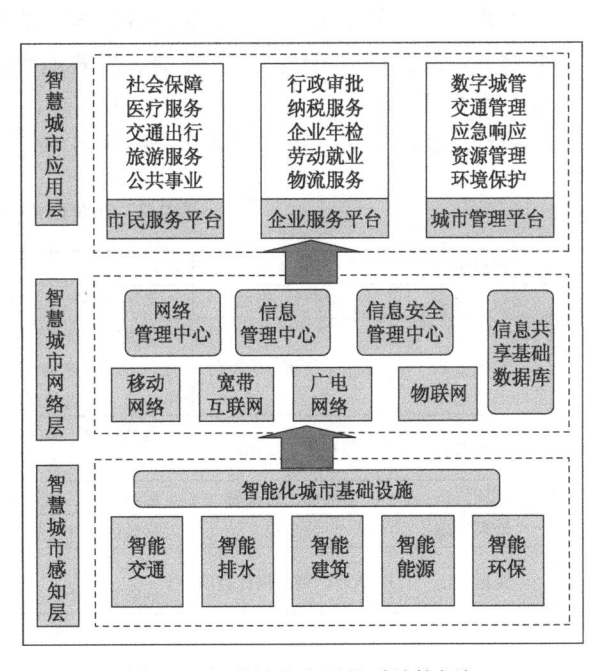

9.1　智慧城市应用体系

智慧城市应用体系是指智慧治理、智慧民生等具有全面感知、智能创新、协同高效、自我完善等特点的城市体系，其结构框架如图9.1所示。智慧城市应用体系集中体现在公共管理服务方面，其中智慧治理主要体现公共管理的新模式，智慧民生注重公共服务的新理念，通过这些新模式、新理念、新技术及新方法的广泛应用，不断提高智慧城市的运营发展水平与竞争能力。智慧城市应用体系通常包括智慧物流体系、智慧制造体系、智慧贸易体系、智慧能源应用体系、智慧公共服务体系、智慧社会管理体系、智慧交通体系、智慧健康保障体系、智慧安居服务体系及以及智慧文化服务体系等内容。

智慧城市应用体系是智慧城市建设的重要内容，是智慧城市建设、发展与运营的关键，直接关系到公众对智慧城市发展的感知度，也影响到智慧城市的建设成败，对智慧城市的建设发展具有重要作用，其中包括：① 智慧城市应用体系建设可以不断增强智慧城市的感知、认知、学习、成长、创新、决策、调控及自我完善等各项能力，全面提高其智慧化水平；② 智慧城市应用体系建设可以不断提高公共管理服务与产业体系等协同发展水平，进一步完善智慧城市的架构体系，为全面提高其功能及承载力提供支撑；③ 智慧城市应用体系建设将不断激发出新的理念、思路及运营发展模式等，促进智慧城市的创新发展，不断提升智慧城市的发展潜力和竞争力。

在图9.1中的应用层中，着重从城市的三大参与主体——政府、企业和市民角度考虑，政府是对城市运行进行管理，企业和市民享受城市为其提供的发展和活动场所及服务。

图9.1　智慧城市应用体系结构框架

1. 智慧城市运行管理

城市运行管理是指与维持城市正常运作相关的各项事宜，主要包括对城市公共设施和社会公共服务的管理，城市运行管理的最终目的还是为了服务市民、服务企业。城市运行管理的智慧性是体现城市智慧的核心，主要包括市政管理、城管执法、城市供电、公共安全、交通管理、道路传输、环境保护、食品药品安全等方面，具体管理范围如表9.1所示。

表 9.1 智慧城市运行管理范围

运行管理	管理部门	范围
市政管理	市政管委	市政管线、水务、燃气、供热、城市照明，废弃物管理，市容景观，户外广告，环境卫生，道桥管理，相关安全应急
城管执法	城管综合执法局	下述方面的协调、检查、监督、处罚：市政设施、城市公用、城市节水，园林绿化、环境保护、城市河湖、施工现场、城市停车、交通运输、流动无照经营、违法建议、无证导游
城市供电	供电公司	用电（电能计量、楼宇、工厂、家庭电器、电动汽车、家庭分布式发电）
公共安全	公安局	社会治安，案件侦破，集会、游行和示威活动管理，骚乱处置，消防，危险品和特种行业，交通安全和交通秩序，户籍，居民身份证，出入境管理
交通管理	公安交通管理局	路面交通指挥疏导、交通管制、交通违法查处、交通事故处理、公路治安、车辆安全检测、汽车牌照、机动车驾驶证、电动自行车
道路运输	交通运输管理局	高速公路维护和收费，城市公交客运管理，出租车管理，交通运输相关安全
环境保护	环保局	环境污染监督管理（水体、大气、土壤、噪声、光、恶臭、固体废物、化学品、机动车等；饮用水源地）；生态保护，风景名胜区；核安全和辐射安全的监督管理；环境监测和信息发布
食品药品安全	多部门配合	综合协调管理（卫生局），农产品生产环节（农业局），食品生产加工环节（质监局）和食品流通环节（工商、食药监管局）的监管

2. 智慧城市居民服务

智慧城市居民服务是指满足居民各种需求的相关服务，主要包括工作、生活、休闲等方面的服务，最终目标是使居民能便捷、高效地享受城市公共服务。城市居民服务的智慧性是体现城市智慧的根本。围绕城市中居民的需求，城市居民服务主要包括医疗健康、社区服务、文化教育、休闲娱乐、福利保障、金融服务等方面。智慧城市居民服务范围如表 9.2 所示。

表 9.2 智慧城市居民服务范围

居民服务	管理部门	范围
医疗健康	卫生局、医院	电子健康档案、数字远程医疗、社区医疗信息网络、新生儿监护等
社区服务	政府、街道、居委会	智能家居（远程监控、自动化、老人看护）、智能楼宇（电梯运行安全监控、节能减排及智能控制）、社区安防（小区智能监控系统）、社区综合服务、渣土垃圾处理等
文化教育	教育局、文化局	远程教育、数字校园（RFID 智能图书馆、电子教室、校园一卡通）、全方位的信息化普及宣传服务、电子书刊、数字图书馆
休闲娱乐	商务局、旅游局	网络购物、网络娱乐、城市旅游公共信息服务
福利保障	社保局	保险服务（社保、失业保险）、住房公积金管理等
金融票证	人行、商业银行等	POS、银行卡、互联网支付、网上银行、手机支付（超市、酒吧、购物）、移动服务（电影、汽车、火车等）

3. 智慧城市企业服务

智慧城市企业服务是指给城市中的企业提供生产、产品和信息流通、市场交易等企业活动所使用的信息基础设施，其目的是降低企业的生产成本，为企业高效地配置资源。通过城市企业服务的提供，能够扩大企业的规模，提高企业的信息化和智能化水平，快速响应市场需求，帮助企业快速成长。智慧城市企业服务包括园区服务、仓储物流、商务服务等方面，如表 9.3 所示。

表 9.3 智慧城市企业服务范围

产业服务	管理部门	范　　围
园区服务	园区管委	园区环境保护、园区安全、园区通信覆盖、园区信息服务
仓储物流	相关生产服务企业	生产、仓储、搬运、配送、流通各个环节，供应链管理、信息共享平台、标识解析平台
商务服务	相关商务服务企业	供应信息服务、餐饮住宿、移动票务、无线网络等

9.2 智慧产业的概念和特征

智慧产业是知识型经济中的一个代表产业，诞生于英国，发展于欧洲，是 20 世纪支撑欧洲GDP的主要产业之一。那些源自个人创意、技能和才干的活动，通过知识产权的生成与利用，创造财富和就业机会。智慧产业是智慧城市建设的关键，也是体现城市"智慧"的重要标准，智慧化的因素主要反映在通过新一代信息技术的应用而使其投入产出比、资源消耗率、两化融合度等方面的变化情况。智慧产业的快速发展将促进经济发展模式由劳动密集型向知识、技术密集型转变，提高知识与信息资源对经济发展的贡献率，推动产业结构优化升级，使经济发展更智慧、更健康、更有效率。

智慧产业是直接或间接利用人的智慧进行研发、创造、生产、管理等活动，形成有形或无形智慧产品以满足社会需要的产业。其中，直接利用人的智慧的产业包括教育、培训、咨询、策划、广告、设计、软件、动漫、影视、艺术、出版等智慧行业的集合；间接利用人的智慧的产业主要指由于新一代信息技术在研发、生产制造、管理、销售及服务等环节广泛应用而出现的产业，其智慧的特征可以体现在生产的某个环节，也可以是反映在产品的技术含量等方面。目前，由新一代信息技术带动的众多智慧产业发展非常迅速，如物联网产业、智能电网、智慧高端装备制造产业、智慧家居、智慧物流、智慧金融和智慧农业等，在整个产业体系中已经占有重要地位。

智慧产业创新性强、资源消耗率低、综合效益高、产业关联广、市场空间大，对占据未来产业制高点和提升城市竞争力都发挥着重要作用，尤其是新一代信息技术带动的新兴智慧产业，既代表着科技创新的方向，也代表着未来产业发展的方向，更关系到城市乃至国家的经济发展与产业安全等。因此，智慧产业具有战略性、创新性、成长性、导向性、关联性以及风险性等六大特征。

（1）战略性：智慧产业是以新一代信息技术为基础发展起来的新兴产业，代表了新一轮产业的发展趋势和制高点，发展智慧产业有利于促进经济结构调整和发展方式的转变，不断增强产业竞争力，在未来经济社会发展中将占据重要地位。

（2）创新性：智慧产业本身具有很强的技术创新性，代表了当前最先进的技术，并将带来市场运营和商业模式方面的创新，还可促进产业创新和企业创新，从而不断带动整个市场的快速发展。

（3）成长性：智慧产业就是作为新一轮产业发展的制高点，符合未来产业发展的趋势，也在不断满足经济社会网络化、感知化、智能化的发展需求，其市场潜力非常巨大，产业成长性较强。

（4）导向性：智慧产业的发展不仅推动了新技术的创新和广泛应用，而且促进了商业模式的创新和新产业的出现，政府的大力扶持使得相关领域将进一步体现国家产业政策的导向性，起到未来经济发展风向标的作用，可以成为吸引人才集聚、资金投放、技术研发和产业政策制定等方面的重要依据。

（5）关联性：智慧产业是作为新一代信息技术支撑发展起来的新兴产业，不仅催生了一些新的业态，而且将带动整个产业结构的升级，促进传统产业的智慧化改造，并与上、下游产业具有较强的关联度，对相关产业的发展具有巨大的带动作用。

（6）风险性：智慧产业具有开创性特征，无论在内容上还是在形式上都没有现成的经验可循，只能靠摸索前进，且因智慧产业具有显著的前沿性特征，决定项目成败的因素较多，如人才、技术研发与推广、资金、商业模式等，而且支撑智慧产业发展的政策体系尚不完善，这些都使得对智慧产业的投资带有较大的风险性。

智慧产业主要分成两大类：① 由新一代信息技术（尤其是物联网技术）快速发展而催生的新兴智慧产业。这类智慧产业包括以传感器产业、RFID 产业、物联网基础支撑产业为代表的物联网制造业以及以云计算服务、物联网网络服务为代表的物联网服务业等。② 现代产业体系的延伸，大部分是在传统产业的基础上发展起来的，并进一步优化了现代城市产业结构的传统产业智慧化新形态产业等。

9.3 新兴智慧产业

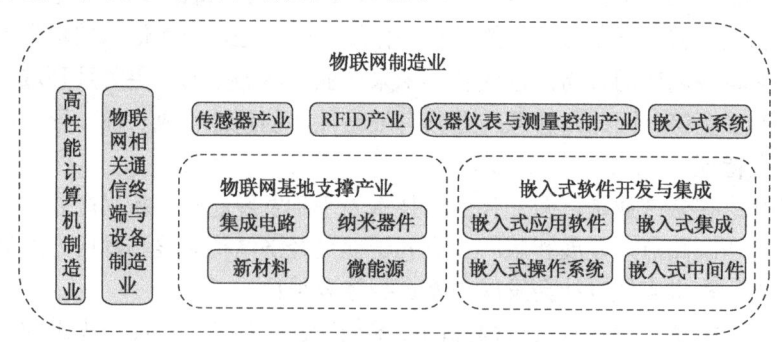

9.3.1 物联网制造业

物联网制造业是物联网产业的基础产业，涉及对物联网产业相关各种软硬件设备与基础设施的研制与应用，其发展水平直接影响整个物联网产业的未来，对物联网产业的发展具有重要的支撑作用。物联网制造业包括传感器产业、RFID 产业、仪器仪表与测量控制产业、物联网基础支撑产业、高性能计算机制造业、物联网相关通信终端、嵌入式系统与设备制造业等，其市场潜力非常大，具体内容如图 9.2 所示。

图 9.2　物联网制造业

物联网制造业具有技术性强、技术集成度高、涉及门类多、应用跨度大、应用领域广、需求长尾化以及产业链长等特点，同时物联网制造业核心技术又尚在发展中，距离产业化应用还有较大距离，且均处于产业链的低端，因此未来物联网制造业的发展可能会遇到更多因素的影响，在培育发展物联网制造业时需要进行全面分析、科学论证，充分考虑各方面条件，制定一个切实可行的发展规划。

1. 传感器产业

传感器产业是物联网产业和智慧城市建设的基础支撑产业，是集传感器技术产品研发、生产与应用为一体的新兴产业。根据传感器产品的感知技术和应用领域不同，传感器又分为很多类，如位移传感器、压力传感器、速度传感器、温度传感器及气敏传感器等，如图 9.3 所示。传感器产业的形成不仅规范了传感器的研制流程，促进不同传感器产品与技术的开发与

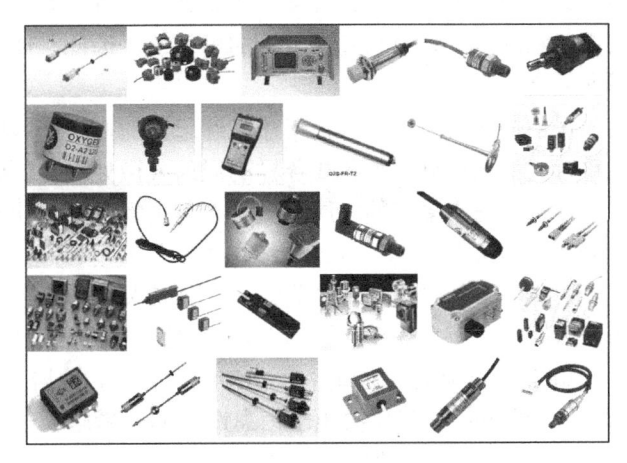

图 9.3　各类传感器产品

升级，更重要的是整合产业资源，明确产业发展目标，加速推进传感技术应用于其他产业领域的研究。例如，研制具有信息处理与无线传输功能的智能传感器应用于传感网的建设，具备多种物理变量与物质感知能力的多功能传感器应用于关键区域的全方位监测，以嵌入式传感器的形式使智能设备与智能终端具备感知能力，等等。

传感器产业的成形是建设传感网的基本条件，物联网与智慧城市的架构基于传感网，传感器产业的发展水平与物联网感知技术强弱程度挂钩，直接决定了物联网与智慧城市建设发展的上升空间，影响到智慧城市应用体系之下分支项目与产业的建设进展。目前，国外发达国家传感器产业在国际上占据主导地位，据不完全统计，现从事研发、生产传感器的企业达到了 5 000 余家，产品达 20 000 多种。高工传感产业研究所预计，2015 年全球传感器市场可超过 900 亿美元。我国也非常重视传感器产业的发展，虽然国内已有近 2 000 家企事业从事传感器的研制、生产和应用，但其规模和应用领域都较小，主要集中在低端传感器的研发和生产上，基础传感器芯片研发生产能力薄弱，高端传感器明显落后，且应用范围较窄，更多停留在工业测量与控制等基础应用领域，整体处于初级阶段。据估计，我国传感器市场未来五年的平均销售增长率将达 30%以上。

2. 嵌入式系统产业

嵌入式系统（Embedded System，ES）是计算机技术、通信技术、半导体技术、微电子技术、语音图像数据传输技术、传感器技术等和具体应用对象相结合后的更新换代产品。嵌入式系统产业是对嵌入式 CPU、嵌入式应用软件、嵌入式操作系统等嵌入式软硬件技术产品进行研发、生产、集成与应用的产业链综合体系。图 9.4 所示为嵌入式系统产业示意图。嵌入式系统技术产品的本质功能是将微型、小型计算设备（如 CPU）嵌入非 IT 用途的设备中，使之成为具有计算能力、感知能力、信息传输能力的智能终端设

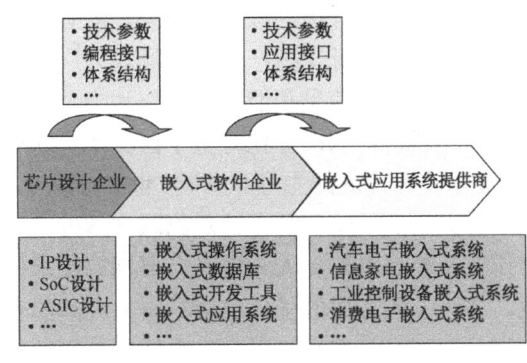

图 9.4　嵌入式系统产业示意图

备；其产业发展水平也会直接影响到智能设备与智能终端的感知化、网络化、智能化水平，决定了物联网实现万物互联目标的可行性。因此，嵌入式系统产业是智慧城市建设发展的关键产业之一。

虽然嵌入式系统是近几年才风靡起来的，但是其概念并非新近才出现。从20世纪70年代单片机的出现到今天各式各样的嵌入式微处理器、微控制器的大规模应用，嵌入式系统产业已经有了三十多年的发展历史，尤其是物联网产业的发展，使得嵌入式系统产业也成为热门领域。2010年全球嵌入式系统相关工业产值已超过1万亿美元，全球嵌入式系统硬件和软件开发工具市场约值2千亿美元。我国嵌入式系统产业规模在软件方面发展迅速，2009年我国嵌入式软件市场规模已达到2 496.2亿人民币，嵌入式系统产业规模持续增长。相关统计表明，2012年我国电子制造规模达5.45万亿元，位居世界第二；电视、程控交换机、笔记本电脑、显示器和手机等主要电子信息产品的产量居全球首位。业内专家预计，2015年我国嵌入式软件产业规模将达到5 000亿元人民币。但是在嵌入式CPU等硬件设计制造方面，我国离发达国家还有很大差距，目前国产嵌入式CPU的应用主要集中在PM（Product Manufacture）、电子书、学习机、机顶盒和少数移动通信终端中，其应用范围主要以消费类产品为主，而在信息安全和网络通信等其他未来嵌入式处理器应用的重要领域，我国竞争力还很薄弱。

3. 物联网基础支撑产业

物联网基础支撑产业是一类技术含量高、市场需求量大的产业，主要包括集成电路、微能源、新材料等，是构建物联网与智慧城市所必需的新兴技术支柱产业。

集成电路是一种微型电子器件或部件。采用一定的工艺，把一个电路中所需的晶体管、二极管、电阻、电容和电感等元件及布线互连，制作在一小块或几小块半导体晶片或介质基片上，然后封装在一个管壳内，成为具有所需电路功能的微型结构。其中所有元件在结构上已组成一个整体，使电子元器件向着微小型化、低功耗和高可靠性方面迈进了一大步。

微能源即能源的微型化，主要是以现有的常规能源为基础，运用微细加工或其他加工方法，制造整个微能源或者其中的某个部件。与传统电池相比，微型电池重量更轻、体积更小、寿命更长。

新材料指新近发展的或正在研发的、性能超群的一些材料，它们具有比传统材料更为优异的性能。新材料技术是按照人的意志，通过物理研究、材料设计、材料加工、试验评价等一系列研究过程，创造出能满足各种需要的新型材料的技术。

图9.5所示给出了物联网基础支撑产业的上下游示意图。

要想使物联网成为信息产业领域未来竞争的制高点和产业升级的核心竞争力，就必须将物联网的基础支撑产业先做稳、再做强。目前，我国物联网基础支撑产业的市场较为广阔，其中集成电路技术飞速发展，集成电路市场迅猛扩大，材料、信息和能源技术作为当今科学技术发展的三大支柱，也是高新技术发展的前沿之一。新材料的产业化对整个国民经济起着关键性的支撑作用，新材料产业的发展是整个高新技术产业发展的先导和基础，世界各国（尤其是发达国家）都把新材料技术和产业发展放在十分突出的战略位置。针对物联网基础支撑产业的培育发展，首先应该加强与科研机构的合作以及教育机构的人才培养，要拥有技术创新研发方面的优势，然后通过引进有实力的企业，并给予各方面的优化政策，采取灵活的合作运营模式等促进该产业的稳步发展，确保技术产品顺利投入市场应用，为物联网建设发展提供助力。

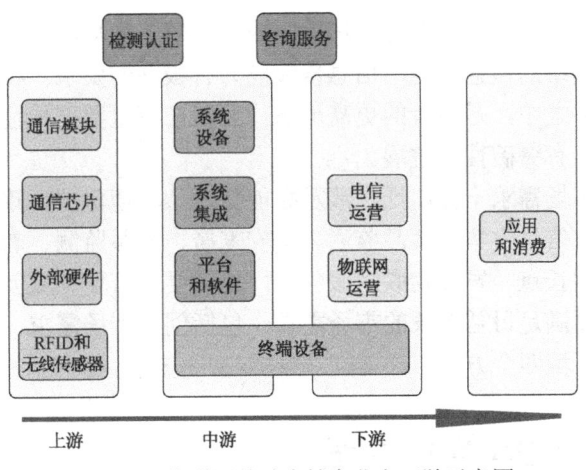

图 9.5 物联网基础支撑产业上下游示意图

9.3.2 物联网服务业

物联网服务业是一种融合管理理论、高新技术、创新模式的新业态，是现代服务业的重要组成部分，对智慧城市建设具有重要作用，同时有助于推动经济发展方式转变，增强我国经济发展的内在动力。物联网服务业主要包括物联网网络服务业、物联网应用基础设施服务业、物联网软件开发与应用集成服务业以及物联网应用服务业等，如图 9.6 所示。

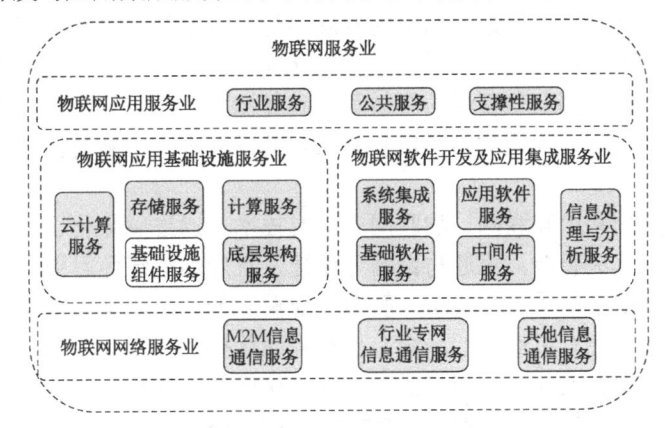

图 9.6 物联网服务业体系结构

物联网网络服务业是随着物联网发展而崛起的新兴行业，主要为物联网应用提供网络基础平台及数据通信保障等专业性服务，包括 M2M 信息通信服务、行业专网信息通信服务及其他信息通信服务。物联网网络服务的核心是提供稳定、安全的信息数据传输服务与网络连接覆盖支撑，确保海量信息的高效、准确、即时、安全与稳定的传递，使物联网真正实现万物通信、万物互联。目前，物联网网络服务业与产业架构主要还是依附在互联网基础网络服务之上；但是随着物联网产业尤其是云计算产业与传感网的迅速发展，物联网网络服务业需要革命性的突破，以支持物联网发展所提出的新需求。三网融合之后，未来将接入物联网的智能设备数量可能会是数以万亿计，无数设备联入以后所产生的庞大数据流量将会对物联网的承载能力提出严峻的考验。因此，确保物联网络的安全稳定，完成海量数据的收集、传输、存储、搜寻以及挖据是物联网网络服务最基本的要求，且需要接入物联网的网络设备将分布于各种各样的复杂环境中。例如,在恶劣环境中或者气候多变环境中进行监测任务的智能传感器,对物联网无线网络的覆盖能力与信息传输能力有极高的要求。物联网网络服务业产生于互联网基础网络服务之中,是后者的更高形态,尤其在海量数据传输处理能力与无线网络的健壮性、覆盖范围上有突破性的进展。

物联网服务业的市场需求十分广泛,涉及智能交通、环境保护、政府工作、公共安全、工艺监测、商品流通、信息收集、食品监测、平安家居、水系监测、老人护理等多个领域,是我国经济发展的新增长点。发展物联网服务业,迫切要求市场领域创新、营销手段创新和营销观念创新等,从而满足日益增长的市场需求,包括创造市场需求、创新商业模式、培育市场主体和优化市场环境四个方面。

9.4 传统产业智慧化改造

智慧城市的建设不仅衍生出了新兴的产业,也对传统产业的发展起到了很大的推动作用,增添了传统产业的智能化要素,在提升产业竞争力的同时,节约了社会资源,使产业服务于人们生活的品质得到大幅度改善。

9.4.1 第一产业智慧化改造

作为第一产业的农业是整个国民经济发展的基础,具有重要地位,通过信息技术的应用提升生产效率、提高产品价值已成为未来的发展趋势。目前,信息技术在我国农业中的应用已经从零散应用扩展到全面应用,应用的目标也从最初的提高产量发展到提高农产品价值、促进农业可持续发展、加强农业资源的有效利用和环境保护等。为了加快农业信息化发展步伐,使其不断适应现代社会发展的需要,智慧农业的发展理念已被提出,也成为未来农业发展的方向。

智慧农业是指充分利用互联网、物联网等信息技术,通过感知化、互联网、智能化的方式,使生产、加工方式更智能,流通与销售更便捷,农产品更绿色且更有价值的农业发展新模式。智慧农业应用框架如图 9.7 所示。智慧农业着眼的并不是信息技术在农业中的单项应用,而是把农业看成一个有机联系的系统,把物联网等技术综合、全面、系统地应用到农业系统的各个环节。智慧农业的发展将按照农业现代化标准,坚持以市场需求为导向,以农民增收为核心,以现代信息技术、智能生产技术为支撑,积极引导农户、农民经济合作组织、农业企业、金融机构,使农业系统的运转更加有效,不断提高农产品的竞争力和价值,实现农业增效、农民增收的产业发展目标。

(1)可以运用 RFID 技术、无线传感器、遥感技术、GNSS(Global Navigation Satellite System)技术等改造生产、加工、储藏、运输、营销等环节,推广应用农业信息化管理系统和农业专家咨询服务系统,提升测土配方施肥、病虫害预测预报、农田气象服务、海产品养殖、产品追溯管理等重要环节的效能,提高农业生产的可控性,实现节本增效。

(2)可以通过智慧农业和智慧生态保护示范推广基地建设,逐步带动整个农业生产水平的提升。在示范推广基地,主要是利用传感器、互联网等技术,实时监测温度、湿度、光照、二氧化碳、土壤微量元素等参数,以短距离无线通信技术进行数据传输,自动进行通风、滴灌、控温、补光等操作,实现农业生产的精准化和智能化,提高农产品附加值。

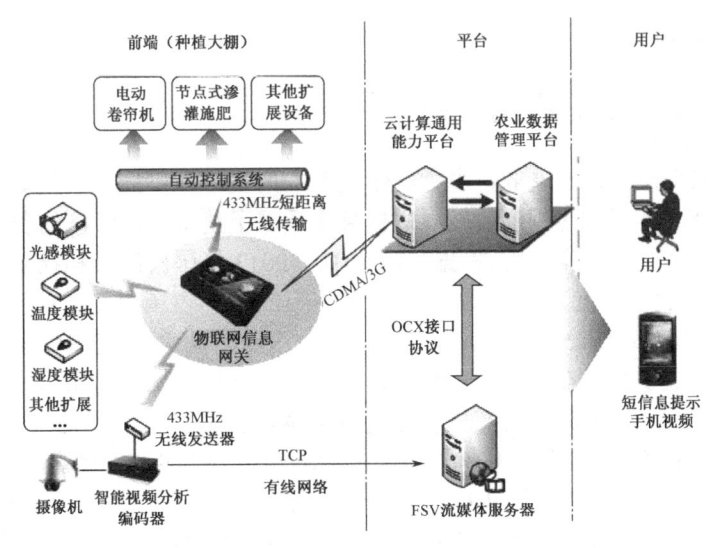

图 9.7 智慧农业应用架构

(3) 通过建立农产品质量安全可追溯系统(如图 9.8 所示),加强对农产品加工企业和批发市场等关键环节质量安全检测的数字化管理,大力推广连锁经营、电子商务、订单农业等现代农业生产经营方式,提升智慧农业发展水平。

(4) 围绕智慧农业生产设备的研发、生产与制造等,积极推广并培育系统集成、传感器和控制设备产业,实现精准农业技术和农业装备技术的国产化;积极发展节水灌溉设备、食品安全设备、农副产品深加工设备、食品饮料加工设备、农业生物资源化设备等的研制,培育发展一批有竞争力的智慧农业设备制造企业,不断完善智慧农业体系。

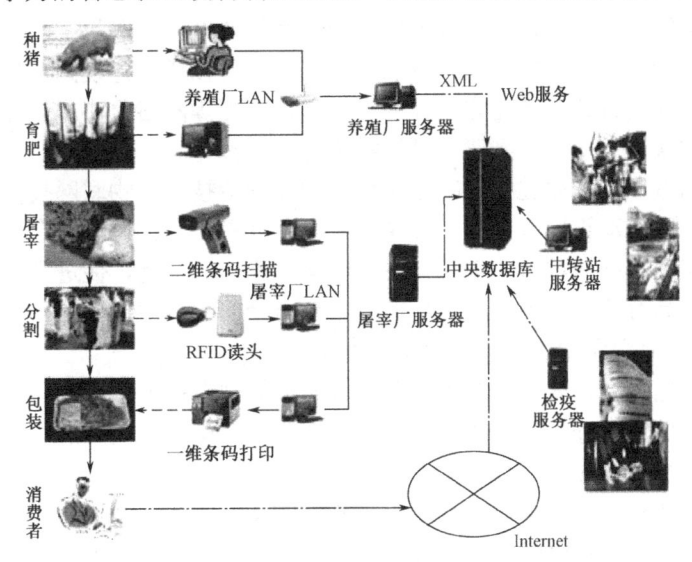

图 9.8 农产品质量安全可追溯系统

与此同时,各地可以根据自身的农业优势资源,有选择地重点推进相关产业的智慧化改造。目前,我国一些城市已经提出了智慧农业的发展规划。例如,佛山市高明区提出了"智慧农业"发展规划,并通过农业农村信息化战略合作、"智慧农业"产学研战略合作、农产品质量安全可追溯体系建设、岭南香米产业、农业智能化生产技术合作等 5 个首批代表性项目的实施,推动整个区域"智慧农业"的发展,引领该区农业发展方式转变;全国多个城市也都加快了智慧农业发展。

9.4.2 第二产业智慧化改造

第二产业是指采矿业，制造业，电力、燃气及水的生产和供应业，建筑业等，是国民经济的重要组成部分，其现代化程度及发展规模直接反映了整个国民经济的发展水平，也在一定程度上影响着一个国家的竞争力。根据我国 2010—2013 年国民经济和社会发展统计公报显示，2010 年第二产业增加值为 186 481 亿元，增长 12.2%，占国内生产总值比重为 46.8%；2011 年第二产业增加值 220 592 亿元，增长 10.6%，第二产业增加值比重为 46.8%；2012 年第二产业增加值为 235 319 亿元，增长 8.1%，第二产业增加值比重为 45.3%。2013 年我国国民经济平稳较快增长，全年国内生产总值达到 568 845 亿元，比上年增长 7.7%。其中，第一产业增加值为 56 957 亿元，增长 4.0%；第二产业增加值为 249 684 亿元，增长 7.8%；第三产业增加值为 262 204 亿元，增长 8.3%。第一产业增加值占国内生产总值的比重为 10.0%，第二产业增加值比重为 43.9%，第三产业增加值比重为 46.1%，第三产业增加值占比首次超过第二产业。

当前，我国处于经济社会发展的关键时期，为了进一步增强我国的综合实力及竞争力，促进我国经济社会的可持续发展，我国在不断加快经济结构的调整，促进经济发展方式的转型，这对于第二产业的转型升级，尤其对于高能耗、高污染的传统工业来说，所面临的挑战与压力越来越大。在我国国民经济和社会发展"十二五"规划中，提出了坚持走中国特色新型工业化道路，适应市场需求变化，根据科技进步新趋势，发挥我国各类产业在全球经济中的比较优势，发展结构优化、技术先进、清洁安全、附加值高、吸纳就业能力强的现代产业体系，为第二产业智慧化改造指明了方向。根据第二产业的特点和经济社会发展的需要，以及新一代信息技术的发展趋势，应从全方位、全过程的角度，促进第二产业的智慧化改造。

（1）在研发设计环节，根据不同行业的实际情况，可以通过建设网络化的协同设计和虚拟制造平台，完善异地设计、敏捷化设计制造、虚拟装配等网络化协同设计系统，实现设备资源和知识资源的整合共享，达到研发设计数字化、虚拟化。

（2）在生产制造环节，通过智能制造系统、智能制造技术、物联网技术等融合应用与发展，使生产制造可以自动识别、判读、反馈和人机交互等，达到可以完全"感知、决策、执行"的生产制造状态，并通过自主创新与技术研发、流程改造等，促进产业内部升级，提升节能减排效果，提高劳动生产率和产品附加值，从而全面实现生产制造环节的自动化、智能化与绿色化。图 9.9 所示为智慧制造业体系架构。

（3）在生产管理环节，要充分利用信息技术与智能制造技术，通过信息化、网络化、智能化的方式，达到信息充分共享、资源整合及业务协同，实现对人、财、物的实时、高效、动态管理，不断降低管理成本，提高综合效益。

（4）在营销服务环节，根据第二产业产品的复杂性、职能部门之间的相互依赖性、买卖双方的相互依赖性、购买程序的复杂性等特点，要加强营销理念的创新及信息技术的应用，积极拓展信息化营销、文化营销、服务营销、技术营销、关系营销等方法与模式，并通过建立第三方电子商务平台，加强网络营销，不断完善市场营销手段，提高售后服务水平。

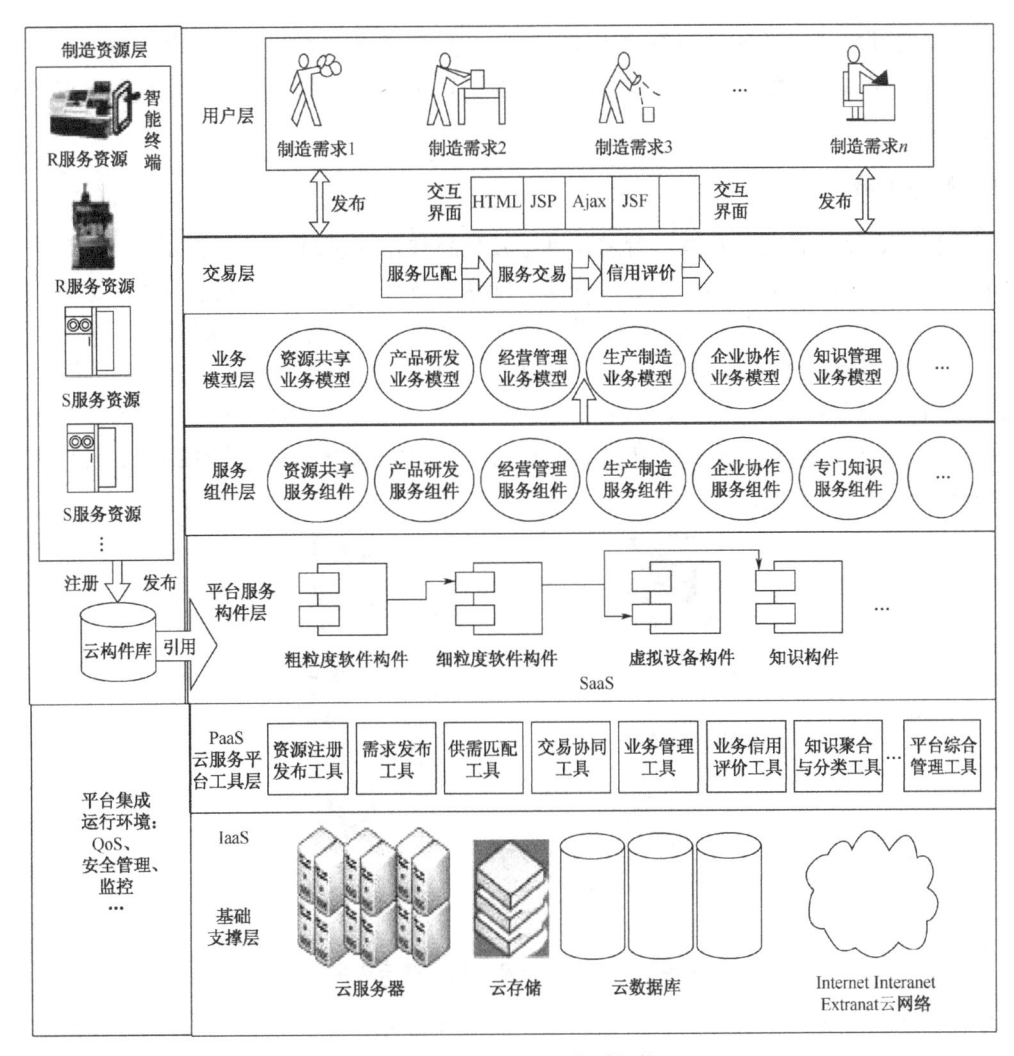

图 9.9 智慧制造业体系架构

9.4.3 第三产业智慧化改造

现代服务业是国家现代化发展水平的重要标志，是反映一个国家或地区综合实力的重要内容，同时也是实现经济可持续发展的重要力量。加快发展现代服务业，对于推进产业结构调整，加快经济发展方式转变，实现经济社会快速、健康、有序发展具有十分重要的意义。当前，以物联网为核心的新一代信息技术的快速发展，对传统第三产业的发展产生了重大影响，促进了传统第三产业的优化升级，构建智慧化的现代服务业已成为明显的发展趋势。随着智慧城市建设理念的提出，智慧物流、智慧旅游、智慧金融等一系列现代服务业也得到了社会各界的广泛关注。针对智慧化服务业的培育发展，首先要加大信息技术的应用，从多个方面提高现代服务业的效率，积极运用现代经营方式、服务技术和管理手段改造和提高传统服务业，同时还要以生产性服务业为突破口来促进现代服务业的加快发展，努力提升第一、二产业的竞争力，促进经济持续发展。其次，通过推进体制创新，调整现代服务业所有制结构，鼓励市场竞争；坚持市场化、规范化、品牌化发展方向，努力营造公平、公正、公开竞争的产业发展环境，促进各类服务的协同发展，并加快技术创新和人才培养，提升现代服务业整体水平。现以智慧物流、智慧旅游、智慧金融以及智慧贸易为例介绍现代服务业的智慧化改造思路。

1. 智慧物流

智慧物流是以物联网、互联网等通信网络及信息技术为基础，通过感知化、互联化、智能化的方式，使物流中的订单、运输、仓储、配送等各环节信息能够共享并协调运作，是精准、高效、经济、绿色的物流发展新模式。智慧物流及其供应链示意图如图 9.10 所示。智慧物流以更智能、更优化的服务方式，将在现代经济社会发展中进一步发挥动脉和桥梁的作用。智慧物流为供方提供最大化利润，为需方提供最佳服务，同时消耗最少的自然资源和社会资源，实现最大范围的信息共享及资源整合，构建现代物流服务体系，推动物流业与相关产业的联动发展。

图 9.10 智慧物流及其供应链示意图

针对智慧物流业的培育发展，应该从四个方面做好相应的工作：① 通过互联网、物联网在物流业发展中的应用，建设先进的智慧物流基础设施，为智慧物流业的快速发展打下坚实基础。利用先进的信息技术，加快不同物流节点内部的物流装备信息化及信息网络建设；利用传感器、互联网等技术，建设以感知化、可视化、智能化、自动化为一体的保税仓储基地；利用 RFID、传感器、无线定位技术等，建设可随时随地动态了解物流配送情况的感知中心。② 根据区位交通优势及自身发展需要，大力发展特色物流服务。通过建设先进的物流数据处理中心，为国内外企业提供物流数据处理、加工、灾备以及其他各种物流信息服务等；结合自身优势，积极发展农产品、医药、冷链、家居、制造业与城市配送等特色物流服务，同时加强第三方与第四方物流服务，全面提高智慧物流服务水平。③ 根据当地科研优势及配套企业资源等，重点培育和发展基于新一代宽带移动通信、信息传感技术（如射频识别等）、智能交通和智能电网等的智慧物流装备，提升和发展一批以智慧物流装备设计和生产为主的先进制造企业，促进智慧物流产业平稳、较快发展。④ 根据当地物流产业发展需要，加强物流金融服务创新，拓宽融资渠道，建立完善的物流金融服务体系，全面提升物流金融服务供给能力，为物流业发展提供有力支撑。通过成立主营物流金融业务的专业性银行、加强第四方物流运营主体与金融机构、担保机构的合作；发展以动产质押为基础的物流银行业务，发展物流企业联保与互保贷款业务，积极发挥融资租赁的作用，利用股权融资、企业债、短期融资融券等融资方式,拓宽物流企业融资渠道。

目前,智慧物流在美日等发达国家发展很快,并在应用中取得了很好的效果,第三方物流与第四方物流服务水平不断增强,物流业的整体智慧化水平比较高。我国智慧物流业也在快速发展中,如宁波、上海、武汉等都在加强智慧物流业的发展,以此来增强城市竞争力。其中,宁波的智慧物流作为智慧城市建设的试点示范项目得到了快速发展,其智慧港口、智慧物流数据中心、智慧物流基地等建设项目已开始全面推进。

2. 智慧旅游

现代旅游产业综合性强、关联度大、产业链长,已经突破了传统旅游业的范围,涉及面广并交叉渗透到许多相关行业和产业中。随着众多新的旅游形态的出现,旅游业又扩展到工业、农业、教育、医疗、科技、生态、环境、建筑、海洋等领域,催生出一批富有生命力的新业态,同时也促进了智慧旅游理念的提出,这必然带动包括食、住、行、游、购、娱于一体的综合性产业智慧化发展。智慧旅游是指以互联网、物联网为基础,通过感知化、互联网、智能化的方式,形成以旅游基础设施高端、旅游资源智能整合、旅游服务高效便捷等为核心的旅游服务新模式。智慧旅游体系架构如图 9.11 所示。智慧旅游通过运用新一代信息技术,加强旅游资源的整合,借助便携的终端上网设备,可以主动感知旅游资源、旅游经济、旅游活动、旅游者等各方面的信息,及时安排和调整工作与旅游计划,从而达到高效、便捷、人性化的效果。培育发展智慧旅游业,应该从三个方面着手考虑:① 通过信息技术应用,构建智慧旅游服务体系,为游客提供餐饮娱乐消费导引、远程资源预订、自导航、自导游、电子门票、服务信息即时推送等多种智慧旅游信息服务;建成功能完善、应用广泛、与市场联系紧密的旅游信息化服务体系,为智慧旅游业发展打下基础。② 建设区域旅游业经营管理平台,整合区域旅游资源,整合和创新旅游产品,开发特色旅游产品,拓展旅游市场,为旅游企业

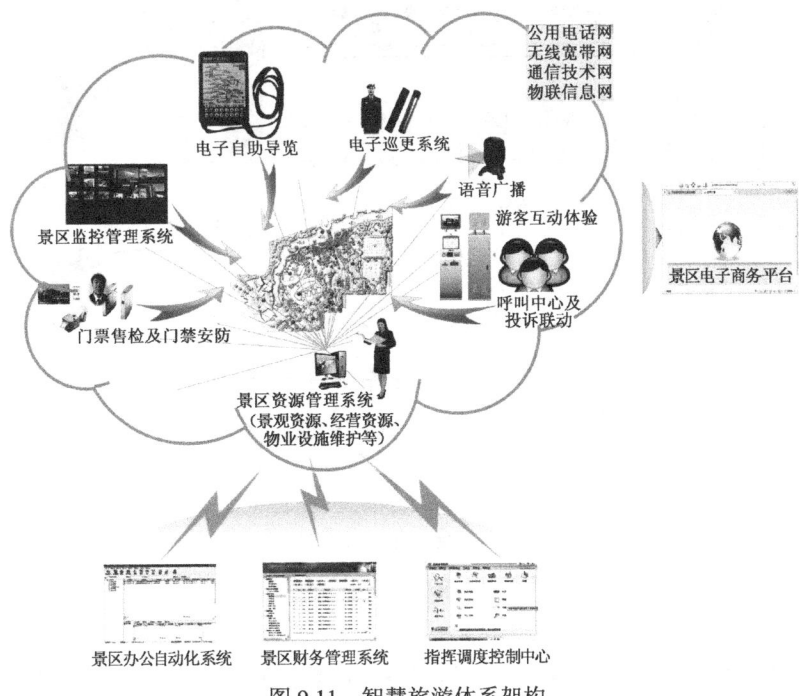

图 9.11 智慧旅游体系架构

提供服务资源管理、游客流量控制、车辆调度、远程监控、自动收费等多种智慧经营管理服务；为管理部门提供环境监测、交通管理、资源调度、应急处理等多种政务管理服务，提升区域旅游业的发展质量和服务水平，推动传统旅游业发展模式转变为现代服务业发展模式。
③ 提升旅游配套服务水平，提高旅游景点自身，周围旅行社、饭店、宾馆等信息化建设水平，实现旅游配套服务设施信息的感知化、网络化水平和服务质量的提升。

目前，信息技术已在旅游开发、旅游管理、旅游营销、旅游交通、旅游服务及教育培训等方面得到广泛的推广和应用，大大促进了旅游业的快速发展。例如，网络销售、网络预订、无票旅游、虚拟旅游、电子地图、卫星导游、旅游信息系统、高科技主题公园等已得到快速发展，很多国家已经建立了基于不同信息技术、面向不同层次用户的旅游信息网络，实现了旅游资源信息的共享。我国也在加快智慧旅游的建设与发展。2011年6月南京正式出台"智慧旅游"总体设计方案，未来几年南京市将把景区、旅行社、酒店以及旅游相关产业的信息资源整合到一起，打造一个统一的智慧旅游中央管理平台和旅游资源，在旅游安全、旅游便利性需求、旅游移动搜索等方面也有突出作用。2011年6月，经国家旅游局同意，江苏在镇江建设"国家智慧旅游服务中心"，主要是为了推进我国智慧旅游发展，支持开展智慧旅游装备、软件及相关应用模式的研发、示范和推广工作，为我国智慧旅游的发展和智慧旅游城市的建设提供产业支撑和技术服务。2011年10月北京市宣布启动"智慧旅游"城市基础设施建设，与中国移动北京公司签署战略合作协议，率先开展城市无线宽带覆盖、旅游信息整合等项目建设。

智慧旅游网络结构如图9.12所示。

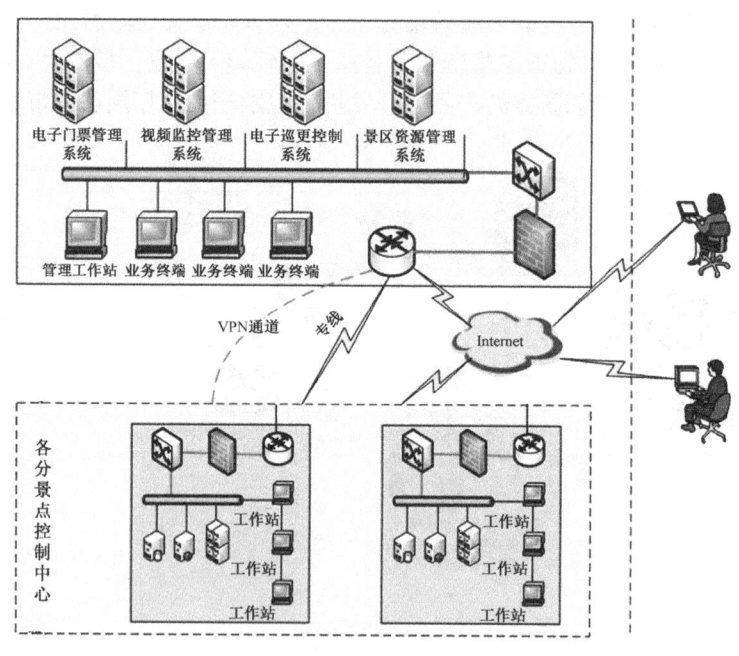

图 9.12 智慧旅游网络结构

3. 智慧金融

智慧金融也是以物联网、互联网等通信网络及信息技术为基础，通过感知化、互联化、智能化的方式，使现代金融行业在组织结构、业务流程、业务开拓以及客户服务等方面得到全面提升。图 9.13 所示为智慧金融体系架构。智慧金融的具体表现为：① 通过动态的 IT 基础架构及时响应金融业务的需求；② 通过对海量数据的智能分析与优化，提升金融业务决策支持能力；③ 通过感知客户行为模式的变化提供个性化金融产品与服务；④ 通过风险管理规避各类金融风险。

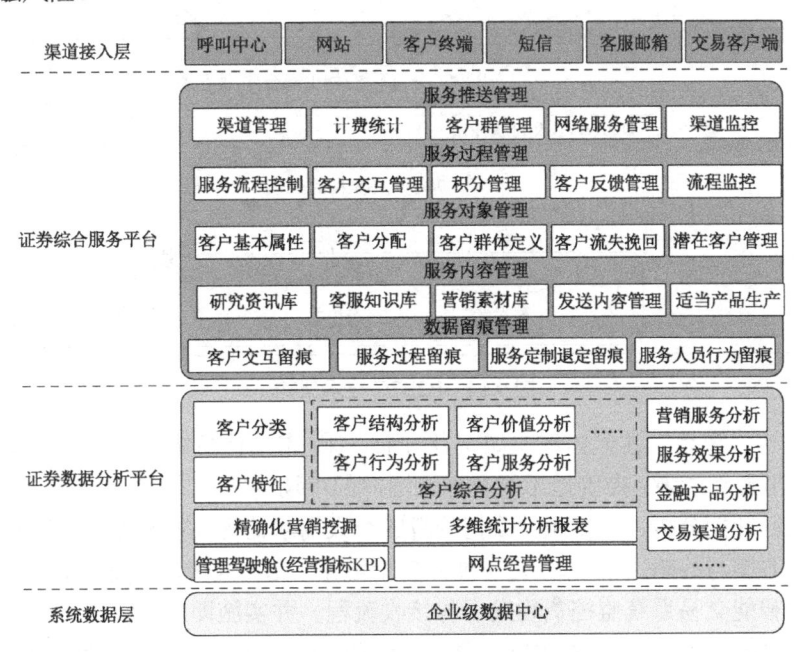

图 9.13　智慧金融体系架构

智慧金融的"智慧"可以从四个方面理解：① 预测客户需求，感知客户行为模式变化，随时随地通过便捷的渠道提供个性化金融产品与服务；② 实时、准确地预测和规避各类金融风险，优化内部资本结构；③ 收集、处理海量数据，通过智能分析与优化提升业务决策支持能力，以回应市场环境的细微变化；④ 及时响应业务需求、适应多变商业环境的灵活的 IT 架构，以满足不同部门、客户和合作伙伴的各种需求。

4．智慧贸易

与前面类似，智慧贸易也是利用互联网、物联网等通信网络及信息技术，实现市场供需信息资讯的高度丰富与共享，以及商贸交易活动中交货与付款两个对立流程的同步、安全、便捷与高效。智慧贸易的成形将有助于商贸交易市场与行为的规范化、标准化、安全化、网络化与全球化，降低贸易活动的风险、成本与门槛，提高贸易市场的流通效率与信息透明度，促进 B2B（Business to Business）、B2C（Business to Consumer）、C2C（Consumer to Consumer）、C2B（Consumer to Business）等贸易手段的发展。图 9.14 所示为 B2B2C 技术架构。其中，B2B 是企业对企业，在线买卖交易的参与各方都是企业的电子商务形式，如阿里巴巴（Alibaba）、悦商网络公司（YES-B2B）以及慧聪网等；B2C 是企业对消费者，企业通过网络向个人提供商品或服务的电子商务形式，如京东商城、当当网、卓越网以及美国的亚马逊网上商店等；C2C 是消费者对消费者，通过电子商务媒体而进行的个人与个人之间商品买卖行为的电子商务形式，如易趣、淘宝以及拍拍等；C2B 是消费者对企业，由客户选择自己要些什么东西，要求的价格是什么，然后由商家来决定是否接受客户的要求，接受则交易成功，不接受则交易失败，如www.priceline.com网站。

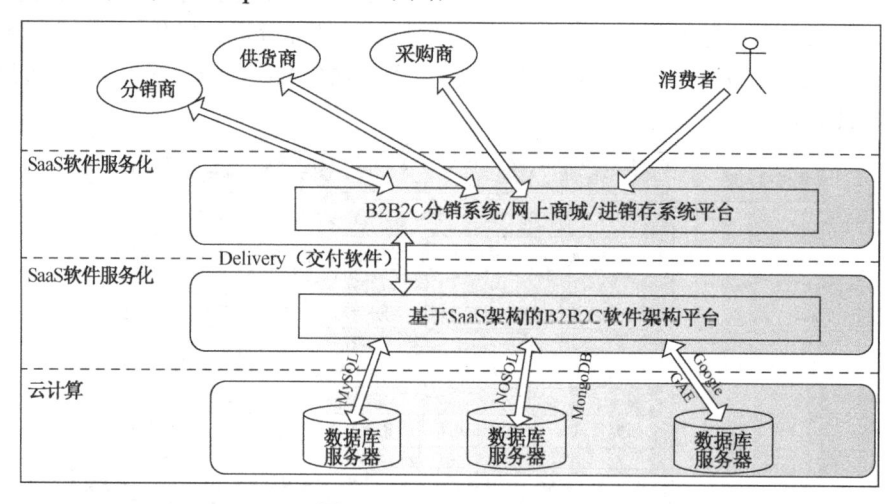

图 9.14 B2B2C 技术架构

智慧贸易的"智慧"具体体现在如下几方面：① 市场信息丰富、齐全、详尽并且即时更新，交易参与方能清晰、准确地了解全球范围内的市场动态；② 反应迅速，实时对市供求的海量信息进行智能分析，根据企业或消费者的个人需求捕捉商机线索并立即反馈到商贸企业以制定解决方案与战略决策；③ 交易过程安全可靠、完全同步，以安全防护措施与交易规则严密设计的智能交易系统监控货物发出与接收流程，并实施即时结算支付，对跨境贸易可实时根据汇率兑换；④ 统计信息完整可靠，市场动态包括价格波动、企业活动、交易量、商品流与资金流等海量数据信息翔实记录在数据库中，为研究分析贸易市场与制定商业战略规划提供强大的情报支持；⑤ 交易方式多样化、便捷化，灵活地支持新流程、业务模式和交易手段，能快速地与新的 IT 基础设施及其他新兴智慧产业互联协作。

讨论与思考题

（1）简述智慧城市应用体系的内涵与作用。
（2）简述智慧城市中智慧治理的内涵与特点。
（3）简述智慧城市中智慧民生的内涵与服务模式。
（4）智慧社区服务可实现哪些服务功能？
（5）简述智慧产业的内涵与特征。
（6）简述智慧城市系统功能规划的主要内容与特点。

第10章 智慧城市信息服务

10.1 概述

10.1.1 智慧城市信息服务需求分析

在智慧城市建设阶段，我国的重点已转移到民生应用上，即以民生为导向，把社会公共服务和民生事业作为智慧城市建设的出发点和落脚点，促进社会公共服务均等化。建设智能交通系统解决城市的交通拥堵，建设远程医疗有效解决市民看病难的问题，推广远程教育促进优质资源共享，推动社会运行更加智能。目前，大多数城市都集中以智慧产业、智慧政务和智慧民生等为智慧城市的主要建设内容，下面围绕公共安全、城市运行管理、生态环境、城市交通、医疗卫生等领域，总结我国大部分城市智慧城市建设过程中对信息服务的需求。

1. 公共安全领域

通过视频的识别和视频的结构化描述，海量数据的深度挖掘已经解决了目前视频的看不见、看不清等难点。同时，将物联网技术嵌入城市智能管理系统，在社会安全事件、煤矿安全生产等应用领域也积累了一定的技术基础。但是，对于公共突发事件应急联动系统、基于物联网技术的地质灾害监测预警系统、基于智能分析的城市管理中视频监控与应用系统，利用电子标签、视频监控、红外感应等的研究，加强对危险物品监控、垃圾检测处理、有毒气体排放、疾病预防控制等的全流程过程监测和控制；对于有线/无线传感网络的城市公共安全智能管理与集成平台研究、基于智能识别的公共场所异常行为分析系统、基于物联网矿井安全生产管理系统等研究，开发特殊现场的精确定位和状态感知技术，提高公共安全监控的水平：仍然是当前和未来一段时间公共安全领域重点关注的课题。

图 10.1 所示为智慧城市公共安全需求应用图示。

2. 城市运行管理领域

在网格化管理中，利用智能终端、通信基站、显示屏等设备，深化城市部件监控，优化数据流程，提高对现场信息的采集、处理和监督，将信息

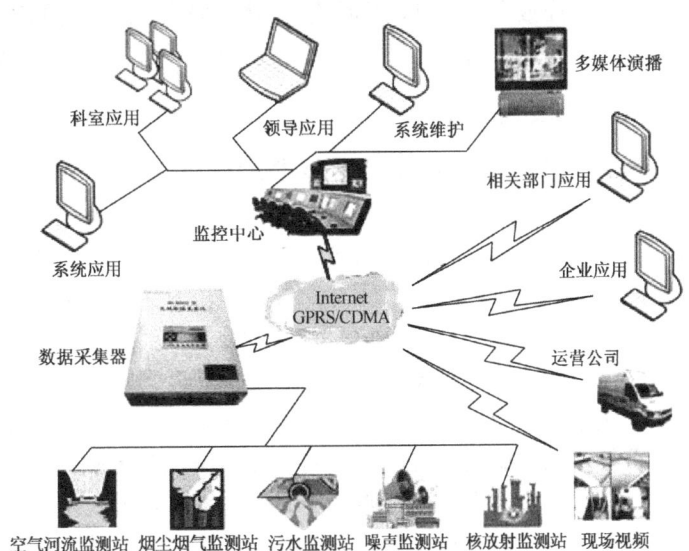

图 10.1 智慧城市公共安全需求应用

化城市管理部件接入物联网，对城市管理的兴趣点进行统一标示，可以进一步明确网格化的权属责任，加强对城市管理部件状态的实时监控，降低信息化城市管理中对人工巡查的依赖程度，提高问题发现和处置的效率，进而提升网格化管理水平。应用物联网可以对城市水、电、热力、燃气等重点设施和地下管线实施监控，提高城市生命线的管理水平和加强事故的预防预测，降低事故的发生概率和烈度，提高事故的处置效率。通过视频监控、传感器、通信系统、GNSS 等手段进行有效的监控。通过统一的射频识别和数据库系统，建立户外广告牌匾、城市家具、棚亭阁、城市地井的管理体系，以方便进行相关规划管理、信息查询和行政监管。图 10.2 所示为智慧城市运行管理需求示意图。

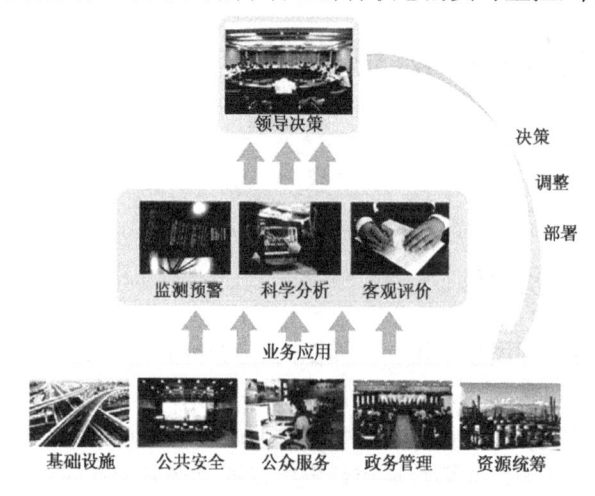

图 10.2　智慧城市运行管理需求示意图

3. 生态环境领域

结合物联网技术对水体水源、大气、噪声、放射源以及废弃物等进行感知、处置与管理，能够构建一个集智能感知能力、智能处理能力和综合管理能力于一体的新一代网络化智能环保系统，包括环境评估质量监测系统、污染源监控系统、环境应急管理系统、排污收费管理系统、污染投诉处理平台、建设项目审批管理系统、核与辐射管理系统等业务应用系统。利用传感器加强对空气质量、城市噪声监测，在公共场所进行现场信息公示，并利用移动通信系统加强与监督检查部门的联动。通过雨量、水位、水库位移等传感器，运用物联网和下一代互联网技术，为水利部部门预防洪灾提供实时监测预警服务。结合 GIS、视频实时监控自动报警等新技术，综合地质、环境、设计方案和井下作业过程中地质超前预报、施工、监测、巡视等多种实时监控数据和信息，及时进行风险分析、预测、预警、报警。所有这些内容都对信息服务直接或间接地提出了更高的要求。图 10.3 所示为智慧城市污染源在线监控需求示意图。

4. 城市交通领域

信息技术、网络技术、通信技术、GNSS 技术、视频监控技术用于交通领域，将各类交通运输信息从采集、处理到为社会提供服务并加以系统化，实现资源共享，优化资源配置，从而逐步达到智能化的交通运输、现代化的运营管理，实时监控道路交通状况，节约能源，提高效率，减少交通事故的损失。图 10.4 所示为智慧城市交通监管应急需求示意图。如若全面实现，则可达到"零堵塞"和"极限通行能力"。为此，智慧城市中应优先加快智能公交系统和智能交通管理系统的建设，如运营调度系统、站台与车内的信息服务系统、信号优先系统、电子售检票系统等。以北斗全球导航卫星为推动力的位置信息服务，以区域联网不停车收费技术为基础的跨省区市联网收费系统，广泛应用的组合式"一卡通"式电子收费服务，则可从较大范围实现全路网通行能力的提高甚至最大化。综合运输体系的发展模式也已开始从追求总量规模向注重质量效益转变，利用物联网技术建设由几种运输方式共同组成的，以大运能、高速化、衔接便利、信息互通互联为主要特征的智慧运输体系。

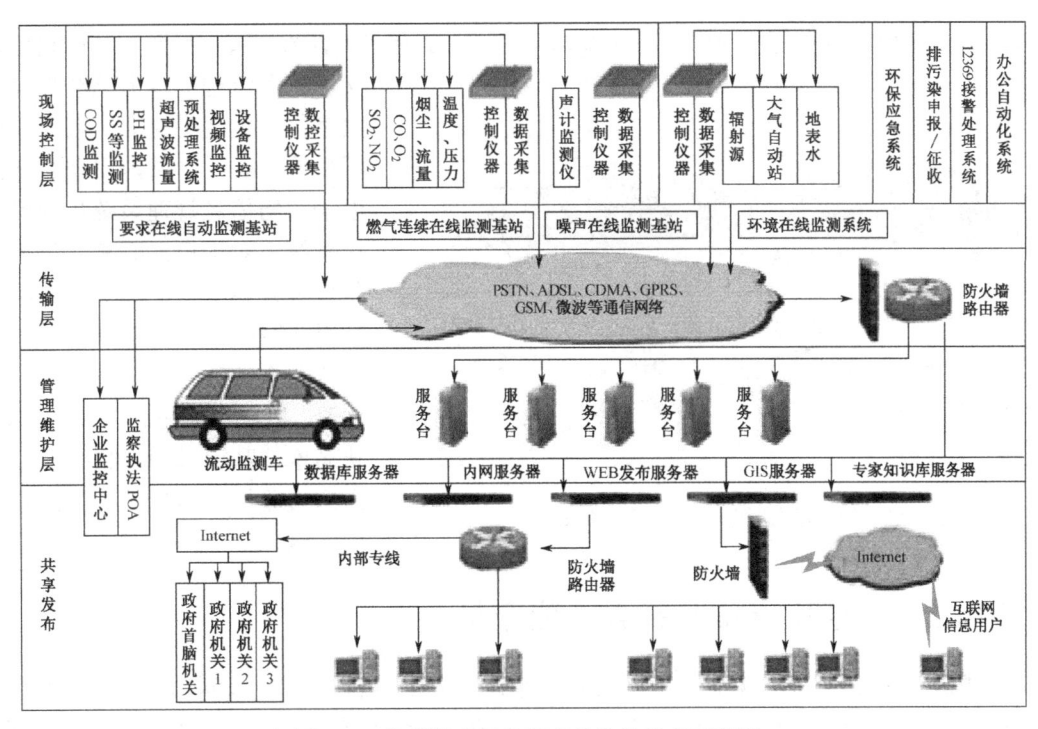

图 10.3　智慧城市污染源在线监控需求示意图

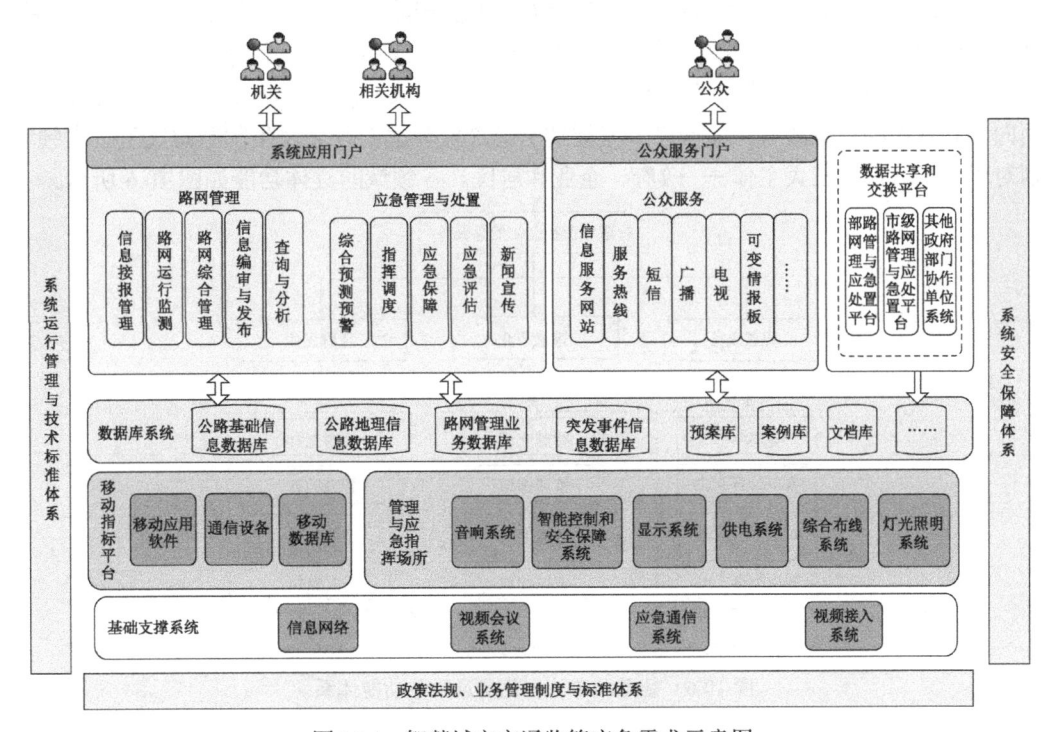

图 10.4　智慧城市交通监管应急需求示意图

5. 医疗卫生领域

智慧化的信息技术、物联网、云计算等热点技术，可用于医疗卫生领域的医疗监管、远程医疗、药品监管、医疗电子档案管理、移动医疗、血浆的采集监控、区域卫生信息平台服

· 177 ·

务等。图 10.5 所示为智慧城市医疗卫生需求应用图示。从患者挂号、医生诊断和开药到患者交费整个流程基本上已经实现了数字化，也逐步建立区域电子病历数据中心、区域内安全共享的电子病历信息管理系统和远程医疗系统。对于病人而言，传感器附着在人体身上，和一个身体主站组成网络，也可植入体内，实时监测个体的各种健康参数，如体温、呼吸、血压、心率、血糖、胰岛素，利用远程控制的手段，为病人监护、残障人员救助等提供支撑。

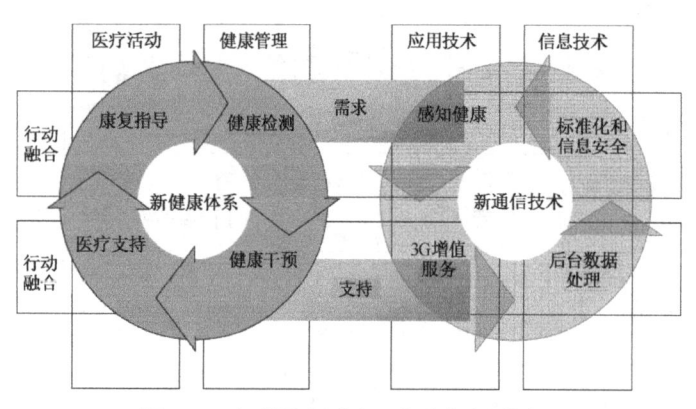

图 10.5 智慧城市医疗卫生需求应用图示

10.1.2 智慧城市信息服务功能分析

智慧城市信息服务需要对城市生活进行全面感测，通过云计算、物联网等技术对感知的信息进行智能化分析处理，做出智慧决策，并向人们或智能化设备发出指令，对包括政务、产业、环境、民生、公共安全等在内的城市生活各个方面做出智能化响应。社会化信息服务的范围涉及城市生活的方方面面，大到政府的公共管理、产业内的业界动态，小到社区乃至个人的日常生活起居，涵盖城市发展、管理和生活的各个方面。总体来看，智慧城市信息服务的功能应包括面向公共管理的智慧政务、面向产业发展的智慧产业和面向社会民生的智慧民生三大领域，分别对于智慧城市的三大主体——政府、企业和居民。各领域的具体功能如图 10.6 所示。

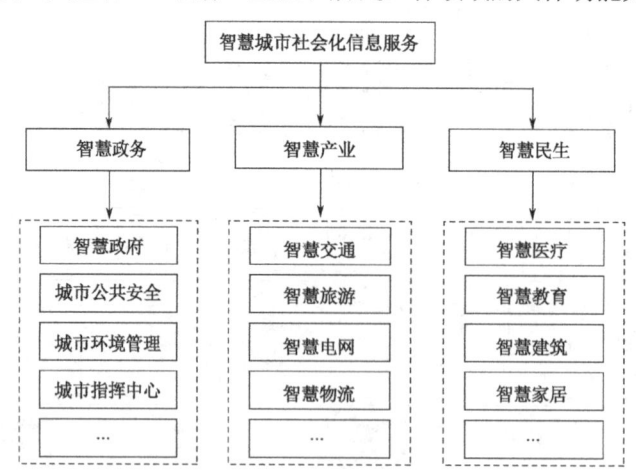

图 10.6 智慧城市社会化信息服务功能体系

1. 智慧政务

智慧政务通常包括智慧政府、城市公共安全、城市环境管理以及城市指挥管理等方面。

（1）智慧政府是指通过应用信息技术和网络技术提高政府管理与服务的智慧化水平，具体包括电子政务服务体系和社会综合监管网络。电子政府服务体系要以公民和企业为服务对象，以互联网为业务基础，通过政务数据中心和综合政务平台等电子政务项目的建设，提高政府管理能力和服务效率；社会综合监管网络是指利用传感网、物联网以及视频监控网和全球定位系统等技术手段，对城市建设和运行的各个方面进行全面监控，其目的是提高政府的监管能力和管理水平。

（2）城市公共安全是智慧城市发展的前提条件，也是智慧城市信息服务需要满足的重要功能之一。城市公共安全即充分利用现代信息技术成果，结合传感网、物联网、视频监控网和北斗全球导航定位系统，建立全面覆盖城市各个角落的城市公共安全监控网络和管理系统，提高城市的公共安全防范能力和应急处理能力。

（3）和谐安全的城市环境是城市公民赖以生存的基础，也是智慧城市建设的重要方面。智慧城市的环境管理重在对环境污染的全面监控和早期预警，避免智慧城市重走"先污染，后治理"的老路子。智慧城市环境管理一方面要"减排"，另一方面要"节能"，实现城市发展与环境保护并重。

（4）城市的各个组成部分是一个统一的整体，智慧城市的建设和管理对其进行综合考虑，统一调配和利用智慧城市的各种资源，形成一个智慧城市指挥中心，通过对城市各个方面的跟踪监测和智能分析，对各种紧急事件做出智能决策和优化处理。

2. 智慧产业

智慧城市的建设与发展必然会带动传统产业结构的升级改造，而且会催生出一批新兴产业，从而使智慧城市的产业结构呈智慧化发展态势。从经济学的角度考虑，智慧城市可以理解为一种区域经济发展的新模式，除了具有促进城市运营管理水平等作用外，还能够直接带动新一代信息技术为核心的信息产业发展，间接推动城市传统支柱产业与战略性新兴产业发展。图10.7所示为智慧产业示意图。在传统产业发展遭遇资源瓶颈的形势下，全球经济发展急需寻求产业经济发展的新空间，通过技术突破推进产业转型、优化产业结构是必然选择。智慧城市建设的兴起对相关产业的带动作用不言而喻。

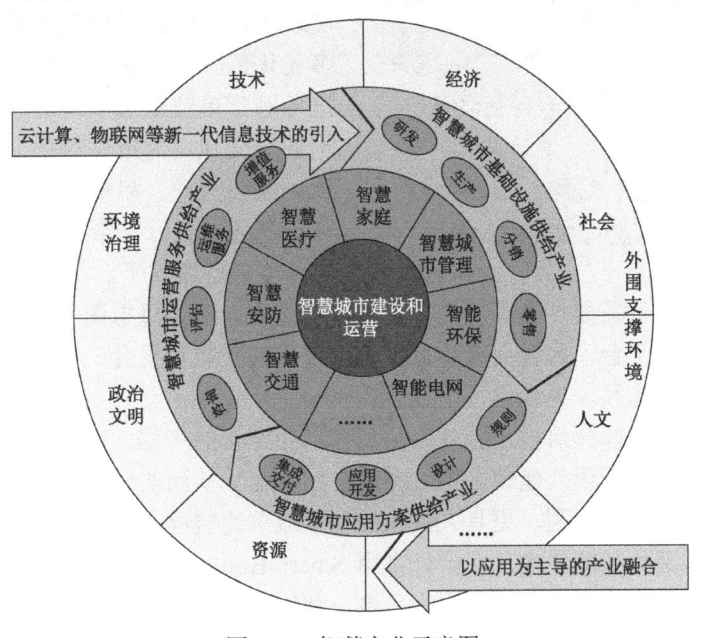

图10.7 智慧产业示意图

物联网、云计算等新技术应用带动下的智慧城市相关产业发展，以应用为主导的产业融合，智慧城市新型需求为中心的产业链导向性变化趋势日益清晰，传统的电子信息产业在新兴技术贯穿后将发生深刻变革。

（1）智慧城市应用催生跨领域、融合性的新兴产业形态，在智慧城市建设过程中，新的建设模式、新的应用需求将不断催出符合智慧城市内涵、跨领域、融合性的智慧城市新兴产业。例如，智能终端与云计算服务大力发展背景下，微型软件产业应运而生；智慧城市发展到一定时期，综合运营服务需求将不断增强。对于厂商而言，这些变化将带来新兴市场的产生，但同时也带来挑战，厂商只有在战略、定位、研发、产品和组织上做出改变和创新，才能适应这种变化所带来的冲击。

（2）智慧城市应用将引发相关产业链的垂直整合，即深刻理解智慧城市建设内涵与特征，具有较强综合设计、整合与运营能力的企业将受到城市的青睐。面向巨大的市场需求，企业将通过合作、兼并等形式展开垂直整合，以此应对激烈的市场竞争，硬件产品供应商、解决方案供应商和运营商之间的边界将不断模糊、融合。

3. 智慧民生

社会发展的根本目的是完善社会民生服务，因而民生服务也是智慧城市信息服务的一个重要功能。智慧民生服务需求总体框架如图 10.8 所示。智慧城市的发展将带动城市经济的发展、科技的进步和城市基础设施的完善，这为改善城市中的民生服务提供了基础条件。

（1）智慧医疗服务是社会民生服务的重要方面，智慧城市的建设与发展需要提升医疗卫生系统的智慧化服务水平。通过利用先进的信息技术成果，构建远程实时医疗服务平台、个人健康管理服务平台、急病救护与慢病管理服务平台以及传染病防控平台等，实现医疗资源的最优化配置，打造实时的、多元化、一体化医疗卫生信息服务体系，促进各医疗单位信息系统的联通和医患之间的沟通与交互，为市民提供无处不在的病症问询、医嘱医护、疾病预防、饮食调配等全套医护服务，提升社会医疗卫生服务水平和市民的整体健康水平。

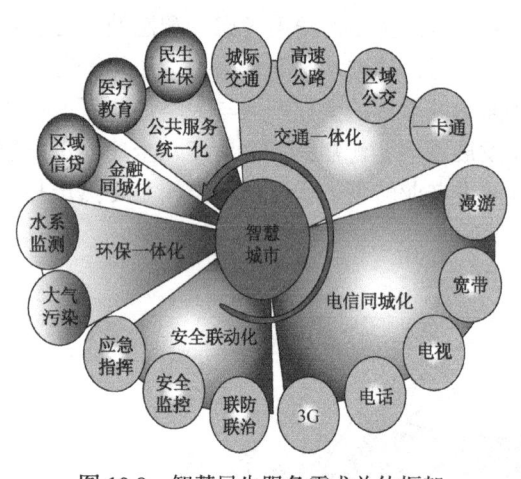

图 10.8 智慧民生服务需求总体框架

（2）智慧教育体系需要打造高度共享的教育资源库、网络虚拟图书馆、远程网络教学平台等教育信息化系统平台，为社会全体公民提供公平的受教育机会，促进教学资源共享，完善公共文化信息服务体系，建设学习型社会。

（3）智慧建筑是智能建筑技术和新兴信息技术相结合的产物。通过将各种智能技术、信息技术和通信技术应用到现代建筑之中，使建筑"活化"，从而实现人与建筑的智能互动和交流，打造安全舒适、灵活便利、更具人性化的智慧城市建筑群。

（4）智慧家居又称智能住宅，在国外常用 Smart Home 表示，它是在智慧建筑基础上实现的居住环境的智能化设计，即以住宅为平台，利用综合布线技术、网络通信技术、智能家居系统设计方案、安全防范技术、自动控制技术、音视频技术，将家居生活有关的设施集成，构建高效的住宅设施与家庭日常事务的管理系统，提升家居的安全性、便利性、舒适性、艺术性，并实现环保节能的居住环境。

10.2 智慧城市信息服务关键因素

面向智慧城市的信息服务是一项复杂的系统工程，其体系构建与实施运行不仅受到社会和经济发展水平的制约，而且还与政治、法律、文化和教育等环境因素密切相关。研究智慧城市信息服务的关键影响因素，是构建智慧城市信息服务体系及其运行模式的前提。本节借鉴系统论科学体系中宏观、中观和微观的研究视角，从智慧城市信息服务的宏观环境因素、中观资源因素和微观主体因素三个层次，对智慧城市信息服务的关键因素进行详细分析。

10.2.1 智慧城市信息服务宏观环境因素

影响智慧城市信息服务的宏观环境因素，是指对智慧城市信息服务的运行具有促进或限制作用的各种宏观因素的集合，主要来自国家政府和社会环境方面，包括政治和经济环境、法律和政策环境、文化和教育环境等，如图 10.9 所示。

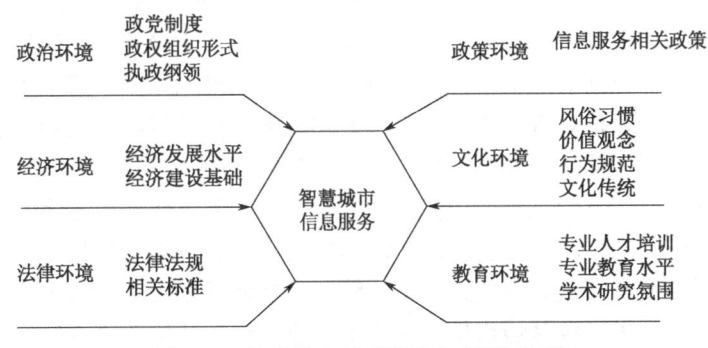

图 10.9 智慧城市信息服务宏观环境因素

1. 政治和经济环境

政治环境是所有国家维护其社会安全稳定和经济持续发展的基本条件，也是智慧城市建设和信息服务顺利开展的前提保障和决定性因素。没有稳定的国家政治环境，就不会有成功的智慧城市建设和信息服务的存在。政治环境因素具体包括政党制度、政权组织形式、执政纲领等内容。其中，政党制度是指政党管理国家政务的具体方式或机制；政权组织形式是指国家政权的组织与分配结构，反映国家政权与人民群众的相互关系。面向智慧城市的社会化信息服务是顺应社会发展变革，满足人民大众需求而提出的，与我国的政治环境不无关系。

经济环境是开展智慧城市信息服务的重要基础。首先，智慧城市本身就是社会经济高度发展后的产物，没有高度发展的经济基础就不可能进行智慧城市建设，更别提智慧城市的信息服务。其次，智慧城市的建设和运行需要高度发达的信息化基础设施做支撑，同时需要成熟的物联网、云计算、传感网等新兴产业做技术支撑，这些都需要有雄厚的经济条件。再次，智慧城市的信息服务是高度智能化的信息服务，从信息获取到信息传递，从信息处理到信息服务，每一个程序都需要先进的现代信息技术及其基础设施，而这一切都是市场经济高度发达的产物。同时，信息需求作为一种高级需求，也是人们群众的经济水平达到一定条件后的产物，可以说，没有发达的经济条件就不可能有成熟的信息服务要求，更不会有成熟的信息服务体系。

2. 法律和政策环境

法律和政策是为了规范和调节社会成员的各种社会行为而制定的行为规范，其目的是为了确保各种社会活动的顺利进行。智慧城市信息服务的法规政策是为规范和限制信息服务活动中各类参与者的行为而制定的、供各类参与者遵循的行为规范，包括与智慧城市信息服务相关的法律、政策和标准等内容。

1）智慧城市信息服务的相关法律

智慧城市信息服务的法律法规是由国家相关部门制定或认可的，用于规范信息服务领域各类参与者行为的法律规范。由于智慧城市在我国才刚刚起步，各种问题尚不明朗，还没有专门针对智慧城市信息服务的法律法规。但就以往的信息服务相关法律法规来看，主要包括信息服务法律、信息产权法律、信息安全法律、信息技术法律和信息网络法律等方面的内容。

2）智慧城市信息服务的相关政策

信息政策是指为了组织或干预某个地区的信息产业发展而制定的一系列制度或措施，是一种行政手段，具有体现决策者意志、时间性较强、灵活多变等特征。信息政策的内容不仅包括信息服务政策，还包括信息机构管理政策、信息资金投入政策、信息资源政策、信息市场政策、信息技术政策、信息教育政策、信息人才政策、信息奖励政策和信息合作政策等。社会化信息服务是一项以信息为处理对象、面向社会大众的、需要多方共同参与的社会性活动。因此，参与各方的信息政策都会或多或少地对信息服务工作产生影响。目前，许多城市都把建设智慧城市作为未来的发展重点，纷纷出台相应的智慧城市规划政策，这对于智慧城市信息服务的发展无疑具有极大的促进作用。然而，其他各相关部门的各类信息政策对信息服务工作的支持与否，也是智慧城市信息服务工作能否顺利开展的重要因素。

3）智慧城市信息服务的相关标准

标准是指为规范某一范围内的产品、技术等的统一形式而制定的规范性文件。根据标准化对象的不同，可以将标准划分为技术标准、管理标准和工作标准三类。在我国，关于智慧城市信息服务的标准化工作基本未涉及。然而，社会化信息服务涉及面广、服务主题多、服务对象复杂，要想得到满意、高效的信息服务质量，就必须对信息服务过程中的信息采集方法、信息储存格式、系统接口、信息产品等进行统一规定。因此，我国智慧城市信息服务标准化工作任重道远。

10.2.2 智慧城市信息服务中观资源因素

影响智慧城市信息服务的中观资源因素包括智慧城市信息资源的特征、智慧城市信息资源的采集和智慧城市信息资源的管理等几个方面，各方面的具体影响因素如图 10.10 所示。

1. 智慧城市信息资源的特征

信息资源是开展智慧城市信息服务最基本的要素，因而信息资源的特征对智慧城市信息服务有重要影响。在智慧城市环境下，社会信息化水平高度发达，各种机构、组织乃至个人以及各类传感器等无时无刻不在产生着信息，这些信息又通过互联网、物联网、无线宽带网以及移动通信网等途径快速传播。其中的绝大多数信息是凌乱、无序、缺损、冗余甚至虚假、过时的原始信息，并不能直接供信息用户使用。信息用户需要的往往是需要经过整理、加工和分析处理之后的信息，这就是信息服务机构的职能所在。在信息泛滥的现代信息社会中，面对庞大的信息网络和信息资源，信息需求者往往无所适从，他们很难仅靠自己的力量去获取真实、有效、可靠且新颖的信息。信息资源的诸多特征同样是影响信息服务机构开展信息服务工作的重要因素。

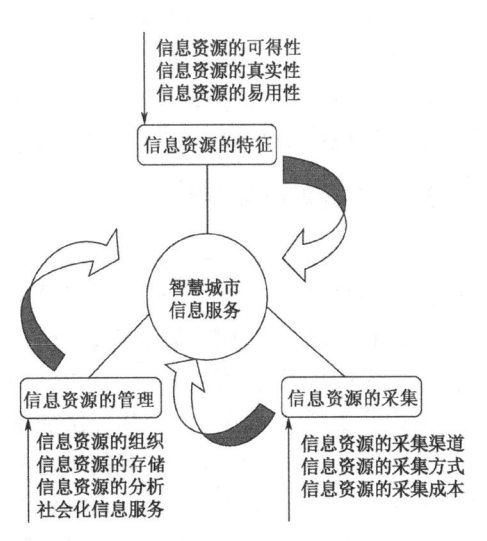

图 10.10 智慧城市信息服务中观因素

1）信息资源的可得性

信息资源的可得性是指信息资源能够被信息用户或信息服务机构获得的难易程度。任何信息服务业务的开展都要先从相关信息资源的获取开始，如果不能获取相关信息资源，或者获取相关信息资源的成本过大，高于预期收益，则该项信息服务业务就无法继续开展。对于社会化信息服务而言，由于信息服务业务量大面广，不同领域的信息资源可得性就会因受不同因素的影响而有所不同。其中，政务信息资源主要来自政府部门的政务信息公开，这部分信息资源的可得性与政府部门的政务信息公开的原则、公开范围和公开渠道等有关。我国在 2008 年就已颁布实施的《中华人民共和国政府信息公开条例》，对政府信息公开的范围、方式和程序进行了规范，这为智慧城市信息服务的开展打下了良好的基础。对于产业经济领域信息和社会民生领域信息而言，其可得性还与相关组织或个人的信息行为模式以及信息采集渠道与关。通常，信息化建设成熟的组织单位具有较多的结构化信息，信息公开渠道也更多，信息可得性较好；而信息化建设落后的组织单位不重视信息的传播，其相关信息的可得性较差。对于天文、气象、交通、环境等实时更新的信息，由于信息采集成本较大，一般由国家公共服务部门负责采集，这些信息的可得性还与信息采集设备和信息技术的先进程度有关。

2）信息资源的真实性

真实性与准确性是信息资源最重要的特征之一，虚假信息甚至会迷惑视听，给信息用户造成损失，对智慧城市社会化信息服务的效果产生不良影响。智慧城市环境下的信息服务，要面对众多信息用户各个方面的信息需求，涉及的信息资源包括城市居民生产生活的方方面面。加之智慧城市高度发达的信息化建设，信息资源无时无刻不在呈指数级的速度增加，其中有来自各种传感设备自动产生的信息，也有相关单位或个人添加的信息。信息的来源复杂，真实性和准确性就良莠不齐。一方面，通过传感设备自动采集的信息，其真实性和准确性与传感设备的质量和信息传播网络的性能有关：质量差的传感设备采集到的信息本身就不准确，即使通过高质量的信息通信网络传播也不可能得到准确信息；如果传感器质量较高，而信息通信网络性能较差，采集到的真实准确的信息资源经过传播以后就会有较大误差。另一方面，与相关组织或个人有关的信息通常通过主动上报的方式获得，这部分信息的真实性与上报人的诚信度有关。相关组织或个人在上报私有信息时，出于组织或个人各方面利益考虑，往往会虚报、瞒报、误报相关信息。这就要求政府部门或相关管理机构制定相关政策和标准，对信息上报单位或个人加强监督管理和教育，从源头上提高信息资源的真实性和准确性。

3）信息资源的易用性

获得了真实有效的信息资源之后，就要对信息资源进行加工处理，使之成为可供信息用户使用的信息产品。此时，信息资源的易用性就成为影响信息加工处理过程的重要因素，它反映了信息资源被利用的难易程度。信息资源的易用性与信息资源的表达方式、存储格式及该信息资源的标准化程度有关。易用性低的信息资源使用过程中要经过整理、归纳和存储，这个过程既要增加人员、时间和经济成本，又有可能因转述或记录方面的误差导致一定程度的信息变形或失真。就信息资源的表达方式而言，电子化信息资源较纸质信息资源易用性要高，纸质信息资源较口头传播的信息资源易用性要高，描述型信息资源较数据型信息资源易用性要高。对于信息资源的存储格式来说，结构化数据比非结构化数据易用性要高。在信息资源的标准化方面，采用标准化数据规范的信息显然易用性更高。我国目前已经在很多领域建立了相关信息格式标准，比如个人身份证号码、地区代码、车牌号、企业组织机构代码等，都实行全国统一的编码规则，每个号码全国唯一，易用性非常高。智慧城市环境下，信息化领域更广泛，信息化程度更高，相应的信息资源采集渠道更多，信息资源数量更大，因此标准化建设更为重要，它是社会化信息服务高效运行的基础。

2. 智慧城市信息资源的采集

在确定了信息资源的各项特征之后，就需要对相关信息资源进行采集。信息资源的采集是指根据信息资源需求，通过一定方式、方法收集、检索并获取信息资源的过程。信息资源是信息服务机构开展信息服务的物质基础，其数量多少与质量优劣在很大程度上决定了最终信息服务的整体效果。在信息来源极为丰富，信息流通渠道无比畅通的智慧城市环境下，把握好信息资源的质量是提高智慧城市信息服务水平的关键，采集则是保证质量的重要环节。

1）采集渠道

智慧城市社会化信息服务涵盖智慧政务、智慧产业、智慧民生等众多领域，社会化信息服务机构不可能完全掌握开展业务所需的全部信息资源，这就要求化信息服务机构通过相关渠道采集额外的信息资源。在信息化水平高度发达的智慧城市环境下，信息采集将主要通过网络进行，具体包括互联网、物联网、NGN/NGI（Next Generation Network/ Next Generation Internet）、光纤网络、无线传感网络、Wi-Fi 网络、3G/4G 无线通信网络和智能电网等。此外，除了网络采集渠道以外，也要兼顾广播、电视等传统媒体渠道以及书籍、档案、报纸、杂志等文献信息资源。从信息资源的所属机构角度看，采集渠道包括各级行政管理单位、各类产业经济组织和各种社会保障部门，其中行政管理单位有公安、司法、行政、纪检、税务等，产业经济组织有行业协会、产业联盟、公司企业以及各类销售与服务组织，社会保障部门包括医疗、教育、食品卫生、气象、公益组织等。各级信息服务机构要根据自身的服务对象、机构性质和任务，有选择地采集相应的信息资源。

2）采集方式

确定了信息资源的采集渠道以后，智慧城市信息服务机构就要采取具体措施，实施信息采集行为。针对不同渠道和不同类型的信息资源，可采取不同的信息采集方式，通常有网络信息资源和文献信息资源两种。

网络信息资源的采集通常包含人工采集和自动获取两种方式。人工采集就是以人工方式对网络信息资源的内容进行评价和甄别，有选择地对网络信息资源进行采集的过程。这种采集方式可以有效地保证信息资源的质量。但这种方式也存在一些问题：首先是在选择归档主题时具有较强的主观性；其次，与大量网络信息资源相比，人工采集的内容是非常有限的，不可避免地要遗漏许多有重要价值的资源；第三，人工采集的成本较高。自动获取就是利用网络信息采集器，如 Web Crawler、网络爬虫（Web Worm）、网络蜘蛛（Web Spider）、网络机器人（Web Robot）等，通过网络页面间的链接关系从网络自动地获取页面信息，并且随着链接不断向整个网络扩展的过程。

网络信息资源的采集技术目前并没有统一的分类标准，但大致可分为基于整个 Web 的信息采集、增量式 Web 信息采集、基于主题的 Web 信息采集和基于元搜索的信息采集等几种方式。

文献信息资源包括图书、档案、连续出版物（期刊、报纸等）、小册子以及学位论文、专利、标准、会议录以及政府出版物等，主要通过采购、交换、征集、呈缴等方式采集。采购是系统地采集和积累有价值的信息资源的主要方式。订购和现购是采购的两种主要模式。订购是指按各级出版社、图书发行中心或图书零售公司的图书发行目录和征订书目，根据信息服务机构的业务范围定位和信息需求订购图书的方法，其优点是选择性强、系统性强，缺点是不能马上获取文献信息资源，通常需要等待一个出版发行周期。现购是指采购人员直接到书店、书展现场或各类文献信息资源提供场所选择并购买文献信息的方式，可以对文献信息的内容进行鉴别，决定取舍，而且速度快，可以随时获取；但现购的文献信息资源数量和范围受提供方规模的影响，往往不够全面，容易造成漏购。交换是指利用本单位的特色信息资源与其他文献信息资源的拥有者交换有价值的、特别是通过采购渠道无法获取的信息资源的过程；通过交换不仅节约了经费，而且提高了信息资源的利用率。征集是指主动与相关组织单位或机关团体联系，以索取其内部文献信息资源的方式，是获取各类非正式出版物（如内部图书资料等）的重要方式。呈缴是指由政府法令规定各类出版发行机构或信息采集机构必须向指定信息机构免费缴送相关信息资源的方式。例如，我国政府法令规定，各类出版社每出版一种新的刊物都必须向国家图书馆免费缴送一定数量的呈缴本。

3）采集成本

信息资源的采集成本是信息服务机构在采集信息资源的过程中所花费的时间、金钱和人力的多少，具体包括时间成本、经济成本和人力成本。一般而言，用不同方式、通过不同渠道获得的信息资源，其成本也不同。在时间成本方面，人工采集所花费的时间比自动获取所花的时间要多，现购花费的时间比订购要长。在经济成本和人力成本方面，短期内人工采集所需的经济成本可能比自动获取略低，但其人力成本却比自动获取高；采购的经济成本比交换、征集和呈缴都要高，呈缴所花费的经济成本和人力成本最低。智慧城市社会化信息服务机构要全面权衡，合理选择信息采集渠道和信息采集方式，使信息采集成本达到最低。

3. 智慧城市信息资源的管理

智慧城市信息服务机构采集到信息资源以后，还需要对信息进行一系列的后续管理工作，直至将信息转化为可以应用的智慧城市信息服务产品，通常包括信息资源组织、存储、分析与服务四个方面的内容。

1）信息资源的组织

信息组织是信息的整理和序化，包括筛选、分类、排序、标引等环节，目的是为了方便信息资源的利用。通常，智慧城市信息服务机构通过不同信息采集渠道获得的信息资源种类繁多，样式复杂，其格式也不尽相同，必须按统一标准和规范将各类信息资源进行处理、整序以后才能被开发利用。对信息进行系统化组织的方法包括信息选择、信息描述、信息整序和信息标引等。所谓信息选择就是指从采集到的、处于无序状态的信息中甄别出有用的信息，剔除虚假信息、错误信息、残缺信息以及冗余信息等无用的信息资源的过程。这是信息组织的第一步。信息描述是对复杂的、意义不够明显的信息资源进行分析和识别，并用显化的符号或文字描述其主题内容、数据意义和内涵特征的过程，主要针对复杂的原始性数据信息资源、符号图标类信息资源、专业技术类信息资源和多媒体信息资源等进行。根据信息的内容特征以及信息开发利用的需要，按照一定规则将信息资源排序的过程就是信息整序，用某种易于查询和检索的语言对整序后的信息资源进行标识以作为信息存储与检索依据的信息处理过程即为信息标引，根据标引规则的不同分类标引和主题标引两种形式。

2）信息资源的存储

信息储存，也称信息存储，是指将已获得的、并经过加工处理的信息资源以文字、图表、图像以及光信号、磁信号等形式记录储存下来，以备将来利用。在智慧城市高度发达的信息化环境下，信息资源无时无刻不在爆炸式增长，因而如何对海量的信息资源进行储存就成为智慧城市信息服务机构面临的重要问题。随着现代信息技术飞速发展，信息存储介质的性能与效率都有了很大提高，尤其是随着网络信息系统和高性能计算的发展而出现的数据仓库、数据集市以及网格存储、分布式存储、云存储等信息存储技术，更为智慧城市海量信息资源的高效存储和管理提供了技术保障。在实践中要根据信息资源的特征，综合考虑储存介质的性能和储存技术的效率，并结合本机构的信息服务需求合理选取信息存储介质和存储技术。

3）信息资源的分析

信息资源的分析是整个智慧城市信息服务过程中最为关键的一个环节，也是智慧城市信息服务机构的核心竞争力所在。信息分析旨在通过已知信息揭示未知信息，其任务就是运用各种科学理论与方法，通过对各方面信息的综合分析，推断事物的本质特征，从而减少对事物的不确定性，其效果是信息服务产品质量的集中体现，将直接决定最终信息服务的效果。信息科学发展到今天，在广泛吸取其他学科领域科学研究方法的基础上，已经形成了众多的信息分析方法，如思维逻辑方法（比较、综合、归纳、演绎等）、数理统计方法（如相关分析、回归分析、聚类分析、判别模型等)、系统分析方法、层次分析方法、生命周期方法以及人工智能、神经网络、遗传算法等。此外，对不同类型、不同格式的信息资源所使用的信息分析方法也不尽相同，对不同的信息服务需求，不同信息服务机构还会根据自身的业务特点选择自己的信息分析方法和技术。

4）信息服务

信息服务是信息采集、信息组织、信息储存和信息分析等一系列信息活动的根本目的，也是整个信息活动流程的最后环节。信息服务是指将信息产品通过一定的渠道送达信息需求者，保证信息服务产品达到预期效果，并完成信息反馈的整个过程。根据信息服务内容的不同，最终信息服务产品的交付形式也各式各样，再加上智慧城市环境下各种各样的信息传输技术、设备和渠道，信息服务产品的送达途径也有众多选择。智慧城市信息服务机构需要在综合考虑信息需求者所处环境、自身状况以及信息服务产品形态的基础上，结合各类信息传播技术、设备和渠道的性能与成本，以最终信息服务的效果为根本，合理选择信息产品的服务方式。

10.2.3 智慧城市信息服务微观主体因素

智慧城市信息服务的微观主体因素主要是指智慧城市信息服务的具体参与方，包括信息服务需求方（信息用户）、信息服务实施方（信息服务机构）和信息资源供给方（政府等），如图 10.11 所示。作为信息服务的直接参与者，其自身素质、参与信息服务的态度及模式必然对信息服务的过程及信息服务效果产生直接影响。智慧城市社会化信息服务的成功运行，需要三方主体不断进行互动、交流和协作。

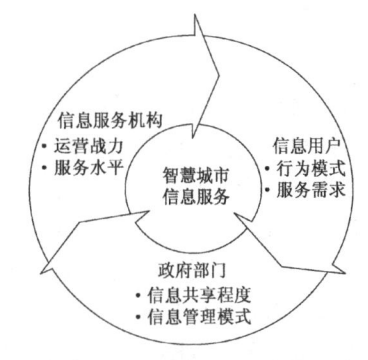

图 10.11 智慧城市信息服务微观主体因素

1. 信息用户的行为模式与服务需求

智慧城市信息服务的用户是指智慧城市环境下的社会化信息服务需求者和消费者，信息用户不仅包括社会大众等个体用户，而且包括企业、组织机构以及政府等团体用户，是智慧城市社会化信息服务机构开展信息服务的对象就是信息用户，满足信息用户的信息服务需求是服务机构开展社会化信息服务的目的和最终归宿。可以说，整个信息服务过程的开展都是围绕信息用户进行的，用户的行为模式及服务需求对信息服务的开展有显著影响。

1）信息用户的行为模式

信息用户的行为模式即信息用户参与信息服务活动的行为方式。按照行为自主性递进的顺序，人的行为可以依次被分为被动性行为、自发性行为、自觉性行为和自动性行为四个层次。其中自动性行为具有最高的行为自主性，达到自动性行为阶段时也就养成了习惯。信息用户参与信息服务的自主性程度是一个国家社会化信息服务发展成熟的重要指标。在社会化信息服务发展的初期阶段，信息用户对社会化信息服务的内容、质量和效果并不了解，因而并不会主动参与社会化信息服务。社会化信息服务机构在发展初期要主动向潜在信息用户做好宣传和信息服务主动推送工作，以刺激信息用户的潜在信息服务需求，并赢得用户的信任。这个阶段的信息用户行为往往是被动性行为。随着社会化信息服务的发展，信息推送服务的影响逐渐扩大，信息用户的信心不断增加，在遇到信息需求时，信息用户开始自发地寻求社会信息服务机构的帮助，此时，信息用户的信息行为进入自发性行为阶段，信息用户开始有了一定的自主性。经过一定次数的自发性尝试以后，若信息用户对信息服务机构的服务效果满意，则会增加对信息服务机构的信心，此后再遇到信息服务需求时，信息用户会很自然地想要寻求信息服务机构的帮助。此时的信息用户行为为自觉性行为。在自觉性行为阶段，用户对信息服务机构的信心已基本确立，信息服务机构一般不需要再做宣传和推广工作，但要重视信息服务的质量和效果，持续增加用户的信心。自觉性行为的持续发展就是自动性行为，即信息用户逐渐养成了获取信息服务的习惯。此时信息用户已经对信息服务机构树立了完全的信任，只要信息服务机构一如既往地开展信息服务，信息用户都会完全自主地消费信息服务产品。

信息用户的行为模式受信息服务产品质量和效果的影响；反之，信息用户的行为模式又影响信息服务机构开展信息服务。信息用户行为模式的自主性越高，信息服务机构开展信息服务就越容易，也就有更多的时间和精力去提高信息服务产品的质量和服务效果；同样，信息服务机构的信息服务产品质量越高、服务效果越明显，信息用户就越信任信息服务机构，参与信息服务的自主性也就越高。两者是相辅相成、共同促进的关系。

2）信息用户的服务需求

信息用户的服务需求即信息服务需求，是指用户因工作或生活需要而渴望获得特定信息服务产品的要求，是信息服务机构开展信息服务的原动力，也是信息服务机构开展信息服务业务的指南针和风向标。信息服务机构开展信息服务的目的就是为了满足用户的信息服务需求，因而信息服务机构所开展的工作必须围绕用户的信息服务需求，如采集相应的信息资源、开发相应的信息服务产品、开展相应的信息服务业务。信息服务需求可分为显性信息服务需求和潜在信息服务需求两大类。顾名思义，显性信息服务需求就是指显化了的或信息用户表达出的信息服务要求，而隐性信息服务需求则是指用户目前还没有被满足或未能表达出的信息服务要求。用户的信息服务需求除了受用户的兴趣、信息素质、职业、职务、工作任务、受教育水平以及知识结构等个体因素的影响之外，还与政治制度和国家政策方针、国家法律和社会道德、社会产业和职业结构、宗教信仰和文化传统等社会因素，以及自然环境、地理位置等自然因素有关。对于组织团体用户而言，信息服务需求还与组织的结构与性质、业务与责任、地位与能力、管理与文化等组织因素有关。智慧城市信息服务机构在开展社会化信息服务过程中，要认真研究各类信息用户的服务需求，有针对性地开展信息服务业务，做到有的放矢。

2. 信息服务机构的运营能力与服务水平

智慧城市信息服务机构作为社会化信息服务的实施者和执行者，其运营能力和服务水平对信息服务的质量和效果起着关键作用，也与服务开展的成功与否有重大关系。运营能力就是企业或组织的运作经营能力，信息服务机构的运营能力是指信息服务机构在充分利用机构所拥有的信息资源、人力资源和技术资源等各项资产的基础上开展信息服务业务的能力。而服务水平则是指信息服务机构为信息用户所提供的信息服务的效果，或者说信息用户对信息服务机构所提供的信息服务的满意程度。信息服务水平是信息服务机构的信息服务产品质量和信息服务能力的综合体现。智慧城市信息服务机构的运营能力和服务水平受信息服务机构的信息资源可支配范围、信息服务人员的素质和信息综合处理能力等诸多要素的影响。

1）信息资源可支配范围

正如前面所反复强调的那样，信息资源是智慧城市信息服务机构开展信息服务的关键要素，对信息服务的开展起着重要的基础性作用。因此，信息资源的可支配范围反映了信息服务机构的硬实力，是信息服务机构开展一切后续工作的前提。信息资源的可支配范围是指信息服务机构在开展业务过程中能够使用的信息资源范围，包括信息域范围和信息时间范围。与某一信息主题相关的全部信息称为信息域，可支配信息域范围就是指信息服务机构在开展针对某一特定信息主题的信息服务业务时，能够使用的信息量在信息域中的范围；可支配信息时间范围就是指信息服务机构能够使用的信息在信息域中的时间范围。对于信息服务机构而言，原有的存量信息范围和通过信息采集能够获得的可得信息范围都属于可支配范围，在一定程度上反映了信息服务机构的运营能力。

2）信息服务人员的素质

信息资源对信息服务机构固然重要，但更为重要的是开发利用信息资源的人。人力资源同信息资源一样是信息服务机构的重要资产，其素质主要体现在专业知识水平、从业经验和职业操守等几个方面。专业知识水平是信息服务人员胜任工作的基本前提。作为信息服务的专业人员，信息检索、信息组织、信息分析和信息管理等专业理论和技能是必备的知识。同时，社会化信息服务涉及到各行各业的各类工作，以及社会生活的方方面面，社会化信息服务人员还需要对相关服务领域的基本知识有所了解。如果说信息资源是信息服务机构的显性知识，那么信息服务人员的从业经验就是信息服务机构的隐性知识。信息服务的基本原理就是通过对大量信息资源的深入研究，透过信息资源的表面特征挖掘其内部机理，服务人员的经验积累对分析结果会有很大影响。此外，社会化信息服务机构作为社会信息资源的最大收集者，其工作过程中必然涉及一些个人隐私、商业秘密或国家秘密，这些信息一旦泄漏将会对个人、企业乃至国家造成很大影响。在这种情况下，除了信息服务机构要规范内部制度，加强对信息资源的安全管理外，直接接触信息的信息服务人员的职业道德也非常重要。

3）信息综合处理能力

如果说信息资源是信息服务机构的硬实力，那么对信息资源的综合处理能力就是信息服务机构的软实力。信息服务机构获得相关信息资源以后，要经过对信息资源的综合分析处理，才能开发出高质量的信息服务产品，实现对原始信息的增值，这正是信息服务机构存在的意义所在。信息综合处理能力不仅体现在利用各种数理统计方法对信息资源的分析处理上，更重要的是体现在利用各种方法、模型对信息资源的深度开发上。这些方法、模型除了充分利用各领域的最新研究成果以外，更多的是靠信息服务机构的自主研发，而这往往也是各信息服务机构的核心竞争力所在。

3. 政府信息服资源的共享程度与管理模式

政府作为公共利益代表的独特地位，决定了它必然是社会最主要的信息生产者和使用者，其所生产并管理的信息占社会信息总量的绝对主导地位，即信息资源主要集中在政府手中。在社会化信息服务机构的信息资源中，绝大部分都是来自于政府部门的公共信息资源。此外，政府部门不仅是社会公共信息资源的提供者，而且是社会化信息服务机构的服务对象之一。因此，政府部门对社会化信息服务的态度及其内部管理等因素，对智慧城市社会化信息服务的开展起着直接的关键作用。政府信息资源的共享程度和管理模式是两个最重要的因素。

1) 政府信息资源的共享程度

此处的政府信息资源共享不仅包括政府部门内部各相关单位的信息资源共享，而且还包括政府部门将公共信息资源与社会大众以及各类组织团体的共享，当然也包括与信息服务机构的共享。政府信息资源的共享是促进公共信息资源开发利用与共享应用的核心。同时，政府信息资源的交流、交换、共享和整合对加速我国政府职能的转变、提高行政效率、实现政务公开意义重大。对于智慧城市社会化信息服务机构来说，政府信息资源的共享程度越高，则信息服务机构获取政府信息资源的难度就越小，开展相应信息服务就越容易，成本就越低。政府信息资源的共享不仅与网络、机器设备等硬件建设有关，而且还与观念意识、管理体制、信息化规划、法制法规、社会文化、经济条件、信息标准与规范以及共享体制等有关。

2) 政府信息资源的管理模式

管理模式是指在一定的管理理念支配下形成的一整套具体的管理理念、管理内容、管理工具、管理程序、管理制度和管理方法。智慧城市环境下，政府对信息资源的管理模式将直接影响社会化信息服务机构对公共信息资源的采集、利用和开发。根据2008年《中华人民共和国政府信息公开条例》赋予的职责，国家图书馆开发建设了中国政府公开信息整合服务平台，可为全社会信息用户提供一站式的政府信息服务。政府信息公开在一定程度上促进了社会化信息服务的开展。

10.2.4 智慧城市信息服务关键因素总体模型

根据以上对智慧城市信息服务关键因素的综合分析，可以构建智慧城市信息服务关键因素总体模型，如图10.12所示。需要强调的是，智慧城市信息服务三个层次的影响因素并不是孤立存在的，不同层次之间以及同层不同影响因素之间都是相互影响、相互作用的，它们作为一个整体共同对智慧城市信息服务产生影响。因此，智慧城市信息服务体系构建及其运行模式研究，需要对各个层面的不同影响因素进行综合考虑，全面分析各种影响因素对智慧城市信息服务的整体作用。

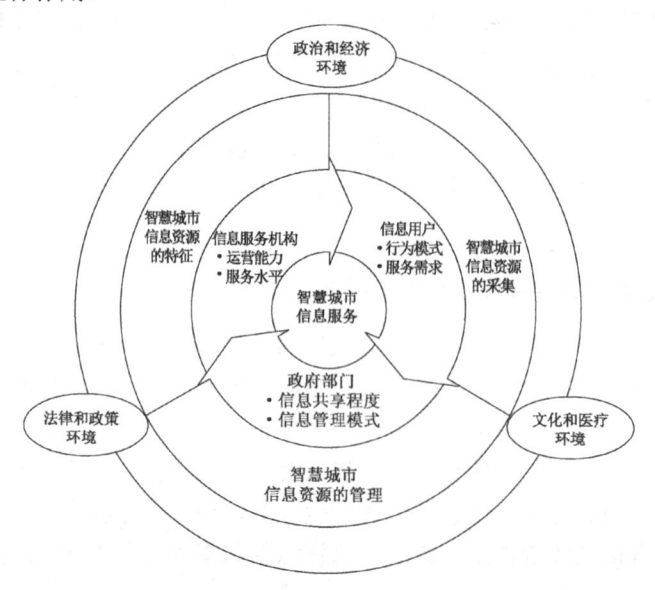

图 10.12 智慧城市信息服务关键因素总体模型

10.3 智慧城市信息服务体系构建原则

智慧城市信息服务的服务对象是智慧城市环境下的各类信息用户,主要包括政府、企业、各类组织和社会大众,其服务领域涵盖社会生活的方方面面。智慧城市信息服务对象的广泛性和复杂性决定了其信息需求是立体式全方位的。要保证智慧城市信息服务的高效运行,充分发挥其对城市运营、经济发展和民生改善方面的重要作用,就必须系统建立完善的智慧城市信息服务体系,将信息服务与智慧城市的建设和运行有机地结合起来,形成协同高效、方便及时、完善周到的社会化信息服务良性格局。在构建该体系时,有三个基本原则,即政府主导原则、系统组织原则和需求导向原则。

10.3.1 政府主导原则

智慧城市信息服务体系是政府运行、产业发展和人民生活全方位信息服务的,其覆盖面积大,服务对象多,涉及范围广,对智慧城市的建设和运行有着重要的支撑作用。

智慧城市信息服务的顺利运行需要政府主导并参与其中。一方面,智慧城市信息服务需要大量的信息基础设施,包括信息采集设备、信息传播终端以及链接各设备和终端的网络链路。这些信息基础设施数量多,价格昂贵,单靠信息服务机构自身建设是不切实际的。另一方面,智慧城市信息服务所需的信息资源中有一大部分需要从政府部门获得,这就要求政府部门加大政务信息公开力度,扩大政务信息公开范围,提高政务信息公开质量。同时,最根本的是要获得政府部门对社会化信息服务的认同,支持各项业务的开展。此外,智慧城市社会化信息服务的业务内容有一大部分涉及公民的基本民生需求,不能靠市场机制调节,要以社会福利的形式开展。政府部门对这类业务要加大资金扶持力度,并在政策制定上对这类业务做出适当倾斜。政府在主导智慧城市信息服务体系的构建时,一般可从如下6个方面加以重点考虑。

1. 规划先行与融合推进

智慧城市建设是一项长期的社会发展工程,规划的重要任务是达成方向的共识。规划既是创造经济奇迹的重要推动力,也是促进信息化和电子政府发展的有效促进剂。政府本身是一个经济领域的一个组成部分,许多创造举措都由政府带头,与企业互动,并结合了必要的政策改革。同时,要完全助力一座城市实现智慧城市的战略构想,政府需要与咨询机构、研究院所、供应商等多方资源汇集和融合,循序渐进,优势互补,协同推进,这也是推动其他经济领域转型的主要方式。从区域和全局发展高度给予足够的重视,有一个强有力的主导部门和相应的支持系统来有序推进智慧城市的建设工作。

2. 基础支撑与网络贯通

抓住通信网络向IP化、宽带化、移动化和全光化方向发展的契机,积极动员各方力量建设具有国际先进水平的宽带城域网和宽带接入网,鼓励各大通信运营商充分运用各种城市资源,采用最先进的通信技术,为城市的经济和社会发展提供"高速信息公路"。一方面要建设宽带城域网,依托电信、移动、联通、广电、网通等现有网络资源,形成网状拓扑结构,实现网络互连、互通和互操作,促进电信、广电和计算机三网的融合,建成宽带城域网;另一方面要积极建设宽带接入网，充分利用多种宽带接入技术，城区实现光纤到办公大楼、到小区、到楼栋，为城市各种信息系统建设和信息化应用提供网络基础支撑。

3. 业务协同与资源共享

政府通过物联网整合各部门分散的资源，实现各部件信息的共享，理顺各部门之间的业务流程，形成新技术条件下新的工作机制，逐步实现部门间的业务协同。加强各部门之间的合作，在同一架构下共享系统、服务和流程等资源，以提升公共部门的服务能力和效率。依托现有电子政务基础，建立开放、共享的政务物联网架构，提高政府部门行政效能和决策能力，降低行政管理成本，提升智能化城市管理服务水平，逐步形成政府各部门按照统一的标准规范应用物联网技术，实现信息共享、业务协同的新局面。

4. 政务优化与模式创新

政府作为城市的主导者和运营者，会不遗余力地推出各项方案来帮助经济领域转型。而在智慧城市建设过程中，政府服务的电子化尤为重要。建立网上虚拟电子政务大厅，实现一站式市政服务，精简政务流程，降低行政成本，让市民和企事业单位足不出户，完成行政审批和其他政府服务。

为形成社会智慧城市共识，电子政务优化必须转变为向社会开放的模式，广泛吸收社会各界的建议；必须适合公众的价值取向，从公众的利益出发，使创新的模式得到民众的赞许，为形成政府与企业、公众合作创造条件。

5. 面向需求与国民参与

政府把改善民生作为转型发展的出发点和落脚点，着力推进以保障和改善民生为重点的社会建设，完善制度安排，继续利用科技进步来提升公共服务的质量。创新社会管理模式，开发新平台，以促进私有部门和政府共同创造，并向公众提供全新的增值服务，尝试采纳网民智慧和资源，接受公众咨询，获知最新的话题，不断提高人民群众生活质量和满意度。

6. 集聚人才与创新研发

在人才政策方面，应在人才引进、项目支持、创新奖励、人才住房等方面出台更有竞争力的鼓励政策；在教育培训方面，鼓励高等学校开设相关课程与专业，与高校和科研院所合作，通过委托培养、定向培训等方式建立智慧城市建设管理人才培训基地。加强职业院校建设，建立实训基地，提高技术人员操作水平；加强智慧城市建设高层次领导人才、高层次复合型人才、高技能人才的培养。在要素保障与公共服务方面，力争创建科技创业服务中心和创业投资机构等，为智慧城市的建设提供重要的研发支持、资金保障、成果转化等支撑服务。

10.3.2 系统组织原则

遵循系统组织的原则，加强对各参与方的组织和协调，兼顾各方利益，做好对体系构建过程中各个方面的统筹规划和统一管理。

一方面是统筹协调各参与方的职能。正如前文所述，智慧城市社会化信息服务的参与方包括信息服务需求方、信息服务实施方和信息资源供给方，三方既相互独立，又相互支撑，不可分割。

信息服务需求方作为智慧城市信息服务的推动者和最终消费者，需要在信息服务体系构建的各个环节积极参与：① 信息服务体系构建前的信息服务需求调查；② 信息服务体系构建过程中的跟踪与监控；③ 信息服务体系实施后的及时反馈。当然，信息服务需求并不是一成不变的，而且是随着社会生活的变化而不断变化，只有信息用户及时反馈信息服务需求，信息服务机构才能对信息服务体系进行修缮，形成动态变化的成长型信息服务体系。

信息服务实施方即信息服务机构，它作为信息服务体系构建的主要实施者，需要加强与信息服务需求方和信息资源供给方的紧密联系和协调沟通，及时收集各方的意见和建议，并使之体现在信息服务体系的构建过程中。

信息资源供给方作为信息服务原材料的供给者，虽然并不直接参与信息服务过程，但它对信息资源的公开程度、公开方式、公开的及时性以及信息资源的质量等都会对信息服务产生重要影响。此外，政府部门作为社会化信息服务的组织者、领导者和监管者，同时又是信息服务的消费者，必定会对信息服务体系的构建做出方向性指导，并制定相关法规政策对信息服务体系的构建及实施的具体行为进行规范和监管，保证其符合国家有关规定。

另一方面是系统组织体系结构的各个功能，保证它们协同、高效运行。智慧城市信息服务体系由众多功能构成，虽各有特点，却是彼此联系的统一整体。一个功能体系的信息服务产品可能是另一个功能体系的原材料，各个功能体系的信息产品又能作为彼此的佐证，以验证信息的准确性。因而，在体系构建过程中，要加强对各子功能体系的系统组织，使之有主有次并彼此有序连接，从而实现各个功能体系的协同运行。

10.3.3 需求导向原则

智慧城市信息服务体系的构建是为满足社会大众的信息服务需求而进行的，因而用户的信息服务需求是整个体系构建的核心。信息服务体系能不能满足用户的各项信息服务需求？信息服务效果如何？这些问题将是判断信息服务体系构建效果的最重要和最直接的指标。因此，信息服务体系构建一定要坚持用户需求导向的原则，将用户需求放在体系构建的核心位置，并使之贯穿体系构建的整个过程。这就要求，信息服务体系构建的各个环节都应紧密围绕用户需求进行，将用户需求作为信息服务体系构建的出发点和归宿。如前所述，坚持需求导向原则需要在体系构建前、体系构建过程中和体系构建后全程保持和信息服务需求方的紧密联系，做好前期的需求分析、中期的跟踪监控和后期的效果反馈工作。此外，考虑到用户信息服务需求的可变性，需要在体系构建过程中预留体系的扩展空间，保持信息服务体系的可扩展性，以使体系能够随着用户信息服务需求的变化而调整。

10.4 智慧城市的服务体系构建模式

10.4.1 智慧城市信息服务体系框架

智慧城市是一个有机结合的大系统，涵盖了更透切的感知、更全面的互连、更深入的智能。其中，物联网是智慧城市中非常重要的元素，它支撑着整个智慧城市系统。人们把感应器嵌入和装备到全球每个角落的电网、铁路、桥梁、隧道、公路等各种物体中，并且被普遍连接，形成所谓"物联网"；而后通过超级计算机和"云计算"将"物联网"整合起来，使人类以更加精细和动态的方式管理生产和生活，从而达到全球"智慧"状态。智慧城市与物联网的关系如图 10.13 所示。

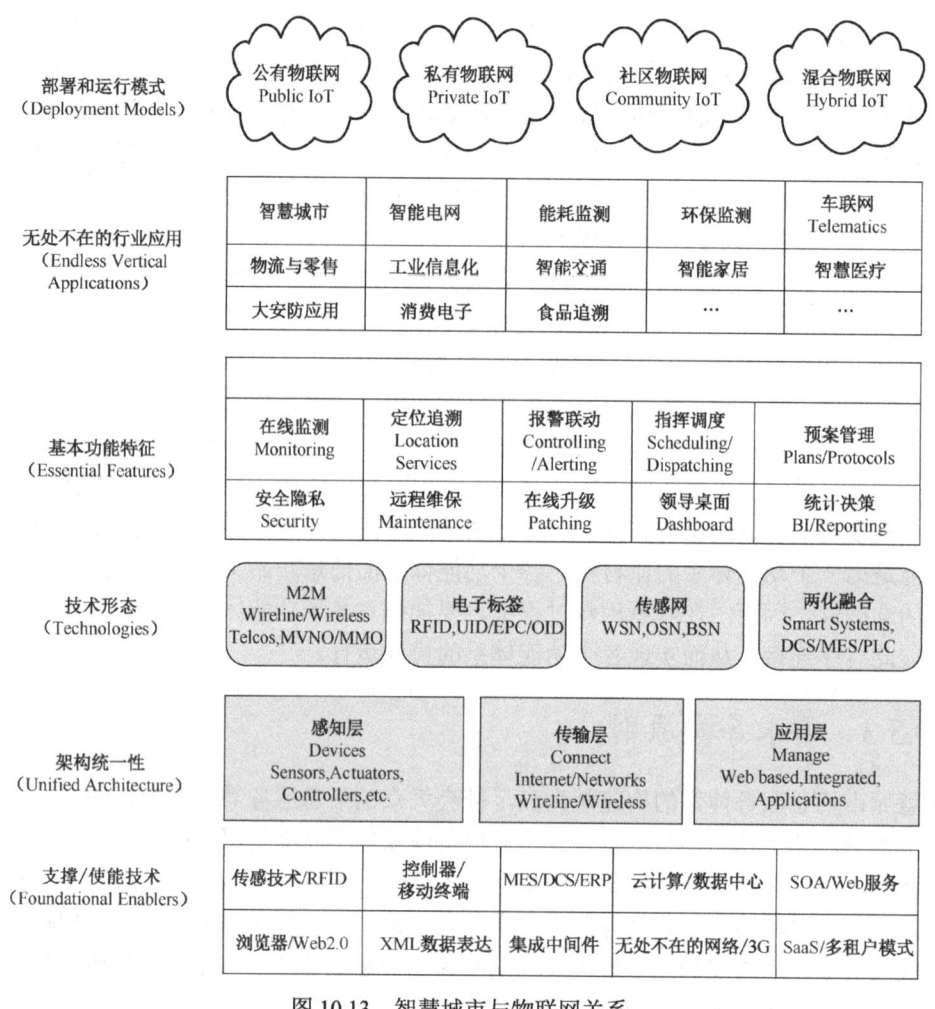

部署和运行模式 （Deployment Models）	公有物联网 Public IoT		私有物联网 Private IoT		社区物联网 Community IoT		混合物联网 Hybrid IoT
无处不在的行业应用 （Endless Vertical Applications）	智慧城市	智能电网		能耗监测	环保监测		车联网 Telematics
	物流与零售	工业信息化		智能交通	智能家居		智慧医疗
	大安防应用	消费电子		食品追溯	…		…
基本功能特征 （Essential Features）	在线监测 Monitoring	定位追溯 Location Services		报警联动 Controlling /Alerting	指挥调度 Scheduling/ Dispatching		预案管理 Plans/Protocols
	安全隐私 Security	远程维保 Maintenance		在线升级 Patching	领导桌面 Dashboard		统计决策 BI/Reporting
技术形态 （Technologies）	M2M Wireline/Wireless Telcos,MVNO/MMO		电子标签 RFID,UID/EPC/OID		传感网 WSN,OSN,BSN		两化融合 Smart Systems, DCS/MES/PLC
架构统一性 （Unified Architecture）	感知层 Devices Sensors,Actuators, Controllers,etc.			传输层 Connect Internet/Networks Wireline/Wireless			应用层 Manage Web based,Integrated, Applications
支撑/使能技术 （Foundational Enablers）	传感技术/RFID	控制器/ 移动终端		MES/DCS/ERP	云计算/数据中心		SOA/Web服务
	浏览器/Web2.0	XML数据表达		集成中间件	无处不在的网络/3G		SaaS/多租户模式

图 10.13 智慧城市与物联网关系

物联网为智慧城市提供了坚实的技术基础，感知能力使得这种感知更加深入、智能。通过环境感知、水位感知、照明感知、城市管网感知、移动支付感知、个人健康感知、无线城市门户感知、智能交通的交互感知等，智慧城市才能实现市政、民生、产业等方面的智能化管理。物联网的主要目标之一是实现智慧城市，许多基于物联网的产业和应用都是服务于智慧城市的主流应用的。换句话说，智慧城市是物联网的靶心。

物联网的网络层由各种私有网络、互联网、有线和无线通信网、网络管理系统和云计算平台等组成，相当于人的神经中枢和大脑，负责传递和处理感知层获取的信息。传感器应用层是物联网和用户的接口，它与行业需求结合，实现物联网的智能应用。

依托云计算、物联网等新兴技术，以信息技术高度集成、信息资源综合应用为主要手段，加快推进政府信息化，是建设智慧城市的基础。智慧城市最为本质的特征，在于"大系统"概念，在于集成性、整合性及融合性；而信息化往往只局限于某一行业或者某一领域。智慧城市建设以城市整体为目标，以物联网等技术创新为支撑，强调整合与协同，更有针对性地关注百姓需求。

10.4.2 智慧城市信息服务平台的构建

在智慧城市建设中，为了完成海量数据的存储、处理等功能，必须建设一个承载所有应用的处理平台——智慧城市信息服务平台，该平台被称为"智慧城市核心平台"。智慧城市信息服务平台涉及居住、商务、医疗、教育、政务等领域，推行三网融合、办公一体化、智能互联楼宇、多媒体、城市管理、智能卡、协同、集中运营中心等服务，将智慧工作空间、智慧交通、智慧楼宇、智慧能源、智慧社会等连接在一起，形成整体的智慧体系，如图10.14所示。

要具有强大数据分析能力的云计算综合平台，实现对海量数据来进行计算、存储、分析、处理与决策。智慧城市信息服务平台与普通的 ICD（Interface Control Document，接口控制文件）、云计算中心不同，它能够实现以下功能：为所有应用系统的运行提供运行服务器托管；为所有海量数据的存储提供数据空间；为满足城市管理的需要，核心平台必须实现和政府主要行政部门之间的连接；为满足市民服务的需要，核心平台必须实现和互联网之间的逻辑隔离连接；为满足信息服务的需要，核心平台必须能够通过手机、电视、网络等多种渠道建立起与市民之间的交互机制。以互联网为基础，利用各种信息技术，在泛在网络的大环境下，通过城市的高效管理和应用开发，实现智慧城市服务平台和智慧城市服务数据中心的整合应用。

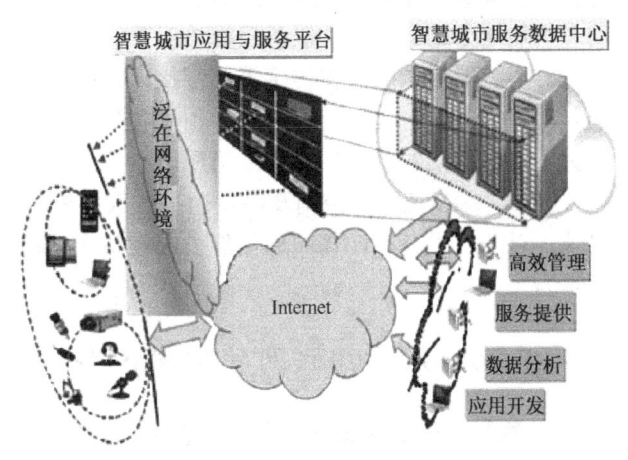

图 10.14 智慧城市信息服务平台构建

10.4.3 基础设施智能化构建模式

智慧城市基础设施智能化信息系统是智能的开放的系统，以城市数据中心为核心，以物联网终端为触角，由内而外分为6层：

（1）城市数据中心包括网络数据中心、业务数据中心和用户数据中心，共同构成城市数据系统。各种终端、传感器和网络捕获的多种信息元数据汇集到城市数据中心，利用云计算分布式数据存储和并行计算技术支撑专家系统、机器学习和自动规划，对数据进行分析和处理，对网络、业务、终端提供协同和智慧的一致性控制、服务和管理支撑，从而构建城市级的人工智慧系统，使管理、控制和服务具有智慧的特性。

（2）云存储、云计算和云网络设备构成的云资源系统为城市信息系统提供云计算的能力，使其具有强大的计算能力与共享服务能力。其中，云交换机和云路由器是一种新型可编程、可虚拟化、自适应和智慧调度与资源共享构成的精简架构，即智能交换机和智能路由器，可以支持各种协议，实现接入普适化和控制智能化。

（3）能力引擎系统提供资源和支撑能力的开放使用。其中，数据分析能力基于特定的计算规则，对结构化数据和非结构化数据进行计算处理，以期从海里信息中得到规律性的认识；事物处理包括基于工作流的业务流程和管理流程实现过程；业务控制根据预先设定的规则，对网络组织、业务控制、应用适配、服务交付等进行策略管控；智能分发能力指在免打扰或无察觉的状态下，基于对象的感知状态信息、感知对象的实时需求，动态提供服务与控制行为，向对象提供透明访问方式的个性化、智能化服务。

（4）资源控制节点基于分布式构架技术，屏蔽系统内部复杂的物理和逻辑结构，实现自适应负载均衡能力、带宽汇聚能力、分布式存储能力、动态资源调度能力，实现不同业务与不同能力引擎的适配，形成自动智能调度，可动态管理网络中云计算、云存储资源及各种能力引擎服务器；可根据访问对象的地理位置、服务需求，并考虑负载均衡、成本效益等因素，动态智能地分配最合理的服务资源给对象。

（5）智能接入网关将传感器终端接入云中，屏蔽不同传感器终端的差异，进行不同终端接入的智能适配，实现统一接入。由于各种终端拥有的资源不同且动态变化，需要智能接入网关层进行自动发现识别和智能适配。

（6）终端指感知、控制及应用服务获取的末端设备，广义上包括 PC、手机、传感器、云终端，以及各类具有计算域通信能力的设备（如相机、电视机、播放器、冰箱、空调及洗衣机等）。

10.4.4 基于物联网的构建模式

1. 智慧城市信息服务体系与物联网的关系

智慧城市就像是将有智慧的人脑与精准、联网的电脑及其海量的、可以共享的、能够深化的数字化信息流无缝隙对接、灵动化应用，使人的一切行为更加规范、精准、高效，使人的活动更加便捷、迅速、无障碍，使城市的消耗更少、成本更低、效率更高。而物联网的目的是实现物与物、物与人，所有的物品与网络的连接，方便识别、管理和控制，借助各种信息传感设备，如传感器、RFID 技术、全球定位系统、红外感应器、激光扫描器、气体感应器等各种装置与技术，实时采集任何需要监控、连接、互动的物体或过程，采集其声、光、热、电、力学、化学、生物、位置等各种需要的信息，与互联网结合而形成一个巨大网络。

物联网不仅仅提供了传感器的连接，其本身也具有智能处理的能力，能够对物体实时智能控制。物联网上部署了海量的多种类型传感器，每个传感器都是一个信息源，不同类别的传感器所捕获的信息内容和信息格式不同。传感器获得的数据具有实时性，按一定的频率周期性的采集环境信息，不断更新数据。物联网将传感器和智能处理相结合，利用云计算、模式识别等各种智能技术，扩充其应用领域。从传感器获得的海量信息中分析、加工和处理出有意义的数据，以适应不同用户的不同需求，发现新的应用领域和应用模式。物联网核心技术与智慧城市的关系如图 10.15 所示。

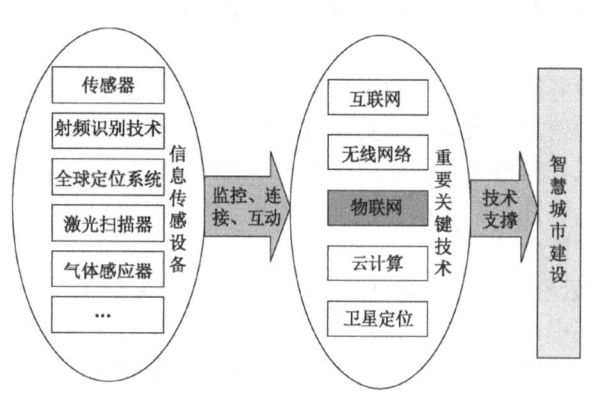

图 10.15 物联网核心技术与智慧城市关系

由此可见，智能城市是以人工智能、智能控制软件、专家决策系统技术及传感设备等现代信息科技为基础，利用智能信息网络系统实现信息、资源、任务的共享，使城市的各种功能智能化运作；"物联城市"是在"数字城市"建设基础上的延续和提升。"物联城市"是一个比"数字城市"更加明确、具体的定义和规范，物联网让城市变得更聪明，可以说物联网只是一种手段，其主要目标是实现智慧城市。

2. 基于物联网的构建模式

作为互联网的应用拓展，物联网被看作智慧城市的重要标志。国家提出物联网战略至今，历经两年多的推进和发展，物联网已不再是一个抽象的概念，政府和企业对物联网的认识渐趋理性清晰，并积累了一定的建设经验。智慧城市的核心是物联网体系的建设，因此智慧城市信息化服务平台分为"感知层"、"网络层"和"应用层"三个层次。其中，"感知层"是把传感器装配到电网、汽车、公路、建筑、家电及供水系统等真实物体上，经过接口和无线网络的连接，运行特定的程度，从而实现物物相连；"网络层"是通过城市统一网络与电信网、广电网、互联网的融合，向智慧城市公共平台以及各业务应用系统提供全市统一的网络基础环境和有效的信息传输服务高速公路，"网络层"又分为"近程传输"和"远程传输"两个子层次；应用层是构建在智慧城市公共平台之上应用服务系统，连接政府、企业和公众三大应用源，为他们提供城市环境宜居、安全防控、生活保障、公共服务、产业优化等领域的应用服务。

物联网产业化和研发应用的加速推进，加快其对物联世界实时控制和精准管理的实现，其支撑经济运行和承载社会公共服务的能力进一步提升和拓展。通过智能信息装备和整合高效、互联互通、无所不在的网络，教育、医疗、社会管理和服务、娱乐、社交等，实现从以"事"为中心向以"人"为中心、从单向扩散向参与互动的方向转变，更大范围、更加智能、更好体验的新的生活方式让人们触手可及。

基于物联网的智慧城市服务体系构建模式如图10.16所示。

10.4.5 基于云计算的构建模式

1. 智慧城市信息服务体系与云计算的关系

云计算让智慧城市变得更"聪明"。云计算是一种技术手段，通过云计算，将实现有能力将现有的信息孤岛进行数据、信息整合，实现"大数据"集中处理，综合分析，实现更加有效的策略制定。智慧城市建设是一项非常庞大的工程，比如建设一个城市交通管理系统，都已经需要非常庞大的成本，而城市建设涉及到了除交通外的医疗、环境、安全、商业、金融、居民生活等多个领域，要实现这些领域信息的整合，就需要借助云计算手段。在智慧城市建设过程中，通过超级计算机和云计算的技术支撑，应用先进的数据处理技术，建立模型预测和分析获取的所有数据，提供决策支持和行动解决方案，对数以亿计甚至更多的物体能够进行实时动态管理与服务。

随着移动互联网和物联网应用的发展，提出了对海量信息的处理与低成本、普适化、智能化应用的需求，搭配出各种互相隔离的应用，形成一个以服务为导向的动态伸缩的IT基础架构，满足应用和用户规模增长的需要。随着云计算商业模式的不断成熟，云计算将会逐步像水、电、气等公用设施一样廉价地提供给用户，深刻地改变信息产业结构和人民的生活、企业的生产及政府的管理方式。

（1）云计算和现代服务业是一个交集关系：一方面，它属于现代服务业；另一方面，它也可以为工业、农业和传统服务业做计算服务，共同形成全面的支撑关系。从计算效用的角度来看，云计算通过虚拟化技术形成可管理的弹性的资源池，充分提升机群的CPU和存储的利用率，又通过分布式存储技术和并行计算技术，充分利用机群的并行处理的强大计算能力和快速响应能力，并通过中间件层对上层应用透明。云计算使计算与信息服务走向社会化、集约化、专业化，让更多的人能够低成本地享受到信息技术和信息资源服务。

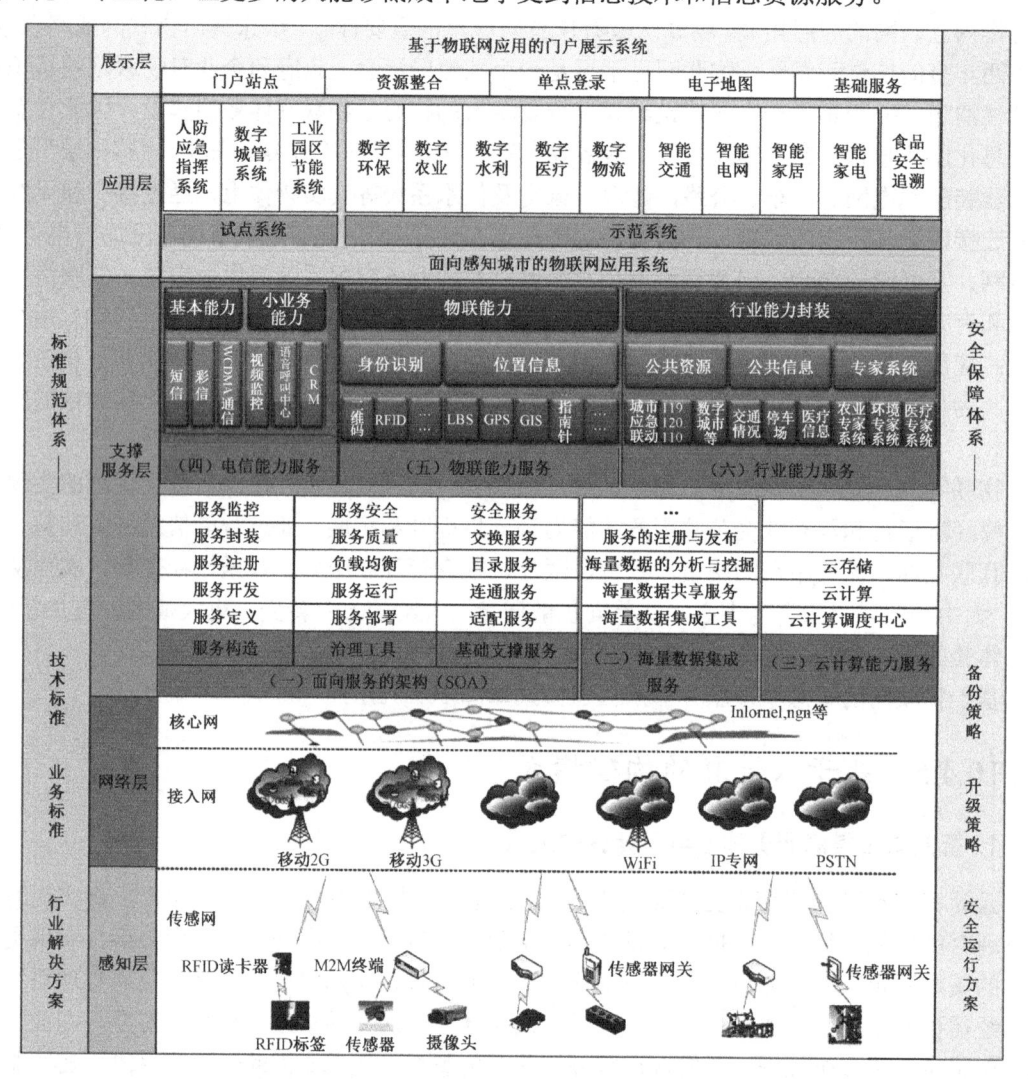

图10.16 基于物联网的智慧城市服务体系构建模式

（2）云计算作为一种计算模式，其重要特征就是资源整合，能够提供更强大的应用支撑能力。在智慧政府、电子商务以及互联网数据中心（Internet Data Center，IDC）等方面，能够将原来相互独立的多个应用平台及信息孤岛中的大量数据，进行有效整合计算资源和数据，支撑更大规模的应用，处理更大规模的数据，并且能够对数据进行深度挖掘，从而为政府决策、企业发展、公众服务提供更好的平台。

（3）云计算能够解决信息高效处理的问题，是一种通过网络向用户按需提供信息基础设施、平台、软件等IT服务的新型商业模式。例如，为避免医疗资源不再分割于不同医院中，云计算技术将建起医疗办公、远程会诊、电子健康档案等医务云平台，"无线数字医疗"的应用范围不断推广；在家里的医疗服务平台上，可做到可视、可感、可诊，使市民可切实享受到具有便捷性、准确性的医疗卫生服务。

（4）云计算在建设智慧城市信息化服务体系中，可以有效降低区域信息化的总体成本、提高利用率，实现有效的绿色节能、同时降低管理维护成本，从而降低信息化门槛，使得更多的单位和企业愿意通过信息化提高工作效率。云端高性能计算的支持可以降低传感器终端的复杂性，减少终端功耗，简化终端计算系统的软件结构，使复杂的协同、上下文感知、自适应策略等功能放在云中实现，从而使终端的智能能够得到显著提高。

（5）云计算在智慧城市建设中的信息安全管理方面，能够通过将数据集中存放，降低了数据在个人手中遗失或者泄露的风险。

智慧城市利用云计算等技术对感知信息进行智能处理和分析，实现"光网城市"与"物联城市"的融合，对海量信息的快速处理和智能挖掘需要巨大的存储能力和计算能力。

2. 基于云计算的构建模式

我国目前已有 50 多个城市相继出台了云计算产业发展规划、行动计划，鼓励建设示范试点工程，各地政府积极推进本地区互联网数据中心（IDC）、灾备中心等云计算基础设施建设，已成为新一代云计算基础设施的主要推动者。考虑基于 IaaS 架构进行设计，以云计算数据中心为核心，打造独立于多个应用系统的公共云，通过各类不同的云，如市政云、交通云、教育云、安全云、社区云、旅游云为各类上层应用提供支持，其架构能后续扩展支持其他云。基于云计算的构建模式如图 10.17 所示。

（1）市政云模块。市政平台能提供移动办公、移动执法、视频监控、公众服务等业务的移动通信网络的接入通道服务，集成包括3G/4G移动宽带、短信、彩信、位置服务等移动通信资源，对各委办局的应用接入进行统一管理，并负责移动智慧政务的网络安全、身份认证、运行监控，负责城市综合多媒体信息的发布。

（2）交通云模块。交通拥挤造成了巨大的时间浪费，加大了环境污染。面对当今世界全球化、信息化发展的趋势，传统的交通管理技术和手段已不适应经济社会发展的要求。智慧交通系统将是交通事业发展的必然选择，更是交通事业一场革命。

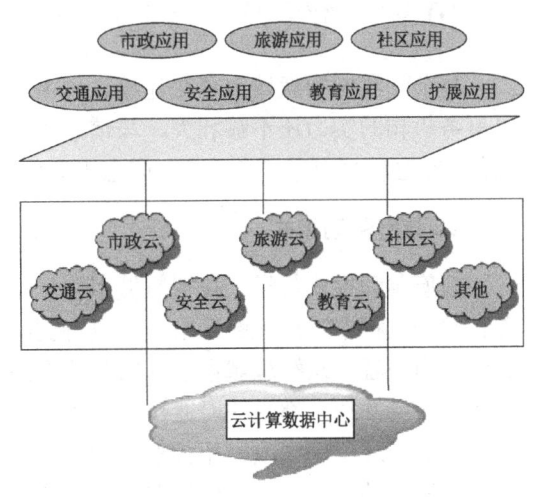

图 10.17 基于云计算的构建模式

（3）教育云模块。好的教学课要打破时间、空间的限制，实时共享给其他学校的教师，并且能进行实时的互动、交流，以较快地提升整个城市的教学水平。

（4）安全云模块。随着城市区域不断扩大，人口增加及流动因素也随之扩大，公安警力的增长速度渐渐满足不了实际需求，而很多城市早起的城市视频监控系统的监控点分布少、覆盖区域小、盲点多、清晰度差；各自的管理相对分散，居民小区或行业之间的汇总、资源共享较少。公安工作的移动性、突发性、紧急性等特点，使得一线部门需要实时与公安数据中心交换信息。从上述需求看，结合城市里已经部署的高清视频监控系统，整合各种资源以适应城市应急保障需求，配备具有移动性能的警务通系统，通过数字视频集中管理等系统化科技手段大众平安城市，智慧城市规划应用中的平安城市属于此模块。

（5）社区云模块。数字社区将根据需求想到、科学规划、着眼应用、注重实效的建设原则，进一步明确建设内容，规划进度安排，展望实施效益，以确保数字社区建设的科学、有序、快速。智慧社区具有高技术含量，是先进的物联网及信息技术应用的集中体现。通过采用现代传感技术、数字信息处理技术、数字通信技术、计算机技术、多媒体技术和网络技术，实现社区内各种信息的采集、处理、传输、显示和高度集成共享，实现社区自动化，智能化监控，实现社区生活与工作的安全、舒适、高效，建设代表国内一流水平的智慧化社区，充分体现鲜明的时代特征。

10.5 智慧城市信息服务运行模式

智慧城市的信息服务是在智慧城市建设与发展过程中的全新命题，其体系构建与实施运行是一项复杂的系统工程。要想保证智慧城市信息服务体系按照构建的模式顺利实施运行，就必须建立一套完整的配套工程，为智慧城市信息服务体系的建设和运行提供基础条件。所谓模式，其实就是解决某一类问题的方法论。面向智慧城市的信息服务运行模式是一套为促进智慧城市信息服务体系的有效运行而设计的方法体系，具体包括驱动模式、组织模式和实现模式。

10.5.1 智慧城市信息服务驱动模式

目前，我国智慧城市正在建设过程中，智慧城市信息服务行业尚未得到充分的发展，信息服务机构的实力还不够壮大，与信息服务相关的规章制度还不够健全，各项体制机制尚不成熟。在这种情况下，智慧城市信息服务体系的构建与运行需要通过相关措施的推动与引导。

1. 政府驱动模式

政府驱动模式是指，在智慧城市信息服务体系的构建与运行过程中，政府处于主导地位并在整个过程中发挥关键作用。在政府驱动模式下，政府部门是智慧城市信息服务的直接发起者和组织者，从智慧城市信息服务体系的设计构建到实时运行，从信息资源的采集到信息服务的市场开拓，都由政府通过行政手段进行策划引导和干预支持，整个信息服务体系的构建与业务开展也受到政府相关部门的监督和管理。

政府驱动模式的常用措施在于在政策上给以支持和在经济上给以扶持两个方面。其中，在政策上给以支持的具体表现为：通过制定相关政策和法律法规，为智慧城市信息服务创造良好的发展环境；通过制度安排为智慧城市信息服务构建畅通的信息征集渠道和高效的信息共享平台；通过政府会议与政策宣传为智慧城市信息服务开拓市场；运用行政手段刺激信息服务需求。在经济上给以扶持的具体表现为：为智慧城市信息服务的体系构建与实施运行提供资金帮助；通过税收减免降低智慧城市信息服务的业务成本；通过政府部门对智慧城市社会化信息服务的直接消费增加信息服务机构的经济收益。

政府驱动模式能够使智慧城市社会化信息服务体系在短期内取得明显成效，促进信息服务市场的发展成熟，其特点主要表现在：计划性强；影响范围比较广泛；资金充足，投入成本大，见效较快；易较快形成规模效应。总的来说，在我国智慧城市建设尚处于起步阶段，智慧城市社会化信息服务市场机制尚不成熟的条件下，政府驱动模式可以促进智慧城市社会化信息服务的快速发展，促进其在短时间内产生显著成效。

2. 市场驱动模式

所谓市场驱动模式，是指市场规律在智慧城市社会化信息服务中居于主导地位，信息服务体系的构建与实施运行都由商业化运作的信息服务机构发起并负责，信息采集、加工与业务开展主要依照市场需求进行，整个信息服务产业链是一种纯商业行为。在市场驱动模式下，智慧城市社会化信息服务的体系构建与运行实施具有更大的自主性，更能反应市场信息服务需求，通过市场竞争可以促进信息服务机构不断提高业务水平，壮大自身整体实力，有助于形成产业规模效应。

与政府驱动模式相比，市场驱动模式下的智慧城市信息服务业务流程更加灵活、产品更加丰富、经营效率更高、经营成本更小。首先，由于市场驱动模式下的智慧城市信息服务是市场需求导向的，各项业务流程的形成都源于市场需求，不受太多的行政机制干预，因而其灵活性更高。其次，市场驱动模式下，智慧城市信息服务机构需要针对市场上不同客户的需求开展层次多样的信息服务业务，提供种类齐全的信息服务产品，因而其面向的细分市场更加明确，业务分工更加细化，信息服务产品也更加丰富。再次，市场驱动模式下，智慧城市信息服务机构以赢利为目的，独立经营、自负盈亏，与政府驱动模式下的信息服务机构相比，其生存压力更大、发展动力更强，因而更加注重控制成本和提高经营效率。

总体而言，市场驱动模式更加有利于智慧城市社会化信息服务的发展，但由于市场驱动模式需要有较高的市场发展条件，如社会信息服务需求强烈、信息用户具备较高的信息素质和信息消费能力、信息服务市场的法律法规较为健全、社会化信息基础设施建设较为完备等，而我国当前的信息服务市场并不具备这些条件，因此智慧城市社会化信息服务的发展初期仍需要以政府驱动为主，在不断健全信息服务市场建设的过程中，逐步向市场主导过渡，这也是智慧城市社会化信息服务发展的必然趋势。

10.5.2 智慧城市信息服务经营模式

智慧城市社会化信息服务的经营模式，是指为实现智慧城市社会化信息服务体系的战略目标或价值定位所采取的一套经营策略和方式方法的统称。科学合理的经营模式是智慧城市社会化信息服务成败的关键，对智慧城市信息服务体系至关重要。从公共物品理论来讲，智慧城市社会化信息服务产品大多具有消费的非竞争性和受益的非排他性（如天气信息、公共安全信息等），部分可以通过一定的技术手段达到排他的目的，因而属于公共物品或准公共物品。社会化信息服务产品的这种公共物品属性决定了智慧城市社会化信息服务可以由政府、企业或第三部门进行经营管理，相应有福利化经营、市场化经营以及公益化经营等三种经营模式。

1. 福利化经营

福利化经营是一种政府经营模式，即智慧城市社会化信息服务机构属于政府部门或由政府出资建设并管辖的公共服务部门，开展信息服务所需的各项经费支出由政府通过税收收入等公共收费行为进行筹资划拨，信息服务产品作为社会福利的一部分免费向公众提供。福利化经营是增加社会福利、促进社会和谐的重要手段，对我国的和谐社会建设具有重大意义。我国的各类公共图书馆服务就是福利化经营的典范，公共图书馆经营发展的机制和经验为我国智慧城市信息服务的福利化经营模式提供了可供参考的借鉴。政府对智慧城市信息服务实行福利化具有独特的优势：一方面，政府部门活动的规模和特点决定了政府是社会最大的信息拥有者和控制者，因此政府开展智慧城市社会化信息服务具有明显的信息资源优势；另一方面，政府部门作为国家权力的象征，拥有雄厚的资金优势和最大的信息基础设施建设、使用与控制权，这决定了政府在运营智慧城市信息服务的过程中可以更容易的采集信息资源和传播信息服务产品，因而免去了信息采集、索取或购买的麻烦及其所需投资成本，具有明显优势。此外，政府运营智慧城市信息服务，可以跨越不同政府部门之间的信息壁垒，更容易得实现各部门之间的信息共享与交流。然而，政府的福利化经营模式也存在工作效率低下、服务质量不高等弊端，这将不利于智慧城市信息服务的发展。尽管如此，政府在智慧城市信息服务的角色不仅不能弱化，反而更应该加强，某些公共性信息服务项目仍然要以政府福利化形式开展，而政府在其中的作用不可小觑。

2. 市场化经营

智慧城市信息服务的市场化经营是指企业（信息服务机构）以赢利为目的，根据智慧城市信息服务市场对信息服务产品的需求，按市场机制提供相应的信息服务获取利润的一种商业化经营模式。市场化经营以赢利为目的，通过引入市场竞争机制，促使智慧城市信息服务机构具有降低信息服务成本、提高信息服务效率、改进信息服务质量的动力，从而促进智慧城市信息服务实现又好又快发展。据统计，美国私人提供天气预报的效率明显高于公营部门，将天气预报服务转入私营部门后可减少33%的费用。

智慧城市信息服务的市场化经营需要具备以下条件：

（1）市场化经营的信息服务产品必须是具有一定排他性或具有一定竞争性的准公共物品或私有物品。这是因为作为纯公共物品的信息服务产品（如公共安全信息、社会民生信息等）具有完全的非竞争性和完全的非排他性，而且具有规模大、成本高、受益者广泛等特点，这类信息服务产品的市场化经营会存在交易成本过高、信息服务提供主体赢利困难等问题，致使智慧城市信息服务的市场化经营难以持续进行。此外，信息服务产品的排他性也是排除信息消费"搭便车"等外部性问题的必要条件，这是信息服务市场化经营的前提。通过建立健全法律体系（如《版权法》等）和一些技术手段（如加密技术）等可以建立信息服务产品的排他性，实现智慧城市信息服务的市场化经营，与此同时市场化经营的信息服务产品必须具有强大的市场需求，即信息用户愿意为该类信息服务产品的消费支付高于单位信息开发成本的费用，这是信息服务机构获取利润的必要条件。如果信息服务产品对于信息用户来说是可有可无的基本信息（如天气变化等），则消费者就没有为信息消费买单的动力，那么其市场化经营必然无法进行。

（2）具备智慧城市信息服务市场化运营的政策和法规体系。市场化经营也有其自身的缺陷，不能完全脱离政府。一方面，市场化经营需要政府建立安全可靠的市场化经营环境，保证信息服务机构各项业务顺利开展及其合法权益得到有效保护；另一方面，政府部门需要为信息服务市场建立畅通的社会信息交流与共享机制，保证信息服务机构获取相应信息资源的可能性；此外，政府在为智慧城市信息服务创造市场化经营环境的同时，还需要制定相关政策和法规体系，从宏观上对智慧城市信息服务市场化经营机构的经营行为进行必要的调控和监管。

3. 公益化经营

公益化经营模式是指由作为社会非营利性组织的第三部门作为智慧城市信息服务机构，

而向社会大众免费开展信息服务并提供信息服务产品的一种经营模式。公益化经营模式适用于不适合市场化经营、政府福利化经营又不能满足信息服务需求的一类信息服务产品的经营。如社会安全、环境保护等信息服务产品属于公共物品，不适合市场化经营模式，通常应由政府进行福利化经营，但由于政府福利化经营的种种弊端，致使其信息服务效率低下、质量较差，难以满足信息用户的信息服务需求。在这种情况下，以社会公益为目的的公益化经营刚好可以弥补了福利化经营和市场化经营的缺陷。智慧城市信息服务公益化经营的发展需要具备一定的社会条件。例如：需要有具备较高思想觉悟和高尚思想品德的社会"公益人"存在，能够自愿、自主、自发地追求公共利益，自愿无偿地为社会公众提供服务；需要有充足的公益基金及稳定、可靠的公益基金募集渠道，为智慧城市信息服务公益化运营提供充足的资金保障。

自改革开放以来，我国的经济体制和社会结构都发生了深刻变化，经济发展水平和人民的思想意识都有了显著提高，这为我国第三部门吸引志愿人员、动员公众参与和募集社会资金提供了必备的社会条件，对促进我国第三部门的发展壮大具有重要作用；特别是随着我国社会主义市场经济体制的确立和政府职能的转变，社会公益事业得到了政府的大力支持和社会公众的广泛参与，这就为我国智慧城市信息服务的公益化经营提供的契机。第三部门公益性的特点使其在提供智慧城市社会化信息服务方面具有独特优势，从而能够在不计较自身经济回报的情况下高效的提供信息服务。然而，因第三部门非营利性组织的规模较小、结构分散，只能针对所覆盖的人群或有限的地域开展特定的信息服务，对于大规模的智慧城市信息服务需要依靠政府和企业来实现。

总的来看，福利化经营、市场化经营和公益化经营在开展不同的信息服务方面各有其自身的优势和劣势，这三种经营模式之间是互为补充的关系。我国的智慧城市社会化信息服务应根据三种经营模式的作用范围和特点，对不同的信息服务领域采用不同的经营模式，促进三种经营模式的有机结合，进而形成优势互补、协同高效的智慧城市信息服务良性格局。

10.5.3 智慧城市信息服务实现模式

在明确了智慧城市信息服务的经营模式之后，接下来需要研究的问题是如何实现智慧城市信息服务的实施运行。政府的权利与服务职能决定了政府是整个社会最大的信息拥有者和控制者，据估计，我国约有 70%~80%的社会信息资源掌握在政府手中，政府经营社会化信息服务具有得天独厚的优势。然而，由于社会化信息服务面对的服务对象广泛，而且其信息需求个性化问题突出，政府提供的基础性信息服务很难满足社会化信息服务需求；加上政府经营的非竞争性等种种弊端，往往造成高投入、低产出、服务质量不高的现象，容易造成信息浪费，不利于智慧城市信息服务的发展。从国内外公共信息服务的发展经验来看，依托社会第三方来运营社会化信息服务是成熟惯例，具体包括委托代理、合同外包和特许经营等实现模式。

1. 委托代理

委托代理是指政府在无力经营智慧城市信息服务的情况下，委托第三方机构代理其开展信息服务业务的一种模式。委托代理通常选择那些具有一定信息服务经验、具备较高信息服务能力的信息服务机构进行，如图书馆、情报所以及各类信息研究所等。通过委托代理模式可以充分借助代理方的优势资源，加快社会化信息服务建设进程，节省建设成本，提高信息服务质量和效率。

2. 合同外包

合同外包是指政府通过与私营企业签订协议或合同，由政府付费，委托他们生产政府向社会提供的物品和服务，再由政府供应给社会的一种公共治理模式。早在1992年，就有23%的美国地方政府将信息处理工作外包给私人部门。由我国商务主管部门主导的公共商务信息服务，是面向城乡市场、企业和社会公众收集和发布商务信息的社会化信息服务项目。该项目采用合同外包的方式，通过招标采购、合同管理，实现了公共商务信息服务体系的协调有序运转，有力支撑了我国商务工作的发展。服务外包通过引入市场竞争机制，为提高社会化信息服务能力和服务水平提供了最有效的动力。通过服务外包实施社会化信息服务，不仅保证了政府系统的持续稳定运行，满足了社会信息服务需求，而且也为企业创造了更多的发展机会，对于社会化信息服务市场的发展和繁荣具有巨大的促进作用。

3. 特许经营

特许经营是指政府授予企业在一定时间和范围内经营某项社会化信息服务的权利（即特许经营权)，准许该企业经营社会化信息服务并向用户收取一定费用，在回收投资成本的同时赚取一定的利润。特许经营适合公共领域中具有社会性、公益性和共享性等特征的公共物品。智慧城市社会化信息服务产品具有社会性、公益性和共享性强的特点，适合采用特许经营模式。在特许经营模式中，被授予特许经营权的企业在其经营期间通常要向政府交纳一定费用，在特许经营权到期之后，政府重新收回经营权。特许经营一般在政府资金不足，无法进行大规模投资，或者技术、人员、精力有限，无法满足社会化信息服务需求的情况下进行。此外，采用特许经营模式，一方面可以引入市场竞争机制，避免由政府独自经营而造成行业垄断；另一方面可以减轻政府的财政负担，使政府有更多的精力去提高其他的社会公共服务质量。

需要强调的是，无论是委托代理、合同外包，还是特许经营，任何模式的智慧城市社会化信息服务都离不开政府的管理和监督。政府要通过法规、行政和财政手段，从宏观上对信息服务加以调控，一方面要保证社会化信息服务的正确发展方向，另一方面要保障信息服务市场的稳定和有序发展，确保信息服务的质量和效果。

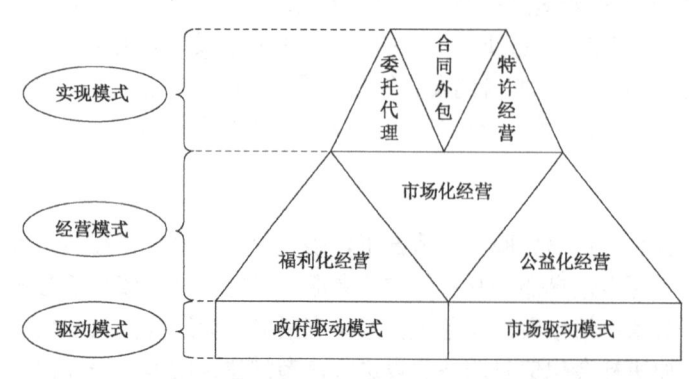

10.5.4 智慧城市信息服务运行系统模型

在全面分析智慧城市信息服务体系的驱动模式、经营模式和实现模式的基础上，可构建智慧城市信息服务运行的系统模型，如图10.18所示。智慧城市信息服务运行的系统模型，为智慧城市社会化信息服务体系的实施运行提供了方法选择。在不同的发展阶段，智慧城市信息服务有不同的运行方式。各种运行模式的选择，需要综合考虑智慧城市信息服务运行环境的各种因素，有针对

图 10.18 智慧城市信息服务运行系统模型

性地对各种运行模式进行取舍和组合。

智慧城市是信息技术、通信技术和管理科学综合发展与实践应用的产物，是城市化发展的高级阶段。面向智慧城市的信息服务是在全球城市化进程快速推进、智慧城市建设如火如荼的社会背景下提出的全新命题，对推动我国智慧城市建设和信息服务业的转型升级具有重要意义。

通过对智慧城市信息服务需求的全面分析，认为智慧城市环境下，社会成员的信息服务需求呈"两强两高"的新变化，即不同用户信息需求的个性化更强、信息服务需求的时效性更强、对信息服务产品的智能性要求更高、对信息服务方式的灵活性要求更高，并在此基础上，认为智慧城市信息服务的功能需要涵盖智慧政务、智慧产业和智慧民生三大领域。然后，通过借鉴系统论科学体系中宏观、中观和微观的研究视角，指出智慧城市信息服务的影响因素包括宏观环境方面的政治和经济因素、法律和政策因素、文化和教育因素，中观资源方面的信息特征因素、信息采集因素和信息管理因素，以及微观主体方面的政府因素、信息服务机构因素和信息用户因素。并指出智慧城市信息服务三个层面的影响因素并不是孤立存在的，对智慧城市信息服务的分析，需要综合考虑各个层面不同影响因素的共同作用。通过对智慧城市信息服务的需求分析、功能分析和关键因素分析，智慧城市信息服务体系构建应坚持政府主导、系统组织和需求导向三大原则，并据此构建包含制度体系、组织体系、技术体系和管理体系等要素的智慧城市信息服务体系总体模型。其中制度体系对智慧城市信息服务起规范作用，组织体系对智慧城市信息服务起指导作用，技术体系对智慧城市信息服务起支撑作用，管理体系对智慧城市信息服务起控制作用，结合国外相关研究及实践经验，根据我国智慧城市发展的具体情况，分析智慧城市信息服务的驱动模式、经营模式及实现模式。其中，驱动模式包括政府驱动模式和市场驱动模式，经营模式包括福利化经营、市场化经营和公益化经营三种模式，实现模式包括委托代理、合同外包和特许经营。

讨论与思考题

（1）简述智慧城市信息服务体系的特征。
（2）简述智慧城市信息服务的类型与特征。
（3）智慧城市信息服务的关键因素主要有哪些？
（4）简述智慧城市信息服务体系的构建原则。
（5）智慧城市服务体系要素包括哪些？
（6）简述智慧城市服务体系的构建模式。
（7）简述智慧城市信息服务的驱动模式。
（8）简述智慧城市信息服务的运营模式。

第 11 章　智慧城市应用案例

信息技术的高速发展带来了遍及全球的信息化浪潮,未来越来越需要依赖信息技术而推动智慧城市发展,世界各国和政府组织都不约而同地提出了依赖互联网和信息技术来改变城市未来发展蓝图的计划。美国率先提出了国家信息基础设施(National Information Infrastructure,NII)和全球信息基础设施(Global Information Infrastructure,GII)计划,接着欧盟又着力推进"信息社会"计划,并确定了欧洲信息社会的十大应用领域,作为欧盟"信息社会"建设的主攻方向。在2007—2013年期间,欧盟为信息和通信技术研发所投入的资金达到了20亿欧元,欧盟委员会将信息和通信技术列为欧洲2020年的战略发展重点,制定了《物联网战略研究路线图》。国际智慧城市组织(Inteligent Community Forum,ICF)等相关机构相继成立,并开展"全球智慧城市奖"评选活动,掀起了一股争相建设智慧城市的浪潮,本章选择有代表性的案例分析其背景、内容、方案、模式及成功之处,供读者借鉴参考。

11.1　国外智慧城市建设案例

11.1.1　美国"智能电网"建设

1. 美国"智能电网"建设背景

美国自然资源丰富。煤、石油、天然气、铁矿石、钾盐、磷酸盐、硫磺等矿物储量均居世界前列,煤储量35 966亿吨,原油储量270亿桶,天然气储量56 034亿 m^3,森林面积约44亿亩,覆盖率达33%。美国具有高度发达的现代市场经济,其劳动生产率、国内生产总值和对外贸易额均居世界首位,有较为完善的国民经济宏观体制。在市场经济条件下,各公司享有完全的自主经营权,国家通过市场向各公司购买所需要的产品。与西欧和日本竞争伙伴相比,美国公司在扩大产业投资、裁减剩余人员及开发新产品上享有更多的灵活性和自主权。美国科技力量雄厚,特别在计算机、医药、航天及武器装备等领域,其技术水平居世界领先地位,科技的发展,同时极大地促进了美国经济的繁荣。但早在2001年,由于经济发展较快,电力消费持续增长,导致美国经历了多次大停电。另外,美国的电力基础设施虽然已经很老旧了,但没人敢投资维修,而建设新的发电厂也需要大量投资。在这样的背景下,美国提出了智能电网的概念,希望增加一些智能化和信息化控制手段提升电网的服务能力与水平。

2. 美国"智能电网"建设内容

美国的智能电网又称统一智能电网,将分散的电网结合成全国性的网络体系。该体系主要包括:通过统一智能电网实现美国电力网的智能化,解决分布式能源体系的需要,以长短途、高低压的智能网络联结客户电源;在保护环境和生态系统的前提下,营建新的输电电网,通过可再生能源的优化输配,提高电网的可靠性和清洁性;平衡跨州用电的需求,在全国范围内优化电力调度、监测和控制，实现整体美国的电力需求管理。该体系的另一个核心就是解决太阳能、氢能、水电能和车辆电能的存储，它可以帮助用户出售多余电力，用电池系统向电网回收富裕电能。

美国发展智能电网重点在配电、用电和可再生能源等方面，并注重商业模式的创新和用户服务的提升。它的四个组成部分分别是：高温超导电网、电力储能技术、可再生能源与分布式系统集成（Distributed System Integration, RSI）和实现传输可靠性及安全控制系统，由开发并转型进入"下一代"电网体系，核心思路是先期突破智能电网，之后营建可再生能源和分布式系统集成（Renewable Energy Distributed Ssystem Integration，REDSI）与电力储能技术，最终发展高温超导电网。图 11.1 所示为美国智能电网建设示意图。

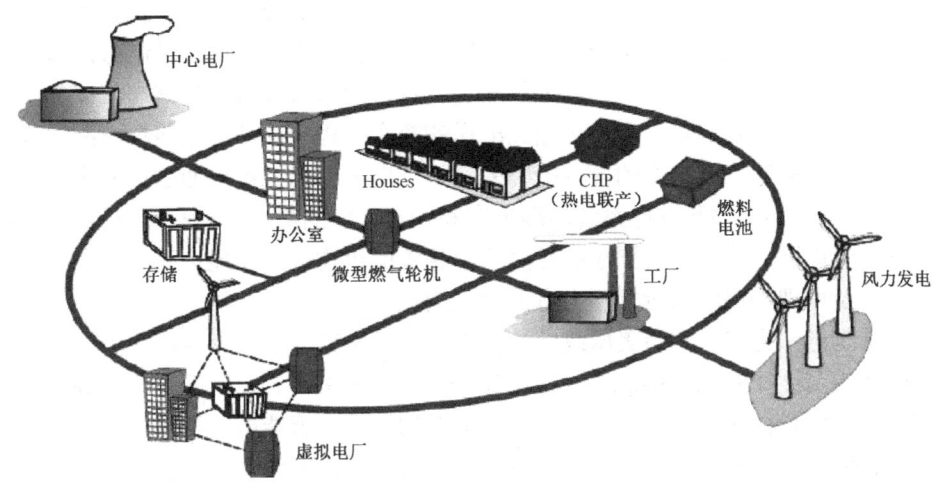

图 11.1 美国智能电网建设示意图

美国智能电网建设的内容大致如下：

（1）提高效率和效用。智能电网通过提高能源效率和储能措施能够使潜在的温室气体排放量减少一半以上。例如，通过对分布式系统更好地管理来减少传输损耗；通过对设备状态实时监控，发电企业能够使设备的重要部分保持高效率运作；通过需求反馈管理高峰负荷，从而代替常规的旋转备用；提高电力价格的透明度，帮助客户了解电力的真实成本。如果消费者根据价格和消费信息及时做出调整，到 2030 年预计可以减少每年 3 100 万吨到 1.14 亿吨的 CO_2 排放量。

（2）可再生能源集成。美国电力科学研究院估计，通过智能电网应用增加的可再生能源产生的电能，在 2030 年可以减少相当于每年 1 900 万吨到 3 700 万吨 CO_2 的温室气体排放。两个独立的组件可以更好地集成可再生能源，支持分布式发电；控制技术使分布式可再生能源发电的集成更安全和更可靠（例如，屋顶的太阳能装置）；智能电表能够更准确地计算分布式发电，使得网络计量更具吸引力；对不稳定的可再生能源电力具备全网响应能力，而且需求响应资源能够缓冲电力供应的变化；提供插件式混合动力汽车分布式能源存储和配套服务，更好的定价机制和需求方管理，可以减少输电阻塞，使更多规模发电企业的可再生能源项目接入电网。

（3）插件式混合动力电动汽车得以应用。插件式混合动力汽车的排放要比应用汽油内燃发动机的传统汽车低。美国电力科学研究院估计，通过启用智能电网应用插件式混合动力汽车，在 2030 年可以减少相当于每年 1 000 万吨到 6 000 万吨 CO_2 的温室气体排放，而对智能电网本身不会造成过大的压力。通过实时价格和全系统范围的价格信号，插件式混合动力汽车可以做到主要在非高峰期充电，避免昂贵的使用成本和减少发电厂峰谷时的负担；单车到电网，即插件式混合动力汽车的应用可以起到调节电网电力的功能，且部分替代依赖化石燃料发电。

3. 美国"智能电网"建设方案

美国政府为了吸引各方力量共同推动智能电网的建设，积极制定了《2010—2014 年智能电网研发跨年度项目规划》，旨在全面设置智能电网研发项目，以进一步促进该领域技术的发展和应用。

美国政府着重从技术研发和组织实施两个方面开展相应的建设工作。在技术上，主要突破传感技术、电网通信整合和安全技术、先进零部件和附属系统、先进控制方法和先进系统布局技术、决策和运行支持，以及配送系统和客户端传感系统技术，电网与汽车的互联技术等。建立电网、从发电到运输、再从运输到配送的整个过程中，其运作情况、配送成本、智能电网资产以及电网运行所产生的各种影响的模型，电力配送工程方面的智能电网元件和运行模型，智能电网电力运输和发电系统的准恒定和动态反应的降维模型和可再生能源模型等。

为推进智能电网的建设，美国积极探索组建相关的机构。从功能上而言，大致包括政策制定与咨询以及协调、组织和运行两大方面的机构。

（1）政策制定和咨询。按照美国政府的要求，能源部建立了一个专门致力于智能电网领域研究的咨询委员会（Smart Grid-Advisory Committee，SGAC），用于为政策制定提供咨询建议。该委员会的责任是：向有关官员就智能电网的发展、智能电网技术的应用和服务、智能电网技术和使用标准及协议的制定与改革（以支持智能电网设备间的互联），以及联邦政府使用何种激励手段来促进这些领域的发展等方面提供咨询意见。在实际操作中，这项任务由电力咨询委员会（ElectricityAdvisory Committee，EAC）执行。

（2）协调、组织和运行。美国能源部还建立了一个智能电网特别行动小组（Smart Grid Task Force，SGTF)，由能源部下属的电力提供和能源可靠性办公室领导，其中的专家成员分别来自美国能源部（Department of Energy，DOE)、商务部（Department of Commerce，DOC)、国防部（Department of Defense，DOD)、国土安全部（Department of Homeland Security，DHS)，环境保护局（Environmental Protection Agency，EPA)、联邦通信委员会（Federal Communications Commission，FCC)、联邦能源管制委员会（Federal Energy Regulatory Commission，FERC)和农业部（U.S. Department of Agriculture，USDA)等七个联邦机构。其主要任务是确保、协调和整合联邦政府内各机构在智能电网技术、实践和服务方面的各项活动，如智能电网的研发、智能电网标准和协议的推广、智能电网技术实践与电子公共事业规范之间，与基础设施发展、系统可靠性和安全性之间，与电力供应、电力需求、电力传输、电力配送和电力方面政策等之间关系的协调。该小组在 2008—2020 年间通过政府的资金资助维持有效运转。

4. 美国"智能电网"建设模式分析

美国"智能电网"的建设模式主要为政府的强力支持与企业的积极参与相结合的形式，二者缺一不可。2009 年 2 月奥巴马政府成立之后不久即通过的《美国复苏与再投资法（American Recovery and Reinvestment Act，ARRA）》，并推出 7 870 亿美元的经济刺激计划，其中有 45 亿美元专用于扶持智能电网的发展。除了直接投资之外，美国政府还出台了购买太阳能光伏系统与电动汽车以及建筑节能改建的补贴与减免税等一系列智能电网相关的财政补贴政策。另外，基础研究方面也有来自美国政府的强有力扶持。例如，美国国家可再生能源实验室（National Renewable Energy Laboratory，NREL）与俄亥俄州的巴特尔研究院等都在美国政府的支持下对智能电网项目进行着大规模研发。

智能电网建设项目的主力军表面上是电力公司或者地方政府，但是，实际主导"智能化"的却是在世界各地拥有众多分支机构的大型 IT 企业、在特定领域内拥有核心技术的高科技企业。最著名的是成立于 2002 年的美国银泉网络公司，这家公司主要为电力公司提供面向智能电网的高级电表架构（Advanced Metering Infrastructure，AMI）搭建与运用的解决方案。美国加州能源巨头太平洋燃气和电力公司（PG&E）就是该公司的客户，PG&E 已经在加州北部部署了大约 700 万部智能电表，在 2012 年底完成了对服务区域内所有消费者的安装工作。

除了政府与高新企业积极配合建设以外，以美国商务部下属的国家标准技术研究院（National Institute of Standards and Technology，NIST）为主，研究了智能电网的互操作性与网络安全等各项技术标准，包括智能电表与家用电器可进行双向无线通信的 ZigBee 技术等。

11.1.2 瑞典斯德哥尔摩"智慧交通"建设

1. 斯德哥尔摩"智慧交通"建设背景

斯德哥尔摩是瑞典的经济中心，拥有钢铁、机器制造、化工、造纸、印刷、食品等各类重要行业，其工业总产值和商品零售总额均占全国的 20% 以上。全国各大企业的总部有 45% 在斯德哥尔摩，最大的产业是服务业（提供了大约 85% 的就业职位），由于没有重工业，斯德哥尔摩是世界上最干净的大都市之一。城市北部的西斯塔卫星城是北欧最大的信息科技中心，瑞典本国的通信巨头爱立信，世界一流的计算机、电子、通信企业如微软、IBM、诺基亚、惠普、华为、中兴等在此设有研发基地。斯德哥尔摩也是瑞典的金融中心，瑞典主要的银行总部均有办公地，如瑞典银行，瑞典商业银行和北欧斯安银行。大部分保险公司如斯堪的亚保险公司（Skandia）的总部和瑞典股票交易中心也设在斯德哥尔摩。

斯德哥尔摩是一座由岛屿组成的城市，14 个城镇大小的岛屿由各式桥梁相连，居民们的交通出行工具有车和船。随着汽车数量的增加，每天都有超过 50 万辆汽车涌入城市，交通堵塞问题不断加剧。斯德哥尔摩地区的人口正以每年 2 万人的速度增长，车流量增加使城市道路承受的负荷越来越大。为此，瑞典国家公路管理局和斯德哥尔摩市政厅寻求高新技术以找到既能缓解城市交通堵塞又能减少空气污染的解决方案。

2. 斯德哥尔摩"智慧交通"建设内容

斯德哥尔摩的智慧交通核心是收费系统，它直接向高峰时间在市中心道路行驶的车辆驾驶者收费，以此鼓励更多的人放弃自驾出行，转而乘坐公共交通工具，在减少交通流量的同时，改善空气质量。在整个斯德哥尔摩分布于城区出入口的 18 个路边控制站将识别每天过往的车辆，并根据不同时段进行收费。系统的具体工作流程如下：

（1）驾驶者在车上安装简单的应答器标签，该标签将与控制站的收发器进行通信，且自动征收道路使用费；

（2）在指定的拥堵时段，车辆通过路边控制站，收发器就会通过传感器识别该车辆；

（3）经过控制站的车辆会被摄像，车牌号码将用于识别未安装标签的车辆，并作为强制执行收费的证据；

（4）车辆信息将输入计算机系统，以便与车辆登记数据进行匹配，并直接向车主收费；

（5）驾驶者可以通过当地的银行、互联网、社区便利商店来支付账单。

斯德哥尔摩智慧交通系统提出了以下3个目标：提高交通信息的透明度，对交通基础设施的高效利用，便捷的交通收费支付系统。已经建成的系统包括多种方式的交通信息采集整合系统，如浮动车数据采集技术（Floating Car Data，FCD）；综合的交通信息管理中心（Trafik Stockholm）；隧道智能交通信息系统，如隧道安全系统等；基于污染物排放和天气条件的速度、交通流量控制；基于网站（www.trafiken.com）、手机短信的交通信息实时发布系统；基于多式联运的路线规划；基于绿色驾驶的智慧速度适应系统（Intelligent Speed Adaption, ISA）；流量管理系统；智能公共交通系统，包括流量和事故管理、公交优先系统、交通信息发布系统、路线规划、交通安全系统、智能卡系统等几部分。图11.2所示为瑞典斯德哥尔摩智慧交通系统示意图。

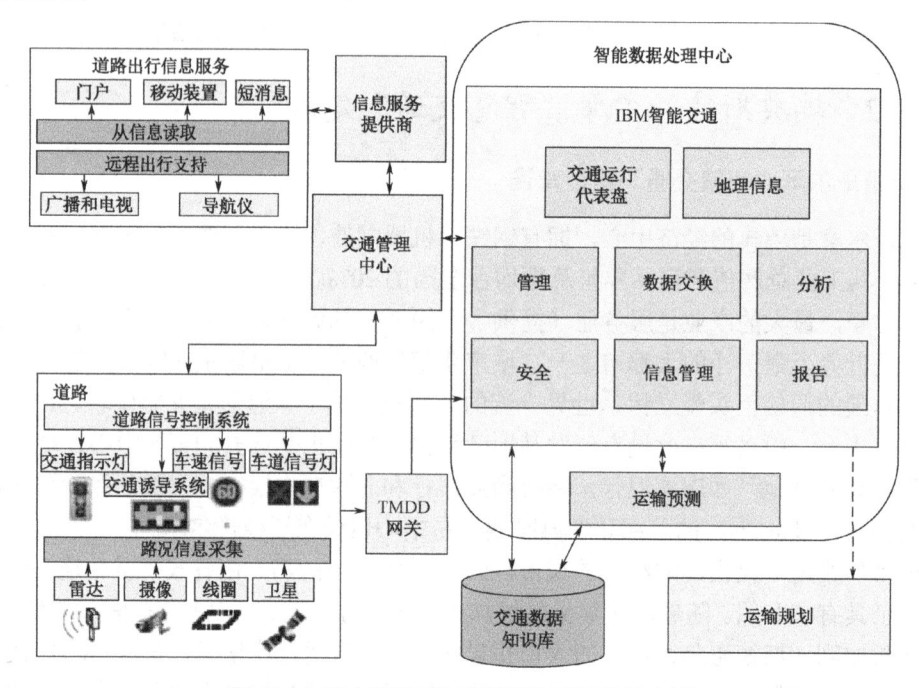

图11.2 瑞典斯德哥尔摩智慧交通系统示意图

3. 斯德哥尔摩"智慧交通"建设的核心技术

斯德哥尔摩智慧交通涉及的核心技术主要可概括为独特可视字符识别技术和交通拥堵的收费策略。由于光线强度的不同，当天气恶劣或者拍摄视角欠佳时，汽车牌照信息可能难以识别，该系统利用算法对不清晰的车牌图像进行两次识别，通过图像增强以及前后车牌比对，对整个图像进行分析并搜寻预先设定的模式。此算法模拟人眼的机能，不断移动图像直到找出最佳视角，从而还原出通常无法识别的车牌。

收费的策略是被称为拥堵税的模式，交通拥堵单次的税金为10、15或20瑞典克朗，收费最高的是上午7:30到8:29和下午4:00到5:29的高峰时段，单车日缴费额最高为60瑞典克朗。通过收取"交通拥堵税"减少了车流，城区的车流量降低了近25%，交通拥堵降低了20%~25%，交通排队时间下降30%~50%，中心城区道路交通废气排放量减少了14%，整个斯德哥尔摩地区废气排放减少2.5%，每天乘坐轨道交通工具或公共汽车的人数增加了4万人。此外，斯德哥尔摩城区因车流量减少而降低的废气排放量达8%~14%，CO_2等温室气体排放量降低了40%。

4. 斯德哥尔摩"智慧交通"建设成功原因剖析

1) 政府政策提供强力支撑与强大的经济基础

没有强大的经济基础，智慧交通只能是一个美丽的梦想。2003年，斯德哥尔摩政府官员提出了一项关于交通拥堵定价的计划，向市民征集意见。这项计划规定对一天之内不同时点超出城市交通限制的车辆收取费用，计划旨在将高峰时段市中心的车辆数量减少10%~15%，让交通运行得更加有效。该项计划审批通过以后，由IBM进行设计，建成了无须停车的路边收费系统。瑞典国家公路管理局（Swedish National Road Administration，SNRA）和斯德哥尔摩市政厅在2006年初宣布试征"道路堵塞税"。

2) 高科技的智能应用

智慧交通整个计划运用了激光、摄像和系统工程技术，自动连贯地对车辆进行探测、识别和收费，从而实现了一个无须停车的路边收费系统，其工作原理为车辆通过第一道激光束，触动收发器天线，收发器向车辆的车载应答器发出信号，并记录时间、日期和缴税额。在收发器工作的同时，摄像机会拍摄车辆的车头牌照。车辆通过第二道激光束，启动第二台摄像机，拍摄车尾牌照。费用将从驾驶者的账户扣除，或由驾驶者通过网络、银行以及Pressbyran等零售店支付。

3) 强大的科研队伍

瑞典每年用于研究与开发的费用占了GDP的4%，在世界名列前茅。其中，企业研发投入占GDP的比重为2.7%，人均研发投入仅次于美国，位于世界第二。工业科技的强大离不开基础研究，瑞典拥有一批世界顶尖水平的知名学府，其4所大学每年都稳定地进入世界百强大学排行榜。皇家工学院、查尔摩斯工学院属于欧洲最著名的工科大学行列，长期以来，瑞典人均发表科学论文数仅次于瑞士，位于世界第二。

4) 良好的基础设施建设

体系复杂的智慧交通没有前期良好的基础设施建设做铺垫是不可能实现的，斯德哥尔摩的立体交通网无疑是智慧交通的建设打了很好的基础。从市中心的中央车站到北部的阿兰达国际机场约40 km，"X-2000"型机场快速列车的最高时速超过200 km/h，12分钟即可到达。市中心几乎所有公交车站都有电子时刻表，实时更新车辆到达时间。

11.1.3 马来西亚"多媒体超级走廊"建设

建设"多媒体超级走廊"（Multimedia Super Corridor）是马来西亚政府为迎接新世纪信息革命挑战，实现产业结构升级而作出的重大决策。其宗旨是使该地区成为世界发展软件产品和多媒体服务的中心，使马来西亚跨越式进入信息时代。该计划于1995年8月宣布，1996

年8月开始实施,是世界上第一个集中发展多媒体信息科技的计划,备受世界瞩目。多媒体超级走廊实施至今已取得巨大的成就,成为全球建设多媒体专业园区,集中发展多媒体产业的成功典范。

1. 马来西亚"多媒体超级走廊"建设背景

1) 马来西亚产业结构待升级

从独立初期到20世纪90年代,马来西亚迅速由原产品经济过渡到原产品出口与来料加工相结合的外向型经济,即使在20世纪90年代国际经济普遍不景气的情况下仍以较高速度增长,但经常受到国际原产品价格与国际市场对产品供需变化等不确定等因素的影响。为进一步促进本国产业升级,提升综合国力,1991年初马政府制定了《2020年宏愿(1991~2020)》的跨世纪发展战略,最终目标是要在2020年把马来西亚建成一个发达的工业化国家,即2020年的国内生产总值是1990年的8倍,以提高综合要素生产力作为经济增长的主要动力,实现经济结构由劳动密集型向技术密集型转变。在传统产业竞争力日益衰弱的形势下,马来西亚通过"多媒体超级走廊"发展信息通信产业,正是为实现这一目标的重要举措。

2) 信息化时代的到来和区域经济竞争日益激烈的需求

进入20世纪90年代以来,为了迎接信息技术革命的挑战,世界各国纷纷进行战略调整,大力发展以信息技术为核心的高新技术产业,新加坡早在20世纪90年代初就提出了建立"智慧岛"的宏伟蓝图,并制定"信息技术1500"(IT1500)战略规划;韩国提出"核心先导技术开发计划"(即"G7项目计划"),选择对提高韩国主导产业在世界市场竞争力有显著作用的技术作为主要发展对象;菲律宾则在苏比克湾兴建"智能城",通过安装大容量光缆,为公司提供现代化的通信功能设施;我国台湾推出"亚太营运计划",着重发展资讯业和高科技产业,兴建若干"智能型工业园区",加速其"科技岛"的建设;印度西南部的"班加罗尔软件技术园区"显示了印度在软件技术产业方面的独特优势。周边国家以高科技为经济发展推动力的战略规划,以及信息化时代的竞争环境客观上促使马来西亚也需适时提升本国高新科技研发能力与应用水平,提升以高附加值的信息通信产业为核心的综合竞争力。

2. 马来西亚"多媒体走廊"建设内容

"多媒体超级走廊"(CYBERJAYA)预计需要约400亿美元,主要包括吉隆坡国际机场、吉隆坡市中心即国油双峰塔所在地、距吉隆坡25 km的新政府行政中心以及电子信息城四部分。马来西亚政府计划在2020年前将其建成"世界芯片生产中心",开发多媒体产品,将多媒体广泛应用于教育、市场开拓、医疗及医学研究等领域。"多媒体超级走廊"是从马来西亚首都吉隆坡南郊新吉隆坡国际机场延伸至市区边缘的国油双峰塔的走廊地带,可以认为是一个大型科技园区,长50 km,宽15 km,总面积750 km^2。

经过10年的打造,一座崭新的多媒体走廊雄姿初现。耗资90亿令吉(约23.8亿美元)建成的东南亚地区最大的国际机场——新吉隆坡国际机场,1998年6月底开放使用。新建的吉隆坡市中心国家石油公司双峰塔,号称世界第一的摩天大楼,两座塔楼紧邻,呈H形,高88层、450 m。

新型城市"布特拉加亚"是电子化的新政府行政中心,总投资78.74亿美元,占地4 400公顷,2005年全面建成。1999年6月底,马哈蒂尔总理把他的办公室及行政总部迁到布特拉加亚的首期办公大楼和住宅。新"电子政府"依靠信息操作公共行政系统,把日常的行政与管理工作电脑化、数据化、网络化。马来西亚政府计划在政府部门和机关全部使用远距离视频会议、数字资料库、电子签名等多媒体信息设备,把文件工作电脑化,以实现"无纸办公室"的构想。"电子政府"的首脑机构还将能通过网络与全国500个邦、州和县区的地方政府取得联系。

电子信息城赛博加亚位于吉隆坡40 km处,占地2 800公顷,为"多媒体超级走廊"核心工程,号称"东方硅谷",发展方向为设备齐全的智能型城市,为所有企业提供理想的商业和居住条件。赛博加亚作为一个高科技城,城内建有多媒体大学、智能学校、远程医院和医疗中心、国际学校、购物中心、休闲别墅、公园、办公楼、居住区等。全部工程完工后,赛博加亚可容纳24万人,将是500家国内外多媒体公司集中营运的地方。赛博加亚内的城市指挥中心(City Command Center,CCC),作为中央监控网络枢纽,监控、管理和执行城市关键性的服务,通过无缝集成系统如先进交通管理、集成公用事业管理和交互社区服务系统等,提供交通、公用事业、社会设施、市政服务等方面的统一管理。

3. 马来西亚"多媒体走廊"建设实施方案

自1996年马来西亚"多媒体超级走廊"计划实施起,共分三个阶段完成整个建设。

第一阶段:1996至2003年,以美国硅谷为蓝本,建立多媒体超级走廊,利用千兆位光纤网络,把多媒体信息城、国际机场、新联邦首都等大型基建设施连结起来,提供世界一流的软硬件基础设施,给区域和世界市场提供多媒体产品和服务。

第二阶段:2003至2010年间,陆续将多媒体超级走廊与国内外的其他智能城市连接。创建几个新的"数码城市",在平南(Penang)和科达(Kedah)的库里姆高技术园区创建几个"小型多媒体超级走廊"。最终,以多媒体超级走廊内的电子信息城赛博加亚为中心,所有的数码城市和数码中心联成一个有机整体。"使民众理解信息技术能够给他们的日常生活带来怎样的变化。

第三阶段:到2020年使整个马来西亚转型为一个大型走廊。如果这个目标顺利实现,马来西亚届时将拥有12座智能城市,并与全球的信息高速公路连接,完成向知识型经济的转变,从而全面带动马来西亚经济的发展,使马来西亚在2020年步入发达国家行列,吸引500家左右的国际性多媒体公司在马来西亚进行运营、发展及研究开发。

从功能上看,"多媒体走廊"具有电子政务、多功能卡、智慧学校、远程医疗和电子商务等内容,另外还兼具有科技条件平台的作用,从人才、企业等角度培育可持续发展的能力。

(1)电子政务:电子政务应用系统的实施致力于改善政府内部运作,提高对外服务水平,包括项目监测系统、人力资源管理信息系统、政府办公系统、电子采购、网上服务、网上人才市场以及网上法庭等七个子系统。

(2)多功能卡:提供一个统一和公开的数据库应用平台,在这个平台上,政府或者私营供应商可以开发自己的解决方案,从而避免重复投资。多功能卡应用系统是从政府多功能卡(Government Multipurpose Card,GMPC)和个人多功能卡(Personal Multipurpose Card,PMPC)两个方面发展起来的,分别形成了MYKAD智能卡和银行卡两个对应的产品。MYKAD卡片的功能主要有身份证号码、驾驶执照信息、护照信息、健康信息以及电子钱包等。

(3)智慧学校:致力于培养复合型的技术人才,既能出色应对全球范围的竞争挑战,又能有效运用信息时代的工具提高社会生产力。智慧学校是一个学习场所,教学模式以及学校管理方式是全新的，学生学习进行自我评估及自我引导，注重个人发展及个人成就的取得。学校教材、学校管理体系、学校硬件设施、学校评估体系、帮助及指导中心等均有智慧化的特色。

（4）远程医疗：远程医疗应用项目是通过在个人健康信息和医疗服务信息之间实现无缝连接，转变传统医疗服务方式，保证人们接受良好的医疗服务。它实际上是一个多媒体网络，将所有医疗产品及服务供应商都连接在一起，可实现远程会诊、个人健康信息及指导、终身医疗保险、持续性医疗教育等四个方面的功能。

（5）电子商务：电子商务的发展致力于为公众提供更有效率和更高质量的服务，鼓励商家和公众将电子化交易方式发展为自己生活中不可或缺的一个内容。

4. 马来西亚"多媒体走廊"建设模式分析

"多媒体走廊"建设过程中，最有效的一个方式就是以政府为主导，利用颁发的一系列优惠政策来吸引投资者。符合多媒体超级走廊条件的公司将获颁"多媒体超级走廊营运地位"（MSC-STATUS），在政府的书面保证下，所有获得"多媒体超级走廊营运地位"的公司将享有多项财务及非财务的便利和奖励。为了扶持本国高科技型公司的发展，马政府设立了两项总额达5亿令吉（约1.3亿美元）的风险投资基金，其中2亿令吉（约合5300万美元）用来为高科技项目提供资金支持。多媒体超级走廊建设中，由IT业巨子组成的国际咨询小组（International Advisory Panel），为公司和政府建立了一个沟通平台，公司可以更好地对政府施加影响来争取优惠政策，而政府则可以通过国际咨询小组来寻求更多跨国公司投资，形成良性互动发展的局面。

5. 马来西亚"多媒体走廊"建设成功原因剖析

目前"多媒体走廊"已进入第三阶段的建设中，总的来说，马来西亚这一计划的实施已经初见成效，为整个国家的经济发展和综合国力提供了很好的支撑。其成功原因可大致包含如下几个方面的内容。

1）政府政策明确

向知识型经济转型是马来西亚政府一贯的工作重点。早在1994年，马政府成立了国家信息技术委员会（National Information Technology Council，NITC），作为马政府发展信息通信产业的高级智囊机构，为信息通信领域的公共政策制定与管理提供指导意见，提高公众对信息通信技术的认知程度，监督、评估国家向知识社会转型的各项表现。第七大马计划（1996—2000年）明确了在信息时代发展信息通信技术是增强国家竞争力，提供劳动生产率的重要因素，并制定了发展信息通信基础设施、加强信息技术在各领域的广泛应用等具体步骤。第八大马计划期间，政府引导公众及私人部门投资于建设信息通信相关的基础设施方面。最新公布的第九大马计划将发展信息通信技术与人力资源开发、科技创新列为经济增长的三个推动力，重点是塑造马来西亚作为全球信息通信与多媒体中心的地位，并强调信息通信技术在经济领域与国民生活中的推广应用。

为了配合实现2020年宏愿，1996年马政府制定了国家信息技术规划（National Information Technology Agenda，NITA），其目标是将马来西亚转变成知识价值型社会。该规划注重协调公共、私人与团体三者的关系，达到三者共赢。在随后制定的国家ITT框架中，强调以"人"

为中心，以每一个人平等享有信息的权利为原则，协调与基础设施（软/硬件）、与应用内容之间的关系。国家信息通信委员会于 1998 年制定了信息技术应用示范补贴（Demonstrator Application Grant Scheme，DAGS），总额度 5 000 万令吉，用于提供给本国民众从事信息通信技术与多媒体开发。同时成立 DAGS 委员会，负责管理该政府补贴的宣传、管理与向符合条件的申请者发放工作。在 2000 年预算中，马政府正式宣布了知识经济计划（Knowledge Economy Master Plan），提出从制造业为主的经济向知识型经济转变。

2）完善的法规制度

马来西亚政府于 1996 年就开始未雨绸缪，编制了世界第一套电子法律立法架构，专门在此走廊内使用，包括数字签名法、电脑犯罪法、版权修正法、远程医疗法、电子政府法、通信与多媒体法等。这些法律制度大都是针对现实而制定的，对一些实际法律问题的防范、解决提供了很好的保证，为多媒体超级走廊建设的顺利进行提供了法律保障。

3）基础设施建设情况良好

多媒体超级走廊具有高容量数字电信基础设施，是专为满足高端国际标准对网络容量、可靠性和价位要求而设计的。连接"多媒体超级走廊"与全球中心的电信网络，主要特点包括每秒流量达到 2.5~10Gbit 的光纤主干网、高速连接到国际中心、开放性标准、高速交换以及包括异步传输模式（Asynchronous Transfer Mode，ATM）在内的多协议运行等。

4）建立信息通信产业政策与管理的专门机构与行业协会

建立信息通信产业政策与管理的专门机构与行业协会，为信息通信产业的政策制定与执行提供政策保障和沟通渠道。1996 年政府将研发实力雄厚的原马来西亚微电子系统研究所（Malaysian Institute of Microelectronic Systems）改组为一家带动马来西亚互联网服务与芯片研发技术的政府公司，随后成立了制定信息通信产业规范的马来西亚通信与多媒体委员会（Malaysian Communications and Multimedia Commission）。此外，早在 1986 年代表马来西亚 ICT 整体水平的计算机与多媒体产业协会（Association of the Computer and Multimedia Industry Malaysia）就已成立。该协会的目标是创建健康、繁荣与竞争的 ICT 市场环境，促进 ICT 产业发展，致力于整合当地信息通信产业资源，并代表当地 ICT 企业与本国政府、国外政府及私人机构进行交流，为本国的 ICT 公司与政府及产业研究机构之间搭建了一个良好的沟通平台。

5）实施鼓励马本国信息通信公司发展的优惠政策

马来西亚政府对于被给予多媒体超级走廊营运地位的公司承诺了 10 项优惠政策：① 提供世界级的软硬件基础建设；② 对聘请当地技术人员和引进国外的知识工人无数量限制；③ 外资公司可独资拥有股权；④ 可自由在全球集资及借贷；⑤ 可免除长达 10 年的盈利税或投资税津贴（Investment Tax Allowance），多媒体设备进口免税等；⑥ 在区域内执行电子法令，保护知识产权；⑦ 不过滤互联网内容；⑧ 电信收费低廉；⑨ 可优先投标多媒体超级走廊的主要基础建设工程项目；⑩ 一站式（One-stop）服务。此外，为提高国民信息通信技术领域的知识水平与技能，政府设立了人力资源开发基金（Human Resource Development Fund，HRDF），对信息通信技术类培训的开支进行补贴。

11.1.4 新加坡"智慧国"建设

新加坡信息化程度位居世界前列,在信息化方面有比较长的历史,在过去 30 多年里,新加坡共制定了六项目标明确的全国 ICT 蓝图,编制了五个电子政务的总体规划。新加坡采用新技术的速度以及稳固的资信基础设施,如今获得世界范围内广泛的认可与瞩目,使之成为重要的国际枢纽,在全国形成一个信息化的智能岛。

1. 新加坡"智慧国"建设背景

新加坡共和国位于马来半岛南端、马六甲海峡出入口,北隔柔佛海峡与马来西亚相邻,南隔新加坡海峡与印度尼西亚相望,由新加坡岛及附近 63 个小岛组成,面积 710 km²,其中新加坡岛约占全国面积的 88.5%,是世界上人口密度最高的国家之一。首都新加坡城常住人口 498.8 万,其中公民和永久居民 373.3 万,华人约占 75%。马来语为国语,英语、华语、马来语、泰米尔语为官方语言,英语为行政用语。新加坡作为一个国土狭小、自然资源匮乏、经济属外贸驱动的城市型国家,以电子、石油化工、金融、航运、服务业为主,高度依赖美国、日本、欧洲和周边国家市场,外贸总额是国内生产总值的 4 倍。新加坡经济曾长期高速增长,1960 年至 1984 年间国内生产总值年均增长 9%。1970 年代中后期,新加坡政府开始意识到,作为城市小国的新加坡缺乏长期的劳动力和制造业竞争优势,应把发展重点放在资本和技术密集型的产业上,信息通信技术就成为了保持新加坡竞争优势的新焦点。2006 年 6 月,新加坡启动了具有重要战略意义的"智慧国 2015"或称"iN2015 计划",欲将新加坡建设成为以信息通信为驱动的国际大都市。这是一个为期 10 年的信息通信产业发展蓝图,共投资约 40 亿新元,旨在将新加坡建设成为一个智能化国度和全球化都市。

2. 新加坡"智慧国"建设特点

"iN2015 计划"的主要内容是在探讨未来 10 年内包括感应技术、生物识别、纳米等科技发展趋势,并说明这些科技的演进将带动信息通信相关产业的发展,以建构一个真正通信无障碍的社会环境。为支持"iN2015 计划",新加坡 2006 年就推出新加坡的无线网络项目,实施了下一代全国宽带网络计划,完善超高速的通信基础设施,旨在实现光纤到户,政府为此提供了高达 10 亿新元的资金,至今该网络已实现 60%的国土覆盖。

"iN2015 计划"的最终目标是:利用信息通信技术为经济和社会创造价值上,使新加坡高居全球首位。新加坡资讯通信发展管理局(Infocomm Development Authority of Singapore, IDA)表示:"智慧国"的愿景可以用一句话来形容,就是"利用无处不在的信息通信技术,将新加坡打造成一个智慧的国家、一个全球化的城市"。在多年的发展过程中,新加坡在利用信息通信技术促进经济增长与社会进步方面都处于世界领先地位。

1)电子政府提升政府能效

新加坡电子政府建设处于全球领先地位,其成功得益于政府对信息通信产业的大力支持。政府业务的有效整合实现了无缝管理和一站式服务,使政府以整体形象面对公众,达成与公众的良好沟通。1999 年新加坡启动了一站式服务"电子市民中心",力图通过互联网向所有国民和企业提供一站式行政服务。2000 年,新加坡政府推行"第 1 次行动计划",其主要目标是为国民提供 24 小时全天候的电子政府服务与基础设施。2006 年起,新加坡电子政府全面升级为"整合政府 2010"的五年规划,侧重于后端流程的的改革,从而实现前端的效率和效益。目前有 1 600 多项可在线全天候访问的电子政府服务已为新加坡人的衣食住行和企业的商业运作带来了极大的便利。新加坡在线公共服务已非常普并受到大众的广泛接受。时至今日，电子政府公共服务架构（Public Service Infrastructure，PSI）已经可以提供超过 800 项政府服务，真正建成了高度整合的全天候电子政府服务窗口，使各政府机构、企业以及民众间达成无障碍沟通。其中，一项成功的大型电子政府工程——网上商业执照服务（Online Business Licensing Service，OBLS）旨在缩减商业执照申请的繁琐流程。通过使用 OBLS 的整合服务系统，新加坡企业可在网上申请 40 个政府机构和部门管辖内的超过 200 种商业执照，平均处理时间由 21 天缩短至 8 天。这一服务的实施，使企业执照申请流程更有效、更经济、更少争端，有利于培育亲商环境，使新加坡成为最有利于企业启动和成长的地方之一。现在，新加坡每个国民和永久居民都拥有唯一的新加坡通行证，直接连接到 55 家政府机构的 300 多项需要身份验证的公共服务，能够实现信息共享；每家企业都有唯一的身份识别码，帮助企业办理各类注册登记、税收等各类事项。

"全联新加坡"改造了公共服务的提供方式及政府、公民及商家之间的互动交流方式，"电子公民"（e-Citizen）门户网站可以为客户提供有价值且快捷的在线服务，其内容涉及住房、教育、医疗、交通等 14 个方面。eCitizen 终端已经遍布全岛，人人都可以在住家附近找到它。无论是中高收入家庭还是低收入家庭，都能够平等而又方便地享受政府电子服务，没有人因为买不起电脑或上不起网而被排斥在这项服务之外。data.gov.sg 是新加坡首个访问政府公开数据的一站式门户网站，用户能够访问和下载由 50 多个公共机构提供的 5000 多个公开数据集，用于研究或者创建新的应用程序，同时用户还可以搜索使用官方数据创建的应用程序。移动政府服务满足数量众多的手机用户群日益增长的需求，通过 mGov@SG，个人和企业可以方便地搜索、发现和访问能在其特定设备上使用的移动政府服务。新加坡市民只需登录 My Tax Portal（mytax.iras.gov.sg），就可以在线方便完成税费缴纳。新加坡卫生部的 iHealth@SgiPhone 应用程序，能让用户查看附近医疗机构的位置。另外，新加坡建屋发展局的 Mobile@HDB 移动网站，能让用户查看可供选择的公共二手公寓和新建公寓的价格。

2）无线通信技术激活智慧城市

在"智慧国 2015"大蓝图中，完善的基础设施和高速的网络是信息通信技术服务国民的基础，根据新加坡政府规划，光纤到户实施"路网分离"，由基建公司负责全盘规划与维护，避免重复投资；运营企业可以实现竞争的全面市场化，使民众得以以最低的资费获得高速网络接入。"智慧国 2015"计划的另一重要组成部分是无线新加坡项目，该项目已在全国拥有 7 500 个热点，相当于每 1 km^2 就有 10 个公共热点，覆盖机场、中心商务区及购物区。Wi-Fi 热点的进一步拓展与增设，为新加坡国民提供了真正意义上的全方位无线网络。

3）互联互通打造车联网

作为东南亚的重要航运枢纽，实施"智慧国 2015"计划时，新加坡注重利用信息通信技术增强新加坡港口和各物流部门的服务能力，由政府主导，大力支持企业和机构使用射频识别及卫星定位导航等多种技术增强管理和服务能力。

新加坡全国车辆数量已达 90 万辆，对公路交通的压力持续增加，为了保持交通顺畅，政府推出了多个智能交通系统，包括高空监控发布系统和综合铁路监控系统等。通过实施综合交通管理措施，新加坡建成了动态可升级的交通系统，效率大大提高，这个成功经验已经在许多国家和区域推广。政府除要求各家汽车制造公司不断完善和提高汽车本身的性能外，将开发新的综合交通管理系统提到战略高度，成立了专门机构负责研究开发，并着力将研究成果加以推广应用。

3. 新加坡"智慧花园城市"建设内容

一个成功的智慧城市取决于政府部门之间是否充分利用其资源、数据、知识及经验。在 2006 年新加坡政府重点推行整合政府计划，通过各种标准、奖励、政策改革和业务流程再造等手段，来达到整合的效应，为新加坡智慧国建设打好基础。2012 年年 6 月份公布的电子政府 2015 计划，以协作性为主题，深化政、企、民之间的合作，把三方的资源数据、知识、经验结合起来。从运作的角度来看，政府将采取多管齐下的方式去推动政府部门对云计算的使用，例如非敏感服务可以使用现金市场提供的一般云计算服务。如果涉及安全和敏感考量的政府功能，则建设仅供试用的云计算基础设施。如此一来，各个政府部门就能根据本身的需求，运用这些云计算资源，以实现整合政府运作，从而提高生产力。

随着城市人口的增长，人口结构的变化以及气候的变化，城市新问题向社会提出了新的挑战，新加坡政府对"智慧国 2015"计划适当做了调整，提出"智慧花园城市"发展战略，以便为其经济的长期可持续发展奠定坚实基础，如图 11.3 所示。该战略涵盖的主要内容如下。

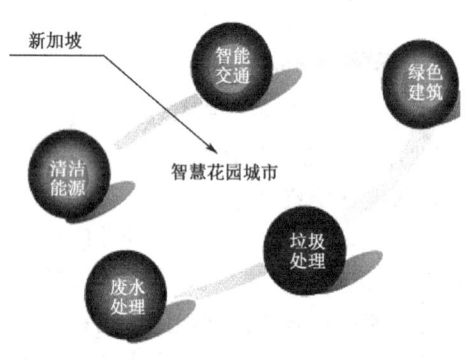

图 11.3 新加坡"智慧花园城市"发展战略

1）智能交通

在新加坡，平均每人拥有 1.6 辆机动车，给城市交通造成了极大的压力。由于交通拥堵导致效率降低、环境破坏和财产损失等，每年损失占 GDP 的 1.5%～4%。1998 年开始，新加坡陆路交通管理局着手建造电子道路收费系统（Electric Road Pricing，ERP），通过对道路交通数据的收集和测算来界定拥堵路段，汽车在交通拥堵路段通行时要进行收费。图 11.4 所示为新加坡智能交通系统示意图。据称，系统运行后车流量提高了 20%。新加坡陆路交通管理局还将城市路网信息联接成网络，安装传感器、红外线设备，通过优化交通信号系统、电子扫描系统、城市快速路监控信息系统、接合式电子眼以及 ERP 系统等提供历史交通数据和实时交通信息，对预先设定的时段（10 分钟、15 分钟、30 分钟、45 分钟和 60 分钟）的交通流量进行预测。通过控制 1 700 个交通信号灯，对未来一小时内各个路段情况的平均预测准确率达到 85% 以上，10 分钟内的预测结果准确率高达 90%。市民可以通过网络查询未来一小时内的交通情况，以选择合适的出行时间和路线。

2）清洁能源

近年来，新加坡致力于将本国打造成世界清洁能源的枢纽之一。瑞士欧瑞康（Oerlikon Solar）太阳能公司 2013 年宣布在新加坡投资建厂，包括亚洲的第一座厂房及研发中心，以及销售办事处、客户支援服务、物流业务、客户培训中心和全球最大的试产线。投资 43 亿美元在新加坡兴建世界最大的综合太阳能制造中心，每年生产 1 500 兆瓦的太阳能晶片、电池和制造模块，占全球总产量的三分之一左右。近年来新加坡还吸引了许多世界级的重大项目落户，包括美国劳斯莱斯的燃料电池研发，欧洲最大太阳能公司与本地企业合作设立亚洲总部，澳大利亚公司在裕廊岛兴建世界最大的生物柴油制造厂，丹麦风力发电机制造商设立研发中心等，所有这些均使新加坡在发展清洁能源领域取得了先机。

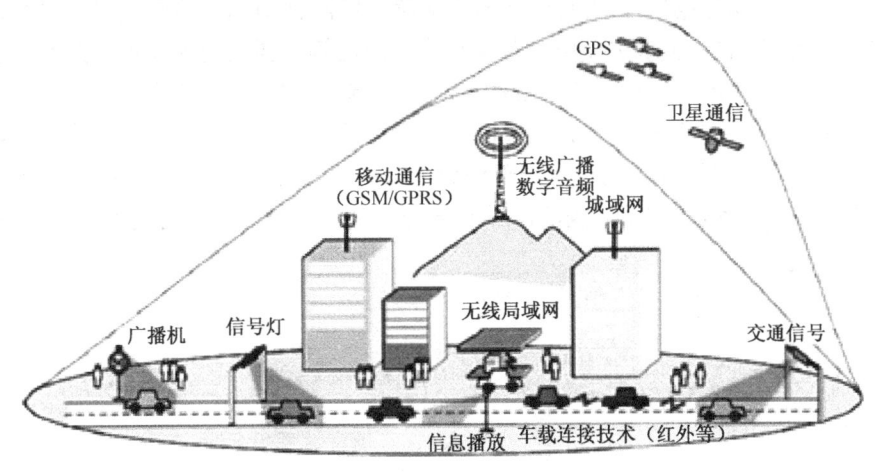

图 11.4 新加坡智能交通系统示意图

3）绿色建筑

新加坡是一个资源稀缺到连沙石和水都需要进口的岛国，面对有限的资源和持续发展的矛盾，政府通过政策鼓励、立法管制、市场推动和宣传教育等多种方式推广节能、环保的绿色建筑，其绿色建筑平面模型如图 11.5 所示。2006 年新加坡建筑垃圾产生量约为 60 万吨，日均产生量约为 1 600 吨，但 98%的建筑垃圾都得到了处理，50%～60%的建筑垃圾实现了循环利用。

在新加坡维多利亚街中心的地标性建筑——国家图书馆，高 16 层，耗资数亿新元，总面积约 5 400 m^2。该建筑首先选用最佳的建筑朝向和位置，尽量减少热负荷，充分利用自然风和围护结构的隔热性能，其外沿大都用玻璃天篷遮盖，防止热的传递。整体建筑分割为两个体块，其中一个体块悬于地面之上，使风可以自然流通，从而起到降温作用。中庭的玻璃顶上安装了百叶，利用对流将热空气抽离室内，自然形成空气对流。此外，该建筑设置了阳光遮蔽系统，采用了日光照明策略，尽可能多地获得自然光。室内的光线与气温可随室外变化而进行宜人的调整，建筑内部只有部分采用空调制冷，其余均利用自然通风或机械（如风扇）降温。充足的光照和一系列避光设施的安装，使得大部分室内空间可以利用自然光，而不需要过分地借重于电灯的使用。建筑师还在建筑内部采用了一套温控分区系统，为每个区域定制了个性化的气温控制

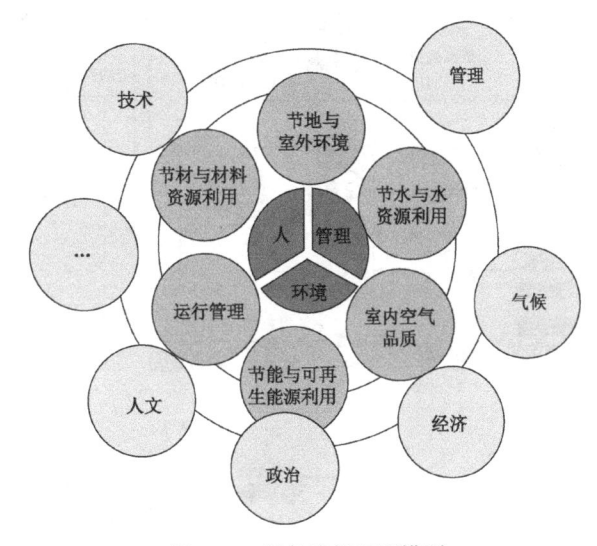

图 11.5 绿色建筑平面模型

· 219 ·

方案。这一建筑充分体现了新加坡在发展绿色建筑方面的智慧，是智慧城市建设的主要组成部分，也是各国学习的典范。

4）废水利用

新加坡现有 4 家新生水厂，可将废水转变成符合国际饮用标准的水，满足国家 15%的用水量。目前，新加坡的新生水主要用于芯片制造、制药等需要高度纯净水的工业及建筑物冷却系统等，还有一小部分供居民饮用。2009 年 6 月，新加坡公用事业局宣布樟宜污水处理厂项目正式启动。该项目占地规模仅为同类废水处理厂的三分之一，每天可以按照国际标准处理 80 万 m^3 的污水，经过处理的废水一部分通过深海管道排放到 5 km 以外的海里，一部分输入新生水工厂，最终成为"新生水"。图 11.6 所示为新加坡废水处理与利用架构示意图。

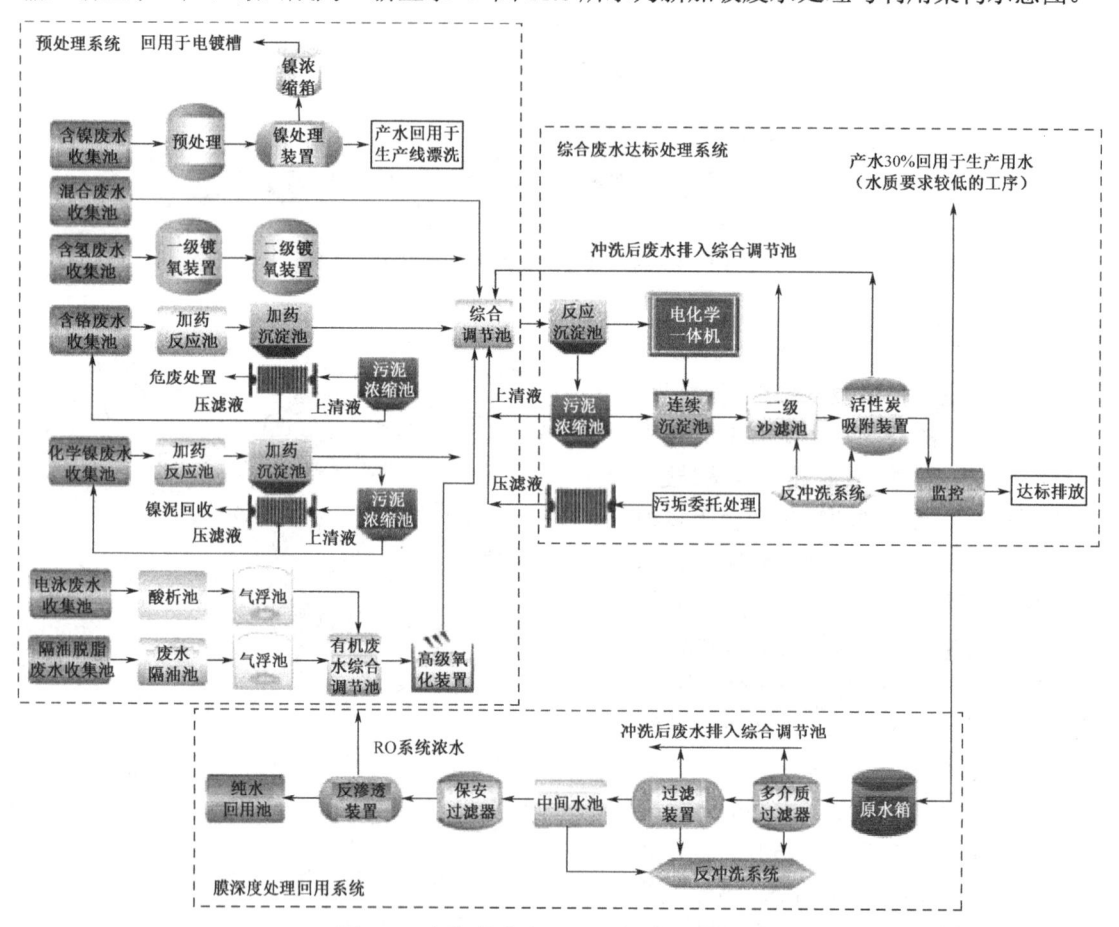

图 11.6 新加坡废水处理与利用架构示意图

5）垃圾处理

作为新加坡唯一的垃圾埋置场，根据目前的埋置量，马高垃圾埋置场预计在 2045 年达到饱和点，但新加坡有限的国土面积使其难以再开辟新的垃圾处理场。为此，新加坡着手进行各种环保绿化方法，包括减少垃圾、废物利用以及垃圾循环。图 11.7 所示为生活垃圾处理系统与城市废弃物系统关系示意图。新加坡国家环境局负责减少垃圾方案的策划工作，其所设定的长远目标是"零"垃圾埋置及"零"垃圾，主要有四个重要策略：① 用焚化来减少垃圾体积。新加坡兴建了 4 个年处理能力 228 万吨的高效率垃圾焚化厂，垃圾焚化时所产生的热会被回收转换成能源，供应焚化厂所需的电力，剩余的供应给新能源电网。由此可减少 90%的垃圾体积，大大减缓了马高垃圾埋置场被"填满"的进度。② 垃圾循环。根据"环保绿化计划 2012"，新加坡已在 2012 年前达到 60%的垃圾循环率。有鉴于此，国家环境局不断推广社区和工业废物循环，在"全国循环计划"下，政府提供住户环保袋或环保盒，每两个星期由指定的环保公司回收所收集的可循环垃圾。③ 减少垃圾埋置场的垃圾，在循环不可焚化的垃圾方面，新加坡也取得了有效成果，目前已有再循环建筑业废料和造船厂铜渣的设施，可将再循环灰烬与淤泥，焚化厂的底渣转化成有用的建筑材料。④ 减少垃圾。为了从源头上抑制垃圾量的增长，新加坡国家环境局已与制造商和零售商研讨如何减少制造产品所需要的材料和包装，以及设计更好的环保产品。

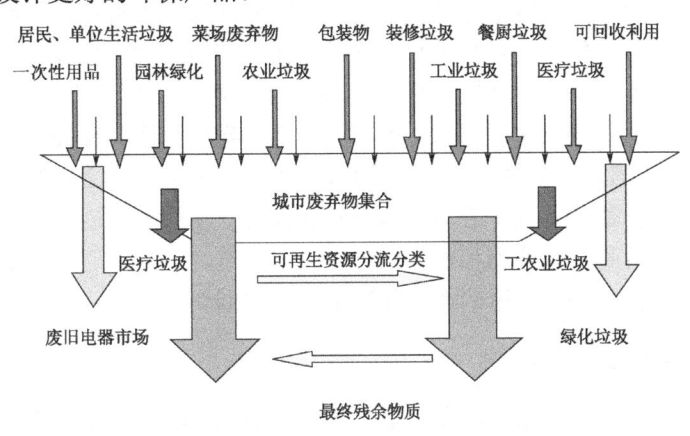

图 11.7　生活垃圾处理系统与城市废弃物系统关系示意图

上述 5 个方面综合起来，使新加坡这座小城之国成为了全球少有的花园城市——花园之国。

4．新加坡"智慧国"建设模式分析

新加坡的"智慧国"发展采取的是"市民、企业、政府"合作的模式，政府牵头建立了"以市民为中心"的电子政务体系，市民和企业有权力随时随地参与到所有政府机构的事务中来，与政府进行互动。新加坡的市民和企业可以全天候访问 1600 项政府在线服务，并利用博客、网上聊天、短消息或线上聚会等形式参与政府规划的各类项目，提出自己的想法。

随着电子政务的不断改善，市民有了更多的参与精神，同时也意识到电子政务所带来的极大的方便性，这也鼓励市民去学习、了解和使用电子政务。此外，在建设"智慧国"的过程中，企业的参与也不可或缺，例如支撑"智慧国"的下一代全国信息通信技术基础设施，由遍布新加坡全岛的有线和无线网络构成，旨在实现宽带互联网在家庭中渗透率超过 90%的目标。下一代全国信息通信基础设施以新加坡电信公司为主建设，将使新加坡每个家庭、学校和企业享有高达 1 Gbps 的网络速度，并提供以 Mbps 为单位的无线网络速度。

5．新加坡"智慧国"建设成功原因剖析

作为一个典型的资源匮乏型小国，新加坡很早就意识到信息通信的力量。近 30 年来，政府一直不断地修订国家信息化战略蓝图，使之与最新的信息通信科技接轨。目前，新加坡的"智慧国 2015 计划"已初见成效,其成功原因主要归结为以下几个方面。

1)得天独厚的地理条件以及强大的经济基础

新加坡发展信息通信的条件独一无二,从东到西约 42 km,由南到北约 23km,不存在偏远地区,为铺设光纤网络提供了巨大的方便。为实现"智慧国"的目标,新加坡政府前期投入了 40 亿新币用于规划项目的初期建设,主要包括建立超高速、广覆盖、智能化、安全可靠的信息通信基础设施,以满足个人和企业用户对高速带宽、移动性、隐秘性、安全性、可承受价格的要求。

2)政府政策支持

新加坡很早就意识到信息通信是影响社会经济发展的关键因素,不仅投入巨大,还在政策上予以保障,使信息通信成为新加坡经济增长的重要引擎,每年为新加坡贡献约 6%的国民生产总值,并与经济同步稳健增长。① 在规划方面,确定了"国家、企业和国民"共同参与的模式,在"智慧国"蓝图绘制期间,新加坡开展了学校竞赛,在民众中开展讨论活动,了解国民对于 2015 年信息通信技术应用的梦想,发起了产业内的讨论,邀请国际专家咨询委员会参与,给予规划诸多建议;② 在基础设施建设层面,新加坡独创了价值链各环节严格分离的模式,使网络建筑商、运营商和零售服务商完全分离,有效地避免垄断,最大限度地保证接入国家宽带网络的公平性和透明性,促进了竞争和创新发展。

3)健全的法律法规作保障

新加坡政府先后出台了《滥用计算机法》和《电子交易法》及相关指南。前者 1993 年出台,1998 年修订,目的是应付日益严重的计算机犯罪及其严重后果,对其加重处罚,并适应电子商务发展的需要。法案列明了三项有关非法进入电脑系统的新罪名:干预或阻碍合法使用的行为;在授权和未经授权的情况下,进入电脑系统犯案;透露网络的密码,非法获利和使别人受损失。与该法配套,政府制定了《信息安全指南》和《电子认证安全指南》。《电子交易法》为电子交易提供了一个法律构架,将得到各国承认和有效解决电子纠纷,涉及的问题包括:电子记录和电子信息发出人的身份鉴别;法律对电子签名(与亲笔签名具同等法律地位)的认可;通过电子方法保存记录;电子记录在网上传递的真实性和完整性;服务提供者的法律责任;电子合同的生效;认证机构和数码签名的法律架构;外国数码签名的交叉认证;政府对电子记录和签名的应用等。

4)完善的基础设施

新加坡一向注重加强基础设施建设来推动信息化的发展和消除数字鸿沟,致力于发展新一代的基础通信设施。在有线网络方面,致力于发展新一代的 NBN,希望能覆盖95%的家庭商业业务,这确立新加坡作为通信枢纽的地位。从 1997 年开始,新加坡启动"Singapore one",鼓励市民和政府上网,并以 90%的家庭拥有 Cable Modem 以及 ADSL(Asymmetric Digital Subscriber Line,非对称数字用户环路)宽带网络作为目标。从 1998 年至 2003 年,家庭拥有电脑的比例从 49.3%增加到 68.6%,联网的主机(Internet Host)数量达到 48.5 万台,联网主机数普及率达到 11.6%,网民普及率超过 50%,每百人拥有个人电脑 62.2 台。

5）强大的人才储配

新加坡国家领导人对本国人才相对不足已经有所认识，内阁资政李光耀多次提出要延揽全世界最优秀的人才到新加坡，用一流人才建设一流国家。新加坡是东南亚国家科教事业最为发达的国家，它的经济竞争力在世界上连续四年排名第一。但是，新加坡没有满足现状，近来已把培养学生的"创新意识"、发展信息技术教育列为教育改革的重点。为了在未来10年内把新加坡建成亚洲发达的经济体，新加坡政府计划在产业技术升级的同时，在创新技术和高科技领域广纳海外人才，组建一支由海内外精英组成的一流科技队伍。政府还鼓励企业朝科技和创新领域进军，将新加坡发展成亚太地区信息技术的中枢。

11.2 国内智慧城市建设案例分析

我国对智慧城市、物联网发展高度重视，两者相辅相成，相互依托，互为支撑。在全球智慧风潮和国家政策的鼓励下，北京、上海、广东、南京等省市已把智慧城市列入重点研究课题，纷纷加入"智慧城市"、"感知中国"建设的行列，希望借助物联网布局及智慧城市建设在未来的经济竞争中脱颖而出。

11.2.1 上海智慧城市建设

1. 上海智慧城市建设背景

上海经济发展或经济增长的模式，近 20 年来与全国其他省市没有本质差别，不过是程度上的不同而已。然而，这种以大规模城市基础设施建设和"三高"（高物耗、高能耗、高污染）项目拉动经济增长的模式正在接近极限。① 要素成本相对要素生产力上升。上海人均 GDP（国内生产总值）已达到 10 000 美元，但收入也是成本。当人均 GDP 达到 10 000 美元以上时，要素成本，包括土地成本、劳动力成本、资本成本、环境成本等，也必然会相应提高。要素成本上升并不是坏事情，因为它和收入水平的上升是同步的。但问题的关键是，要素生产力上升的速度是不是能够快于要素成本上升的速度。② 社会成本相对经济成本上升。上海生产要素成本的上升快于生产要素生产力的上升，社会成本的上升快于经济成本的上升，管理成本的上升快于社会成本的上升。因此，上海要保持持续稳定的发展态势，继续在全国取得领先，就必须改变原来的发展模式，实施以服务经济为主的城市功能调整、以服务业为主的产业结构调整。另外，提高要素生产力的关键，不仅是要提高科技水平和人力资本水平，更要进行制度革新，即调整城市的功能和产业结构。城市发展到特定阶段时，提高要素生产力的要求及压力，决定了城市必须向以服务经济为主的经济结构转型。

20 世纪 90 年代以来，上海把信息化作为覆盖现代化建设全局的战略举措，经过三个五年规划的持续推进，当前整体水平保持国内领先，部分指标达到发达国家水平，一批新兴技术创新成果在上海世博会上得到充分展示和示范应用，这些都奠定了建设智慧城市的基础。10 多年来，信息基础设施能级快速提升，普遍接入能力显著加强，基本实现信息通信服务在市域范围内的按需接入。国际通信能力实现跨越式增长，省际通信能力继续保持国内领先。在上海登陆的国际海光缆总数已达 6 个系统、10 条海缆，系统总容量超过 4 Tbps，互联网国际出口带宽突破 300 Gbps。互联网省际出口大幅提升，2009 年底已成为全国首个达到 T 级规模的城市，2010年达到近1.5 Tbps。2013年上海市网民数量达1683万人，同比增长4.8%，互联网普及率为70.7%，在全国排在第二位。另外，上海的无线局域网热点总量超过22000处，在公共交通、政府办公、文化体育、公园绿地、宾馆酒店、教育卫生、商业金融等公共场所实现80%以上的覆盖率，接入能力达到20 Mbps，覆盖密度和质量国内领先。2011年上海市光纤覆盖达到360万户，2012年实现城市化区域全覆盖，2015年实现上海全覆盖；平均接入带宽2011年达到8 Mbps，2012年达到16 Mbps，2015年达到50 Mbps，达到国际领先水平；大幅提升互联网国际和省际出口能力，规划期内国内出口带宽从1 680 Gbps提升到7 000 Gbps，国际出口从280 Gbps提升到1 000 Gbps。

新技术、新业务在网络中的应用得到不断深化。以软交换、3G/4G、IP多媒体子系统（IP Multl-media Subsystem，IMS）、基于光纤的多种接入方式（Fiber-to-the-x，FTTx）等为代表的下一代网络技术得到规模应用，下一代IP协议（IPv6）、移动通信长期演进（Long Term Evolution，LTE）、下一代广播电视网（Next Generation Broadcasting Network，NGBN）等新技术的应用部署取得突破，其功能服务设施不断丰富，服务能力有效提升。超算中心高性能计算系统总计算能力达到230万亿次/秒，主机资源和服务能力保持全国领先，应用领域持续扩展，服务范围覆盖全国27个省市。根据《2013—2017年中国移动互联网行业市场前瞻与投资战略规划分析报告》数据统计，截至2014年1月，我国移动互联网用户总数达8.38亿户，在移动电话用户中的渗透率达67.8%；手机网民规模达5亿，占总网民数的80%以上，手机保持第一大上网终端地位。我国移动互联网发展进入全民时代。目前不断扩张的光纤网络将覆盖城镇化地区，光纤到户的家庭已达到650万户以上，加上对490万户有线电视用户完成NGB改造，上千万家庭的平均接入带宽将达到20 Mbps，上网速度大幅提升。家庭享受50 Mbps带宽时，20 Mbps用于电脑高速上网，30 Mbps用来看IPTV高清节目；IPTV影响电脑网速的情况已不复存在。

上海信息化建设虽然取得了长足进步，但按照建设智慧城市的目标，尚面临四大发展瓶颈：① 信息通信服务能力虽然大幅提升，但仍难以满足经济社会发展中快速增长的信息通信需求，特别是在宽带接入速率、服务能力方面与世界城市相比尚有较大差距；② 信息通信技术创新步伐明显加快，但是有效的商业模式、推广机制、配套制度相对滞后，信息化新技术应用和产业化进程尚需加快；③ 集约化的电子政务等网络基础设施、应用集成平台、信息共享体系初步具备，但资源利用效率、整体应用效能和协同应用水平有待提高；④ 有关智慧城市建设的整体规划、基础支撑、实践领域和联动机制等尚需统筹思考与分步落实。

2. 上海智慧城市建设目标

上海作为一个特大型城市，在经历了一段时期超常规的快速发展期以后，急需寻求一种可持续的健康发展模式，资源紧缺、人口膨胀、饮水卫生、安全隐患、环境污染和交通拥挤等一系列城市问题也日益显现。为此，上海市委市政府在"十二五"规划中明确提出"创建面向未来的智慧城市"，进一步促进整个城市"创新驱动、转型发展"。针对上海的实际情况，其建设目标可总体概括为：重点推进信息网络综合化、宽带化、物联化、智能化，充分发挥城市智慧型产业优势，加快商务、文化教育、医药卫生、城市建设管理、城市交通、环境监控、公共服务以及居家生活等领域的智慧型建设，全面提高资源利用效率、城市管理水平和市民生活质量，将城市建设成为基础设施先进、信息网络通畅、科技应用普及、生产生活便捷、城市管理高效、公共服务完备、生态环境优美、惠及全体市民的智慧城市。

（1）发挥信息作为城市运营新资源的作用。确立信息是城市运营重要资源的理念，把研究开发支撑城市运转的信息资源作为首要任务，重点建设智慧城市公共服务平台，对政府及社会的数据、信息、知识、能力、应用、服务等进行有机整合，在智能信息化建设方面赢得主动。

（2）实现信息技术与城市运营有机融合。智慧城市的建设要结合城市功能定位、产业布局、历史文化等特点，将政府信息化与社会信息化、企业信息化、家庭信息化等结合起来，运用数字水务、智能电网、环境监控、智慧城管、智能交通、智慧医疗卫生、智慧教育等多种形式，不断推进智慧城市信息化与管理、运营的有机融合。

（3）培育城市信息服务业新增长点。大力发展基于城市信息化的应用服务体系，探索投资小、产出高、可持续发展的城市公共服务平台建设与增值运营市场化运作模式，在政府管理、协调、监督下，形成良好的产业链与循环经济圈，实现智慧城市建设与现代信息服务业培育的良性互动。

（4）探索城市空间转型智能化布局。通过有效采集数据、并对信息资源的有效共享和协同应用（如网上办公），将改变人们的工作方式、城市就业岗位分布和商业设施布局，影响现有的职居分离的局面，需要从城乡规划管理和城乡规划设计上更新城市空间的规划布局理念，探索适应智慧城市发展的空间布局，进一步推动上海城市空间的集约高效智慧使用。

3. 上海智慧城市建设内容

在新一代信息技术产业领域，一批重点领域的重点项目加速推进。云计算是全球最热门、发展最迅速的新兴产业之一，在上海"云海计划"正在全面实施中，让云计算实现自主可控的关键技术正在全力研发。与研发同步，一批以市场为导向的"应用云"已在规划建设之中，"金融云"将支撑金融核心交易、在线支付、银行卡管理等业务；"中小企业服务云"将全方位地解决中小企业难题；"文化云"可面向互动娱乐、网络视听等领域；"云中生活"、"电子政务云"等已在个别城区试点推出。

在上海着力推动的物联网产业，将打造楼宇节能、社区智能安保等示范工程，推动上海互联网中心、物联网产业基地建设。除了云计算以外，从产业角度看，上海智慧城市建设过程中着重打造如下几个产业：

（1）物联网产业：以楼宇节能、社区安保等示范工程为依托，建立上海互联网中心、物联网产业基地；

（2）高端软件产业：以高新终端为抓手，结合行业应用软件解决方案提供商形成产业集聚区；

（3）下一代网络产业（NGN）：以光网络规模部署为核心，推出 IPv6 特色应用（NGN 体系架构如图 11.8 所示）；

（4）车联网产业：以智能车载信息服务为牵引，探索用户需求满足的商业模式（图 11.9 所示为车联网产业链结构示意图）；

（5）信息服务产业：重点发展金融、航运、贸易、旅游等专业信息服务产业，以及互动娱乐、网络视听、数字出版等数字内容产业。

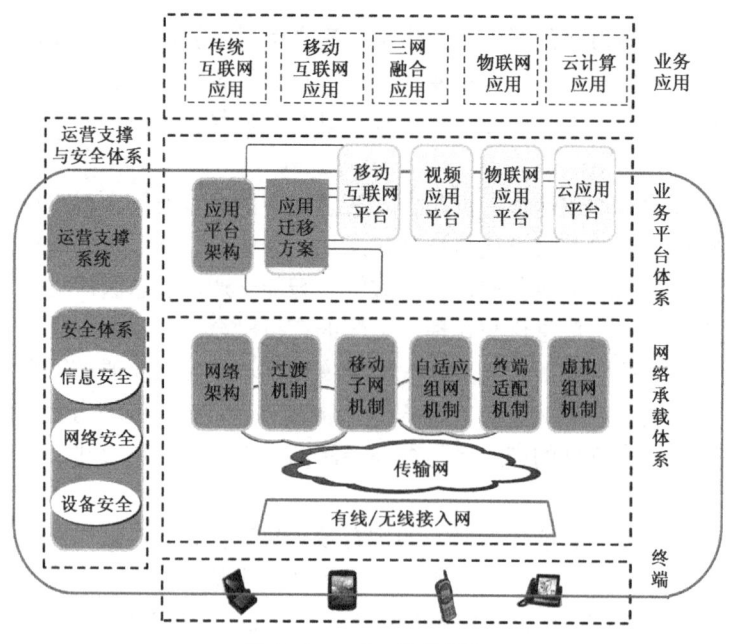

图 11.8　NGN 体系架构

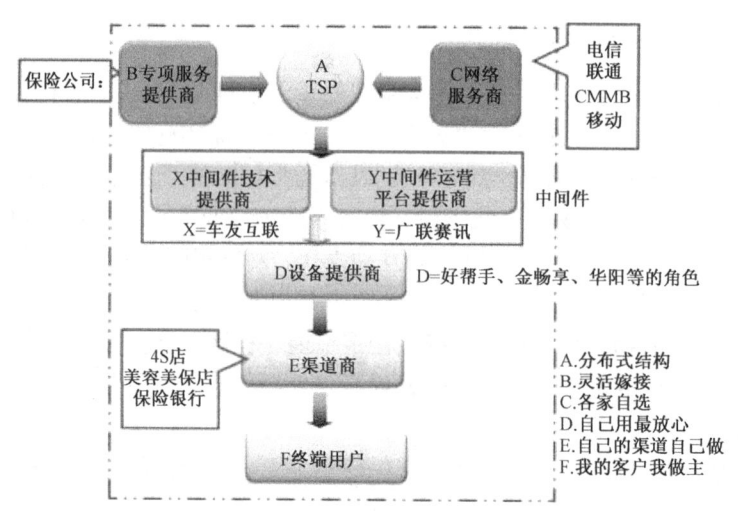

图 11.9　车联网产业链结构示意图

上海智慧城市市场的建设经历 10 余年，已经在多个应用领域发挥成效。例如，在智慧医疗中，上海市民均拥有自己的电子健康档案，内有个人基本信息和卫生服务记录，辅之以全市各级医疗卫生机构的健康信息网络，有限的医疗资源可以最大化地得到应用，市民健康水平也会因此获得提升。在智慧社区中，居民可以轻松地通过互联网、数字电视、移动终端等实现水、电、气费用的支付，特殊人群（如老人、残障人士）也可在家中享受到便捷的生活服务。在城市管理中，尤其是食品安全的管理，依靠先进的自动识别技术从生产流水线到物流，再到销售终端，实现了全面的安全监管和信息服务。公交站点安装的车辆信息预报系统，大大提升了运营效率和服务质量。另外，上海市在杨浦新江湾城、崇明陈家镇、虹桥枢纽商务区、奉贤南桥新城、临港新城等地，还将建成一批智能电网示范应用基地，以及通过智慧教育工程，推进优质教育资源校际共享及向社会开放，改变教育资源分布的不平衡现状。

4. 上海智慧城市建设的重点做法

建设智慧城市需要充分考虑城市自身的特点，上海是中国的经济、金融贸易中心，对"智慧化"的要求有先天的迫切性，也有自己独到的优势。在智慧上海的建设过程中，也有一些经验规律可循，下面总结有代表性的几条供读者参考。

1）政策法规完善

根据《国务院关于印发进一步鼓励软件产业和集成电路产业发展若干政策的通知》上海制定了相应的实施细则，突破集成电路保税、互联网服务等政策，加快发展软件和集成电路产业，积极推进信息化地方综合立法，按法定程序研究制定促进本市信息化发展的地方性法规，出台了《上海市促进电子商务发展规定》的实施意见。

2）落实规划牵引

上海市政府在《上海市国民经济和社会发展"十二个"五年规划纲要》中明确指出，要在完善的规划体系内，从宽带城市、无线城市、通信枢纽和三网融合四个方面夯实智慧城市的基础，构建具有国际水平的信息基础设施体系、便捷高效的信息感知和智能应用体系、创新活跃的新一代信息技术产业体系、可信可靠的区域信息安全保障体系，针对每一个体系的构建，都有明确规划的任务，以专项形式组织实施。例如，围绕构建便捷高效的信息感知和智能应用体系，重点推进城市建设管理、城市运行安全、智能交通、社会事业与公共服务、电子政务、信息资源开发利用、促进"四个中心"建设、"两化"深度融合8个专项，促进城市运行管理水平、经济发展水平、公共服务水平和居民生活质量明显提升；围绕构建创新活跃的新一代信息技术产业体系，以企业为主体，重点实施云计算、物联网、TD-LTE（Time Division Long Term Evolution）、高端软件、集成电路、下一代网络（NGN）、车联网以及信息服务8个专项，加强技术研发，推进示范应用，加快产业发展；围绕构建可信、可靠、可控的城市信息安全保障体系，组织实施信息安全基础建设，监管服务及产业支撑3个专项，落实信息安全综合监管，完善网络空间治理机制，提高全民信息安全意识3项重点任务，确保信息安全总体可控。

3）资金保障到位

上海市自身经济基础雄厚，2010—2013年生产总值分别为17 165.98、19 195.69、20 181.7、21 602.12亿元，政府有能力加大对智慧城市的投资力度，落实重点项目建设和统筹资金保障。同时，市政府完善企业主体的多元投、融资机制，拓宽企业融资渠道，鼓励金融机构加强金融产品和业务创新，加大对企业参与建设重大信息基础设施和重点项目的信贷支持。

4）组织领导科技创新

智慧城市建设涉及多个部门，为此上海市专门成立推进智慧城市建设领导小组，协同推进各项重点工作。市级各相关委办局按职责分工，负责相关领域认为的细化和落实。在市级层面建立推进智慧城市建设领导小组，协调推进各项重点工作。市级各相关委办局按照职责分工，负责相关领域任务的细化和落实。各区县建立相应的组织领导体系，按照全市部署要求，负责该区域智慧城市推进工作。与此同时，加大科技创新力度，着力突破感知信息网络融合、高宽带网络、智能分析决策等关键技术。推进云计算、物联网、通信与网络等领域相关技术、应用和管理标准的建立和实施。加大对相关人才的扶持力度，引进培育一批领军型、复合型、专业型人才，形成支持智慧城市建设的智力保障。探索实施职务科技成果股权激励机制，充分调动科技人才创新创业的积极性，加强信息技术和产业领域的知识产权保护。

5）人才储备

在涉及国计民生重要信息系统的运维人员、软件和信息服务企业的项目经理中推行信息安全师、注册信息安全专业人员（Certified Information Security Professional，CISP）等专业资格认证和职业培训项目，完成1 000人次重要信息系统信息安全员的知识更新；定期开展信息安全活动周，组织信息安全技能竞赛，并通过讲座、展览和会议等形式提高全社会的信息安全意识，使高科技人才随时能够补充最先进的知识，满足智慧城市建设的需要。

11.2.2 智慧宁波建设

1. 智慧宁波建设目标

回顾改革开放以来宁波产业结构的演进，大致走过了三个"十年"：第一个"十年"，宁波民营经济萌生于计划体制的边缘，以星火燎原之势蔓延，形成"轻、小、集、加"的产业结构；第二个"十年"，服装、文具、小家电等产业通过贴牌加工等形式纷纷走出国门，确立了宁波传统产业和外向型经济的比较优势；第三个"十年"，钢铁、石化、造船等产业依托港口迅速崛起，并进入收获期，宁波形成了临港重化工业主导的发展格局。站在"十二五"开启的第四个"十年"之始，国内外发展环境已经发生了深刻的变化，传统生产要素的重要性发生了根本性逆转，这种趋势在经历了国际金融危机之后被进一步强化。对于宁波来说，低廉的劳动力、原材料成本优势正在弱化，环境承载能力已趋饱和，宁波作为沿海地区的先发优势、承接国际产业转移的区位优势，也在逐步削弱，宁波走了30年的粗放式发展之路越来越难以为继。因此，智慧宁波建设发展目标也相应提了出来。2010年9月，《中共宁波市委市政府关于建设智慧城市的决定》出台，明确指出，到2020年，宁波建设成为智慧应用水平领先、智慧产业集群发展、智慧基础设施比较完善、具有国际港口城市特色的智慧城市。《决定》还明确了今后一个时期宁波智慧城市建设的指导思想、基本原则、主要任务和保障措施等内容。其中"十二五"期间，宁波将力争建成一批成熟的智慧应用系统，形成一批上规模的智慧产业基地，智慧城市建设取得显著成效。

图11.10所示为智慧宁波总体架构框图。为建设智慧城市，宁波将以十大智慧应用体系商业和服务模式创新为重点，加快推进智慧城市应用体系建设；以建设六大智慧产业基地为重点，加快推进智慧产业发展；加快推进智慧城市基础设施建设；加强智慧城市信息资源的开发利用；推进基础平台和数据库建设，建立健全信息资源开发和共享交换机制，加快培育信息资源市场等。

2. 智慧宁波建设的特点

1）十大应用体系：让智慧无处不在

从本质上讲，智慧城市是将人的智慧和信息化、网络化、智能化紧密结合起来，以更好地发现、解决城市运转和城市发展中的问题。宁波智慧城市建设，着眼点在"应用"。当前，宁波智慧应用体系建设突出三大主题，即经济转型升级、和谐社会建设和政府公共管理。具体来说，就是以具有宁波特色的产业领域智慧应用系统建设为重点，推进经济领域智慧应用系统建设；以解决市民最关心、最直接、最现实的问题为导向，推进智慧民生应用体系建设；以基础性、公共性智慧应用系统为抓手，推进智慧公共服务管理应用体系建设。

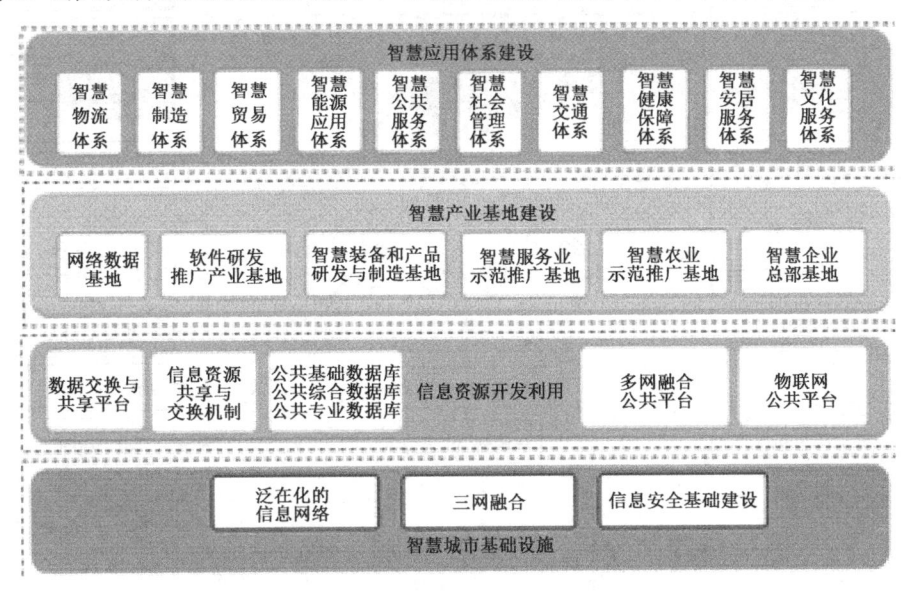

图 11.10 智慧宁波总体架构框图

据此，宁波建设智慧城市重点是构建十大智慧应用体系。① 智慧物流体系就是围绕建设全国性物流节点城市和上海国际航运中心的主要组成部分，加快宁波港智慧港口建设，大力推广射频识别、多维条码、卫星定位、货物跟踪、电子商务等信息技术在物流企业、物流产业基地和物流监管部门中的应用。② 智慧制造体系就是在机械装备、精细加工、生物医药、电子电器、纺织服装等重点制造行业，推广适用的信息化辅助设计系统和制造系统，推动制造过程逐步向信息化制造的高级阶段发展。③ 智慧贸易体系就是大力发展网络市场和电子商务，建设国际国内贸易的服务网络和信息平台，建设集贸易、物流、金融和口岸服务于一体的专业国际贸易服务平台，大力发展集产品展示、信息发布、交易、支付于一体的综合电子商务企业和国家级行业电子商务网站。④ 智慧能源应用体系就是运用各种智慧技术、先进设备和新工艺，强化能源利用管理，发展风能、太阳能等可再生能源和新能源产业。重点推进智慧电能建设，加快智慧技术在发电、输电、配电、供电、用电服务等环节广泛应用。⑤ 智慧公共服务体系就是全面推广面向市民的住房、教育等公共服务智慧应用系统建设，推进各专业应用系统与 81890 市民呼叫服务中心（图 11.11 所示为宁波市 81890 市民求助信息服务平台）、市民卡、信息亭等综合性公共服务平台的无缝联接。

另外五个体系，即为智慧社会管理、智慧交通、智慧健康保障、智慧安居服务和智慧文化服务等。

2）六大产业基地：让产业智慧起来

狭义上说，智慧产业主要包括电子信息产品制造业和信息服务业；广义上说，智慧产业还包括一般装备和产品制造业升级换代形成的智慧装备和产品研发与制造业，一般服务业升级改造形成的智慧服务业，农业转换形成的智慧农业等。

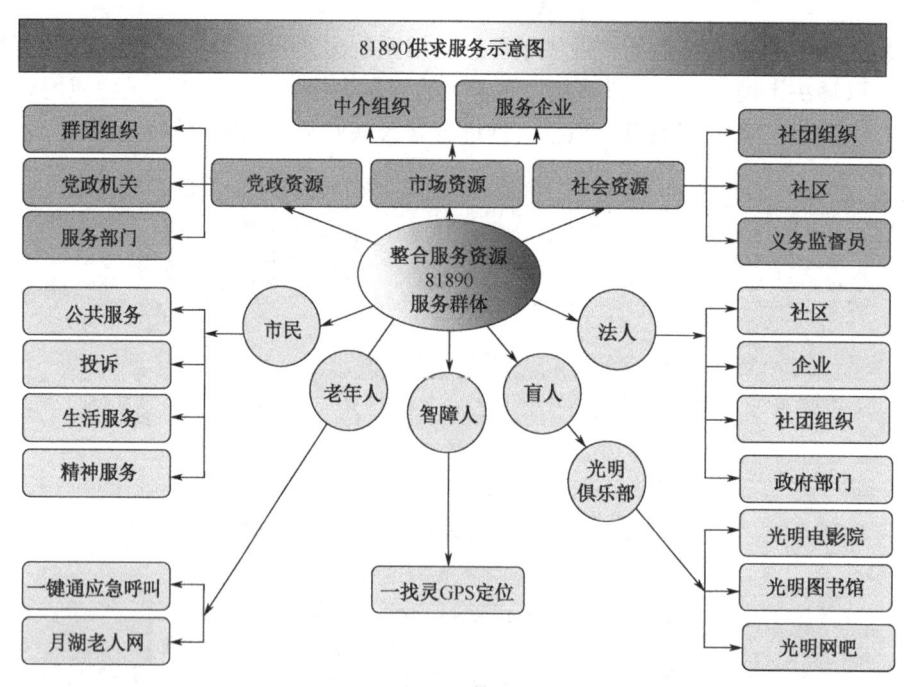

图 11.11　宁波市 81890 市民求助信息服务平台架构

宁波智慧城市重点有六大智慧产业基地。其中，① 网络数据基地，旨在提升政府数据中心、互联网交换中心和数据容量中心的建设水平，加快培育和建设物联网公共服务平台、智慧城市感知计算服务平台，引进移动通信数据中心、金融数据处理中心等一批面向重点行业应用的数据中心项目，大力推动云计算中心建设。② 软件研发推广产业基地，旨在规划建设高新区软件研发与创新基地，市级各类开发区、功能区等建设应用软件设计开发产业基地、创新基地、推广和服务基地，重点在智慧城市十大智慧应用系统软件、行业应用软件及动漫新媒体等领域形成规模。③ 智慧装备和产品研发与制造基地，旨在重点提升发展一批智能家电、智能电表、数控设备等设计制造企业，培育发展新一代宽带移动通信装备、信息传感装备、智能交通装备等新兴制造产业群。④ 智慧服务业示范推广基地，旨在培育和提升现代物流、工业设计、现代金融、现代商贸、信息服务和电子商务等服务业发展，争取在每个重点服务行业培育一个智慧服务产业示范推广集聚区。⑤ 智慧农业示范推广基地，旨在依托现代农业基础，推广应用信息化管理系统、农业专家咨询服务系统和农业电子商务，逐步实现农产品生产、加工、储藏、运输和市场营销的科学化和智能化。⑥ 智慧企业总部基地，旨在创造优良的环境，抓好总部基地建设，着力引进一批智慧型的企业总部。

3）信息基础设施——"随时随地随需"

无论是智慧应用体系构建，还是智慧产业基地建设，离开了信息基础设施，无疑就成了空中楼阁。无法想象，一个智慧城市可以不依赖于完善的信息基础设施而存在。

宁波建设智慧城市，最基础的一项工作是建设一个"随时随地随需"的信息高速公路网络，具体内容包括：① 构建统一高效的泛在化的信息网络，加快物联网试点推广，推进光纤到户、NGN、NGB 以及 3G/4G 通信网络建设，推进第四代移动通信网络试点；② 推进"三网融合"，加快数字电视网络整合改造，推进互联网、电信网和广电网"三网融合"，促进业务运营相互准入、对等开放、合理竞争；③ 加强信息安全基础建设，强化互联网安全管理，建立上网身份认证（实名）制，规范互联网运营商和联网单位的信息安全管理职责。

4）信息资源整合——清除"信息孤岛"

信息资源作为生产要素、无形资产和社会财富，能使能源和材料实现节约使用、拓展使用和创新使用，是国际竞争和城市之间竞争的重要资源。近年来，宁波市在政府数据资源共享方面取得了比较大的进展，但政府信息资源的开发和共享与各部门提出的需求、与公共服务的需求还存在很大差距，"信息孤岛"现象普遍存在，成为阻碍智慧城市建设的"拦路虎"。宁波市的交通做法如下：① 大力推进基础平台和数据库建设，加快政府信息资源交换与共享平台、物联网公共服务平台建设，加快创新资源、人才资源等综合数据库建设，加强教育科研、社会保障、司法执法等专业数据库建设；② 建立健全信息资源开发和共享交换机制，加快政府信息资源目录和交换体系建设，探索建立多层次、跨区域、跨部门、跨领域的信息资源开发和共享机制；③ 加快培育信息资源市场。研究建立信息资源的产权制度，推动政府部门以非政务性服务外包、政府采购等方式从市场获取高质量、低成本的信息服务，引导企业、公众和其他组织开展公益性或商业性信息服务。

3. 智慧宁波建设的典型应用

智慧宁波的建设已在宁波城市良性运转中发挥了积极作用，改善了城市形象，服务了居民，提升了生活品质。此处选择有代表性的几个应用加以介绍。

（1）智慧交通。宁波主要实施推进以城市道路交通监控系统、交通视频监控系统、高清拍摄系统和动静态交通诱导系统为主要内容的建设。采用优化的城市骨架路网结构，开发涵盖公交车、长途客运、汽车自驾、出租车行驶路线查询的公共交通网络。图 11.12 所示为宁波智慧交通总体架构示意图。宁波已在中心城区安装了路口前端摄像机 200 余套，高空监控摄像机巧套，智能卡口几十套，在主要交通节点安装动态 LED 诱导屏。从运行状况看，已经形成了以自动化调度为主，人工干预为辅的交通管理模式。为提高公共交通的运行效率，广泛应用了 RFID 技术，公交车配有电子芯片，各个路段也安装了 RFID 阅读器，可以及时完成信息反馈和处理，有效缓解了城市交通压力。

（2）智慧医疗。宁波重点建成一批成熟的智慧健康保障应用系统和智慧健康产业集群，包括统一的数字化集成平台，消除信息孤岛；统一的医疗专业网，连接全市所有医疗卫生单位；统一的数据中心，提供全市所有卫生数据信息的存储和管理；统一的可共享的居民健康档案；统一的市民就诊卡（即社保卡），实现全市医疗卫生信息的互联互通和业务协同。对于每个市民都将拥有自己的电子健康档案。档案中有病史、用药记录、拍过的片子、过敏史等数据，医院之间可以共享这些数据，避免市民重复检查和问诊。图 11.13 所示为智慧宁波检验检疫智慧应用平台架构，也是智慧医疗的重要组成部分。

（3）智慧物流。宁波是物流产业大市，拥有 3000 多家物流企业，而物流成本居高不下是这一行业发展的瓶颈问题。解决"空载"问题是降低物流业成本的有效途径。为了提升物流产业的信息化水平，降低企业运营成本，宁波市投入重金打造高端智慧物流平台，覆盖华东，辐射全国。企业可以登录该平台，发布托运任务，而物流企业则可自由选择承接任务，将货物运往指定目的地，然后在目的地附近再承接回程的运输任务，实现满箱返程。

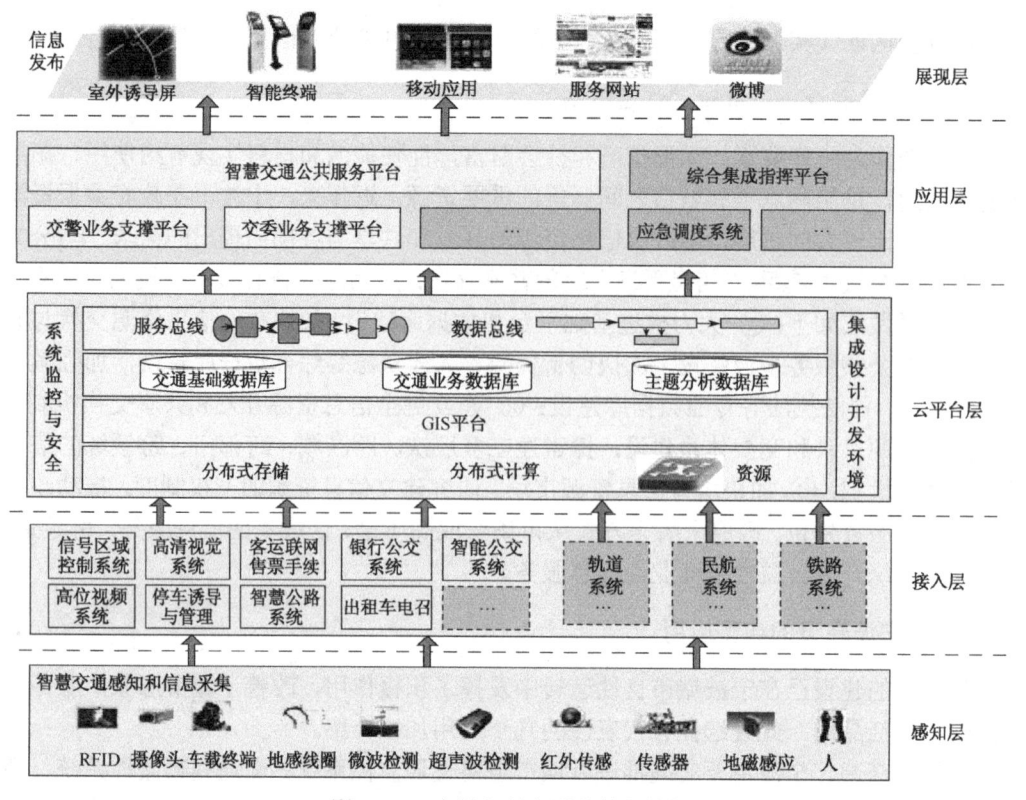

图 11.12 宁波智慧交通总体架构框

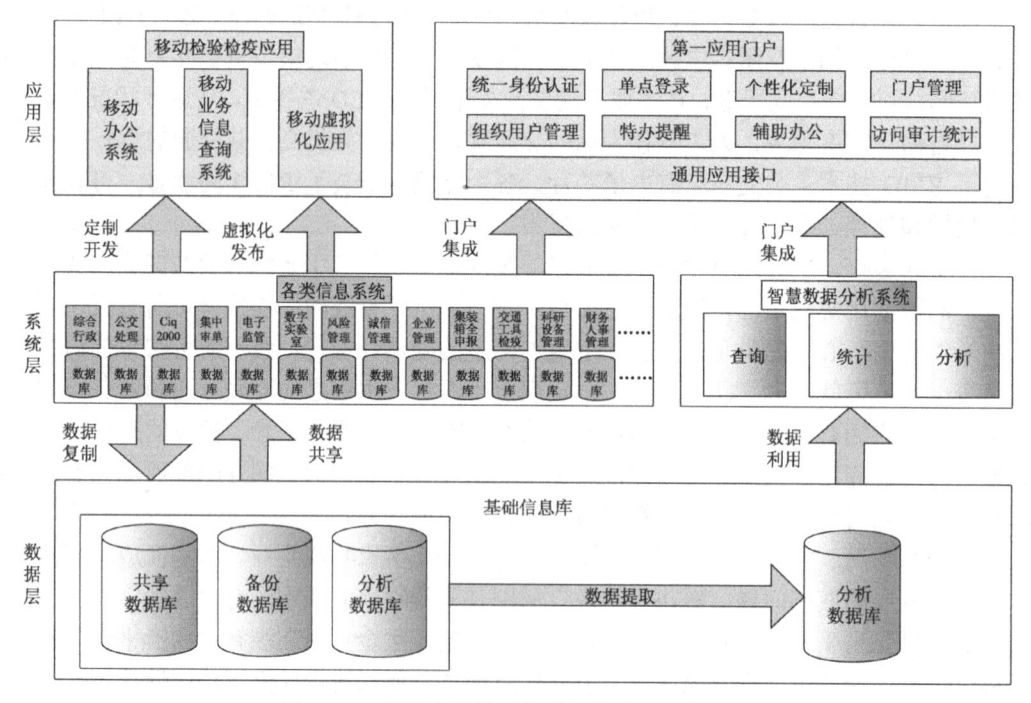

图 11.13 智慧宁波检验检疫智慧应用平台架构

（4）智慧农业。宁波智慧农业建设将主推农业示范推广基地，重点依托余姚滨海新城、宁波杭州湾和宁海浙东 10 万亩农业循环经济示范等现代农业综合开发区，同时包括各县（市）

区的特色农业产业基地、都市农业园区，推广应用信息化管理系统，农业专家咨询服务系统和农业电子商务，逐步实现农产品生产、加工、储藏、运输、营销等环节的科学化和智能化。宁波部分地区已经配有农资配送中心销售信息平台、农资零售门店 POS（Point of Sales）机信息终端，通过远程技术服务模块和区级农资监管中心就可以查看各配送中心以及农资零售商店的经营实时图像，并进行网上监管，另外还可开展远程视频病虫害诊疗服务。

4．智慧宁波建设的重点做法

相对于上海、杭州、无锡等长三角城市，宁波发展信息化的条件属中等水平，但宁波"起步早、定位准、行动快"。早在 2000 年市政府就意识到信息化"价值"，首先明确了宁波的两大优势——货物吞吐量世界排名第四的宁波国际大港和植根本地的中小企业。据此，宁波市政府迅速布局全市信息化版图，围绕港口物流和企业电子商务进行突破；市政府投资 3 000 万元组建国际物流信息服务公司，引导第四方物流；争取成为国家 RFID 试点城市；摸透中小企业需求，搭建中小企业公共服务平台；对中小企业分类分析，以此为基础发展电子商务。当全市信息化初具规模，政府又逐步加大投入将"智慧"模式向社区服务、城市管理和农业生产辐射，形成"全面推进、均衡发展"势头。宁波市在信息化惠民、信息化兴企、信息化强政方面都有重点项目开展，由项目带动了信息化基础设施的建设、资源开发和政策法规的出台。在信息化建设之中，宁波市还从政策、基础设施和科技人才等不同角度加大智慧城市的步伐。

（1）从政府政策来看，2012 年宁波市政府发布《2012 年宁波市加快创建智慧城市行动计划》，其中表示，2012 年市政府斥资逾 50 亿元推进信息网络基础工程、政府云计算中心、基础信息共享工程、智慧应用工程等 30 个智慧城市建设重大项目及 19 个智慧产业重大项目建设。

（2）从基础设施建设情况来看，宁波市基本实现光纤入户覆盖主要城区，无线局域网覆盖机场、车站、学校、酒店、CBD（Central Business District）等重要公共场所，建成比较完备的人口、法人、自然资源与空间地理等基础数据库和信用信息等专业数据库，建立较为完备的信息资源共享机制。

（3）从高科技人才储备来看，宁波市高度重视海外人才引进工作，通过"走出去"海外揽才、"请进来"平台引才、"借力道"合作聚才、"拓空间"网络招才，一大批包括"海归"、"海外工程师"在内的海外人才，用他们的智慧创造了宁波市经济社会发展新的亮点。同时，培育了一批高科技企业，涌现了一批创业创新的企业精英，集聚了一批科研创新领军人才，从人才储备来看，宁波市已具备建设智慧城市的人才基础。

11.2.3 广州智慧城市建设

1．智慧广州建设目标

面向建设国家中心城市的战略目标，广州市当前面临诸多挑战：转变经济发展方式压力加大，国家中心城市功能尚需加强，社会建设和管理水平有待加强，体制改革进入攻坚突破期，区域和城市间竞争日趋激烈。为此，广州市提出建设"智慧城市"的构想，通过信息广泛自动感知、网络广泛互联互通、信息的智能化处理，促进城市核心要素融合互动和转型升级，打造可持续发展的综合城市形态。以加快城市发展模式转型升级、建设幸福广州为主题，以加快经济发展方式转变和提升国家中心城市功能为主线，按照以人为本、需求主导、创新驱动、促进转型的发展原则，坚持政府引导与市场化运作相结合、应用创新与产业化、统筹规划与示范带动相结合，全面实施"智慧广州"战略，明确建设目标、制定建设规划、突出建设重点、创新政策措施，加大政策扶持力度，强化科技创新成果应用与产业化，形成政府引导、多方合作、稳步推进的良好局面，率先开辟智慧城市发展新路，促进经济社会和城市运行智能化，全面提升城市核心竞争力、文化软实力和国际影响力，推动现代化国际大都市建设迈向新阶段。

结合国家中心城市建设，广州市确立了"低碳经济、智慧城市、幸福生活"三位一体的城市发展理念，低碳经济是广州走新型城市化发展道路的物质基础；智慧城市建设是广州走新型城市化发展道路的助推器；幸福生活是广州走新型城市化发展道路的终极目标。三者之间紧密联系、互相促进，贯穿于广州走新型城市化发展道路的创新实践中。

广州以智慧型基础产业为根基、以智慧型技术为主力、以智慧型产业为骨干、以智慧型应用为牵引建设数字化、网络化、智能化的智慧城市，使广州智能技术高度集中、智能经济高端发展、智能服务高效利民便民。智慧广州的具体目标和主要任务包括以下几个方面。

（1）建成一批战略性基础设施。广州努力打造国际信息门户枢纽港，落实"智慧广州"建设专项资金，启动一批试点示范工程，着力推进新一代通信网络、光纤到户、物联网、三网融合等重点工程，谋划部署云计算中心、海量信息资源中心建设工作，启动超级计算中心建设，旨在建成一个10亿亿次/秒的国家超级计算中心和若干个云计算中心，成为国际通信和互联网枢纽，互联网普及率达到90%以上，无线局域网接入点突破30万个，传感器节点数量超过2000万个。

（2）建成一批智能化应用和服务。广州启动建设交通、空港、港口、电网、水利、城管、环保、国土、园林、气象等十大智能工程，重点推进新一代政府智能工程，推进医疗卫生、社保、食品安全、教育、科技、文化等6大应用领域，宣传推广智慧生活模式，以建设国家数字家庭应用示范产业基地为切入点，建立一批智能家居、智能建筑、智能社区和智慧城区示范项目。电子政务云服务广泛普及，80%以上的居民和企业拥有个性化政府服务网页和100GB的云存储空间，90%以上的行政许可审批事项实现全流程在线办理，集聚3~5个1000亿元以上交易额的国际电子商务平台，开展电子商务的企业超过90%，企业网上采购额超过采购总量的80%。

（3）突破一批战略性新兴技术。"十二五"期间，广州以全面建设国家中心城市为目标，重点在战略性基础设施、战略性主导产业、战略性发展平台有重大突破，全面推进国际商贸中心、世界文化名城、国家创新型城市、综合性门户城市、全省宜居城乡"首善之区"建设。围绕这一中心任务，"智慧广州"将重点建设、新设施、新应用、新产业、新技术、新环境"五个新"，推动经济社会、城市管理和生活服务等信息化向智能化转型。力争至2015年，成长一批支撑智慧城市发展的高素质人才，突破和掌握相关核心技术，催生相关新产品，培育出有较强国际竞争力的创新性、知识型领先企业。

2. 智慧广州建设的重点

智慧广州建设有自己的特色和重点，其总体架构如图11.14所示，以建设数字广州为切入点，通过智慧产业的打造，科技创新广州的实施，将广州建成智慧型的国家创新城市。

在工程建设当中，重点推进"五个一"工程，即一区（天河智慧区）、一卡（社会保障市民卡)、一页(市民个人主页)、一库(城市海量信息资源数据库)、一平台(网络平台),并积极建设"天云计划"项目,使广州的云计算应用水平进入国内前列,努力打造世界级的云计算产业基地,探索以互联网、物联网、电信网、广电网、无线宽带网等网络的多样化组合为基础,形成技术集成、智慧产业、智慧人文、智慧服务、智慧管理、智慧生活等为内容的"智慧广州"城市发展新模式。

"天云计划"的重点是建设一批世界领先的云计算平台,构建国际云计算中心:如广州超级计算中心、中国电信亚太信息引擎、中国移动南方基地、中国联通广州数据中心、中金数据华南云计算中心、亚洲脉络云计算中心等,并以此为基础,形成技术、产品和服务一体化发展的产业格局,促进"智慧广州"快速、协调和可持续发展。"天云计划"还包括一批云应用示范试点项目,如电子政务、医疗卫生、文化教育、城市管理等通过整合信息中心和数据中心现有资源,推动电子政务全面向云时代转型,建设"政务云"和"安全云",降低电子政务成本;选择金融、教育、医疗、交通等信息化应用水平高的行业为试点,利用云计算创新的服务模式,为市民提供便捷的云计算服务。

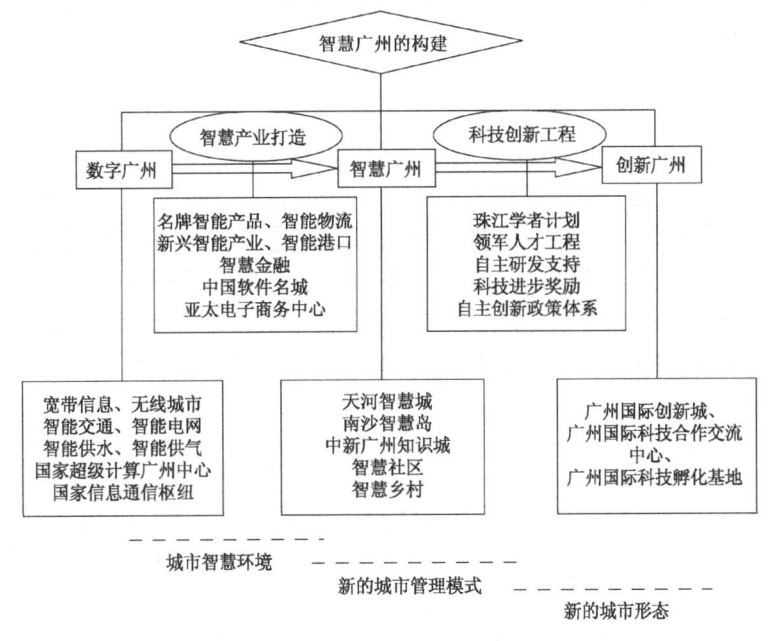

图 11.14　智慧广州总体架构

以智慧建设为例,广州市大力推进综合办公系统在市建委内部机构和直属单位的使用,形成了协同工作的模式,创新审批方式和工作流程,将业务受理权限下放至区县,减少审批流转时间和环节,为公众提供优质服务。通过建设多个专业子系统,加强对城乡建设行业业务信息化管理及对行业诚信监管,实现对行业的智能化监管,维护各市场主体的权益。通过工程招投标管理系统的建设,实现工程招投标流程的规范化;通过房地产行业诚信综合管理平台的建设,规范广州市房地产市场秩序,维护购房者合法权益;通过工程施工质量信用档案系统的建设,实现工程施工质量责任主体管理水平和所建工程质量水平的动态考核,规范质量行为;通过建设散装水泥管理信息服务平台,对全市散装水泥、预拌材料及预构件的生产、运输、销售、使用进行全过程监测,提高各级散装水泥行政主管部门的监管能力和服务水平等。此外,广州市还要对建筑业、勘察设计业、劳务市场等领域的诚信行为进行监控,规范其市场行为。

3. 智慧广州建设的经验

经过 10 余年智慧广州建设，广州市积累了许多经验，总结起来大致有如下五点。

1）机制建设

智慧城市建设作为一项战略性、全局性工作，创新推进机制是确保各项工作取得实效的关键所在。一是领导和协调机制。智慧城市建设内容涉及政府管理、公共服务、城市管理、社会民生、经济发展等方方面面，不仅是科技和信息化部门的职责，需要建立由市领导亲自抓、各部门领导直接抓的领导机制，统筹资源，协调联动，齐抓共管。二是绩效考核机制。落实规划中各项工程建设任务，需要在责权利统一、明晰的基础上，建立相应绩效考核机制，争取将有关指标纳入领导干部落实科学发展观的考核体系之中。三是项目建设机制。新技术的应用发展，先期需要依靠政府引导与支持，但形成各项目的社会化和长效化运作机制、凝聚社会各界智慧共同建设是发展方向，建设有利于技术研发—产业化—应用推广全链条发展的扶持方式尤为重要。

2）资源整合

落实智慧城市各项建设任务需要整合各部门的政策、资金、人才等资源提供针对性扶持措施。① 在技术研发层面，需要整合技术改造资金和科技计划重大专项及国家、省驻穗科研机构及行业科技机构等资源，重点突破核心关键技术。② 在应用推广层面，需要整合电子政府、电子商务、城市管理等政策和专项资金，重点推进大规模典型应用。③ 在产业发展层面，需要整合战略性新兴产业发展专项资金、吸引培养高层次人才政策、各产业基地和园区等资源，重点发展具有优势的高端电子信息产业、软件和信息服务业、数字内容创意和网络文化产业。

3）建设试点示范项目

（1）组织"科技亚运"专项，将最先进的信息技术综合应用于 2010 年亚运会的交通运输、安全反恐、食品安全、组织管理等各项工作中，为全面建设智慧城市积累了宝贵经验。

（2）推进"天河智慧城"、"南沙智慧岛"、"黄埔智慧港"三大试点示范区域的规划建设工作，为智慧城市各项建设工程的具体实施提供支撑平台。

（3）织一批物联网应用示范项目，从港口物流、车辆管理、食品溯源、智能卡、地质监测等领域入手开展智慧城市试点建设，探索技术研发—产业化—应用推广的全链条发展模式。图 11.15 所示为智慧广州的交通信息平台架构。

4）交流合作

建立院市合作、校市合作、企业合作与区域合作等多层次合作机制，分别与中科院、清华、北航以及香港和马来西亚有关单位建立良好的关系，协调组织质监等有关行业主管部门与企业和职业院校展开合作，把握先进理念，引进技术人才，促进联合共建，开拓应用市场，实现资源共享。

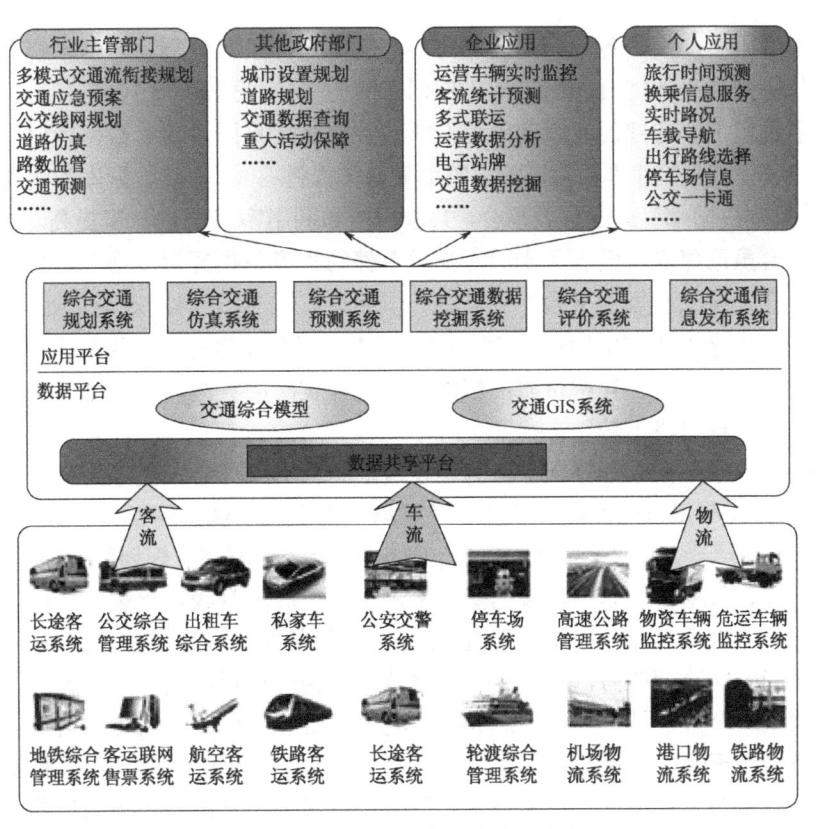

图 11.15 智慧广州的交通信息平台架构

5）宣传推广

通过承办工信部信息化推进司主办的部分省市物联网高层论坛，筹建物联网成果展示厅，举办城市管理与现代物流领域 RFID 技术应用论坛，组织网络经济院士讲座，召开智慧城市建设研讨会，在主流媒体开展"信息广州"、"科技亚运"、"智慧广东"、"网络商都"的宣传等多种形式，营造良好氛围，鼓励市区两级部门、企业和市民共同参与智慧城市建设。

11.2.4 智慧苏州建设

1. 背景

"十一五"以来，苏州市提出实施"数字苏州"建设，使城市信息化、数字化取得了显著成效，信息基础设施得到快速发展，如电子政务稳步推进，企业信息化大大加强，社会信息化水平不断提升。但是，新时期面临新形势，已有的"数字城市"建设表现出了明显的不足，具体表现在：① 信息规划有待进一步落实，苏州市政府出台了一系列"数字苏州"建设方案和信息化政策文件，但是实施缺乏统一规划、实施的整体推动缺乏力量，导致重复建设，影响"数字苏州"整体效能的发挥；② 信息资源共享程度偏低，苏州市政府各部门之间的信息共享程度还比较低，各单位在"数字苏州"应用过程中积累了大量的数据和信息，但由于缺乏信息共享方面的政策法规，政务数据难以实现共享，信息资源中心建设相对滞后；③ 信息应用整合力度不够,由于各部门之间的协调力度不大,条块分割问题仍未解决,跨部门信息共享和业务协同缺乏体制机制的支持,部门之间的"信息孤岛"还大量存在,而且在"数字苏州"应用过程中,各部门建设的应用系统的数据格式不同,缺乏数据接口标准,难以实现互联互通。这些都限制了"数字苏州"整体效益的发挥;④ 基础数据库和两大平台还不够完备,"五大基础数据库"缺乏有效整合,共享程度和利用率有待进一步提高。数据交换平台和协同工作平台虽已建立,但服务于应对突发事件的"应急指挥调度平台"和服务于科学决策的"经济社会发展综合规划平台"尚需进一步完善;⑤ 缺乏协同观测、处理与服务平台,"数字苏州"应用的智能化程度不高,离"智慧城市"还有一定距离。各系统不具备信息自动获取手段、动态更新能力、异构资源汇聚能力、泛在实时服务能力。数据多但用不上,有数据但用不好,有信息但找不着。

为此,根据《2006—2020年国家信息化发展战略》、《江苏省国民经济和社会发展信息化"十二五"规划》、《苏州市国民经济和社会发展第十二个五年规划纲要》和《苏州市国民经济和社会发展信息化"十二五"规划》,苏州市制定了《"智慧苏州"规划》,该规划充分结合苏州实际,在延续、借鉴数字苏州建设的基础上进一步拓展和升级。该规划包括"369 计划"即"三大任务、六大平台和九大工程",旨在打破部门条块分割和信息孤岛,促进业务协同,提升灵性服务和智能决策能力,实现由"数字苏州"到"智慧苏州"的跨越。

智慧苏州是一个涉及城市环境信息获取、处理、管理、服务全流程的信息化建设的系统工程,是智慧城市理念、理论和技术上的创新和具体运用,同时又是一个关系到城市人文传承与发展的重要平台与实现途径。从技术上分析,智慧苏州是由各种不同角色、不同类型、不同功能、不同结构、不同平台的复杂系统和服务按照统一的标准松散耦合形成的一个结构复杂的系统工程,涉及计算机、网络通信、地理信息系统、信息安全等技术。从人文的角度思索,智慧苏州不仅仅是纯粹的科技概念,应该也是吴地文化、人文精神的名片,必须为苏州城市思想文化传播提供新的载体,催生新的文化业态,以独特的方式增强吴地文化的表现力、吸引力和感染力。通过人机的同体和信息的直接耦合,并同步培训和拓展人的智慧,使作为城市主体的人获得智慧的知识和技能,从而带给公众更美好的生活体验。因此,智慧苏州是数字苏州的物联化、智能化,是数字苏州功能的延伸、拓展和升华,是现实物理世界与互联网虚拟世界、物联网智能世界这三个世界无缝连接、相互叠合构成的崭新的城市发展空间和生活空间。建设智慧苏州的目的是让苏州更"聪明",本质上是让作为苏州主体的人更"聪明",以及更多的支撑城市的主题,如城市经济发展中的创新、高效、服务主题,城市运转中的严密监测、精确和协调主题,居民生活幸福当中的便捷、低碳、健康主题,和谐社会方面的平安、绿色和诚信主题。

2. 智慧苏州建设目标

根据苏州市的总体部署,智慧苏州的总体目标是建设公共服务平台和应用系统,用于市民的出行、病历、教育和社会保障等各个领域,示范应用和技术研发、产业发展走在全省乃至全国前列,形成"社会管理睿智、大众生活智能、新兴产业发达、生态环境优美"的发展格局,建成国内先进、全球有影响力的"智慧城市"高新技术研发基地和国家创新型城市。

具体来说,智慧苏州建设目标是以"宜居、宜业、宜商"为根本出发点,实现以下具体目标:

(1)智慧民生。市民卡与POS系统的推行极大地便利了社区和居民生活,足不出户可以办理大部分日常事务;"三表"自动抄送使物业管理达到高效、便捷、准确;社区的光纤、无线宽带、移动宽带全面覆盖,使用户可以通过各种网络终端畅享高速的网络服务。智能家居使市民通过手机和互联网可远程紧急求助、控制家居环境,及时获取防盗、燃气泄漏、浸水、失火等信息并进行短信报警,满足居民远程家居管理的需求。

(2)智慧卫生。电子化医疗信息、医疗服务可缓解"看病难,看病贵"的医疗状况;电子病历通用体系可节省医生的问诊时间,避免不必要的重复检查;远程诊疗系统使医生能够通过相关仪器 24 小时监控病人的健康参数,并且实时传送到相关医疗保健中心。用户、亲友、医院、急救中心、呼叫中心等可以随时登录网络平台查看用户健康档案,实现多方立体监测。当出现意外时,用户通过健康手机上一键呼救,手机会自动拨通当地的急救中心,同时给亲友发短信请求救援。救援短信会自动附带家庭详细地址,便于医疗急救机构的救助定位。

(3)智慧交通。由"物联网"衍生的"车联网"将成为未来智慧城市的重要标志。"车联网"能让车与车、车与路"对话",无拥堵、零交通事故不再是梦想。它能获得实时交通信息,自动选择路况最佳的行驶路线,大大缓解交通堵塞。它还可以感知周围环境,探测走入车前路面的行人,在很大程度上减少交通事故的发生。智慧的物流让调度员实现流程有效掌控;司机可寻找最近的维修站,随时接受新的运载任务,选择最优的运载路线,达到降低车损、油耗和空载率。

(4)智慧教育。由个人学习终端、非接触式 IC 卡、感知黑板组成的感知教育"三套件",彻底改变了传统的教学及管理方式。"三套件"连入教育科研云服务系统,可进行实时交流、监控,获取海量资源,进行远程教育等。智慧校园让封闭的课堂与大千世界相连,让知识不再枯燥,让学习不再困难。学习进展评估系统可为每个学生量身定制不同的学习进度。学习不再是青少年的专利,面向全体市民的终身学习网络和服务平台将使苏州真正成为"有教无类"的终身学习型城市。

(5)智慧城管。实现精确精细、敏捷高效、全时段、全方位覆盖的城市管理模式,第一时间发现问题、第一时间处置问题、第一时间解决问题。沿街店铺占道经营将视频监控和自动发送警告,车主违章停车将收到短信提醒,发个短信就知道哪有空车位。渣土运输车安装 GPS 定位系统和监控设备,使其按规定道路行驶,避免野蛮行驶扰民。

(6)智慧平安。智慧平安城市实现智能门禁管理系统、社区监控系统、保安自动巡更系统、车辆管理系统等监视并对城市事件(如盗窃、交通事故等)做出快速反应。部署在大街小巷的监控摄像头,实现图像敏感性智能分析并与 110、119、112 等交互,实现探头与探头之间,探头与人之间、探头与报警系统之间的联动,从而构建和谐安全的城市生活环境。

安全部门与地方各种资源"智慧"的互联互通,实时数据分析,应对突发事件和灾害,真正做到迅速准确。智慧的安全系统能够主动对更多的突发事件和犯罪的信息及模式进行识别预防。

(7)智慧旅游。游客在没到目的地之前,坐在家里就可以在网上对将要去的地方进行虚拟游览和体验,可以实时看到景区的景色、天气和人流情况,可以观看景区的视频介绍和不同季节时间的风景。动身之前可以通过旅游综合服务网站预订行程,确定住宿地点、想游览的景点、坐什么车、去哪家餐厅吃饭。游客到达目的地以后,通过电子地图、手机导游设备可以即时了解景区资讯及线路信息,下载导游词,制定自己的个性化行程规划,轻松实现自助游览。旅行途中还可以了解景区的实时路况和人流数,随时调整自己的行程,实现旅游便利化。最后,可以通过网络进行服务预订和费用支付。

（8）智慧农业。示范大棚基地门头上的电子屏滚动播报着实时数据：温度、湿度、光照强度、土壤温度、土壤湿度。如果超过或低于设定参数，系统就会自动给绑定的手机发送短信提醒：该通风了，该浇水了，该施肥了。轻触按键，顶部的遮阳板缓缓打开，"甘露"自动洒落，千里之外可对农田智能化控制，智慧农业实现高效、精准、科学现代化种植。同时，智慧的农副产品安全追朔体系，保证农副产品的安全。

（9）智能电网。让生活更便捷，即家庭智能用电系统既可以实现对空调、热水器等智能家电的实时控制和远程控制；让生活更低碳，即智能电网可以接入小型家庭风力发电和屋顶光伏发电等装置，并推动电动汽车的大规模应用，提高清洁能源消费比重；让生活更经济，即智能电网可以促进电力用户角色转变，使其兼有用电和售电两重属性；能够为用户搭建一个家庭用电综合服务平台，帮助用户合理选择用电方式，节约用能，有效降低用能费用支出。

（10）智慧政府。行政决策辅助系统借助信息技术手段收集经济、地理、人口、文化等综合信息，在各方数据协同的基础上，通过数据建模等一系列手段，提高决策的效率还能保障决策结果的合理性、时效性和适应性，从而有效避免以往靠主观经验决策而导致的失误。智慧的公共服务管理通过虚拟的"一站式"政府服务平台，一次性办理所有相关的行政申请和审批手续。

针对产业发展，智慧苏州的实现目标具体体现在：

（1）建设产业基地。到2015年建立1个物联网应用科技园、2个产业园、1个生产信息服务外包园及9大示范项目基地，建设辐射全市的"智慧苏州"产业载体。产生多个千亿级工业园区产业以及众多新兴产业，形成创新资源高度聚集的产业集群。

（2）培育战略性新兴产业。重点培育包括软件产业、软件服务业、高端信息产品服务业和物联网设备制造业在内的战略性新兴产业。软件产业重点发展支撑传感网的基础软件、中间件软件、服务平台软件、工业软件、行业技术服务软件等。软件服务业（SaaS）重点提供数据同化、系统集成、高性能计算、协同处理、智能服务等40种以上的在线软件服务。高端信息产品服务业重点发展传感网信息服务、空间信息服务、数据中心、高性能计算、协同处理、智慧信息产品服务等特色业务。物联网设备制造业立足苏州市在电子信息产品制造业方面的优势，重点突破设计业，巩固提高封装和配套材料业，积极发展先进传感器及核心控制芯片制造业，为"智慧苏州"建设提供重要支撑，形成相关制造业特色园区以及产业布局。服务外包承接软件研发、信息技术研发、信息系统运维等在内的外包服务，推动服务业发展和产业结构调整，使服务业占GDP的比重年增长10%。

（3）培养骨干企业。培育一批在国内具有影响力的"智慧产业"设备制造企业、中间件生产企业、系统集成企业和解决方案提供企业，扶持一批具有领先商业模式的"智慧苏州"运营和服务企业，聚集一批具有自主创新能力、占领技术高端的专业企业，促进"智慧苏州"应用市场和产业链形成。在本领域形成10个中国名牌产品。

（4）创建国家创新型城市。大力推进"智慧苏州"关键技术攻关，强化技术对产业的支撑引领作用。研究制定一批智慧城市标准规范，并争取上升到国家级标准规范。到2015年苏州基本建成国家创新型城市，在专利、软件著作权、软件产品等知识产权方面达到全国前三。

3. 智慧苏州建设的重点内容

在2011—2015年期间，通过实施"三大任务、六大平台和九大工程"，逐步实现从数字苏州到智慧苏州的转型。

1）三大任务

（1）智慧苏州信息基础设施建设。实施新一代智慧型基础设施建设，着力构建普遍覆盖、便捷高效的信息通信网络体系，信息基础设施建设水平达到国内领先、国际一流水平。实施"宽带苏州"升级计划，建设骨干智能光网、基于IPv6的城域网和无线城市，城域网出口带宽达到TB级、无线宽带网络实现全覆盖。实施"泛在苏州"项目，建设高速接入、安全可靠、无处不在的泛在网络，大力发展物联网基础设施，并取得阶段性成果。实施"高清互动化升级改造"项目，发展高清电视、互动电视，实现苏州市数字电视网络双向化、节目高清化、内容多元化、应用互动化和运营市场化。实施"三网融合"项目，推进电信网、广电网、互联网、物联网和无线网的"多网融合"，促成智能手机、电脑和电视"三种屏幕"的融合。

（2）智慧苏州应用推广。在政务信息化方面，提高政府公共服务在线率，实现信息共享和业务协同，基本消除信息孤岛，打破条块分割。在企业信息化方面，推进信息化与工业化、生产性服务业和战略性新兴产业的深度融合。在社会信息化方面，应用3G/4G、下一代网络、物联网、云计算等构建智慧生活体系，逐渐应用于市民的出行、医疗、教育和社会保障等各领域。

（3）智慧苏州产业培育。智慧化引领智慧经济迅速兴起，推动传统经济转型取得重大进展。大力发展基于物联网和云计算的软件业，争创"中国软件名城"。巩固国家级电子信息产品制造业基地，建设物联网科技园，培育智能电网等智慧型新兴经济的2~3个产业园，构建国际电子商务中心。基于智慧化的先进制造业和现代服务业占GDP的比重大幅提高。

2）六大平台

智慧苏州依托教育、卫生、民生等信息化的各种平台进行建设，围绕智慧苏州的发展目标，要构建的平台很多，重点实施以下"六大平台"。

（1）苏州市地理信息共享平台。在智慧信息基础设施环境下，进一步丰富苏州市地理信息共享平台的功能，增加一批子系统；加快苏州市地下空间信息系统和数据库建设，为苏州市地下空间规划建设提供支撑；扩展城市专题数据及智能感知数据，并依据城市基础地理空间数据框架进行空间化，构建更广意义上的苏州市"一张图"。

（2）苏州市综合信息共享平台。以"五大基础数据库"（人口数据库、法人数据库、宏观经济数据库、政务信息数据库和自然资源与地理信息数据库）为基础，建设"综合数据库集群"；制定资源整合与信息共享的统一规范标准和使用、更新制度等，规范资源使用和维护，保持信息资源的现势性和准确性，解决各部门业务系统之间的信息孤岛，提高信息资源的开发利用率；进一步丰富功能，增加可共享的信息类型，提升苏州市综合信息共享平台水平。

（3）苏州市综合决策支持平台。依托苏州市地理信息共享平台和苏州市综合信息共享平台，加强统计分析功能和可视化功能，以直观的统计图表为领导提供多方面的决策支持；完善宏观经济综合决策支持平台，对经济运行过程进行监控、预警和预测，满足全市经济形势分析和经济调控工作需要，提高全市宏观经济形势分析工作系统化、科学化和规范化的水平。

（4）苏州市政设施管理智能化平台。建立基于无线传感器网络的市政设施管理系统，实时监测苏州城市供水系统的流量、水压和水质，对漏水情况及时进行处置。建立基于物联网技术的苏州市政设施管理智能化平台，实现地下管网、道路及附属设施、桥涵及附属设施、照明设施、垃圾处理设施等市政设施自动监控和智能化管理。重点建设三维地下空间数据库和可视化系统，为城市地下空间总体规划、开发建设、管线维护抢修等提供宝贵资料，提高决策水平和行动效率。

（5）苏州市智慧大交通综合服务平台。依托物联网和智能交通技术，建立智慧大交通综合服务平台，完成对车联网、城市交通管理与控制、城市交通信息服务、城市智能公交等核心子系统的集成与控制，实现不同交通工具（自行车、公交、出租车、轻轨、航道、物流、港口等）、不同交通空间（地面、地下、水上、空中）和不同交通事件（交通事故、突发事件、重大活动）的统一决策、指挥、管控、调度，打造快速机动、精细化、高效的交通管控体系，解决全市交通拥堵问题、能源消耗问题、环境污染问题。

（6）苏州市城市应急综合智慧服务平台。城市应急综合智慧服务平台通过采用声、光、电、磁、热、核等各种监控手段，对人、地、事、物和机构等不同对象进行多层次、全方位的防控，与110、122、119、120等各种应急指挥系统协同互联，建立跨部门、多专业统一的指挥中心，形成"水、陆、空立体化"的城市安全网络。实现事发前对各种风险隐患的日常监测监控和预防；事发时对突发公共事件相对集中的接报、预警；事发后对与相关应急的政府职能部门统一调度、协同指挥；智能辅助决策支持；相关行业应急信息资源整合共享等。

3）九大工程

围绕智慧苏州的发展目标，率先开展"九大工程"建设，实施一批重点工程项目，为智慧苏州乃至全国的智慧城市建设打造一批样板工程。

（1）智慧民生工程。实施苏州市"市民卡"项目，开展数据交互平台及卡管系统、服务体系和跨城市互联互通的建设，完成功能整合；向全市发放市民卡，并提供社会保障、公共服务工具；建立以办理个人事务和商业应用为主的用卡环境；为个人消费、企业经营及综合管理决策提供必要的数据与分析。

实施苏州家庭信息化POS计划，通过覆盖城市、乡镇及农村的双向网改造和高清升级，各类支撑系统、支付清算平台以及本地信息化内容平台建设等，建立一个集成数字电视并融合家庭信息化及金融专网服务于一体的综合信息服务平台。基于高清互动机顶盒实现居民家庭水、电、气、视、讯等公共事业缴费，获得各类信息化服务。通过机顶盒外接双界面POS读卡器可对苏州市民卡、银行IC卡等提供全方位支持，居民在家中即可实现缴费功能和资金的转账与圈存，将社区信息化列入苏州市政府办实事项目。

整合社区层面的业务平台和服务资源，建设全市统一的社区数据中心和基于物联网的智慧社区综合信息管理平台，构建自助、低耗、高效的智慧社区服务体系。重点建设社区信息化标准规范。实现信息采集"一次产生、多方使用"和社区事务"一站受理、一网协同"的集约化。

（2）智慧卫生工程。发展互联、协作、共享的智慧医疗体系。重点推进医疗服务、社区卫生、疾病预防、卫生监督、突发应急处置等方面的信息系统建设，重点建设十大工程：医疗便民服务"一卡通"工程、城乡居民健康档案信息系统、社区卫生服务信息系统、个人健康管理平台、卫生监督移动执法系统、预约挂号平台、数字化医院、突发公共卫生事件应急与指挥决策系统、医疗急救信息系统和疾控信息系统。

建立健全市、区两级卫生数据中心和卫生信息服务公共平台，统一监理全市居民健康档案，实现全市卫生行政部门和各级医疗卫生机构信息系统的互联，实现电子病历、医疗检查等医疗信息共享。实施远程医疗和远程护理，为残障人员等弱势人群提供关怀。使苏州70%

的居民拥有实时、动态的电子健康档案,80%的综合医院达到卫生部数字化医院标准,苏州100%的社区卫生服务中心将达到卫生部数字化社区卫生服务中心标准。

(3)智慧交通工程。完善城市应急联动指挥系统和城市智能交通体系。建立基于无线传感器网络的智能交通系统,实现城市各路口交通流量测量和监控。集成出租车智能管理系统和城市智能公交系统,实时感知路口车辆、计算各路段交通流量和阻塞状况,建立车辆疏导预案库,基于交通阻塞状况和车辆疏导预案库,及时提出疏导方案并实施车辆疏导。

建设智能交通信号控制系统,可根据路口的车流量自动调节红绿灯时间,以提高路口通行效率。以物联网为基础,实现集装箱智能物流调度和危险品运输车辆智能调度及监控,建设感知调度与管理平台,通过堆场内的物联网,实现人员、货柜车和集装箱定位跟踪与智能调度,提升调度效率,加快货物流通速度。推动危险品运输车辆加装位置感知和泄露监测设备,建设危险品运输状态监测平台,实现与路政、交警和消防等部门联动。

(4)智慧教育工程。坚持以教育信息化带动教育现代化,修订教育城域网和智慧校园建设标准,全面提升各级各类学校信息化基础设施建设水平,大力促进信息技术与课程教学的有效整合,全面建设苏州"教育 E 卡通"项目、苏州教育公共服务平台和个人学习终端等,实现学校管理方式、教师教学方式和学生学习方式的根本性变革。构建数字化教育资源共建共享平台,促进优质教育资源的开发利用。

建设一批"未来学校",创新学校管理方式。建设一批"未来教室",激发学生的创造力。构建各类教育相互沟通和相互衔接的终身教育体系和终身学习服务体系。整合政府、行业、企事业单位的教育资源,设计适合各种组织或群体的学习活动载体,发挥广播、影视、数字传媒等技术优势,形成覆盖城乡、面向全体市民的终身学习网络和服务平台,建设终身学习型城市。

(5)智慧城管工程。加快数字城管技术成果推广,促进遥感、地理信息系统和全球定位系统等信息技术在城市建设与管理中的应用,构建智能化城市管理综合平台。整合城市规划、交通、市政、环保等领域的信息资源,实现城市资源的科学配置,推动城镇化朝健康的方向发展。

完善和升级"数字城管"系统,实现相关部门信息共享和业务协同,对城市电、水、管道燃气、公交、环境卫生、旅游、市政管线设施、绿化景观、市容、公共卫生等城市"体征指标"进行信息监测和数据分析,提高城市管理的精细化、信息化和智能化。

(6)智慧平安工程。建立并完善全市应急管理平台体系,提高政府部门对各种突发性事件的监控、决策和应急处置能力。加强全市监测预警体系建设,完善水文、气象、地震、地质、环境、疫情、安全生产等监测和关键基础设施的监测监控,建设全市各项风险隐患数据库,建立预警信息发布和传播体系,建成比较完善的灾害监测、预警预报网络体系。加强综合应急平台和专项信息系统建设,构建上下贯通、左右衔接、互联互通、信息共享、各有侧重、互为支撑、安全畅通的全市综合应急平台;建立应急管理综合管理系统,建成各项应急数据库,做到资源、信息共享和数据的动态信息化管理,形成完整、统一、高效的应急管理信息与指挥决策支持系统。

布设"天地水一体化"自动监测站网、协同数据处理中心、预警信息发布中心以及信息共享平台,形成多方联动、实时监测、科学分类、快速反应的安全监测与预警体系。

近期重点实现太湖蓝藻监测预警、梅梁湖及贡湖周边主要入湖河流的藻类变化监测预警、"引江济太"河流的水质情况监测预警、智慧公安系统、企业安全智能监控和低碳城市的环境智能化监测与优化，特别是要着重研究低碳城市的环境智能化监测与优化系统等。

（7）智慧旅游工程。以"大旅游"理念整合交通出行、餐饮、住宿、购物、休闲娱乐等各类旅游信息资源，建立苏州市旅游综合信息服务体系，丰富旅游信息服务渠道，进一步完善苏州市旅游目的地营销系统，为游客提供全程、一体化、个性化的旅游信息服务。

以信息化促进苏州全国旅游标准化示范城市创建工作。推进旅游信息网站建设的标准化，使网站框架、内容等方面规范化。在主要景点推广虚拟旅游、电子导游等新技术。构建旅游境地的传感器网络，实时感知旅游境地的天气、路况、游客人数、旅馆餐饮等信息，通过基于移动网络并融旅游、交通、安防、态势监测于一体的智能旅游管理信息系统，为游客提供深度信息服务，为相关主管部门提供智能化旅游环境规划。近期重点建设智慧姑苏水乡和智慧园林。

（8）智慧农业工程。整合涉农信息资源，建立全市三农综合信息系统平台，推进惠农短信系统建设。加快传感、通信、计算机技术在农业上的推广应用，提高阳澄湖/太湖大闸蟹养殖、花卉种植、园艺、大棚果蔬、太湖珍珠养殖、东西山碧螺春茶叶种植等领域的信息技术应用水平，发展精准农业。依托农业龙头企业、农民专业合作组织、种养大户等，强化农产品电子交易平台建设。建立生长及质量控制监管系统，提供环境、饲料、用药以及流通、消费等供应链环节消费者关心的公共追溯要素，对生长历史及供应链实施全程追踪，保证食品安全过程"看得见"。重点建设阳澄湖太湖大闸蟹和地方优质畜禽的智慧养殖，水稻、蔬菜、果品和茶叶的智慧种植，以及农产品现成营销电子平台建设。

（9）智能电网工程。基于物联网和智慧服务平台，优化电源结构，强化网厂协调，形成全市一体化的智慧调度体系，实现电网调度的规范化、流程化和智慧化；依靠遍布电网的传感器实现电网运行数据的全面采集、实时共享和智能调节控制；依靠智能技术实现输电线路智能化巡检和状态评估与维修；构建智慧用电服务体系，推动电网与用户的双向互动，实现营销管理和业务的智能化。

4. 智慧苏州建设保障措施

1）组织领导保障体系

组织领导保障体系是核心。城市信息化是全局性问题，涉及城市各个部门、各个行业，必须建立强有力的组织领导体系。智慧苏州由市政府领导牵头，有关部门参加，完善协调机制，统筹协调政策、资金、市场等各方面资源，向智慧苏州产业倾斜，全面指导、推动智慧苏州发展，将智慧苏州规划列入《苏州市国民经济和社会发展信息化"十二五"规划》。对智慧苏州统筹、规划、项目管理、政策制定、信息共享与安全体系以及标准体系建设等进行行政管理和政策指导。具体组织领导保障体系内容包括：① 智慧苏州领导小组；② 智慧苏州工作办公室；③ 智慧苏州专家组。

2）资金投入保障体系

苏州市政府是智慧苏"建设的主导者，将负责规划和引导重点领域应用信息系统建设资金，并负责3个任务和6个平台等基础服务设施（平台）的建设。这些基础设施是智慧感知、协同、共享和服务的基础和核心，由于其经济效益和社会效益的显现具有长期性和公益性，需要各部门进行强有力的协调。智慧苏州建设的受益群体是全社会，因此投资主体也应该是全社会。市政府每年预算安排扶持智慧苏州建设的引导扶持资金，资金逐年增加。扶持资金由市财政和各区县分担,以政府扶持资金带动更多的社会投入。发挥政府投资的导向作用,建立健全政府与企业、单位等多方参与的投资融资机制,组建智慧苏州建设专业投资运营公司,引导更多的社会资金投向智慧苏州建设。

市软件业、高新技术、信息化等方面财政扶持资金要向智慧苏州项目倾斜,同时积极组织企业争取国家和省资金支持,重点扶持关键技术研发、重点领域示范应用、人才培育、技术评估和质量控制以及公共支撑服务平台建设。对于公共通信网络基础设施建设,原则上依托通信网络运营商按照其自身发展规划进行建设。

3）技术支撑保障体系

技术支撑保障体系是基础。智慧城市的建设、运行和管理涉及到高性能计算、物联网、传感器网、云计算、分布式数据库管理、网络服务与网格服务等多学科和多技术,必须有一支强有力的技术队伍和支撑体系,而且核心技术人员、人才和团队要逐步实现本土化。要发挥财政资金引领作用,整合现有研发平台资源,推动并营造以企业为主体、政府引导、用户牵引、研究院（所）与大学深度参与的"智慧苏州"研发环境,积极开展关键技术研究和参与有关标准制定,争取使本市一些重点企业关键技术研发达到国内或国际领先水平。

4）市场培育保障体系

智慧苏州主管部门、行业应用部门、行业协会、通信运营商、软件商、技术设备提供商、系统集成服务商以及应用系统解决方案服务商等各方紧密联手,协力推进。对与国计民生密切相关、应用效益明显、对产业推动作用大且先行先试已有成功案例的智慧苏州应用项目,有关方面要给予充分重视和积极支持,财政性资金优先扶持"智慧"技术产品和服务。

鼓励智慧苏州企业参加境内外各类相关展览、推介会、国际性及国家组织的资质认证等,打造苏州品牌智慧产品。充分利用电视、广播、报刊、网络等各种媒体,多形式、多层次地开展智慧苏州宣传教育。与苏州日报等新闻媒体合作,办好智慧苏州专栏,推介智慧城市理论和方法、智慧城市技术和产品、国外智慧城市案例、智慧苏州优秀案例等。营造全社会关心、支持和参与智慧苏州建设的良好氛围。

5）人才开发保障体系

充分发挥人才在建设智慧苏州和国家创新型城市、促进转型升级中的引领和支撑作用。完善人才政策体系,构筑新的政策优势。加大人才开发资金投入,财政性人才发展专项资金不低于本级财政一般预算收入的 3%,帮助解决引进人才的住房、子女入学等问题,以优厚的条件广泛吸引海内外信息化高层次人才特别是拔尖领军人才。打造以智慧苏州国际精英创业为主体的招才引智平台。加快推进人才工作社会化进程,积极参与国际人才竞争,着力为各类高层次人才提供包括学术环境、发展环境、融资环境、生活环境、文化环境等在内的一流创新创业环境。

6）信息安全保障体系

信息安全保障体系是关键。制定智慧苏州信息安全目标与策略,完善信息安全基础设施建设,保障物联网和云计算传输信息安全,完善基础数据冗余备份措施,研究具有自主知识产权的信息安全技术和产品,从技术上保障信息安全。加强网络信息安全监管,提高对网络犯罪的防控能力。加强对个人隐私信息的保护。制定信息安全预警、检测和通报制度。建立健全网络及信息安全应急响应和处置机制，完善应急预案，不断提高处置网络与信息安全突发公共事件的能力。

7）运行管理保障体系

运行管理保障体系是支撑。可以采用成立若干政府控股股份有限公司来分别管理，或政府委托权威部门代理管理，或把智慧苏州作为一个信息化产业来管理。组建市政府牵头、产业链上下游企业、科研院（所）、金融行业等参与的智慧苏州发展联盟，协同开展关键应用推进、技术攻关、上下游产业化合作、技术和产品标准研制等工作，推动不同企业同一技术产品的成龙配套与互联互通。

8）绩效评估保障体系

绩效评估是检验智慧苏州建设成效的有效手段，要把绩效评估作为制度性工作。在适当的时候要建立"智慧苏州工程绩效评估中心"，为智慧苏州重大项目提供"事前预警"、"同步监理"、"事后跟踪"、"综合评价"等服务。组织制定的《智慧苏州测评指标体系》，把智慧苏州战略新型产业资本投资占地区生产总值比重、智慧产业（软件业、信息服务业、物联网产业等）贡献率、重大产业创新载体数量和产能、重大应用示范工程的支撑作用和示范效应、减排量和资源利用率、政府服务效能、居民生活水平和生活品质指数等指标作为重要考核指标，建立智慧苏州绩效评估体系。

11.2.5 智慧北京建设

围绕"人文北京、科技北京、绿色北京"战略任务和建设中国特色世界城市的目标，以建设国际活动聚集之都、世界高端企业总部聚集之都、世界高端人才聚集之都、中国特色社会主义先进文化之都、和谐宜居之都为着力点，紧紧抓住新一代信息技术发展机遇，全力建设人人享有信息化成果的智慧城市，以普及城市运行、市民生活、企业运营和政府服务等领域的智慧应用为突破点，明确主题、聚焦重点，通过政府引导、多方参与的方式，全面提升经济社会信息化应用水平，推动北京加快迈向信息社会。

智慧北京是首都信息化发展的新形态，是北京市信息化发展的主题，其基本特征是宽带泛在的基础设施、智能融合的信息化应用和创新可持续的发展环境。智慧北京的发展目标是实施智慧北京八大行动计划，建成泛在、融合、智能、可信的信息基础设施，基本实现人口精准管理、交通智能监管、资源科学调配、安全切实保障的城市运行管理体系，基本建成覆盖城乡居民、伴随市民一生的集成化、个性化、人性化的数字生活环境，基本普及信息化与工业化深度融合、信息技术引领企业创新变革的新型企业运营模式，全面构建以市民需求为中心、高效运行的政府整合服务体系，形成信息化与城市经济社会各方面深度融合的发展态势，信息化整体发展达到世界一流水平，从数字北京向智慧北京全面跃升。

1. 智慧北京运行行动计划

（1）城市人口精准管理。以居住证为载体建立全市联网、部门联动的实有人口信息系统，加强人口信息的采集、共享和利用，有效提高人口管理的信息化和精细化水平。提高人群流动感知能力，服务交通管理、社会治安、公共安全预警、突发事件应急等城市运行保障活动。

建立人口宏观决策支撑服务体系，服务城市人口、产业空间、交通设施、能源资源等规划决策。

（2）交通智能管理服务。建设全路网智能监控体系，完善交通智能控制体系，推动各类交通信息共享，开展与周边地区的协调联动，实现联动管理。提升车辆的智能化水平，推广车辆智能终端、不停车收费系统（Electronic Toll Collection，ETC）、"电子绿标"等智能化应用，加强营运车辆的智能化管理和调度。加强交通信息服务，在公共收费停车区域（场）推广停车电子计费系统，以多种方式为出行者提供全面及时的出行服务信息。

（3）资源和生态环境智能监控。建设智能城市生命线管理体系，推广智能电表、智能水表、智能燃气表和供热计量器具，形成智能的电力、水资源和燃气等控制网络。完善节能监测体系，实现对工业、交通及大型公共建筑、公共机构等主要用能行业（领域）及场所、单位的能耗监测。建设智能的土地、环境和生态监管体系，实现对全市土地利用、生态环境、重点污染源、地质资源和灾害、垃圾处理等领域的动态监测。

（4）城市安全智能保障。建设城市安全视频监控网络，基本覆盖政治中心区、轨道交通、地面公交、在建工地、餐饮企业、地下空间、公园等重点公共场所。建设社会服务管理网格，基本覆盖全市的人、地、物、事和组织。建设安全生产智能监管网络，覆盖煤矿、非煤矿山、危险化学品、烟花爆竹及规模以上工业企业等重点行业（领域）生产经营单位。建设食品、药品安全监管和追溯体系，逐步实现药品全品种全过程电子监管以及重点食品、问题药品的可追溯。完善智能应急响应体系，支撑社会公共安全、公共卫生安全、食品安全、生产安全、消防安全、森林防火、防汛抗旱、抢险救险等领域的快速响应。加强网络安全保障能力建设，维护网络秩序。

2. 智慧北京市民数字生活行动计划

（1）提供方便获取的社会公共服务。推广"市民卡"（包括社保卡和实名交通卡等），使市民能持卡享受医疗、就业、养老、消费支付等社会服务。加强网络化基本公共服务，推广电子病历和居民健康档案，提供基于网络的预约挂号、双向转诊等服务，实现城镇基本医疗保险和新型农村合作医疗患者持卡就医、实时结算，建设保障性住房网上服务系统，完善用人单位、劳动力、服务机构三方便利的"一站式"网络就业服务体系。加强基层信息化服务，完善96156社区服务平台、221信息平台、农村信息管理系统等信息系统，促进教育、医疗、就业、社保、优抚安置等基本公共服务城乡一体化。

（2）使人人享有数字化便捷生活。引导数字化生活，推广移动办公，发展在线教育和学习，促进数字消费，推动"三网融合"业务全面进入家庭。建设智慧社区（村），提供智能社区服务，完善面向老年人和特殊人群的数字便捷服务。发展智慧旅游文化服务，开展公园和风景名胜区智能化管理试点示范，促进旅游电子商务，加快图书馆、博物馆、美术馆、档案馆等文化资源的数字化进程。

3. 智慧北京企业网络运营行动计划

（1）应用信息化手段实现网络运营。促进企业深度应用信息技术，推广网络化办公、网络协同设计制造、数字化经营管理和无纸化运营等网络化运营模式。推广电子商务应用，引导更多的传统制造业、服务业和农业企业应用电子商务，鼓励龙头电子商务服务企业建立全产业链服务联盟，推动中小企业应用电子商务。

（2）应用信息技术引领创新发展。促进网络化创业和创新，提供所需的信息资源、共性平台服务，推动各种创新要素通过网络连接和集聚。促进企业运用信息技术进行升级改造。

4. 智慧北京政府整合服务行动计划

（1）以市民需求为中心整合服务。建设公共集成服务体系，以市民需求为中心，提高首都之窗网站群、政务服务中心、政府服务热线等多渠道、多层级联动集成服务能力。推动电子公共服务向基层延伸，使居民可以在社区（村）、街道（乡镇）基层服务站点办理劳动就业、社会保险、社会救助、社会福利等各种便民服务事项。

（2）信息化为手段支撑科学管理。建设多级政府决策服务体系。提高党委、人大、政府、政协、法院、检察院等机关内部管理信息化水平。提高对政府机关的监察、审计和绩效考核信息化水平。

5. 智慧北京信息基础设施提升行动计划

（1）完善高速泛在的信息网络。建设"无线城市"，形成覆盖全部平原地区的高速无线网络，开展新一代宽带无线网络试点。建设城乡一体的高性能光纤网络，实现光纤到企入户，覆盖全市各社区（村）。加快有线电视高清交互改造，推进"三网融合"。进一步提升政务信息网络的性能，有效利用卫星通信技术保障应急指挥，加快建设政务和公共服务高清视频传输网络。

（2）统筹建设全市政务信息基础设施。建设全市统一的传感终端网络、政务物联数据专网、无线宽带专网及物联网安全保障体系。建设一流的数据中心。统筹建设全市便民服务终端网络，整合部署社区、公共场所、办公楼宇的信息屏、"缴费通"等服务终端。

6. 智慧北京共用平台建设行动计划

（1）统筹建设政务服务共用平台。建设和完善空间实体可视化服务、政务云计算服务、物联网应用支撑、统一用户认证、政务信息资源数据库服务等政务服务共用平台。

（2）统筹建设社会信息化公共服务平台。统筹发展中小企业信息化、电子商务等社会信息化公共服务平台。

7. 智慧北京应用与产业对接行动计划

（1）通过应用带动产业高端展。推动需求与产业对接，建立智慧北京需求与解决方案对接机制，开展智慧北京的应用试点和认证，推动建设一批智慧北京体验中心、示范社区（村）、示范企业和示范园区，推广智慧北京品牌，使北京成为全国各类智慧应用的试验、展示和宣传中心。

（2）促进产业创新、支撑重点应用。加强关键技术、基础软件的自主研发，促进城市管理、现代服务、文化创意等领域高端解决方案的创新，大力发展新一代信息技术产业，实施"祥云工程"行动计划，加快推动"感知北京"示范工程建设，大力发展数字文化创意产业，全面建设"三网融合"试点城市。优化科技创新环境，逐步形成稳定的产业发展资金支撑体系，依托工程研究中心、工程实验室、企业技术中心、重点实验室等创新平台，加大对重大技术的研发投入和支持力度，鼓励产学研相结合，支持技术联盟发展，鼓励国际高端资源与本土企业对接。

8. 智慧北京发展环境创新行动计划

（1）加强领导与管理创新。加强各级信息化工作领导小组的组织领导，完善市信息化专家咨询委员会决策咨询机制，统筹开展全市信息化顶层设计，建立全市统筹的政务部门信息化服务体系。

（2）完善法规标准。推动完善信息化促进等地方性法规，推进信息安全等地方立法工作，研究制定基础数据库使用管理、个人信息保护、电子商务管理、信用管理、电子文件互信互认等方面的标准规范。加快制定"市民卡"一卡多用、传感器标识、物联网专网应用、基础数据库使用与管理、政务信息资源共享与开发利用等全局性的标准规范。

（3）加强资金统筹。加强对"智慧北京"建设资金的统筹，引导多方参与"智慧北京"建设，规范信息化服务市场，推动"大外包"机制，采用建设—转移（BT）、建设—运营—转移（BOT）等模式加快信息化发展。加强对应用示范区及重点行业（领域）应用示范的资金、配套措施、技术等方面的支持。

（4）完善信息化人才体系。鼓励和引导重点企业设立专职首席信息官，完善政府信息化人才考核、表彰、激励、职业发展等人力资源机制。完善高端信息化人才服务体系和引进计划，对接中央"千人计划"、北京"海聚工程"和中关村"高端领军人才聚集工程"。

9. 智慧东城行动计划

为深入贯彻科学发展观，落实"人文北京、科技北京、绿色北京"发展战略，全面落实智慧北京行动纲要，建设"国际化现代化新东城"，北京市东城区特制定"智慧东城"行动计划（2011—2015 年）。

1）指导思想和建设目标

（1）指导思想。贯彻落实科学发展观，按照建设中国特色世界城市的要求，紧紧围绕建设"国际化现代化新东城"的战略目标和"两新四化"发展战略，立足"首都文化中心区、世界城市窗口区"的总体定位，抓住行政区划调整后新的发展机遇，以信息化促进区域统筹、融合、均衡发展，按照继承发展、统筹规划、多方参与、惠及全民的原则，以一个基础平台、六大应用体系为"智慧东城"应用框架，深化网格化品牌应用，发挥资源优势、突破空间约束，以创建网格化社会服务管理模式为先导，通过实施一批重点工程，在社会管理、公共服务等领域取得重点应用突破，营造世界一流的智慧城市环境，提升东城区的发展潜力和国际影响力。

（2）建设目标。"智慧东城"的发展目标是，通过实施"2126"计划（"2"即两大基础工程，"12"即十二项重点工程，"6"即六项保障措施），初步建成信息资源高度整合的公共基础数据共享服务平台和以城市运行、公共安全、社会管理、公共服务、经济运行和电子政务为应用体系的"智慧东城"应用框架，形成信息化与城市经济社会各方面深度融合的发展态势，信息化整体发展达到世界一流水平，从"数字东城"向"智慧东城"全面跃升。

2）两大基础工程

全面提升信息化基础设施服务能力，建设公共基础数据共享服务平台，为"智慧东城"建设提供基础支撑。

（1）信息化基础设施提升工程。实施"光纤入户"。在北京市信息化基础设施提升计划指导下，引导运营商和用户加快老旧小区光纤入户改造，提高政府、企业和居民的互联网宽带接入能力。重点推进王府井、东二环、雍和科技园、前门商圈、龙潭湖体育产业园等园区的信息化基础设施建设。到2015年，实现家庭用户及企业互联网接入带宽达到北京市领先水平，经济功能区企业用户可达到10 Gbps以上。

建设"无线东城"。鼓励电信运营商在辖区部署新一代无线宽带网络，逐步实现在公共场所面向公众提供免费无线宽带基本接入服务，打造"无线东城"。推动3G移动技术在社会服务管理、公共安全等领域的应用，支持广电运营商部署移动电视网络，争取"三网融合"试点，推进"三网融合"应用。到2015年，实现10个以上公共场所的无线宽带免费接入。

提升政务网络基础设施服务和信息安全防范能力。加快政务网络改造，提升政务网络传输能力，以需求应用为导向，实现政务网络的高速互联。加强信息安全的组织领导、综合协调和监督管理，完善政务信息安全技术防范体系和管理体系。建设基于公共设施的网络安全应急管理系统。建立全区数据中心的异地容灾备份系统等应急处置设施，研究中心机房运行维护服务体系建设。到2015年，政务网络接入带宽可完全满足应用需求。

（2）公共基础数据共享服务平台工程。建设公共基础数据共享服务平台，就是结合国家数字城市地理信息空间框架试点工作，完善东城空间地理、人口、经济、基本单位等数据库和主题应用数据库。加大政务信息和社会信息等信息资源开发利用，建设适度集中、高度共享的公共基础数据共享服务平台。在国家和北京市标准规范的基础上，制定东城区公共基础数据开发利用规则，建立公共基础数据采集、共享、交换、维护、储存、利用和发布规范。加快公共基础数据目录体系、交换体系建设，推进信息共享与应用。到2015年，基本建成公共基础数据共享服务平台。

3）十二项重点工程

以"智慧东城"应用框架为主线，重点以城市运行管理、公共服务为重点，实施以下十二项重点工程。

（1）网格化社会服务管理创新工程。深化网格化城市管理理念，拓展网格化管理内涵，延伸网格化管理领域，继承发展网格化管理模式，将先进信息技术和网格化理念应用于社会服务管理工作之中，全面构建网格化社会服务管理模式，推动全区适度普惠型社会发展。在现有网格化城市管理模式基础上，研究网格化社会服务管理标准，建立网格化社会服务管理平台，采用物联网等新技术，采集基础信息，将人、地、物、事、组织、服务资源、管理项目等纳入工作网格之中，实现对区、街、社区、工作网格的"四级服务管理"。

完善社会保障和社会公共服务体系。推进信息技术在社会保险、社会救助、社会福利等社会保障领域的应用，实现社区工作网格内社会人群、资源等要素的精细化服务管理。完善全区就业服务网络，促进工作网格内低保、就业、扶贫等帮扶指导。推进社保卡系统与医院信息系统、社区卫生信息系统的对接，逐步完善医疗保险体系。进一步完善"领导信箱"、"网上建议"等群众反映问题、监督城市管理的网络沟通渠道。

构建以预防为主的公共安全监管新体系。加强和规范街道、社区等重点地区图像信息系统建设，推进监控设施无线化，不断提高图像监控覆盖率和功能。推进图像信息资源共享和综合利用，实现城市管理、公共安全、防灾减灾等方面的可视、可分析、可预警。推广社会化监看服务模式，充分发挥图像信息系统安全防范作用。探索图像智能分析技术在人物、车辆、可疑物体识别以及客流统计等领域的应用，提高监控系统的智能化水平。开展"电梯卫士"试点，研究推广有毒有害气体探测警报系统应用。

增强网格化社会管理模式的综合执法功能。建立综合执法协调机制，整合城管、公安、消防、卫生、工商、园林等部门资源，实现综合执法与工作网格之间的有机结合，形成常态性、综合性主动执法新机制。到2015年，全区网格化社会服务管理工作整体运行有效，形成区网格化社会服务管理模式。

（2）"智慧文化"特色工程。建立东城特色文化虚拟体验与展示平台。以"文化强区"理念为指导，创新文化资源挖掘、传承、利用的体制机制，建立东城特色文化虚拟体验与展示平台，打造北京世界城市"文化名片"。以平台为依托，整合挖掘皇城、戏剧、中医药、民俗文化等"文化金矿"，以多媒体方式实现东城文化的虚拟化、网络化展现与传播，增强东城文化资源影响力。建设一批具有三维、四维效果的文化剧场、文化会馆，加速推进文化交流与发展。打造一批信息科技含量高、国际影响力强的文化精品和活动品牌，促进东城文化向世界传播。到2015年，初步建成东城特色文化虚拟体验与展示平台。

建立东城区数字档案馆。进一步加强档案馆电子文件中心工作，加快推进馆藏档案全文数字化和新档案馆建设。大力推进东城档案馆与北京市和其他区县档案馆之间信息互联互通，实现档案信息跨馆际、跨区域查询。深入开发利用档案信息资源，加快网络技术在档案信息开发、利用和管理中的应用，提升东城区数字档案馆网络服务水平。加强档案信息安全保障工作，实现档案信息资源的收集、处理、存储、查询等全流程安全保密。到2015年，初步建成数字档案馆，实现档案资源数字化、档案管理网络化、档案利用多元化。

（3）"智慧商业"品牌工程。建立"智慧王府井"服务平台。整合王府井地区商贸企业信息资源，打造空中王府井品牌，为王府井地区商家提供商品展示、商业活动等的信息发布渠道。研究探索王府井电子商务实现途径。到2015年，建成"智慧王府井"服务平台。

建立"网上前门"综合服务平台。整合前门商家、社会组织等资源，建立集娱乐购物、在线支付等为一体的"网上前门"综合服务平台，为消费者提供一站式的个性化的消费信息与服务，提升前门商圈旅游、文化和商业品牌。到2015年，初步建成"网上前门"综合服务平台。

优化重点商业街区交通停车环境。改造现有王府井地区停车诱导系统并推广到前门商圈。利用物联网、三维等信息技术，建立动态、交互式智能停车服务系统，为公众提供实时、便捷的车位信息查询服务，以及王府井和前门商圈公交换乘、自驾车路线指南服务。到2015年，智能停车服务系统覆盖王府井和前门商圈停车场。

（4）"智慧产业"科技工程。建设"智慧雍和科技园"。搭建雍和园公共服务数字化平台，为管理部门提供招商引资等信息服务，为园区企业提供对外宣传、展示和信息交流等信息服务，吸引并培育一批IT服务企业入驻园区，促进园区信息服务产业发展。建立雍和园版权交易服务平台，以建设国际版权交易中心为契机，不断完善文化产品交易和展示服务体系，加快文化创意产业资源流动，促进文化创意产业发展。完善雍和园版权交易服务平台功能，为版权相关方提供数字内容存储、加工、分发、检索、展示等服务，提升版权交易流程管理水平。启动建设雍和园版权电子商务平台，为各类版权机构和个人提供版权电子商务服务。研究建立版权监测系统，及时发现和制止盗版侵权行为，为版权产业发展营造良好的市场环境。到2015年，版权电子商务平台启动运营。

建设"智慧龙潭湖体育产业园"。建立龙潭湖体育产业公共服务网，为企业提供宣传展示、信息交流等功能，为管理部门提供园区品牌宣传和招商引资服务，优化体育产业发展环境，促进体育产业快速发展。到2015年，龙潭湖体育产业公共服务网启动运营。

建立工艺美术数字设计与产业促进平台。整合产业相关资源，为工业美术设计、生产、销售提供一体化的服务，促进工艺美术产业模式创新升级，提升工艺美术产业竞争力。到2015年，初步建成工艺美术数字设计与产业促进平台。

（5）"智慧旅游"服务工程。搭建东城旅游综合服务平台。统筹整合全区旅游资源，搭建东城旅游综合服务平台，以最具东城特色的故宫、天坛、前门、国子监、钟鼓楼、四合院等文化旅游资源为核心，通过音视频、图片等多媒体形式向游客提供多语言的东城旅游目的地、旅游企业、旅游产品和旅游服务等信息服务。推广普及无线讲解系统，为游客提供方便的旅游讲解服务。强化平台的虚拟体验功能，利用虚拟现实等多媒体技术，通过3G移动终端、景点体验中心等方式为游客提供"网上逛东城"服务。推动旅游服务的信息化，提高电子票务、移动支付的应用范围和领域。到2015年，初步建成东城旅游综合服务平台。

（6）"智慧监测"绿色工程。推进楼宇经济监测系统应用。整合工商、统计、国地税等各部门信息资源，统一数据口径，定期采集全区楼宇空间、企业税收、从业人员等动态信息，形成统一的楼宇经济数据采集源。到2015年，楼宇经济监测系统覆盖东城区主要商务楼宇。

建立动态指标监测系统。定期采集经济指标，并进行智能化数据分析和预警预测，为区领导掌控全区经济动态、制定经济政策提供支持。到2015年，动态指标监测系统覆盖主要经济指标。

启动能耗监测试点。建立能源在线监测平台，采用物联网等信息技术，实时监测商务楼宇重点用能单位的空调、暖气、热水、照明等设备的耗能状况，引导楼宇业主和用能单位进行节能改造，推进"绿色东城"建设。到2015年，逐步实现对区属2 000吨标准煤以上用能单位能耗的动态监测。

实施建筑物室温监测。在大型公共建筑和有条件的居住建筑中安装室温智能监测器，监控室内温度，智能调节冷气和暖气供应水平，促进建筑楼宇节能减排。到2015年，大型公共建筑室温智能监测率达到95%以上，居住建筑室温智能监测率达到30%以上。

（7）"智慧社区"试点工程。推进"智慧安全社区"建设试点，鼓励有条件的小区建立防盗报警、保安巡更、出入控制、紧急报警、模拟显示等安全防范系统，全面夯实社区治安防控体系。推进"智慧宜居社区"建设试点，鼓励有需求的社区建立社区综合信息服务平台，为居民在公共事业缴费、家政服务等方面提供便利；利用液晶显示屏等信息化手段，为居民提供社区政务公开和便民服务等信息；实施社区科普益民计划，创新开展群众科普活动，提高全民科学素质。开展"智慧服务社区"试点，将网格化管理模式延伸到社区，统一社区人口、房屋等信息的采集、更新、维护，以及面向社区居民的各类服务，提升社区精细化管理和个性化服务水平。推进社区服务助老试点，整合社区管理与服务信息资源，建立社区服务助老平台，统筹管理有关居家养老（助残）服务，构建以家庭为基础、以网格为纽带、以社区为依托的居家养老（助残）保障服务体系。开展"智慧家庭"试点，鼓励有需求的家庭构建家庭局域网，实现对家用电器的远程控制；鼓励建立家庭安防系统，通过移动终端实时监控家庭现场环境，保障家居和家人安全。到2015年前，选择有条件的社区和家庭开展"智慧安全社区"、"智慧宜居社区"、"智慧服务社区"、社区服务助老和"智慧家庭"试点，智慧社区数量达到100个左右。

（8）"智慧教育"提升工程。提升教育网接入能力。推动教育网延伸至社区、家庭和公共场所。积极与广电、电信运营商合作，提供交互式、移动式数字电视和互联网教育培训服务。

搭建教育资源共享平台。深化学区化管理理念，整合区域教育资源，建立学校设施设备资源、课程资源、人力资源共享机制，推动全区教育资源均衡化发展。建立教育资源开发、共享、评价和奖励机制，鼓励区内外优秀教师向平台提供课件、教案、论文、试卷、教学视频等优质资源，丰富"学习e网通"教育内容。

搭建面向管理者、教师、学生、家长和市民的信息交流共享平台。探索建立教师网络研修体系、学生综合素质评价体系、社区教育服务体系和教育系统电子政务服务体系等，促进"学习型城区"建设。到2015年，全区中小学生可通过"学习e网通"进行全时空学习，享受优质教育资源。

（9）"智慧健康"惠民工程。搭建居民健康服务平台。建立居民健康服务系统，提供个人健康信息管理等信息服务。在"健康之家"设立健康电子小屋，为居民提供自助体检、个人健康信息查询和结果打印等服务。建立社区卫生互动交流平台，鼓励居民参与自我健康管理，倡导"我的健康我做主"。到2015年，建成30家健康电子小屋。

普及社区卫生服务信息系统。扩大社区卫生服务信息系统应用范围，提高信息系统应用水平。推进社区卫生信息资源的挖掘与应用，提高决策支持、预测预警和分析报告能力。鼓励区内社区卫生服务机构逐步建立电子健康档案。加快国家中医药发展综合改革试验区建设，大力开发中医药信息资源，构建中医药服务信息平台，实现中医药服务普惠居民。到2015年，社区卫生服务信息系统覆盖全区居民。

建设东直门全数字化社区卫生服务中心。建立"以患者为中心"的医院信息平台，实现分时段预约挂号、智能分诊、远程医疗会诊等功能，开展电子病历应用试点。到2015年，初步建成东直门全数字化社区卫生服务中心。

（10）"智慧政务"强政工程。构建新一代协同办公平台。整合各部门信息资源，建立区、街道、社区三级机关统一的协同办公平台，实现"一站式、一体化"电子政务办公。梳理、整合各部门业务流程和办理事项，实现各部门内部及部门之间系统互联互通、业务协同。扩大各部门信息交换和共享范围，提高信息资源利用率。整合领导所需信息，为领导提供各类信息服务，辅助领导监督与管理。深入挖掘各类信息，为领导掌握全区事务和科学决策提供辅助支持。建立电子签章系统，实现电子公文在线签章。建设移动电子政务系统，满足公务人员移动办公需要。升级改造政务视频会议系统，满足政务会议和应急指挥工作的需要。到2015年，电子政务覆盖全区各部门和公务人员。

建立网上监察综合平台。围绕重点业务监督和政府绩效管理，建立网上监察系统，将行政审批、政务公开、折子工程等10项重点业务纳入监察范围。将网上监察与各部门业务系统对接，实现对业务办理全流程的实时监控、预警和纠错。按照行政绩效量化标准，自动评估业务办理情况。利用互联网，公开行政权力，发布监察评估结果。建立政府绩效管理系统。梳理各部门业务流程，量化各项业务工作，制定工作考核标准，对各部门、公务人员的绩效进行科学、量化的考核评估，促进政府工作规范化、透明化。到2015年，绩效管理覆盖全区相关部门和公务人员。

建设人才公共信息平台，升级改造"王府井人才港"，强化政策宣传、招聘服务、人才培训等各项功能。整合全区人才信息资源，建立政府主导，企事业单位以及各类社会组织广泛参与的人才资源共享平台，建立完善涵盖各支人才队伍的人才信息数据库。加强重点产业及教育卫生等人才存量与流量的统计与监测，定期研究、发布东城区人才资源发展报告和紧缺人才目录，为区委区政府和企事业单位提供人才信息服务。积极与专业机构合作，以政府购买服务的方式，采取"政府主导，非政府组织运作"的模式，构建"政产学研一体化人才公共服务平台"，集聚政府、高校和企业三大资源，整合拓展人才引进、人才孵化、全日制研究生联合培养、在职教育培训和职业资格认证等功能，促进全区重点人才的引进、培养和发展。到2015年，建成"政产学研一体化人才公共服务平台"。

（11）"企业网络运行"推进工程。促进企业深度应用信息技术。提高企业网络应用能力，推广网络化办公、网络协同设计制造、数字化经营管理和无纸化运营等网络化运营模式，推动信息化在金融业、物流业、文化创意产业、商贸服务业和旅游业等重点行业的深度应用。到2015年，实现关键业务信息化的规模以上企业比例达到80%以上。

推广电子商务应用。加快培育和优化电子商务应用和发展环境，引导更多企业应用电子商务，大力推动中小企业深度应用电子商务。到2015年，使用电子商务的规模以上企业比例达到50%以上。

引导企业加大信息化投入。鼓励和引导企业在软硬件采购、系统开发、技术改造和购买信息服务等方面的信息化投入，提升企业信息化投入占主营业务收入的比例。到2015年，企业信息化投入占主营业务收入的比例达到0.5%左右。

推进企业利用信息化手段实现节能减排。推进生产型、生产服务型企业利用信息化手段开展技术改造、有效降低生产能耗。到2015年，有效利用信息化手段实现节能减排的规模以上企业的比例达到80%左右。

（12）"智慧服务"便捷工程。建设"市民主页"，提供整合的移动服务。将适合通过移动方式提供的公共服务在"市民主页"上集成，按照市民、旅游者、投资者和国际人士等用户对象提供集成的服务。到2015年，实现通过"市民主页"提供的移动电子公共服务比例达到80%以上。

提升全程在线办理的事项比例。按照"市、区、街、社区"联动、"网上大厅"和"实体大厅"联动的要求，推动业务系统的整合，逐步实现同城办理和网上网下协同办理。到2015年，全程在线办理的事项比例达到90%以上。

提升可在线办理政务、便民公共服务事项的基层站点总数。完善社区公共服务平台，建立"一站式"基层服务站点，将各种电子公共服务接入基层服务站点，使居民可以在街道、社区基层服务站点办理劳动就业、社会保险、社会救助、社会福利等各种便民服务事项。到2015年，可在线办理政务、便民公共服务事项的基层站点总数达到100个左右。

提升政务信息资源管理水平。完善基层政务数据统一采集机制，按照跨部门、跨层级业务协同要求，依托市、区两级共享交换平台进行共享。到2015年，基层政务数据统一采集率与部门数据共享比例达到80%以上。

4）六项保障措施

（1）加强组织领导，完善组织体系建设。区信息化工作领导小组负责对"智慧东城"建设的统一领导，强化区信息办的统筹、管理、协调、监督等职能，拓展信息中心的业务服务职能，研究建立区信息办下多中心的业务支撑体系。区属各部门建立、完善信息化工作机构，确定主管领导和工作部门，明确职责、分解任务。完善区信息化专家咨询委员会，探索政府首席信息官（CIO）制度和中高技术人员聘任机制，确保行动计划全面落实。

（2）完善规范制度，有序推进建设。按照国家和北京市信息化建设相关标准规范，完善信息化建设各项规范制度，保障"智慧东城"建设的积极有序推进。以统筹规划、统一建设、统一运维、统一管理为原则，统筹建设机房、网络、安全等基础设施，避免重复建设。建立健全信息采集、登记、备案、保管、共享、发布、安全、保密等方面的规范制度。加强全区信息化的统筹规划和统一部署，做好信息化的顶层设计与整体解决方案。完善信息化项目建设、运行、维护、管理以及监理、政府采购、备案等规章制度，加强信息化行政执法。

（3）制定政策措施，优化建设环境。坚持政府主导与引导相结合、政府投入和市场运作相结合的原则，形成政府投入、企业投资、金融机构和其他社会资金共同参与的多元化、多渠道信息化投资模式。积极争取国家和北京市有关部门的支持。研究制定"智慧东城"建设的鼓励促进政策，对具有公益性的社会投资项目提供场地服务等方面的支持，对"智慧东城"建设具有突出贡献的企业和个人给予一定奖励。每年设立8000万元"智慧东城"专项资金，作为电子政务项目、公益项目的投入资金和社会项目的引导资金。

（4）加强人才队伍建设，营造智慧东城氛围。建立信息化人才培养、使用、引进等制度，完善各部门信息化岗位设置和管理机制。积极引进复合型、实用型信息化人才。加强领导干部、公务员、专业技术队伍培训，开展面向公众的信息技术知识讲座和科普活动，全面提高东城居民的信息能力。以信息化应用现场会、成果展示会等为载体，开展"智慧东城"建设主题宣传活动，调动公众和企业参与的积极性和创造性。建立"数字生活"体验中心，让公众亲身感受信息化带来的便利。充分利用报刊、电视、互联网等渠道，加强宣传引导，营造"智慧东城"建设的良好社会氛围。

（5）强化绩效考核，确保取得实效。将"智慧东城"建设任务进行细化分解，列入"折子工程"并逐条落实。建立行动计划落实的调度会制度，定期研究解决工作中的问题。研究制定科学、可行、量化的信息化发展指数及绩效评价指标体系，对各相关部门的信息化建设进度、质量、效果等进行评价考核，将考核结果纳入政府绩效考核体系。

（6）制定发展规划，促进可持续发展。将"智慧东城"建设纳入东城区总体发展战略规划（2011—2030年），把信息服务、数字内容等新兴产业作为支柱产业予以重点培育发展，促进产业结构调整和经济增长方式转变。在"智慧东城"建设中充分借鉴国内外城市信息化建设先进经验，加强交流与合作，把东城区建设成为全国先进、国际闻名的城区。

讨论与思考题

（1）简述国外智慧城市建设的主要特征与建设模式。
（2）试剖析美国"智能电网"建设成功的原因。
（3）简述斯德哥尔摩"智慧交通"建设模式的主要内容。
（4）简述马来西亚"多媒体超级走廊"建设可实现的功能。
（5）简述新加坡"智慧国"建设典型应用具体包括哪些。
（6）简述国内智慧城市建设的主要特征与建设模式。
（7）简述智慧广州建设模式的主要内容。
（8）上海智慧城市基础条件设施具有哪些特征？
（9）智慧苏州建设的重点内容有哪些？
（10）北京市智慧东城建设的重点内容有哪些？

附录　关于促进智慧城市健康发展的指导意见

发改高技[2014]1770 号

各省、自治区、直辖市人民政府，国务院各部委、各直属机构：

　　经国务院同意，现将《关于促进智慧城市健康发展的指导意见》印发你们，请认真贯彻落实。各地区、各有关部门要充分认识促进智慧城市健康发展的重要意义，切实加强组织领导，采取有力措施，扎实推进各项工作，认真落实本指导意见提出的各项任务，确保智慧城市建设健康有序推进。

国家发展改革委
工业和信息化部
科　学　技　术　部
公　　安　　部
财　　政　　部
国　土　资　源　部
住房和城乡建设部
交　通　运　输　部
2014 年 8 月 27 日

关于促进智慧城市健康发展的指导意见

　　智慧城市是运用物联网、云计算、大数据、空间地理信息集成等新一代信息技术，促进城市规划、建设、管理和服务智慧化的新理念和新模式。建设智慧城市，对加快工业化、信息化、城镇化、农业现代化融合，提升城市可持续发展能力具有重要意义。近年来，我国智慧城市建设取得了积极进展，但也暴露出缺乏顶层设计和统筹规划、体制机制创新滞后、网络安全隐患和风险突出等问题，一些地方出现思路不清、盲目建设的苗头，亟待加强引导。为贯彻落实《中共中央　国务院关于印发〈国家新型城镇化规划（2014—2020 年）〉的通知》（中发[2014]4 号）和《国务院关于促进信息消费扩大内需的若干意见》（国发[2013]32 号）有关要求，促进智慧城市健康发展，经国务院同意，现提出以下意见。

1　指导思想、基本原则和主要目标

1.1　指导思想

　　按照走集约、智能、绿色、低碳的新型城镇化道路的总体要求，发挥市场在资源配置中的决定性作用，加强和完善政府引导，统筹物质、信息和智力资源，推动新一代信息技术创新应用，加强城市管理和服务体系智能化建设，积极发展民生服务智慧应用，强化网络安全保障，有效提高城市综合承载能力和居民幸福感受，促进城镇化发展质量和水平全面提升。

1.2 基本原则

以人为本，务实推进。智慧城市建设要突出为民、便民、惠民，推动创新城市管理和公共服务方式，向城市居民提供广覆盖、多层次、差异化、高质量的公共服务，避免重建设、轻实效，使公众分享智慧城市建设成果。

因地制宜，科学有序。以城市发展需求为导向，根据城市地理区位、历史文化、资源禀赋、产业特色、信息化基础等，应用先进适用技术科学推进智慧城市建设。在综合条件较好的区域或重点领域先行先试，有序推动智慧城市发展，避免贪大求全、重复建设。

市场为主，协同创新。积极探索智慧城市的发展路径、管理方式、推进模式和保障机制。鼓励建设和运营模式创新，注重激发市场活力，建立可持续发展机制。鼓励社会资本参与建设投资和运营，杜绝政府大包大揽和不必要的行政干预。

可管可控，确保安全。落实国家信息安全等级保护制度，强化网络和信息安全管理，落实责任机制，健全网络和信息安全标准体系，加大依法管理网络和保护个人信息的力度，加强要害信息系统和信息基础设施安全保障，确保安全可控。

1.3 主要目标

到 2020 年，建成一批特色鲜明的智慧城市，聚集和辐射带动作用大幅增强，综合竞争优势明显提高，在保障和改善民生服务、创新社会管理、维护网络安全等方面取得显著成效。

公共服务便捷化。在教育文化、医疗卫生、计划生育、劳动就业、社会保障、住房保障、环境保护、交通出行、防灾减灾、检验检测等公共服务领域，基本建成覆盖城乡居民、农民工及其随迁家属的信息服务体系，公众获取基本公共服务更加方便、及时、高效。

城市管理精细化。市政管理、人口管理、交通管理、公共安全、应急管理、社会诚信、市场监管、检验检疫、食品药品安全、饮用水安全等社会管理领域的信息化体系基本形成，统筹数字化城市管理信息系统、城市地理空间信息及建（构）筑物数据库等资源，实现城市规划和城市基础设施管理的数字化、精准化水平大幅提升，推动政府行政效能和城市管理水平大幅提升。

生活环境宜居化。居民生活数字化水平显著提高，水、大气、噪声、土壤和自然植被环境智能监测体系和污染物排放、能源消耗在线防控体系基本建成，促进城市人居环境得到改善。

基础设施智能化。宽带、融合、安全、泛在的下一代信息基础设施基本建成。电力、燃气、交通、水务、物流等公用基础设施的智能化水平大幅提升，运行管理实现精准化、协同化、一体化。工业化与信息化深度融合，信息服务业加快发展。

网络安全长效化。城市网络安全保障体系和管理制度基本建立，基础网络和要害信息系统安全可控，重要信息资源安全得到切实保障，居民、企业和政府的信息得到有效保护。

2 科学制定智慧城市建设顶层设计

2.1 加强顶层设计

城市人民政府要从城市发展的战略全局出发研究制定智慧城市建设方案。方案要突出为人服务，深化重点领域智慧化应用，提供更加便捷、高效、低成本的社会服务；要明确推进信息资源共享和社会化开发利用、强化信息安全、保障信息准确可靠以及同步加强信用环境建设、完善法规标准等的具体措施；要加强与国民经济和社会发展总体规划、主体功能区规划、相关行业发展规划、区域规划、城乡规划以及有关专项规划的衔接，做好统筹城乡发展布局。

2.2 推动构建普惠化公共服务体系

加快实施信息惠民工程。推进智慧医院、远程医疗建设，普及应用电子病历和健康档案，促进优质医疗资源纵向流动。建设具有随时看护、远程关爱等功能的养老信息化服务体系。建立公共就业信息服务平台，加快推进就业信息全国联网。加快社会保障经办信息化体系建设，推进医保费用跨市即时结算。推进社会保障卡、金融IC卡、市民服务卡、居民健康卡、交通卡等公共服务卡的应用集成和跨市一卡通用。围绕促进教育公平、提高教育质量和满足市民终身学习需求，建设完善教育信息化基础设施，构建利用信息化手段扩大优质教育资源覆盖面的有效机制，推进优质教育资源共享与服务。加强数字图书馆、数字档案馆、数字博物馆等公益设施建设。鼓励发展基于移动互联网的旅游服务系统和旅游管理信息平台。

2.3 支撑建立精细化社会管理体系

建立全面设防、一体运作、精确定位、有效管控的社会治安防控体系。整合各类视频图像信息资源，推进公共安全视频联网应用。完善社会化、网络化、网格化的城乡公共安全保障体系，构建反应及时、恢复迅速、支援有力的应急保障体系。在食品药品、消费品安全、检验检疫等领域，建设完善具有溯源追查、社会监督等功能的市场监管信息服务体系，推进药品阳光采购。整合信贷、纳税、履约、产品质量、参保缴费和违法违纪等信用信息记录，加快征信信息系统建设。完善群众诉求表达和受理信访的网络平台，推进政府办事网上公开。

2.4 促进宜居化生活环境建设

建立环境信息智能分析系统、预警应急系统和环境质量管理公共服务系统，对重点地区、重点企业和污染源实施智能化远程监测。依托城市统一公共服务信息平台建设社区公共服务信息系统，拓展社会管理和服务功能，发展面向家政、养老、社区照料和病患陪护的信息服务体系，为社区居民提供便捷的综合信息服务。推广智慧家庭，鼓励将医疗、教育、安防、政务等社会公共服务设施和服务资源接入家庭，提升家庭信息化服务水平。

2.5 建立现代化产业发展体系

运用现代信息化手段，加快建立城市物流配送体系和城市消费需求与农产品供给紧密衔接的新型农业生产经营体系。加速工业化与信息化深度融合，推进大型工业企业深化信息技术的综合集成应用，建设完善中小企业公共信息服务平台，积极培育发展工业互联网等新兴业态。加快发展信息服务业，鼓励信息系统服务外包。建设完善电子商务基础设施，积极培育电子商务服务业，促进电子商务向旅游、餐饮、文化娱乐、家庭服务、养老服务、社区服务以及工业设计、文化创意等领域发展。

2.6 加快建设智能化基础设施

加快构建城乡一体的宽带网络，推进下一代互联网和广播电视网建设，全面推广三网融合。推动城市公用设施、建筑等智能化改造，完善建筑数据库、房屋管理等信息系统和服务平台。加快智能电网建设。健全防灾减灾预报预警信息平台，建设全过程智能水务管理系统和饮用水安全电子监控系统。建设交通诱导、出行信息服务、公共交通、综合客运枢纽、综合运行协调指挥等智能系统，推进北斗导航卫星地基增强系统建设，发展差异化交通信息增值服务。建设智能物流信息平台和仓储式物流平台枢纽，加强港口、航运、陆运等物流信息的开发共享和社会化应用。

3 切实加大信息资源开发共享力度

3.1 加快推进信息资源共享与更新

统筹城市地理空间信息及建（构）筑物数据库等资源，加快智慧城市公共信息平台和应用体系建设。建立促进信息共享的跨部门协调机制，完善信息更新机制，进一步加强政务部门信息共享和信息更新管理。各政务部门应根据职能分工，将本部门建设管理的信息资源授权有需要的部门无偿使用，共享部门应按授权范围合理使用信息资源。以城市统一的地理空间框架和人口、法人等信息资源为基础，叠加各部门、各行业相关业务信息，加快促进跨部门协同应用。整合已建政务信息系统，统筹新建系统，建设信息资源共享设施，实现基础信息资源和业务信息资源的集约化采集、网络化汇聚和统一化管理。

3.2 深化重点领域信息资源开发利用

城市人民政府要将提高信息资源开发利用水平作为提升城市综合竞争力的重要手段，大力推动政府部门将企业信用、产品质量、食品药品安全、综合交通、公用设施、环境质量等信息资源向社会开放，鼓励市政公用企事业单位、公共服务事业单位等机构将教育、医疗、就业、旅游、生活等信息资源向社会开放。支持社会力量应用信息资源发展便民、惠民、实用的新型信息服务。鼓励发展以信息知识加工和创新为主的数据挖掘、商业分析等新型服务，加速信息知识向产品、资产及效益转化。

4 积极运用新技术新业态

4.1 加快重点领域物联网应用

支持物联网在高耗能行业的应用，促进生产制造、经营管理和能源利用智能化。鼓励物联网在农产品生产流通等领域应用。加快物联网在城市管理、交通运输、节能减排、食品药品安全、社会保障、医疗卫生、民生服务、公共安全、产品质量等领域的推广应用，提高城市管理精细化水平，逐步形成全面感知、广泛互联的城市智能管理和服务体系。

4.2 促进云计算和大数据健康发展

鼓励电子政务系统向云计算模式迁移。在教育、医疗卫生、劳动就业、社会保障等重点民生领域，推广低成本、高质量、广覆盖的云服务，支持各类企业充分利用公共云计算服务资源。加强基于云计算的大数据开发与利用，在电子商务、工业设计、科学研究、交通运输等领域，创新大数据商业模式，服务城市经济社会发展。

4.3 推动信息技术集成应用

面向公众实际需要，重点在交通运输联程联运、城市共同配送、灾害防范与应急处置、家居智能管理、居家看护与健康管理、集中养老与远程医疗、智能建筑与智慧社区、室内外统一位置服务、旅游娱乐消费等领域，加强移动互联网、遥感遥测、北斗导航、地理信息等技术的集成应用，创新服务模式，为城市居民提供方便、实用的新型服务。

5 着力加强网络信息安全管理和能力建设

5.1 严格全流程网络安全管理

城市人民政府在推进智慧城市建设中要同步加强网络安全保障工作。在重要信息系统设计阶段，要合理确定安全保护等级，同步设计安全防护方案；在实施阶段，要加强对技术、设备和服务提供商的安全审查，同步建设安全防护手段；在运行阶段，要加强管理，定期开展检查、等级测评和风险评估，认真排查安全风险隐患，增强日常监测和应急响应处置恢复能力。

5.2 加强要害信息设施和信息资源安全防护

加大对党政军、金融、能源、交通、电信、公共安全、公用事业等重要信息系统和涉密信息系统的安全防护，确保安全可控。完善网络安全设施，重点提高网络管理、态势预警、应急处理和信任服务能力。统筹建设容灾备份体系，推行联合灾备和异地灾备。建立重要信息使用管理和安全评价机制。严格落实国家有关法律法规及标准，加强行业和企业自律，切实加强个人信息保护。

5.3 强化安全责任和安全意识

建立网络安全责任制，明确城市人民政府及有关部门负责人、要害信息系统运营单位负责人的网络信息安全责任，建立责任追究机制。加大宣传教育力度，提高智慧城市规划、建设、管理、维护等各环节工作人员的网络信息安全风险意识、责任意识、工作技能和管理水平。鼓励发展专业化、社会化的信息安全认证服务，为保障智慧城市网络信息安全提供支持。

6 完善组织管理和制度建设着力

6.1 完善管理制度

国务院有关部门要加快研究制定智慧城市建设的标准体系、评价体系和审计监督体系，推行智慧城市重点工程项目风险和效益评估机制，定期公布智慧城市建设重点任务完成进展情况。城市人民政府要健全智慧城市建设重大项目监督听证制度和问责机制，将智慧城市建设成效纳入政府绩效考核体系；建立激励约束机制，推动电子政务和公益性信息服务外包和利用社会力量开发利用信息资源、发展便民信息服务。

6.2 完善投融资机制

在国务院批准发行的地方政府债券额度内，各省级人民政府要统筹安排部分资金用于智慧城市建设。城市人民政府要建立规范的投融资机制，通过特许经营、购买服务等多种形式，引导社会资金参与智慧城市建设，鼓励符合条件的企业发行企业债募集资金开展智慧城市建设，严禁以建设智慧城市名义变相推行土地财政和不切实际的举债融资。城市有关财政资金要重点投向基础性、公益性领域，优先支持涉及民生的智慧应用，鼓励市政公用企事业单位对市政设施进行智能化改造。

各地区、各有关部门要充分认识促进智慧城市健康发展的重要意义，切实加强组织领导，认真落实本指导意见提出的各项任务。发展改革委、工业和信息化部、科技部、公安部、财政部、国土资源部、环境保护部、住房城乡建设部、交通运输部等要建立部际协调机制，协调解决智慧城市建设中的重大问题，加强对各地区的指导和监督，研究出台促进智慧城市健康发展以及信息化促进城镇化发展的相关政策。各省级人民政府要切实加强对本地区智慧城市建设的领导，采取有力措施，抓好全过程监督管理。城市人民政府是智慧城市建设的责任主体，要加强组织，细化措施，扎实推进各项工作，主动接受社会监督，确保智慧城市建设健康有序推进。

参 考 文 献

[1] 纪金生. 智慧城市发展探讨. 电信技术, 2012 (6): 70-73.
[2] 闫海, 任利成. 智慧城市研究述评. 城市管理与科技, 2012 (5): 40-43.
[3] 张飞舟, 杨东凯. 物联网应用与解决方案. 北京: 电子工业出版社, 2012.
[4] 陈龙. 从智能建筑到智慧城市. 现代物业, 2012, 11 (11): 24-25.
[5] 宋俊德. 从数字城市到智慧城市. 世界电信, 2012 (11): 38-42.
[6] 张飞舟, 杨东凯, 陈智. 物联网技术导论. 北京: 电子工业出版社, 2010.
[7] 吴余龙. 智慧城市: 物联网背景下的现代城市建设之道. 北京: 电子工业出版社, 2011.
[8] 岳梅樱. 智慧城市: 实践分享系列谈. 北京: 电子工业出版社, 2012.
[9] 杨冰之, 郑爱军. 智慧城市发展手册. 北京: 机械工业出版社, 2013.
[10] 程大章, 景培荣, 李海俊. 智慧城市顶层设计导论. 北京: 科学出版社, 2012.
[11] 李林. 智慧城市建设思路与规划. 南京: 东南大学出版社, 2012.
[12] 张继平, 勒东滨. 智慧城市之路——科学治理与城市个性. 北京: 电子工业出版社, 2012.
[13] 中国电信智慧城市研究组. 智慧城市之路——科学治理与城市个性. 北京: 电子工业出版社, 2012.
[14] 杨红艳. "智慧城市"的建设策略: 对全球优秀实践的分析与思考. 电子政务, 2012 (1): 81-88.
[15] 郑国. 城市发展阶段理论研究进展与展望. 城市发展研究. 2010 (2): 83-87.
[16] 秦洪花, 李汉清, 赵霞. "智慧城市"的国内外发展现状. 信息化建设, 2010 (9): 50-52.
[17] 王璐, 吴宇迪, 李云波. 智慧城市建设路径对比分析. 工程管理学报, 2012, 26 (5): 34-37.
[18] 吕征奇. 论智慧城市的建设对城市发展意义. 科技视界, 2012 (31): 67-68.
[19] 张学谦. 面向"智慧城市"应用的整体解决方案. 超视科技, 2012 (11): 84-89.
[20] 潘懋, 金江军, 承继成. 城市信息化方法与实践. 北京: 电子工业出版社, 2006.
[21] IBM 商业价值研究院. 智慧地球. 北京: 东方出版社, 2009.
[22] 黄天航, 刘瑞霖, 党安荣. 智慧城市发展与低碳经济. 北京规划建设, 2011 (2): 39-44.
[23] 陈铭, 王乾晨, 张晓海, 等. "智慧城市"评价指标体系研究——以"智慧南京"建设为例. 城市发展研究, 2011 (5): 54-59.
[24] 吴宇迪. 浅议我国智慧城市建设与发展问题. 建筑经济, 2012 (8): 92-94.
[25] 芦效峰, 李海俊, 程大章. 智慧城市的功能与价值. 智能建筑与城市信息, 2012 (6): 17-22.
[26] 史璐. 智慧城市的原理及其在我国城市发展中的功能和意义. 中国科技论坛, 2011 (5): 97-102.
[27] 袁峰, 徐昊. 智慧城市建设的思考与展望. 城市观察, 2012 (4): 19-26.
[28] 谢昕. 我国智慧城市发展现状及相关建议. 上海信息化, 2012 (1): 12-15.
[29] 李德仁. 数字城市+物联网+云计算=智慧城市. 中国新通信, 2011 (12): 46.
[30] 汪芳, 张云勇, 房秉毅, 等. 物联网、云计算构建智慧城市信息系统. 移动通信, 2011 (15): 49-53.
[31] 张云霞, 来劲, 成建波. 智慧城市概念辨析. 电信科学, 2011 (12): 85-89.
[32] 傅予, 贾素玲, 杨涛存, 等. 基于物联网和云计算的智能城市体研究. 微计算机信息, 2011, 27 (12): 71-74.
[33] 陈桂香. 国外"智慧城市"建设概览. 中国安防, 2011 (10): 100-104.

[34] 续合元，李健，曲振华，等．智慧城市内涵和应用服务体系研究．电信网技术，2011（9）：14-18．

[35] 张永民，杜忠潮．我国智慧城市建设的现状及思考．中国信息界，2011（2）：28-32．

[36] 金江军，潘懋，承继成．智慧城市刍议．现代城市研究，2012（6）：101-104．

[37] Chourabi H，Nam T. Understanding Smart Cities: An Integrative Framework. 2012 45th Hawaii International Conference on System Sciences．Maui：Hawaii USA，2012（2）：2289-2297．

[38] 刘恋．智慧城市信息服务体系建设及实证研究．吉林大学学位论文，2012-5．

[39] 唐建荣，童隆俊，邓贤峰．智慧南京——城市发展新模式．南京：南京师范大学出版社，2011．

[40] Nam T，Pardo T A. Smart City as Urban Innovation: Focusing on Management,Policy, and Context[C]. In: Proceedings of the 5th International Conference on Theory and Practice of Electronic Governance，2011：185-194.

[41] 巫细波，杨再高．智慧城市理念与未来城市发展．城市发展研究，2010（11）：56-60．

[42] 骆小平．"智慧城市"的内涵论析．城市管理与科技，2010（6）：35-37．

[43] 黄新光，魏进武，等．智慧城市建设与发展研究．电信网技术，2011（9）：35-39．

[44] Caragliu A，Del Bo C，Nijkamp P. Smart cities in Europe. Faculty of Economics，Business Administration and Econometrics，2009．

[45] 沈明欢．"智慧城市"助力我国城市发展模式转型．城市观察，2010（3）：140-146．

[46] 寿航涛．智慧城市的网络建设与分析．信息通信，2012（1）：205-206．

[47] Giffinger, R., Kramar, H.& Haindl, G. (2008). The role of rankings in growing city competition[R].

[48] 彭继东．国内外智慧城市建设模式研究．吉林大学硕士论文，2012-5．

[49] 肖应旭．面向智慧城市的信息服务体系构建与运行模式研究．吉林大学学位论文，2012-5．

[50] 吴功宜．智慧的物联网．北京：机械工业出版社，2010．

[51] 杨健，汪海航，王剑，等．云计算安全问题研究综述．小型微型计算机系统，2012，33（3）：472-479．

[52] 刘化君，刘传清．物联网技术．北京：电子工业出版社，2010．

[53] 马海晶．物联网感知技术探讨．制造业自动化，2011，33（6）：76-78．

[54] 邬贺铨．大数据支撑智慧城市．中国经济和信息化，2013（1）：66．

[55] 张春红，裘晓峰，夏海轮，等．物联网技术与应用．北京：人民邮电出版社，2011．

[56] 朱晓荣，齐丽娜，孙君．物联网泛在通信技术．北京：人民邮电出版社，2010．

[57] 郑和喜，陈湘国，郭泽荣，等．物联网原理与应用．北京：电子工业出版社，2010．

[58] 郭曦榕，吴险峰．智慧城市建设模式研究．测绘科学技术学报，2013，33（3）：319-323．

[59] Marceau J. Introduction: Innovationin the city and innovative cities [J]. Innovation: Management，Policy & Practice，2008，10（2-3）：136-145．

[60] 明仲，王强．大数据助力智慧城市科学治理．深圳大学学报（人文社会科学版），2013，30（4）：36-37．

[61] 曹方．大数据点燃智慧城市信息引擎．上海信息化，2013（7）：14-17．

[62] 刘云浩．物联网导论．北京：科学出版社，2010．

[63] Benaloh J，Chase M，Horvitz E, et al. Patient controlled encryption: ensuring privacy of electronic medical records[C]. Proceedings of the 2009 ACM Workshop on Cloud Computing Security，Chicago，Illinois，USA，2009：103-114．

[64] 邹佳佳，马永俊．智慧城市内涵与智慧城市建设．无线互联科技，2012（4）：69-71．

[65] 胡小明．智慧城市的思维逻辑．电子政务，2011（6）：84-91．

[66] 胡小明．组织视角的智慧城市．电子政务，2012（10）：65-73．

[67] 王兆进．一体化平台构筑智慧城市．上海信息化，2012（7）：81-83．

[68] Wegman M N, Carter L. New classes and applications of hash functions[C]. In FOCS, IEEE, 1979: 175-182.

[69] 李德仁, 龚健雅, 邵振峰. 从数字地球到智慧地球. 武汉大学学报（信息科学版）, 2010, 35（2）: 127-132.

[70] 李清泉, 李必军. 物联网应用在 GIS 中需要解决的若干技术问题. 地理信息世界, 2010（5）: 7-11.

[71] 乔金凤, 张崇辉, 刘洋洋, 等. 信息集成综述. 电脑知识与技术, 2013, 9（17）: 3914-3917.

[72] 刘立坤, 易朗黎, 陈刚. 数字城市中面向服务架构的 GIS 服务链事务处理研究. 测绘与空间地理信息, 2013, 36（5）: 22-25.

[73] Li J, Wang Q, Wang C, et al. Fuzzy keyword search over encrypted data in cloud computing [C]. In Proc. of IEEE INFOCOM'10 Mini-Conference, San Diego, CA, USA, 2010.

[74] 徐亮, 梁景原, 杨天开. 智慧城市建设运营模式建设现状与面临挑战. 科协论坛, 2013（5）: 82-83.

[75] 肖易漪, 孙春霞. 国内智慧城市研究进展述评. 电子政务, 2012（11）: 100-104.

[76] 张陶新, 杨英, 喻理. 智慧城市的理论与实践研究. 湖南工业大学学报（社会科学版）, 2012, 17（1）: 1-7.

[77] 王世福. 智慧城市研究的模型构建及方法思考. 规划师, 2012, 28（4）: 19-23.

[78] Pearson S, Shen Yun, Mowbray M. A privacy manager for cloud computing[C]. In CloudCom'09: Proceedings of the 1st International Conference on Cloud Computing, Beijing, China, 2009: 90-106.

[79] 邱爱军. 中国城镇化发展与智慧城市的建设. 低碳世界, 2012（7）: 14-15.

[80] 辜胜阻, 王敏. 智慧城市建设的理论思考与战略选择. 中国人口·资源与环境, 2012, 22（5）: 74-78.

[81] Liu Q, Wang G, Wu J. An efficient privacy preserving keyword search scheme in cloud computing[C]. In Proceedings of IEEE 2009 International Conference on Computational Science and Engineering/TrustCom, 2009: 715-720.

[82] 何东. 智慧城市创新发展模式和策略探讨. 信息通信, 2012（1）: 265-266.

[83] Blaze M, Bleumer G, Strauss M. Divertible protocols and atomic proxy cryptography[C]. In Proc. of EUROCRYPT '98, 1998.

[84] 北京天一众合科技股份有限公司. 物联网构建出的智能城市交通. 物流技术, 2011（10）: 55-58.

[85] 廖建华. 广州建设智慧城市的方法和路径探讨. 今日中国论坛, 2013（13）: 58-59.

[86] Herrmann D, Wendolsky R, Federrath H. Website fingerprinting: attacking popular privacy enhancing technologies with the multinomial naive-bayes classifier[C]. Proceedings of the 2009 ACM Workshop on Cloud Computing Security, Chicago, Illinois, USA, 2009: 31-41.

[87] 焦俊一. 智慧社区服务创新应用系统的探索. 物联网技术, 2013（2）: 8-12.

[88] http://gz.iscas.ac.cn/Support-details-id-10.html

[89] http://www.vistaguide.cn/industry.html

[90] http://www.geostar.com.cn/Industry/City_Management.shtml

[91] http://www-31.ibm.com/cn/services/bcs/iibv/industry/government/smartercity.shtml,2011-10-12

[92] http://image.baidu.com/i?ct=503316480&z=&tn=baiduimagedetail&ipn=d&word=%E4%BA%

[93] http://image.baidu.com/i?ct=503316480&z=0&tn=baiduimagedetail&ipn=d&word=%E5%9F%8E%E5%B8%82

[94] http://image.baidu.com/i?ct=503316480&z=0&tn=baiduimagedetail&ipn=d&word=%E6%99%BA%E6%85%

[95] http://image.baidu.com/i?ct=503316480&z=0&tn=baiduimagedetail&ipn=d&word=%E6%99%BA%E8%83%BD

[96] http://image.baidu.com/i?ct=503316480&z=&tn=baiduimagedetail&ipn=d&word=%E7%A4%BE

[97] http://image.baidu.com/i?ct=503316480&z=&tn=baiduimagedetail&ipn=d&word=%E7%94%

[98] http://www.itongji.cn/article/100611942012.html

[99] http://www.hyqb.sh.cn/publish/portal7/tab675/info1298.htm

[100] http://www.berheley.com/rczl/ygcz/jsnl/201103251031552960Ni.shtml
[101] http://www.cnblogs.com/yungboy/archive/2011/01/13/1934987.html
[102] http://www.zjjxw.gov.cn/zcfg/flfg/2011/02/14/2011021400038.shtml
[103] http://www.cnii.com.cn/technology/2012-12/14/content_1027411_7.htm
[104] http://www.net130.com/2004/10-29/10545.html
[105] http://news.zdnet.com.cn/zdnetnews/2009/0602/1373284.shtml
[106] http://roll.sohu.com/20110822/n317025307.shtml
[107] http://haodua.com/lab/cities/
[108] http://sis.esrichina-bj.cn/2012/0828/233.html
[109] http://baike.baidu.com/link?url=RxQfaBFKH6TY--nW8Spa2INz-sxI9i3EsJmjXf0gTQoMG6nmD
[110] http://www.baidu.com/s?wd=%E5%9F%8E%E5%B8%82%E5%8F%91%E5%B1%95&rsv_spt
[111] http://news.xinhuanet.com/info/2013-11/23/c_132911719.htm
[112] http://wenku.baidu.com/view/a72546feaef8941ea76e052f.html
[113] http://www.smarterchina.cn/NewsHeadlines/20120925/02275611881.html
[114] http://wenk u.baidu.com/view/cc76721fa300a6c30c229f27.html
[115] http://wenku.baidu.com/view/d33ed05477232f60ddcca158.html
[116] http://www.asmag.com.cn/solution/pj-70999-2.shtml
[117] http://finance.huanqiu.com/data/2014-03/4907406.html
[118] http://www.smarterchina.cn/zhuanlan/20130325/11594022785.html
[119] http://www.smarterchina.cn/NewsHeadlines/20120724/0955267500.html
[120] http://baike.baidu.com/picture/10171585/10328664/0/7aec54e736d12f2e6e6331484ec2d562853568b0?fr=newalb
[121] http://wenku.baidu.com/view/c58189264a7302768e9939a4.html?re=view
[122] http://www.cnblogs.com/skyme/archive/2011/07/22/2113600.html
[123] http://qkzz.net/article/34f76db3-46db-44ba-ad5a-20c21ed71738.htm
[124] http://roll.sohu.com/20120203/n333646895.shtml
[125] http://www. sbsm.gov.cn/article/zszygx/zj 1t/201101/20110100078853. shtml, 2011-01-17.
[126] http://image.baidu.com/i?tn=baiduimage&ipn=r&ct=201326592&cl=2&lm=-1&st
[127] http://image.baidu.com/i?ct=201326592&cl=2&nc=1&lm=-1&st=-1&tn
[128] http://image.baidu.com/i?tn=baiduimage&ipn=r&ct=201326592&cl=2&lm=-1&st=-1&fm=result&fr=&sf=1&fmq
[129] http://image.baidu.com/i?ct=201326592&cl=2&nc=1&lm=-1&st=-1&tn=baiduimage&istype
[130] http://www.chniot.cn/news/ZHCS/2010/109/101099133189_2.htm1, 2010-10-09.
[131] http://roll.sohu.com/20111201/n327579218.shtml, 2011-12-01.
[132] http://www.powereasy.net/HelpYou/Knowledge/eGov/11013.htm1, 2011-09-08.
[133] http://www.ecas.cn/xwdt/201012/t20101217_3046068.htm1, 2010-09-27.
[134] http://www.east-dawn.com.cn/html/2012/editjjfa_0121/374.html
[135] http://www.njinfo.gov.cn/news/newsdetails.php?info_ id=40653, 2011-08-30.
[136] http://www.e800.com.cn/articles/2011/0603/488067.shtml, 2011-06-03.
[137] http://www.cvicseks.com/xwzx/zxdt/249224.shtml, 2011-06-22.
[138] http://wenku.baidu.com/view/3c4e796ba98271fe910ef94d.html, 2011-10-11.
[139] http://roll.sohu.com/20120221/n335315303.shtml, 2012-02-21.
[140] http://www.iotworld.com.cn/html/RFIDArticle/3af46fOd4dd59b23.shtml, 2010-10-2

[141] http://wenku.baidu.com/view/4a61e525bcd126fff7050bf0.html
[142] http://wenku.baidu.com/view/eb9166dfb9f3f90f76c61b9e.html
[143] http://wenku.baidu.com/view/eca4c20dcc17552707220866.html
[144] http://wenku.baidu.com/view/69cffda6dd3383c4bb4cd2b3.html
[145] http://wenku.baidu.com/view/a1d6686ff5335a8103d22007.html
[146] http://wenku.baidu.com/view/4b4e21f4f705cc17552709af.html
[147] http://wenku.baidu.com/view/16e8a816a76e58fafab0031d.html
[148] http://wenku.baidu.com/view/e196dd8bdaef5ef7ba0d3c78.html
[149] http://image.baidu.com/i?word=%E6%99%BA%E6%85%A7%E6%B0%91%E7%94%9F&tn
[150] http://image.baidu.com/i?tn=redirect&ipn=rdt&word=j&juid=D8F8D5&sign=cgwikoabze&url
[151] http://www.its188.com/solution/chengjian-392.html
[152] http://www.cathay.com.cn/product/product/znsq.html
[153] http://www.kanq.com.cn/cn/?action-viewnews-itemid-239
[154] http://www.chinasi.com/site/bjsdsdxx/solution/itemid-836.html
[155] http://www.szdcec.com/show.aspx?id=8&cid=9
[156] http://www.dnp.cn/news/2006113013915.html
[157] http://www.xjgzinfo.com/productsservices/xtjc-yjzh.aspx
[158] http://mobile.datanggroup.cn/s_emergency.aspx
[159] http://www.harzone.com/solution/det.asp?ID=7
[160] http://www.smarterchina.cn/zhuanlan/20120109/0318485672_2.html
[161] http://www.fsti.com.cn/web/pshow.asp?CatalogID=168&id=987
[162] http://www.ileader.com.cn/html/2011/8/31/43893.htm
[163] http://www.ileader.com.cn/html/2011/4/11/40205_2.htm
[164] http://www.cnii.com.cn/20080623/ca580700.htm
[165] http://www.augurit.com/success_content.jsp?cataid=120&infoid=1703&id=5
[166] http://www.shanghaiit.org/periodicalonline/wisdomroom/2012/0807/2452.html
[167] http://cio.it168.com/s/2006-12-18/200612181410988_1.shtml
[168] http://www.chinaeg.gov.cn/show-3181.html
[169] http://www.datangmobile.cn/DTNTEST/Web/s_citizencard.aspx
[170] http://www.sinoib.net/Solution_Show.asp?Classid=198&id=229
[171] http://www.edu.cn/xy_6541/20120416/t20120416_765883_1.shtml
[172] http://www.ibuaa.com/Project/jiudian.html
[173] http://www.inanter.com/cp/html/?263.html
[174] http://www.kayakwise.com/products/data/9.html
[175] http://xs.2000y.net/132361/index.asp?xAction=xReadNews&NewsID=2327
[176] http://www.dhcc.com.cn/dhcc/main-c1-35-c2-39-c3-94.html
[177] http://image.baidu.com/i?tn=baiduimage&ct=201326592&lm=-1&cl=2&nc=1&word=%E7%BB
[178] http://image.baidu.com/i?tn=baiduimage&ct=201326592&lm=-1&cl=2&nc=1&word=%E4%B8
[179] http://www.17huanbao.com/news/shenghuolaji/news_59943.html
[180] http://www.chniot.cn/news/JJFA/2010/627/1062714194226.htm1, 2010-06-27.
[181] http://test.haier.com/cn/solution/uhome/sqznh/ysqjjfa/jjfa_2111/faxx_2113/201107/P02011072980

[182] http://www.insigma.com.cn/view/news.php?func=detail&detailid=1019&lan=gb

[183] http://www.gtt-sinoindia.com/channels/740.html

[184] http://www.94ec.com/news/show-265.html

[185] http://www.lankco.cn/index/incx/userpage.aspx?class=27

[186] http://miit.ccidnet.com/zt/2011/1031yingji/

[187] http://www.cssn.cn/glx/glx_gggl/201310/t20131022_449150.shtml

[188] http://image.baidu.com/i?word=%E6%99%BA%E6%85%A7%E7%BB%8F%E6%B5%8E&tn

[189] http://image.baidu.com/i?word=%E6%99%BA%E6%85%A7%E4%BA%A7%E4%B8%9A%E9%

[190] http://publik.tuwien.ac.at/ files/PubDat_167218.pdf.

[191] http://tech.hexun.com/2013-05-28/154578659.html

[192] Raj H, Nathuji R, Singh A, et al. Resource management for isolation enhanced cloud services [C]. Proceedings of the 2009 ACM Workshop on Cloud Computing Security, Chicago, Illinois, USA, 2009: 77-84.

[193] Mariana Raykova, Binh Vo, Steven M Bellovin. Secure anonymous database search [C]. Proceedings of the 2009 ACM Workshop on Cloud Computing Security, Chicago, Illinois, USA, 2009: 115-126.

[194] 徐国强. 上海建设智慧城市的路径探索. 城市研究, 2012（3）: 122-126.

[195] Horwitz J, Lynn B. Toward hierarchical identity-based encryption[C]. In Proceedings of EUROCRYPT 2002, LNCS, Springer, Heidelberg, 2002, 2332: 466-481.

[196] Christodorescu M, Sailer R, Schales D L, et al. Cloud security is not (just) virtualization security[C]. Proceedings of the 2009 ACM Workshop on Cloud Computing Security, Chicago, Illinois, USA, 2009: 97-102.

[197] 杨刚, 沈沛意, 郑春红. 物联网理论与技术. 北京: 科学出版社, 2010.

[198] Wang Q, Wang C, Li J, et al. Enabling public verifiability and data dynamics for storage security in cloud computing[C]. In Proceedings of ESORICS'09, Saint Malo, France, 2009.

[199] 李贤毅, 邓晓宇. 智慧城市评价指标体系研究. 电信网技术, 2011（10）: 43-47.

[200] Matthews J, Garfinkel T, Hoff C, et al. Virtual machine contracts for datacenter and cloud computing environments[C]. In Workshop on Automated Control for Datacenters and Clouds (ACDC), ACM, 2009: 25-30.

[201] Bloom B H. Space/time trade-offs in hash coding with allowable errors[J]. Communications of the ACM, 1970, 13（7）: 422-426.

[202] 刘强, 崔莉, 陈海明. 物联网关键技术与应用. 计算机科学, 2010（6）: 1-4.

[203] Mowbray M, Pearson S. A client-based privacy manager for cloud computing[C]. In Proceedings of the 4th International ICST Conferenceon Communication System Software and Middleware, Dublin, Ireland, 2009: 1-8.

[204] Hu L, Ying S, Jia X, et al. Towards an approach of semantic access control for cloud computing[C]. In CloudCom'09: Proceedings of the 1st International Conference on Cloud Computing, Beijing, China, 2009: 145-156.

[205] Atallah M J, Blanton M, Fazio N, et al. Dynamic and efficient key management for access hierarchies[J]. ACM Trans. Inf. Syst. Secur., 2009, 12（3）: 1-43.

[206] Li H, Dai Y, Tian L, et al. Identity-based authentication for cloud computing[C]. In CloudCom'09: Proceedings of the 1st International Conference on Cloud Computing, Beijing, China, 2009: 157-166.

[207] 李重照，刘淑华. 智慧城市：中国城市治理的新趋向. 电子政务，2011（6）：13-17.

[208] http://baike.baidu.com/link?url=m7R5khZLkFMnstiQB4hslVgX9f28PcQ7QGPSGGuHYkEUn1

[209] http://www.haohuatech.com.cn/show.php?contentid=205

[210] http://cydb.gdd.gov.cn/view.asp?id=28891

[211] http://wenku.baidu.com/link?url=N2qYNXtwgjci2zpWCBm-gezYTxdM6MKXZ3JlJBZhkaBrvlzyKrOsS2M3rRZ

[212] http://www.baike.com/wiki/%E6%B8%85%E6%B4%81%E8%83%BD%E6%BA%90&prd

[213] http://tupian.baike.com/s/%E6%99%BA%E8%83%BD%E7%94%B5%E7%BD%91/xgtupian/1/0?target=a4_23_8

[214] http://www.cenews.com.cn/xwzx/cs/qt/201108/t20110812_705156.html, 2011-8-15.

[215] http://www.iotworld.com.cn/html/RFIDArticle/3af46fOd4dd59b23.shtml, 2010-10-22.

[216] http://news.yktworld.com/201010/201010101027488846.html

[217] http://www.glsx.com.cn/news/118.html

[218] http://www.headnews.cn/print.php?contentid=299196

[219] http://www.nbec.gov.cn/ggfwxxh/86890.jhtml

[220] http://news.e23.cn/content/2010-07-03/201070300050.html

[221] http://www.ccw.com.cn/server/topic/ibm2010/agenda.shtml,2010-3-25.

[222] http://miit.ccidnet.com/zt/2013/1113qudong/

[223] http://cn.made-in-china.com/gongying/njxqls-QqsmJwnPYUcF.html

[224] http://image.baidu.com/i?word=%E6%99%BA%E6%85%A7%E6%B0%91%E7%94%9F&tn=

[225] http://miit.ccidnet.com/zt/2012/0210monitor/

[226] http://labs.chinamobile.com:8081/mblog/751915_83023?lxyracirtx210

[227] http://wenku.baidu.com/view/4cd161395727a5e9856a61a6.html

[228] http://wenku.baidu.com/link?url=yP4s0s7jQt7HA4ZaL3Yruc79JhsLCdlUC90elFlUqI-4p0D__LXDlxinLdYNfy7

[229] http://wenku.baidu.com/view/a827472e915f804d2b16c1ee.html

[230] http://www.chinaeg.gov.cn/show-3173.html

[231] http://www.bcpj.cn/schemeView.asp?id=40

[232] http://www.supermap.com.cn/magazine/page384.html

[233] http://www.citure.net/info/2012228/2012228214220.shtml

[234] http://www.chinaeg.gov.cn/show-3493.html

[235] http://www.hyqb.sh.cn/tabid/1165/InfoID/8704/frtid/1157/settingmoduleid/3129/Default.aspx

[236] http://www.a-y.com.cn/showzx2.aspx?ZX_LB=100411

[237] http://news.emca.cn/n/20130412104828.html

[238] http://www.chinaforwards.com/index.php/home/article/detailpage/parentid/1476/cat_id/1576

[239] http://detail.1688.com/offer/1259577807.html

[240] http;//blog.csdn.net/wenbomao/archive/2009 /03 /03 /3952761.aspx，2009-03-03.

[241] http://www.soft78.com/article/2012-05/2-ff808081374e024701375440b45d084b.html

[242] http://www.ffcs.cn/showNews.aspx?id=613270593634

[243] http://www.bmsoft.com.cn/view.aspx?ColumnID=557&ColumnName=%D6%C7%BB%DB%B3%C7%CA%D0

[244] http://www.soft78.com/article/2012-05/2-ff808081374e02470137542a3daf0826.html

[245] http://www.cnic.cn/zcfw/kyglxxh/glyfw/dxal_arp03/200909/t20090909_2470190.html

[246] http://tieba.baidu.com/p/2616528917

[247] http://baike.baidu.com/view/2932070.htm

[248] http://www.zhcg.gov.cn/view.aspx?id=47027&ca
[249] http://www.cnblogs.com/wuhuacong/archive/2010/04/27/1721870.html
[250] http://wenku.baidu.com/link?url=kvOgsMMU7SuKUnBKgui2DiUYbq4llUWrjxYHCpXG2GiqoaDGUh5OS4gz8
[251] http://cache.baiducontent.com/c?m=9d78d513d9d706ef06e2ce384b54c0676a499d267992c715088ecf10c9735b36
[252] http://www.echinagov.com/index.php?m=content&c=index&a=show&catid=30&id=36497
[253] http://www.cnscn.com.cn/com/chuangxin/sell/itemid-2283.html
[254] http://www.cnscn.com.cn/wap/mobile.php?action=pc
[255] http://www.seascape.com.cn/help/
[256] http://www.soft78.com/article/2012-03/13-ff80808135e282e70135e70ed2c80353.html
[257] http://www.cww.net.cn/cwwMag/html/2008/3/4/2008341052274118.htm
[258] http://www.telewave.com.cn/Case/index.aspx
[259] http://club.1688.com/article/1872474.html
[260] http://www.gtzc.cn/category/28/lastsubcatepages/52
[261] http://www.educity.cn/tx/992379.html
[262] http://cyyw.cena.com.cn/2014-01/24/content_211139.htm
[263] http://www.egov.thtf.com.cn/news/160/
[264] http://www.smarterchina.cn/chuxijiabing/20121231/03264016065_2.html
[265] http://www.yonyou.com/shanxi2/130827/20132127032134.shtml
[266] http://solution.it168.com/10609/e80d8e12-ab6c-45eb-9006-94b4cc8a5c45.html
[267] http://www.drzk.cn/wulianwang/list_42_1.html
[268] http://www.haier.com/cn/solution/uhome/sqznh/ysqjjfa/
[269] http://www.eeworld.com.cn/afdz/2008/0623/article_763.html
[270]] http://roll.sohu.com/20120803/n349793282.shtml
[271] http://www.linewell.com/cms/cmsWebapp/jsp/www.linewell.com/list.jsp?id=3AA400C8123F3AE
[272] http://www.plusbe.com/Servers/20134159801.html
[273] http://www.sit.com.cn/jiejuefangan/xitongjicheng/jingdiananli/201201/tff80808134a721dd0134ac035f4d01bb.htm
[274] http://www.gzstarv.com/xtpt.asp?type=W102&qp=%CF%B5%CD%B3%C6%BD%CC%A8
[275] http://www.cnii.com.cn/20080623/ca580700.htm
[276] http://www.tnet.gov.cn/jsp/sites/site?action=show&id=33846
[277] http://www.ccidit.com/h/3171/369125-21381.html
[278] http://www.cciddata.com/cn/sdsd/sdxx/csxxh/webinfo/2012/12/1355708056592001.htm
[279] http://mp.weixin.qq.com/s?__biz=MjM5NjUyMjM4MA==&mid=10000108&idx=2&sn=
[280] http://www.soft78.com/article/2012-02/13-ff80808135a5424b0135a84acc4000f8.html
[281] http://industry.cio360.net/h/2177/301960-14418.html
[282] http://big5.made-in-china.com/gongying/oplinxer-FqrECbtDgIUf.html
[283] http://image.baidu.com/i?ct=503316480&z=0&tn=baiduimagedetail&ipn=d&word=%E5%8D%AB%E6%98%9F
[284] http://image.baidu.com/i?ct=503316480&z=0&tn=baiduimagedetail&ipn=d&word=%E5%8D%AB%E6%98%9F
[285] http://tech.hexun.com/2011-04-25/129010124.html
[286] http://www.hn-jt.cn/showproduct.asp?productid=554
[287] http://www.h3c.net.cn/Solution/Base_Network_Secrity/IPv6_Solutions/What_Do_I_Need/Bookmark/200711/319
[288] http://blog.chinaunix.net/uid-20788636-id-1841420.html

[289] http://www.realesoft.com.cn/new_v/solutions/smart-city.php
[290] http://www.jslit.com/CPZS/201105/t20110530_450299.htm
[291] http://www.ffcs.cn/showNews.aspx?id=613270593634
[292] http://www.cinic.org.cn:8080/site951/qydt/2014-06-23/747390.shtml
[293] http://baike.baidu.com/picture/5201/5201/0/9f510fb30f2442a7a6e4a097d043ad4bd113021d?fr=lemma&ct=single
[294] http://www.d1net.com/scity/industry/291488.html
[295] http://www.shbiz.com.cn/Item/234483.aspx
[296] http://finance.sina.com.cn/stock/t/20140225/035718317501.shtml
[297] http://news.xinhuanet.com/politics/2013-02/23/c_114772758.htm
[298] http://www.bjdch.gov.cn/n3952/n3976/n382005/n382047/c196258/content.html
[299] http://www.e-gov.org.cn/ziliaoku/zhengfuguihua/201311/145812.html